国家社会科学基金项目(12BMZ077)资助成果
2017 年贵州大学贵州省农林经济管理国内一流学科建设项目
(编号：GNYL〔2017〕002)资助

|光明社科文库|

西南民族地区特色产业发展的金融支持研究

熊晓炼 ◎著

光明日报出版社

图书在版编目（CIP）数据

西南民族地区特色产业发展的金融支持研究 / 熊晓炼著 .— 北京：光明日报出版社，2020.6

ISBN 978-7-5194-5771-6

Ⅰ.①西… Ⅱ.①熊… Ⅲ.①民族地区—特色产业—产业发展—金融支持—研究—西南地区 Ⅳ.① F127.7

中国版本图书馆 CIP 数据核字（2020）第 095148 号

西南民族地区特色产业发展的金融支持研究
XINAN MINZU DIQU TESE CHANYE FAZHAN DE JINRONG ZHICHI YANJIU

著　者：	熊晓炼		
责任编辑：许　怡		责任校对：李　荣	
封面设计：中联学林		责任印制：曹　诤	

出版发行：光明日报出版社
地　　址：北京市西城区永安路 106 号，100050
电　　话：010-63139890（咨询），010-63131930（邮购）
传　　真：010-63131930
网　　址：http://book.gmw.cn
E - mail：xuyi@gmw.cn
法律顾问：北京德恒律师事务所龚柳方律师

印　　刷：三河市华东印刷有限公司
装　　订：三河市华东印刷有限公司
本书如有破损、缺页、装订错误，请与本社联系调换，电话：010-63131930

开　　本：170mm×240mm
字　　数：392 千字　　　　　　　　印　张：22.5
版　　次：2020 年 6 月第 1 版　　　印　次：2020 年 6 月第 1 次印刷
书　　号：ISBN 978-7-5194-5771-6

定　　价：99.00 元

版权所有　　翻印必究

前 言

　　地域辽阔的中国西南地区是国家实施西部大开发的战略重点区域，改变这一地区的落后面貌，促进经济快速发展，缩小东西部差距，是西部大开发战略目标顺利实现的保障。2010年6月中共中央国务院《关于深入实施西部大开发战略的若干意见》明确提出加快发展西部民族地区的特色产业，是西部民族地区实现跨越式发展和增强自我发展能力的重要途径。新一轮的西部大开发更加强调经济结构调整与自主创新，特色产业的发展对西部地区经济的发展极具现实意义。

　　西南民族地区由于特殊的历史、地理等因素的影响，产业结构目前主要为传统农业、资源开发为主的工矿业及消费导向的第三产业，多数落后民族州、县的产业小而全，呈现低水平同构的现象。依托特殊的地理环境、自然气候、人文环境，培育特色产品，发展特色产业，构建以特色产业为支撑的现代新型产业体系，是西南民族地区提升产业竞争力的重要措施，也是缩小与东、中部区域差距的必经之路。然而西南民族地区特色产业培育与发展要取得实质性突破，实现快速壮大，依赖于一个包含财政、金融等多方面、多层次的产业支持体系。有效破解特色产业发展的资金短缺困境，加快特色产业培育、加大金融支持力度，为区域特色经济发展提供持续、稳定、有效的金融支持，是当前西部大开发与西南民族地区以特色产业推动区域经济快速发展的重要课题。

　　本书将产业发展理论和金融发展理论动态地联系起来，针对特色产业发展的金融支持制度展开探索性研究，从理论角度论证金融支持特色产业发展的内在机制，系统深入地揭示区域金融制度安排与区域特色产业发展之间存在的内在联系与发展规律，构建特色产业发展的金融支持制度理论框架，进一步丰富和完善我国特色产业发展研究的理论体系。试图探索金融如何充分发挥在西南民族地区特色产业发展及西部大开发中的支持作用，强化金融支持力度，探寻金融支持促进西南民族地区特色经济发展的有效途径。

研究中注重整体性与代表性相结合，既有从省域角度对特色产业综合评价及金融支持的研究，也有针对特色茶产业、白酒产业、旅游业的专题研究；本书提出了适合区域经济增长的金融支持特色产业发展的理论分析框架，突破了以前大部分文献主要研究经济增长与金融支持的关系，缺乏区域层面研究及将金融支持与特色产业发展相结合的研究现状；对西南民族地区特色产业和金融发展水平及其相互关系进行了实证考察及评价，认为各省区金融支持特色产业发展都存在一个从不协调到基本协调，再到协调的过程；同时通过案例的实地调研和访谈，收集并掌握了贵州省部分中药民族药业、特色生态农业及茶产业的第一手资料，提出了从"总体框架—目标模式—具体路径"的金融支持特色产业发展的完整体系构架，在以实现"四维一体"金融支持体系为目标，金融支持模式阶段化调整，对金融支持重点领域的侧重基础上，提出了实现特色产业金融支持体系的构建与完善、金融支持与特色产业协调、同步发展、不同类型特色产业融资路径的差异化方面具体的对策建议。

目录
CONTENTS

第一章 绪论 // 001

第一节 问题的提出 // 001

一、研究背景　001

二、研究意义　007

三、研究目的　008

第二节 相关文献综述 // 009

一、特色产业发展相关文献回顾　009

二、金融发展相关文献回顾　015

三、金融支持产业发展相关文献回顾　020

第三节 核心概念界定与说明 // 024

一、西南民族地区的界定　024

二、特色经济与特色产业的内涵及特征　026

三、金融支持的概念界定　034

第四节 研究内容及方法 // 036

一、研究体系结构　036

二、研究方法　038

三、主要的创新与不足　040

第二章 金融支持特色产业发展的相关理论基础 // 043

第一节 产业发展与金融发展的相关理论 // 043

一、产业发展相关理论　043

二、金融发展相关理论　049

第二节　特色产业发展的金融需求　　　　　　　　　　// 054
　　一、特色产业发展金融需求特征的一般分析　　　　054
　　二、不同类型特色产业发展的金融需求　　　　　　055
　　三、基于产业生命周期特色产业发展的金融需求　　057
第三节　影响特色产业发展融资选择的因素分析　　　　// 059
　　一、区域金融政策导向的影响　　　　　　　　　　060
　　二、区域金融市场发展的影响　　　　　　　　　　060
　　三、区域金融体系结构的影响　　　　　　　　　　061
　　四、区域金融产品创新的影响　　　　　　　　　　061
第四节　金融支持与特色产业发展的一般关系及机理分析　// 062
　　一、金融支持与特色产业发展的一般关系　　　　　062
　　二、金融支持促进特色产业发展的作用机理　　　　065

第三章　西南民族地区特色产业的选择　　　　　　　// 073
第一节　西南民族地区特色产业选择的依据和原则　　　// 073
　　一、影响特色产业形成与发展的条件　　　　　　　073
　　二、特色产业选择的依据　　　　　　　　　　　　079
　　三、特色产业选择的原则　　　　　　　　　　　　082
第二节　特色产业评价指标体系的构建　　　　　　　　// 084
　　一、特色产业选择方法　　　　　　　　　　　　　084
　　二、特色产业评价标准　　　　　　　　　　　　　085
　　三、特色产业评价指标体系　　　　　　　　　　　086
第三节　西南民族地区省域特色产业的选择　　　　　　// 087
　　一、特色产业选择流程　　　　　　　　　　　　　087
　　二、特色产业的定量与综合选择——以云南省为例　088
　　三、西南民族地区省域特色产业体系的确立　　　　098
第四节　西南民族地区特色产业发展总体特征　　　　　// 102
　　一、特色产业发展较快，发展潜力大　　　　　　　102

二、部分传统特色产业已升级为支柱产业或主导产业　103
三、特色产业品牌开始形成，建设严重滞后　104
四、资源型产业粗放式发展为主，亟须实现转型升级　106
五、特色产业中小企业数量多，产业集群开始形成　107

第四章　西南民族地区金融发展状况分析与评价　// 108
第一节　西南民族地区金融发展现状分析　// 108
一、金融发展规模指标分析　108
二、金融发展效率指标分析　116
三、金融深化程度指标分析　118

第二节　西南民族地区金融发展水平综合评价　// 124
一、金融发展水平评价指标体系的构建　124
二、金融发展水平综合评价的实证与分析　128

第三节　基于金融发展理论的现状评析　// 132
一、"银行主导型"模式不能适应特色产业体系的金融需求　132
二、金融抑制严重，制约金融深化目的的实现　133
三、以金融中介为主导的融资结构阻碍金融市场的发展　133
四、区域金融发展不平衡，金融资源配置效率低下　134
五、金融生态环境恶劣，影响金融发展的可持续　134

第五章　金融支持西南民族地区特色产业发展的定量考察与专题研究　// 136
第一节　西南民族地区特色产业发展的金融支持概况　// 136
一、特色产业发展的金融支持政策　136
二、特色产业发展的金融支持组织体系　137
三、特色产业发展的金融供给现状　140

第二节　金融支持与省域特色产业协调发展状况及评价　// 152
一、定量考察方法与指标体系构建　152
二、四川省金融支持与特色产业协调发展状况及评析　162

三、重庆市金融支持与特色产业协调发展状况及评析　　163

　　四、云南省金融支持与特色产业协调发展状况及评析　　164

　　五、贵州金融支持与特色产业协调发展状况及评析　　165

　　六、广西金融支持与特色产业协调发展状况及评析　　166

第三节　西南民族地区省域特色产业发展的金融支持专题研究　// 167

　　一、广西蔗糖业发展的金融支持　　167

　　二、贵州中药民族药业发展的金融支持　　178

　　三、金融支持贵州与云南旅游业发展的比较　　191

　　四、金融支持四川与贵州白酒产业发展的比较　　205

　　五、金融支持贵州与云南茶产业发展的比较　　222

第四节　金融支持贵州特色产业发展的专题调查　// 229

　　一、金融支持贵州民族药业发展的实地调查　　229

　　二、金融支持贵州省特色生态农业的实地调查　　240

　　三、金融支持贵州省茶产业发展的实地调查　　247

第六章　西南民族地区特色产业发展的金融支持缺口与现实障碍　// 259

第一节　金融支持西南民族地区特色产业发展的缺口分析　// 259

　　一、金融支持特色产业发展的制度缺口　　259

　　二、金融支持特色产业发展的结构缺口　　260

　　三、金融支持特色产业发展的资金缺口　　261

　　四、金融支持特色产业发展的机制缺口　　262

　　五、金融支持特色产业发展的生态环境缺口　　262

第二节　金融支持西南民族地区特色产业发展的现实障碍　// 263

　　一、特色产业规模小，吸引资金能力弱　　263

　　二、对政策性金融依赖大，银行信贷支持作用有限　　264

　　三、金融生态环境欠佳，缺乏与特色产业协调发展的有效机制　　265

　　四、金融规模粗放扩张，难以适应多层次融资需求　　266

　　五、资本市场发展缓慢，阻碍产业结构特色化、高层次发展　　267

六、金融支持水平低，特色产业集群困难　　267

七、金融创新能力弱，特色产业抗风险能力有限　　268

八、金融支持效率低下，影响特色产业融合发展　　269

第七章　金融支持西南民族地区特色产业发展的总体框架　// 271

第一节　金融支持体系适应特色产业发展战略的调整与突破　// 271

一、以发展观认识金融支持的内涵，实现金融支持思路的转变　271

二、以供给侧结构性改革为出发点，实现金融支持方向的转变　272

三、以可持续发展为目标，实现金融支持体系结构的转变　　273

第二节　金融支持特色产业发展的目标模式　// 274

一、"四维一体"金融支持体系　　274

二、金融支持体系的运作模式　　277

第三节　特色产业金融支持体系运行的几个关键环节　// 280

一、金融支持中的政府作用　　280

二、商业性金融通过市场导向发挥作用　　282

三、金融支持的重点领域　　283

第八章　金融支持促进西南民族地区特色产业发展的路径选择与政策建议　// 286

第一节　金融支持促进西南民族地区特色产业发展的路径选择　// 286

一、特色产业金融支持体系的构建与完善　　286

二、金融支持与特色产业协调、同步发展　　288

三、不同类型特色产业融资路径的差异化　　289

第二节　金融支持促进西南民族地区特色产业发展的政策建议　// 291

一、调整产业结构，提高特色产业的资金吸引力　　291

二、实行差异化的财政金融调控政策，加大对特色产业的扶持　292

三、优化金融生态环境，构建金融与特色产业协调发展的有效机制　293

四、加大信贷资金支持，拓展多元化融资渠道　　294

五、发展资本市场，推进特色产业规模化发展　　296

　　六、提高金融支持水平，促进特色产业集群化发展　　296

　　七、加快金融创新，提高特色产业抗风险能力　　297

　　八、提高金融支持效率，实现特色产业的融合发展　　298

参考文献　　// 300

附录：五省（区、市）特色产业选择相关指标及过程　　// 317

　　附表1　四川省各产业相关指标　　// 317

　　附表2　四川省各特色产业综合得分排名　　// 320

　　附表3　重庆市各产业相关指标　　// 323

　　附表4　重庆市各特色产业综合得分排名　　// 326

　　附表5　广西各产业相关指标　　// 328

　　附表6　广西各特色产业综合得分排名　　// 331

　　附表7　贵州省各产业相关指标　　// 335

　　附表8　贵州省各特色产业综合得分排名　　// 337

　　附表9　云南省各产业相关评价指标值　　// 340

　　附表10　云南省各特色产业综合得分排名　　// 343

后　记　　// 345

第一章 绪论

第一节 问题的提出

一、研究背景

（一）富饶的资源与贫困的现实

中国西南地区[①]国土总面积达134万平方千米，约占中国国土面积的13.91%[②]，覆盖中国西南部的四川盆地、秦巴山区及云贵高原的大部分地区，地域广阔，地形复杂，矿产资源、动植物资源、水能资源及旅游资源等都十分丰富。区内有丰富的天然气、煤炭等能源资源，还有丰富的锡矿、铜矿、铝土矿、磷矿等有色金属、黑色金属和非金属矿产资源，矿产资源种类多、储量大，已发现矿种130余种，有色金属约占全国储量的40%。据2015年统计，西南地区锰矿储量达到21603.7万吨，占全国储量的78.20%；铝土矿矿储量达到69772.7万吨，占全国储量的69.94%；锌矿储量1380.7万吨，占全国储量的33.65%。四川钒、原生钛储量分别占世界总量的82%与33%；云南铅、锌、锗居全国之首；贵州重晶石、锰、煤、铝土、汞、磷等居全国前列；广西壮族自治区锰、锡、砷、高岭土、铝土等居全国前列。[③]2014年，铜矿、铁矿、锌矿、铅矿、钨矿、钼矿、锡矿、锑矿、银矿、金矿、硫铁矿、铝土矿、磷矿及钾

---

① 根据2005年国务院智囊机构发布《地区协调发展的战略和政策》报告中提出"八大综合经济区"的具体构想，大西南综合经济区范围包括以重庆为中心的重工业与以成都为中心的轻纺工业两大组团；以旅游开发为龙头的"旅游业—服务业—旅游用品生产"基地。本研究将研究的西南地区范围界定为"三省一市一区"，具体包括四川省、云南省、贵州省、重庆市以及广西壮族自治区。

② 数据来源：根据《中国统计年鉴2015》相关数据计算。

③ 数据来源：根据中华人民共和国国家统计局2015年相关统计数据计算。

盐等14种矿产新增查明资源储量主要分布在新疆、山西、云南、河南、内蒙古、山东、贵州、四川、吉林、青海与西藏等省区。其中有超过1亿吨的锰矿区位于贵州松桃县的道坨锰矿，超过100万吨的铜矿区位于西藏自治区尼木县的白容岗讲铜矿；有超过3000万吨的铝土矿区位于广西凤山县的福家坡矿区铝土矿。[1]富集矿产资源的西南地区，矿产资源开发成为重要的支柱产业，各类矿产品生产在全国占有重要地位。西南地区也是中国水资源最为丰富的地区，2015年水资源总量8135.9亿立方米，约占全国水资源总量的30%。[2]从青藏高原东部到云贵高原、四川盆地、广西盆地，包括了高原、山地、盆地、丘陵、台地及喀斯特地貌等几乎所有的类型，气候呈明显的垂直分布。西南地区有我国第二大天然林区，动植物资源丰富多彩、类型完整。多民族居住的西南地区，独特的自然景观、悠久的历史与多彩的民族风情、民族文化相结合形成独有的旅游资源，成为最具魅力的旅游胜地。

以云贵高原为中心的西南地区居住着30多个少数民族，在长期的发展中由于受险峻的地形、相对封闭的自然环境阻碍，经济与对外贸易的发展及社会经济发展都较为缓慢。独特的喀斯特地貌以山地和石漠化为主，传统粗放式的资源开发对自然资源的破坏，使得生态环境具脆弱性，贫困问题最为突出。根据国务院2011年颁布实施的《中国农村扶贫开发纲要（2011—2020）》，全国共有592个国家扶贫开发工作重点县和14个连片特困地区，共有680个县作为扶贫攻坚主战场，而14个集中连片特困地方中有216个县位于西南地区，占31.76%。[3]2015年全国农村贫困人口为5575万人[4]，其中四川、云南、贵州、重庆、广西三省一区一市的贫困人口达1953万人，从贫困人口数量看，仅西南地区的贫困人口在全国占比就超过1/3。[5]西南地区的贫困人口数量多，尤其是少数民族大多居住在高寒山区、深山区、石山区，贫困面积广、程度深，脱贫难度大。

（二）快速发展和落后的经济

随着国家对西部大开发战略践行的深入，包含西南民族地区在内的西部

---

[1] 中华人民共和国国土资源部.2015中国矿产资源报告[M].北京：地质出版社，2015.
[2] 数据来源：根据中华人民共和国国家统计局2015年相关统计数据计算。
[3] 数据来源：根据《中国农村扶贫开发纲要（2011—2020）》国家扶贫开发工作重点县名单计算得出。
[4] 李慧.2015年全国农村贫困人口减少1442万人[N].光明日报，2016-03-01.
[5] 数据来源：四川、云南、贵州、重庆、广西《2015年政府工作报告》。

经济呈现快速发展趋势，经济实力明显加强，国内生产总值总量、人均国内生产总值等指标的增速加快，现已超越全国平均水平甚至东部地区水平。从图1.1看到2012—2015年西南地区五省（区、市）地区生产总值增速都超过全国平均水平，除在经济新常态下各省增速都有所下滑以外，增长率基本保持在8%以上，而全国总体平均增长水平已下降为7%左右。2015年按地区生产总值实际增长率排名，超过10%的仅重庆、贵州，重庆以11%位居第一，贵州以10.7%居第二。在全国总体经济增速趋缓的情况下，西南地区五省（区、市）不断调整经济结构，保持了较高的增长。

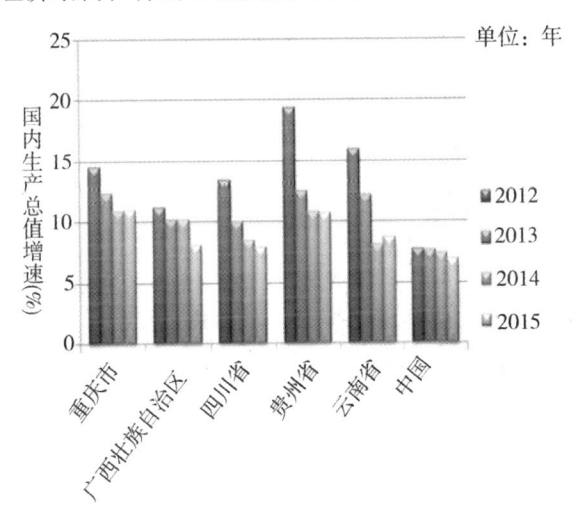

图1.1 西南五省（区、市）与全国2012—2015年地区生产总值增速

数据来源：国研网。

但是，西南地区经济快速的增长并未使西部大开发的战略目标顺利完成，西南地区尚未实现对东部地区的全面赶超。在经济快速发展的同时，落后的经济基础与偏高的人口增长率是仍然落后的关键。从2015年人均国内生产总值排名看，全国31个省区市中，重庆排名11，四川23，广西26，贵州29，云南30，西南地区除经济发展相对较快的重庆外，其余省区人均国内生产总值均未达到全国平均水平。[①] 尤其是民族地区经济发展依然落后，当地人民生活水平虽有所改善，但水平仍然不高。从图1.2看出2013—2015年西南地区的五省（区、市）人均可支配收入均未达到全国平均水平，2015年水平最高的重庆市与全国

---

① 2015年全国各省人均GDP排名[EB/OL].306doc个人图书馆网站，2016-04-04.

平均水平尚有1856元的差距；西南地区与东部地区发达省份的差距仍在不断加大，重庆市人均可支配收入2013年与北京2013年相差24262元，到2015年扩大到28348元；重庆与上海的差距从2013年的25605元扩大到2015年的29757元；上海2015年人均可支配收入是重庆的近2.5倍，是经济最为落后的贵州省的4.17倍。这些数据表明西南地区经济发展与全国平均水平及东部地区水平不仅存在较大差距，而且差距仍在逐年拉大。

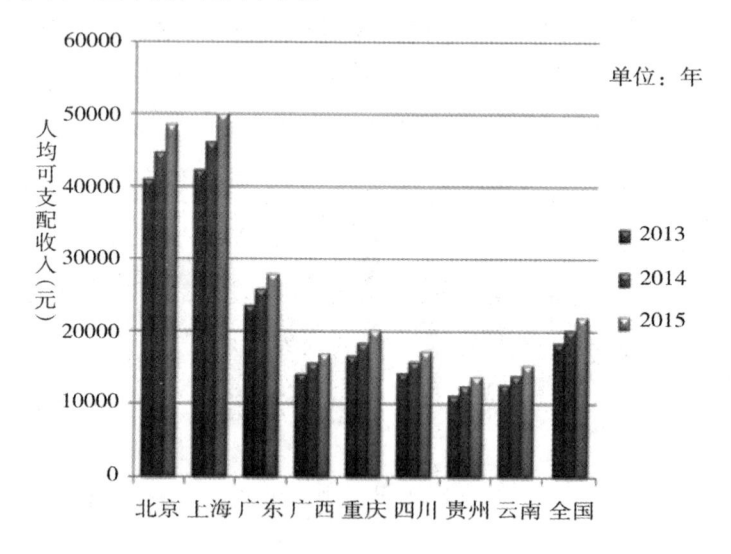

图1.2　西南五省（区、市）、全国及部分东部省份2013—2015年人均可支配收入[①]

数据来源：国研网，wind资讯。

（三）经济增长方式转变与西部大开发

西南地区是中国少数民族的主要集聚区，长期以来以粗放式的资源型经济发展方式为主导，初级产品占比大，产品附加值低，产业链短，对生态环境破坏严重，经济增长和资源环境之间的矛盾越来越突出。富饶的资源并未带给这一区域的富庶与繁荣，贫困和落后的现实亟待改变。加快转变西南民族地区经济发展方式，从可持续发展角度积极寻找新的经济增长点，对于西

---

① 2013年以前，中国城乡居民收入统计按城乡分别进行。为适应国家城乡统筹发展战略，推动城乡统一的社会保障体系建设，2013年后国家统计部门对城乡住户调查实施了一体化改革，统一了城乡居民收入指标名称、分类和统计标准，不再分城镇居民人均可支配收入和农村居民人均纯收入。此图中人均可支配收入是全体居民人均可支配收入。因2013年以前无统计口径，所以数据仅涉及2013—2015年。

南民族地区经济与社会发展有着重要且紧迫的意义。

西部大开发战略是从实际出发的"赶超战略",在《中华人民共和国国民经济和社会发展第十一个五年规划纲要》中已明确提出要"大力发展特色优势产业";2006 年国务院西部地区开发领导小组办公室等印发《关于促进西部地区特色优势产业发展的意见》提出要实现西部能源及化工、重要矿井开发及加工、特色农牧业及加工、重大装备制造、高技术产业、旅游产业的快速发展;2010 年中共中央、国务院《关于深入实施西部大开发战略的若干意见》再次强调"发展特色优势产业是增强西部地区发展内生动力的主要途径";为加快西部地区的产业结构调整与特色优势产业发展,在 2014 年国家发展和改革委员会在国家产业结构调整指导目录的基础上,结合西部地区产业发展实际,发布《西部地区鼓励类产业目录》,实行差别化的产业政策,使西部地区充分发挥比较优势、大力发展当地的特色优势产业、提升自我发展能力,促进区域协调发展。因而调整产业结构、转变经济增长方式、发展西部民族地区特色产业,这既是国家西部大开发战略实施的重点之一,也是西部民族地区加快实现跨越式发展与增强自我发展能力的主要途径。

（四）"一带一路"倡议机遇与特色经济

"一带一路"是党的十八大后习近平总书记在一系列周边外交活动中,秉持对外开放的区域合作精神,提出加强经济合作的倡议构想,是"丝绸之路经济带"和"21 世纪海上丝绸之路"的简称。2015 年 3 月,国家发展改革委员会等发布了《推动共建丝绸之路经济带和 21 世纪海上丝绸之路的愿景与行动》,以新战略为指导对西部民族地区的定位提出了更具体的要求,明确指出"发挥广西与东盟国家陆海相邻的独特优势,……打造西南、中南地区开放发展新的战略支点,形成 21 世纪海上丝绸之路与丝绸之路经济带有机衔接的重要门户","使云南建设成为面向南亚、东南亚的辐射中心"[①]。

基于"一带一路"的机遇,西南民族地区应充分利用目前国家在基础设施、对外贸易与经济金融等方面的优惠政策,通过"一带一路"与沿线国家和省区加强贸易合作与交流的机会,合理定位,不断整合自身优势资源,努力挖掘西南民族地区的特色自然资源与当地劳动力资源,结合区域实际,构建具

---

① 国家发展改革委,外交部,商务部.推动共建丝绸之路经济带和 21 世纪海上丝绸之路的愿景与行动 [EB/OL]. 新华网,2015-03-28.

有区域特色和竞争力的产业结构，走一条具民族特色的新型特色工业化道路。借"一带一路"机遇让当地的能源、交通、通信等相应的基础设施尽快实现与全国的连通，并带动区域产业结构优化升级，实现特色产业在区域内集聚发展，不断向区域外辐射、扩展和壮大，注重工业化发展与信息化相互的协同作用，同时利用"互联网+"在西南的后发优势，以信息化带动特色优势产业和传统产业的提升，使区域资源优势逐步转向产业优势与经济优势，形成区域特色经济，走发展特色经济的道路，是西南民族地区实现区域经济增长和提高区域竞争力的有效途径。

（五）特色产业培育与资金需求

西南地区资源丰富，有发展特色产业的良好机遇与条件，但结合这些优势资源所形成的部分特色产业均受到自身经济发展基础与条件限制，大多缺乏深加工，产业链条短，对资源的综合开发利用程度较低。西南地区长期以来在基础设施建设、生态环境保护、科技教育投入、改善人民生活水平等方面资金需求大，地方经济自我发展能力弱，财政资金投入能力有限，利用外资总体规模小、结构不合理、水平低，缺乏更多的资金投入特色优势产业的发展，影响了当地特色优势产业发展的集聚化、规模化，使得众多优势资源不能形成整体区域产业优势，发挥出应有的特色经济效益。

资源合理的开发与经济的可持续发展都离不开技术和资金这两个最重要的因素，而资金来源的规模、渠道与成本，与产业的兴衰有直接的联系。金融是连接资金供求的渠道和平台，金融业的发展直接影响着产业与区域经济发展的进程和稳定。西南民族地区特色产业持续、健康、合理、有效地发展，不仅需要国家和地方政府的政策指引，而且需要强有力的金融支持。金融以其自身的资金形成机制、投资导向机制、信用扩张机制及风险防范机制，实现资源优化配置、促进区域产业结构调整，充分发挥金融在特色产业培育与壮大中的促进作用，这是实现西南民族地区发展特色优势产业，走特色经济道路，加快缩小和东部地区区域差距的关键。考虑如何解决西南民族地区特色产业发展与壮大进程中资金匮乏的问题，建立建设与市场经济体制相适应、良好的区域性地方投融资环境，为西南民族地区特色产业发展创造融资便利和灵活地融资条件，成为西南民族地区亟待进行重要研究之一。

二、研究意义

（一）理论意义

金融发展理论包含宏观、中观及微观的层次，国内外现有研究成果较集中于宏观和微观层面，而中观层面的金融研究成果相对较少，尚未形成针对区域金融相对独立的分析框架和完整的理论体系，西南地区金融研究就属中观层次研究。此外，现有研究关注西部地区特色优势产业、特色经济发展存在的问题，缺乏对特色产业、特色经济支撑体系中金融制度安排展开深入研究，由于西南民族地区区域地理位置、经济、资源、文化的特殊性，特色产业发展融资需求大的特点，必须研究与当地特色优势产业发展相关的金融结构和制度，分析它们对产业资本形成、资源配置和产业产出效率的影响。本研究将产业发展理论和金融发展理论动态地联系起来，针对特色产业发展的金融支持制度展开探索性研究，从理论角度论证金融支持特色产业发展的内在机制，系统深入地揭示区域金融制度安排与区域特色产业发展之间存在的内在联系与发展规律，构建特色产业发展的金融支持制度理论框架，进一步丰富、完善我国特色产业发展研究的理论体系。

（二）现实意义

西部大开发的十五年来，在国家政策支持、对外开放和合作及各民族的共同努力下，西南民族地区依托区域资源开发，积极培育特色产业，区域经济社会发展速度明显加快，区域特色经济已初步形成。但西南民族地区特色产业投融资渠道狭窄，仍然以国家财政投入与银行信贷为主，区域外与境外资金利用少，资本市场与民间融资能力弱、效果不佳。尚不完善的金融支持体系致使金融在西南民族地区特色产业发展中的作用十分有限，难以为特色产业、特色经济的持续发展提供所需资金。因此，如何拓宽特色产业发展的融资渠道、提高特色产业的金融服务效率，探索构建一个支持特色产业发展的、完善的、有效的金融支持体系，为西南民族地区特色产业发展营造一个良好的投融资环境是西南民族地区经济社会发展的当务之急。

作为一项理论的应用研究，本研究强调理论与实践的密切结合。研究有助于进一步对西南民族地区产业结构调整及优化和经济增长方式转变的立体把握；将西南民族地区特色产业发展与金融支持作用机理与互动发展联系起来，不仅有助于西南民族地区特色产业发展与壮大，而且对于构建完善的金融支持体系，形成金融与产业和经济的协调发展具有重要意义；本研究系统探讨西南民族地区特色产业的选择、金融发展水平的评价，对金融支持西南民族地区特色产业进行考察，有助于政府更加准确地掌握目前西南民族地区特色产业发展中的金融供求状况，掌握西南民族地区特色产业发展金融支持中存在的障碍；对金融支持制度的设计与优化提出有针对性的、可操作的政策措施，为特色产业发展营造良好的金融支持环境，为国家与当地政府进一步完善特色产业发展的金融支持政策制定提供参考，有利于以后对特色产业发展的引导和有效管理。

三、研究目的

第一，从金融发展的研究视角，分析金融发展与区域内特色产业发展的协调性及互动机制。金融发展水平与特色产业发展之间是一种相互促进的关系，特色产业的发展壮大会产生更多的金融需求，不同类型的特色产业有自身的金融需求特征。因金融资源区域分布与发展水平的差异性，金融对特色产业的作用是一个非均衡的、不断调整趋于协调的过程，金融因素的地区差异对特色产业发展的作用也存在明显差异。西南民族地区要想发展特色产业、特色经济，实现经济的跨越式发展，必须重视金融在结构上的调整和效率的提高，并制定有效的金融政策引导金融资源在区域内合理流动，到达金融资源的协调分布与优化配置。

第二，立足西南民族地区资源优势、经济落后的现实，从特色产业具有的地域性特征出发，分别从省域角度和区域产业的特殊性角度，通过理论与实证研究和实地调研的方式，研究区域金融的发展水平与区域特色产业发展的相互关系，力求深入探寻区域金融在支持特色产业发展中现存的问题与障碍。将理论分析的结果与实地调研中考察到的影响因素相结合，客观判断制约西南民族地区特色产业发展的金融因素，为金融市场引导机制与政府政策干预机制的进一步协调，促进区域内资金流动适应特色产业发展内在要求的政策制定提供参考。

第三，结合西南民族地区严重的金融抑制及经济与特色产业发展的实际，提出特色产业金融支持体系的理论依据和目标模式选择，明确西南民族地区金融发展的方向。研究西南民族地区金融在区域产业结构调整与产业发展发挥的作用，构建金融支持区域特色产业的有效体系，并建立金融支持区域特色产业和特色经济发展的长效机制，促进金融与特色产业、特色经济协调发展，以期实现西南民族地区金融、经济与社会的可持续协调发展。

第二节 相关文献综述

一、特色产业发展相关文献回顾

（一）国外相关研究

国外关于特色产业的研究主要基于理论与思想方面，且整合了区域比较优势理论，区域分工与合作理论，区域间贸易理论及案例分析等。关于特色产业的思想最早可以追溯17世纪英国古典经济学家亚当·斯密（1776）[1]创立的绝对优势理论，该理论揭示国际贸易的动力所在及利益来源，被认为是国际贸易理论与区域分工理论的起源。此后大卫·李嘉图（1817）[2]提出了静态比较优势理论，标准新经济地理学（克鲁格曼，1991）[3]关于专业化分工和要素流动与产业集聚的关系正是基于该理论，著名经济学家埃利-赫克歇尔和贝蒂尔-俄林（1919，1933）[4]提出的要素禀赋理论，成为特色经济的理论来源。此后李斯特（1841）[5]提出幼稚工业保护论，迈克尔·波特（1980，1990）[6]提出竞争优势理论，认为一个产业的发展必须从相关产业的企业竞争中获益，揭示了企业、行业的竞争力是一个国家发达的原因所在。这些理论最终成为国际贸易理论的重要组成内容，也不断被以后的学者作为区域特色产业发展的重要理论指导。

---

[1] 亚当·斯密. 国富论[M]. 谢宗林，李华夏，译. 北京：中央编译出版社，2011.
[2] 彼罗·斯拉法. 大卫·李嘉图全集：第1卷 政治经济学及赋税原理[M]. 郭大力，王亚南，译. 北京：商务印书馆，2013.
[3] KRUGMAN P R. Increasing return and geography of economics[J]. Journal of Political Economy，1991，99（3）：483-499.
[4] 俄林. 区际贸易与国际贸易[M]. 逯宇铎，等译. 北京：华夏出版社，2008.
[5] 德弗里德希·李斯特. 政治经济学的国民体系[M]. 陈万煦，译. 北京：商务印书馆，1983.
[6] 迈克尔·波特. 竞争战略[M]. 陈小悦，译. 北京：华夏出版社，2005.

（二）国内相关研究

国内有关特色产业的研究起步较晚，但众多学者将特色产业的理论与实践相结合，得出具有指导意义的丰硕成果，但研究主要侧重于特色产业含义、特色产业的形成及发展、某一区域特色产业选择，或区域内具体某一特色产业的发展现状与存在问题分析等方面。

1. 关于特色产业的含义与特征的研究

彭建文等（2001）[1]、胥留德（2002）[2]、戴宾（2003）[3]、刘天平等（2009）[4]、宋效中（2012）[5]等学者从不同角度对特色产业进行了不同界定（见本书第2章中对特色产业界定）。

2. 关于特色产业的形成及发展的研究

较多学者关注具体某一特定特色产业的形成与发展，陈倩倩（2006）[6]认为"艺术村"发展已开始成为特色产业的一种模式。杨西平（2009）[7]阐释西藏农牧特色产业的发展经历了缓慢发展，到个体所有制发展，再到不断发展与大发展，最后飞速发展几个阶段。部分学者对特色产业的形成与演进机制进行分析，郭京福（2004）[8]认为特色农业的形成与发展是农业布局逐渐优化的过程，特色农业的演变具有自然资源开发型和工业带动型两种形态。王岱（2013）[9]通过对相关文献的梳理，探寻县域特色产业的形成与演进机理，指出特色产业的发展是产业特点与区域优势相结合的过程，关联网络主体的变动将引起特色产业的发展轨迹发生相应变动，且特色产业的发展和区域的要素

---

[1] 彭建文，王忠诚. 特色产业选择初探[J]. 经济体制改革，2001（3）.
[2] 胥留德. 论特色产业[J]. 昆明理工大学学报（社会科学版），2002，2（3）.
[3] 戴宾，杨建. 特色产业的内涵及其特征[J]. 农村经济，2003（8）.
[4] 刘天平，郭健斌，曾维莲. 论特色产业的内涵与特征[J]. 全国商情：经济理论研究，2009（20）.
[5] 宋效中，王利宾，靳兰. 河北省欠发达县域经济特色产业发展研究[J]. 燕山大学学报（哲学社会科学版），2012（7）.
[6] 陈倩倩. 我国画家村现象研究：关于创意产业的区位特征探索[D]. 北京：北京大学，2006.
[7] 杨西平. 西藏农牧特色产业的发展历程与基本经验——新中国成立以来西藏农牧特色产业演进的历史考察[J]. 西藏民族学院学报（哲学社会科学版），2009，30（3）.
[8] 郭京福，张楠. 西部民族地区特色农业发展对策研究[J]. 农业经济，2004（12）.
[9] 王岱，蔺雪芹，司月芳，等. 县域特色产业形成和演化机理研究进展[J]. 地理科学进展，2013，32（7）.

存在着一种共栖的关系。张璞（2014）[1]以信息扩散随机模型对促使特色产业发展和不断创新的内在机制进行相应地分析。有部分学者重视特色产业发展要素的研究，甘晖容（1997）[2]、张东旭（2002）[3]、张殿宫（2010）[4]等认为影响特色产业发展的要素有特色资源要素（包括自然资源、社会资源与综合优势）和环境要素（包括市场、政策及技术等），其中张东旭（2002）认为龙头要素与基地要素也会影响特色产业发展。

3. 对于某一具体特色产业或区域特色产业的研究

有学者从较广的区域角度展开研究，杨钢（2001）[5]、张海燕（2004）[6]、牛晓帆（2012）[7]、骆海燕（2016）[8]对产业组织制度与西部地区特色产业进行研究；杨迎潮（2003）[9]、汪庆（2011）[10]从欠发达地区的视角研究特色产业；郭京福（2006）[11]、于俊秋（2009）[12]、张璞（2010）[13]研究民族地区的特色产业发展。还有部分学者对省域特色产业展开研究，四川省经济发展研究院研究组（2003）[14]针对四川省特色产业发展提出了对策建议；宁夏统计局研究组（2001）[15]、张前进（2006）[16]以宁夏为研究对象，分析宁夏特色产业的选择、培育及规划；孙慧（2008）[17]探讨新疆特色产业集聚对区域经济发展的影响。从县域角度进

---

[1] 张璞，赵周华.少数民族特色产业的内涵和特征分析[J].前沿，2011（17）.

[2] 甘晖容.特色产业——民族地区经济发展的新增长点[J].贵州民族研究，1997（4）.

[3] 张东旭.发展县域特色产业的要素分析[J].理论前沿，2002（8）.

[4] 张殿宫.吉林省乡村特色产业发展研究[D].长春：吉林大学，2010.

[5] 杨钢，蓝定香.发展西部特色优势产业加快西部开发进程[J].经济问题，2001（7）.

[6] 张海燕.西部特色产业发展与产业集群[J].吉林省经济管理干部学院学报，2004，18（5）.

[7] 牛晓帆，朱睿倩，曹荣光.经济转型与产业制度创新[J].思想战线，2012（5）.

[8] 骆海燕.西部地区特色产业发展问题探析[J].商场现代化，2016（12）.

[9] 杨迎潮.欠发达地区特色产业的创新与发展探析[J].经济问题探索，2003（4）.

[10] 汪庆.我国西南欠发达地区特色产业发展研究[D].重庆：重庆师范大学，2011.

[11] 郭京福.民族地区特色产业论[M].北京：民族出版社，2006.

[12] 于俊秋.论少数民族特色产业创新发展的宏观环境营造[J].商业时代，2009（27）.

[13] 张璞，赵周华.少数民族特色产业的内涵和特征分析[J].前沿，2011（17）.

[14] 四川省经济发展研究院研究组.加快四川县城经济发展的对策研究[J].经济体制改革，2003（4）.

[15] 宁夏统计局研究组.宁夏特色产业的选择与培育[J].宁夏社会科学，2001（5）.

[16] 张前进，刘小鹏.中国西部地区特色优势产业发展与优化研究——以宁夏为例[J].宁夏大学学报（自然科学版），2006，27（1）.

[17] 孙慧.特色产业集聚对区域经济发展的影响——以资源型省份新疆为例[J].生产力研究，2008（19）.

行研究的学者有杜文忠（2010）[①]、王岱（2013）[②]、宋万杰等（2016）[③]。何春林（2006）[④]、王生林（2009）[⑤]、孔垂柱（2013）[⑥]分别对广东、甘肃、云南的特色农业发展进行研究；于海茹等（2016）[⑦]针对延边的黑木耳产业的栽培技术、发展存在的问题进行具体分析；关注旅游产业发展的研究较多，王瑛等（2000）[⑧]基于区位理论，利用边际效用模型分析云南省旅游业的区位结构与发展状况；李江帆等（2001）[⑨]以旅游业的产业链为研究对象，分析广东省旅游业的投入产出效应；曹新向（2007）[⑩]利用因子分析法对我国区域旅游产业发展能力及前景进行分析；陈忠祥（2002）[⑪]、董笑梅（2003）[⑫]、王国华（2013）[⑬]等分别对宁夏、西部地区及北京的旅游产业发展进行研究。

4. 关于区域特色产业选择的原则、标准、方法等研究

对特色产业的筛选，彭建文（2001）[⑭]认为应考虑市场导向、动态规划性、重点突破性、区域的合作与协调等原则对特色产业进行选择；胥留德（2002）[⑮]提出开发原则、超前原则及空间、时间与生态环境的可持续性原则，是特色产业选择应遵循的原则。

---

① 杜文忠，唐贵伍.西部地区县域特色产业发展对策研究[J].重庆大学学报（社会科学版），2010，16（3）.

② 王岱，蔺雪芹，司月芳，等.县域特色产业形成和演化机理研究进展[J].地理科学进展，2013，32（7）.

③ 宋万杰，安林丽.河北省县域特色产业集群内小微企业经营状况及发展策略研究[J].科技风，2016（8）.

④ 何春林.湛江特色农业发展研究[M].北京：中国农业出版社，2006.

⑤ 王生林，王文略，马丁丑.甘肃省农业特色优势产业区发展SWOT分析[J].湖南农业科学，2009（4）.

⑥ 孔垂柱.发展高原特色农业建设绿色经济强省——云南发展农业特色产业的实践与思考[J].云南社会科学，2013（1）.

⑦ 于海茹，王鑫，周丽洁，等.对延边州特色产业黑木耳产业发展的思考[J].现代农业科技，2016（2）.

⑧ 王瑛.旅游业区位分析——以云南为例[J].地理学报，2000（3）.

⑨ 李江帆.旅游业的产业关联和产业波及分析——以广东为例[J].旅游学刊，2001（3）.

⑩ 曹新向.中国省域旅游业发展潜力的比较研究[J].人文地理，2007（1）.

⑪ 陈忠祥.宁夏特色旅游发展研究[J].干旱区地理，2002，25（4）.

⑫ 董笑梅，徐静.西部地区特色旅游开发探析[J].内蒙古师范大学学报（哲学社会科学版），2003，32（3）.

⑬ 王国华.北京郊区乡村旅游产业转型升级的路径与方法[J].北京联合大学学报（人文社会科学版），2013，11（4）.

⑭ 彭建文，王忠诚.特色产业选择初探[J].经济体制改革，2001（3）.

⑮ 胥留德.论特色产业[J].昆明理工大学学报（社会科学版），2002，2（3）.

关于特色产业的选择标准，孟庆红（2003）[①]提出应注意收入弹性、生产要素持续、产业链延伸效应、生产率上升基准这4个标准；贾宁（2009）[②]则认为产业规模、产业独特、产业效益与产业专业化才是识别特色产业时应考虑的标准。

对于特色产业选择的评价指标体系构建方法看，周丽永（2007）[③]、唐志强（2010）[④]均从比较优势、专业化程度和产业竞争力三个方面构建特色产业评价指标体系；相对而言唐志强（2010）在比较优势方面的指标更加具体和完善；陈爱东（2012）[⑤]提出可以运用收入弹性、比较优势系数、产业关联度、完全就业与相关因素指标来判别特色产业。

通过实证方法对特色产业进行识别方面，徐爱仙（2004）[⑥]、李建波（2010）[⑦]、师学萍等（2010）[⑧]运用区位商分析法分别对湘西自治州、昭通市和西藏林芝地区的特色产业进行筛选；唐浩（2008）[⑨]运用主成分分析法对西部地区特色产业进行选择；李金叶（2005）[⑩]通过对自然资源现状的分析，以市场优势与产业规模优势的指标计算认为棉花是新疆的首要特色产业。

5. 关于特色产业现状及存在问题的具体研究

有学者着重于特色产业发展环境的分析，吴子稳等（2006）[⑪]、张斯琴（2011）[⑫]运用SWTO分析法，分别以定性和定量相结合对合肥市肥西县特色产业发展的环境进行全面的分析，并采用定性分析方法对少数民族地区发展特色产业的优劣势、机遇与挑战进行分析；郭鹏辉（2013）[⑬]针对甘肃省具有特色

[①] 孟庆红.区域特色产业的选择与培育——基于区域优势的理论分析与政策路径[J].经济问题探索，2003（9）.

[②] 贾宁.宁夏回族自治区特色产业发展研究[D].兰州：西北民族大学，2009.

[③] 周丽永.地区特色产业及其评价指标体系的构建[J].统计与决策，2007（9）.

[④] 唐志强，王丁宏.县域特色产业选择的指标体系构建[J].统计与决策，2010（6）.

[⑤] 陈爱东.构建西藏特色优势产业体系的财政支持研究[M].北京：光明日报出版社，2012.

[⑥] 徐爱仙.湘西自治州发展特色产业研究[D].长沙：中南大学，2004.

[⑦] 李建波.昭通市特色产业发展研究[D].昆明：云南财经大学，2010.

[⑧] 师学萍，龚红梅，姚新华.西藏林芝地区特色产业选择分析[J].安徽农业科学，2010，38（22）.

[⑨] 唐浩.西部大开发特色优势产业发展研究[M].成都：四川大学出版社，2008.

[⑩] 李金叶.新疆农业特色产业选择研究[J].新疆大学学报，2005，33（5）.

[⑪] 吴子稳，张媛媛，潘生.SWOT模型在县域特色产业战略规划中的应用[J].合肥工业大学学报（自然科学版），2006，29（8）.

[⑫] 张斯琴.少数民族特色产业发展与创新的SWOT分析[J].前沿，2011（13）.

[⑬] 郭鹏辉.甘肃省马铃薯特色优势产业竞争力分析[J].甘肃联合大学学报（社会科学版），2013，29（4）.

竞争优势的马铃薯产业，就其优势与劣势进行详细研究。高全成等（2008）[①]、杜文忠（2010）[②]、申兵（2012）[③]对西部地区特色产业发展现状、存在问题进行详细分析，探寻特色产业发展的方向；杨敬宇（2011）[④]、白景彰等（2013）[⑤]、赵志刚（2016）[⑥]分别探讨甘肃省从"石油农业"向"生态农业"转化的特色农业政策取向、体制创新，广西八大特色产业与产业集群等影响因素，宁夏黑豆特色产业发展中存在的主要问题。

（三）特色产业发展国内外文献评述

对国内外关于特色产业相关研究的梳理可以看出，特色产业发展的理论基础是国外学者研究的重点，而国内学者大多从特色产业含义、形成、筛选及其发展存在的具体问题进行了大量的研究。在特色产业形成与发展的理论方面，国外学者对于国际贸易经典理论不断深入研究，逐渐形成特色产业的重要思想来源；国内学者对特色产业的含义及特征进行探讨均以国外经典的区域分工理论为基础，结合我国区域实际进行研究。由于特色产业这一概念由我国学者提出，因而针对特色产业的具体研究，国外学者几乎没有涉及，国外特色产业的理论研究虽对我国有借鉴意义，但是借鉴意义比较有限。国内学者侧重于特色产业如何选择、培育，影响其发展的环境及发展状况进行了大量研究，侧重于区域特色产业的筛选与具体某一特色产业发展状况分析较多，这些研究为本研究提供了指导方向与基础。在特色产业选择的方法上，较多采用定性分析法、单一指标确定法、熵值赋值法、主成分分析法等方法探讨适合地区发展的特色产业。基于定性和定量分析相结合，进行综合全面探讨特色产业选择的研究存在不足。国内现有研究较集中于西部地区、民族地区的中观研究与具体县域的微观研究，缺乏针对西南地区及西南民族地区各省（区、市）及县域的研究。

[①] 高全成，王恩胡.西部地区特色优势产业发展状况综述[J].西安财经学院学报，2008，21（3）.
[②] 杜文忠，唐贵伍.西部地区县域特色产业发展对策研究[J].重庆大学学报（社会科学版），2010，16（3）.
[③] 申兵.西部地区特色优势产业发展现状、问题及政策取向[J].经济研究参考，2012（55）.
[④] 杨敬宇.现代生态农业是甘肃区域特色农业现代化的基本导向[J].甘肃农业，2011（12）.
[⑤] 白景彰.广西农业特色产业发展概况[J].广西蚕业，2013（2）.
[⑥] 赵志刚，罗瑞萍，郝吉兵，等.宁夏南部旱作区发展黑豆特色产业浅析[J].中国种业，2016（4）.

二、金融发展相关文献回顾

（一）国外相关研究

金融发展最早可以追溯到 Walter Bagehot（1873）[1]关于金融体系的研究，认为在英国的工业革命中金融系统起了核心作用。此后 J.G.Gurley（1955）和 E.S.Shaw（1956）[2]分别在他们的代表作中首次展开了金融发展理论的研究；R.I.Mckinnon（1973）[3]、E.S.Shaw（1973）[4]创立的"金融深化"和"金融抑制"理论，是金融发展理论正式形成的标志，在此之后各国学者纷纷对金融发展相关问题展开了深入的探讨。Goldsmith（1969）[5]认为金融发展与金融结构对经济的影响，是金融领域的一项重要研究，国外对于金融发展的研究基本集中在关注金融发展和相互之间的经济关系之上。

关于金融发展对经济促进作用方面的研究，Goldsmith（1969）基于 35 个国家 103 年数据的实证分析，得到经济增长与金融发展存在高度的相关性的结论；此后为弥补 Goldsmith 未对两者之间关系进行研究的不足，King 和 Levine（1993）[6]以 80 个国家的 30 年数据为样本，通过回归方法验证经济增长与金融发展确实存在强正相关性；Rousseau 和 Sylla（2001）[7]对 17 个国家样本数据研究的结果表明，经济的不断增长与全球化确实是由金融发展引起的；Abdul Jalil 和 Mete Feridun（2011）[8]采用自回归分布滞后模型与主成分分析法，实证认为金融发展和经济增长之间的确存在着显著和积极的关系。

在关于经济增长与金融发展之间因果关系的探讨中，Murinde 和 Eng

---

[1] BAGEHOT W.Lombard Street：A Description of the Money Marke[M]. Dodo Press，2006.

[2] 约翰·格利，爱德华·肖.金融理论中的货币[M].贝多广，译.上海：上海二联书店，上海人民出版社，1994.

[3] 麦金农.经济发展中的货币与资本[M].卢骢，译.上海：上海三联书店，1988.

[4] 爱德华·肖.经济发展中的金融深化[M].邵伏军，等译.上海：上海三联书店，1988.

[5] 雷蒙德·W.戈德史密斯.金融结构与金融发展[M].周朔，等译.上海：上海三联书店，1994.

[6] KING R G, LEVINE R. Finance, Enterpreneurship, and Growth[J]. Journal of Monetary Economics, 1993, 32（3）: 513-542.

[7] ROUSSEAU P L, SYLLA R. Financial Systems, Economic Growth, and Globalization[M]//BORDO M D, TAYLOR A M. Globalization in Historical Perspective. Chicago：University of Chicago Press，2001: 373-416.

[8] JALIL A, FERIDUN M. Impact of financial development on economic growth: empirical evidence from Pakistan[J]. Journal of the Asia Pacific Economy, 2011, 16（1）: 71-80.

(1994)[1]与 Rousseau 和 Wachtel（1998）[2]通过 Granger 因果检验、协整检验的实证，结果证实金融发展与经济增长具有单项的因果关系；Demetriades 和 Hussein（1996）[3]、Calderón 和 Liu（2003）[4]、Pradhan R P（2013）[5]分别运用 Geweke 分解检验和 Granger 因果关系验证了经济增长与金融发展存在相互的因果关系，不同的是 Demetriades 和 Hussein 以 16 个发展中国家为考察对象，Calderón 和 Liu 以 109 个发展中国家和工业国作为研究对象，同时指出样本的间隔时间越长，金融发展对经济发展的影响就越大，而 Pradhan 则以 15 个亚洲国家作为研究对象。

（二）国内相关研究

国内在金融发展方面的研究起步较晚，但基于国外研究的经验基础及结合中国实际的研究，取得了颇丰的成果，研究主要集中于金融发展制约因素、区域金融发展差异、经济增长与金融发展关系等几个方面。

1. 关于金融发展的制约因素与收敛性的研究

谈儒勇（2004）[6]从供给角度与需求角度出发考察金融发展的微观动因，指出基于供给的角度，金融发展的微观动因是技术进步、范围经济、规模经济和制度环境变化，而从需求的角度出发，可预知、不可预知的外部环境变化和收入、信誉等个体自身条件是金融发展的微观动因；江春（2007）[7]借鉴国际经验提出影响金融发展的因素有产权结构、金融利益集团的力量和法律制度；葛阳琴（2013）[8]则认为交易成本高、信息不对称、经营风险大是制约

---

[1] MURINDE V, ENG F S H. Financial Development and Economic Growth in Singapore: Demand-Following or Supply-Leading?[J]. Applied Financial Economics, 1994, 4（6）: 391-404.

[2] ROUSSEAU P L, WACHTEL P. Financial Intermediation and Economic Performance: Historical Evidence from Five Industrialized Countries[J]. Journal of Money Credit and Banking, 1998, 30（4）: 657-678.

[3] DEMETRIADES P O, HUSSEIN K A. Does financial development cause economic growth? Time-series evidence from 16 countries[J]. Journal of Development Economics, 1996, 51（2）: 387-411.

[4] CALDERÓN C, LIU L. The direction of causality between financial development and economic growth[J]. Journal of Development Economics, 2003, 72（1）: 321-334.

[5] PRADHAN R P, MUKHOPADHYAY B, GUNASHEKAR A, et al. Financial development, social development, and economic growth: the causal nexus in Asia[J]. Decision, 2013, 40（1/2）: 69-83.

[6] 谈儒勇. 中国金融发展和经济增长关系的实证研究[J]. 经济研究, 1999（10）.

[7] 江春, 许立成. 金融发展中的制度因素: 理论框架与国际经验[J]. 财经科学, 2007（4）.

[8] 葛阳琴, 潘锦云. 农村金融发展困境、制约因素及其对策[J]. 安庆师范学院学报（社会科学版）, 2013, 32（1）.

农村金融发展的主要原因。

陆文喜（2004）[①]、赵伟（2006）[②]、黄桂良（2011）[③]对金融发展的收敛性进行了探究。陆文喜采用贝塔收敛法，对我国省际范围以及东中西部区域金融发展的收敛性进行检验，研究结果显示我国各地金融发展具有区域性和阶段性的收敛特征；赵伟认为区域经济发展不平衡等因素导致我国区域金融发展不存在收敛，但存在着β绝对收敛并表现出"俱乐部收敛"特征；黄桂良以粤港澳区域为考察对象，并证实粤港澳区域的金融发展存在着显著收敛性。

2. 关于地区间金融发展差异的探讨

李敬（2008）[④]从劳动分工理论出发，建立区域金融发展水平模型，全面分析我国省域、东中西部区域和八大经济区域之间金融水平发展存在的差异，实证考察我国区域金融差异的变动规律与趋势；周立（2002）[⑤]、朱建芳（2006）[⑥]、王修华（2007）[⑦]、李钊等（2009）[⑧]、孙晓羽等（2013）[⑨]探讨了我国东部、中部、西部区域之间金融发展水平存在的差异，并认为我国地区间的金融差距明显。杜家廷（2010）[⑩]采用空间统计的Moran指数与空间面板数据模型，在对我国28个省域1992—2008年的数据实证分析，得出我国省域间的金融发展存在空间溢出效应；殷克东（2010）[⑪]利用主成分分析法、熵值法等分析方法进行研究，结论表明金融发展水平梯度与经济发展水平梯度基本一

[①] 陆文喜，李国平. 中国区域金融发展的收敛性分析[J]. 数量经济技术经济研究，2004，21（2）.

[②] 赵伟，马瑞永. 中国区域金融发展的收敛性、成因及政策建议[J]. 中国软科学，2006（2）.

[③] 黄桂良. 区域金融发展收敛：理论分析与实证检验[D]. 广州：暨南大学，2011.

[④] 李敬. 中国区域金融发展差异研究——基于劳动分工理论的视角[D]. 重庆：重庆大学，2007.

[⑤] 周立. 中国金融发展的地区差距状况分析（1978—1999）[J]. 金融经济学研究，2002，17（1）.

[⑥] 朱建芳. 区域金融发展差距：理论与实证分析[D]. 杭州：浙江大学，2006.

[⑦] 王修华. 我国区域金融发展差异的比较[J]. 经济地理，2007，27（2）.

[⑧] 李钊，王舒健. 金融聚集理论与中国区域金融发展差异的聚类分析[J]. 金融理论与实践，2009（2）.

[⑨] 孙晓羽，支大林. 中国区域金融发展差异的度量及收敛趋势分析[J]. 东北师大学报（哲学社会科学版），2013（3）.

[⑩] 杜家廷. 中国区域金融发展差异分析——基于空间面板数据模型的研究[J]. 财经科学，2010（9）.

[⑪] 殷克东，孙文娟. 区域金融发展水平动态综合评价研究[J]. 商业研究，2010（12）.

致；李正辉等（2014）[①]采用熵值法对金融发展水平指标体系进行评价，其结果证实我国省域间金融发展水平最开始差异呈现逐步扩大，之后又不断缩小的特征。

3. 关于金融发展对经济增长影响的探讨

周立等（2002）[②]、范学俊（2007）[③]、王伟等（2011）[④]、李苗苗等（2015）[⑤]基于不同时期的数据，分别以不同的研究方法，得到了同样的结果，均认为我国金融发展的确对经济增长存在着促进作用。部分学者将金融发展与金融市场进行了细分，得出更为具体的结论。例如，谈儒勇（1999）[⑥]分析股票市场发展和经济增长，以及金融中介与经济增长间的相互关系，以回归模型进行实证，得出金融中介与经济增长存在很强的正相关性，而股票市场与经济增长则存在较弱的负相关性；赵振全、薛丰慧（2004）[⑦]运用修正后的产出增长率模型，实证检验得出信贷市场对我国经济增长有明显的促进作用，而股票市场却不存在明显的促进作用。

也有部分学者的研究表明金融发展对经济增长的影响存在区域和期间差异。郑长德（2007）[⑧]实证西部各省域金融发展与区域经济增长的关系，认为不同省域间的金融发展水平不同，对经济增长的影响也存在着明显差异；孙力军（2012）[⑨]指出长期金融发展是供给导向型，通过合理配置资金、资本积累能力和提高技术水平来促进经济增长，但短期的金融发展是需求跟随型，没有促进经济增长的能力，但经济增长可以带动金融发展。

---

① 李正辉，胡碧峰.我国省域金融发展的差异及其实证研究[J].统计与决策，2014（12）.
② 周立，王子明.中国各地区金融发展与经济增长实证分析：1978—2000[J].金融研究，2002（10）.
③ 范学俊.金融发展与经济增长——1978—2005中国的实证检验[D].上海：华东师范大学，2007.
④ 王伟，郑月明.中国区域金融发展与经济增长关系的实证研究——基于动态面板数据模型的分析[J].现代经济信息，2011（21）.
⑤ 李苗苗，肖洪钧，赵爽.金融发展、技术创新与经济增长的关系研究——基于中国的省市面板数据[J].中国管理科学，2015，23（2）.
⑥ 谈儒勇.中国金融发展和经济增长关系的实证研究[J].经济研究，1999（10）.
⑦ 赵振全，薛丰慧.金融发展对经济增长影响的实证分析[J].金融研究，2004（8）.
⑧ 郑长德.中国西部地区金融发展与经济增长[M].北京：民族出版社，2007.
⑨ 孙力军.金融发展与经济增长：基于中国转型期的实证研究[M].上海：立信会计出版社，2012.

4. 关于金融发展与经济增长之间因果关系的研究

陈军（2002）[①]、史永东（2003）[②]、燕欣春（2006）[③]、苏建军（2014）[④]对于中国的金融发展与经济发展互动关系的研究，均认为二者之间存在着双向的因果关系。不同之处在于陈军、史永东、燕欣春采用Granger因果检验作为研究方法，苏建军则利用向量误差修正模型进行研究。冉茂盛（2002）[⑤]基于格兰杰因果检验法，对我国货币、利率和经济增长在1983—1999年的关系进行实证，结果认为经济增长和金融发展之间具有单项的因果关系，且表现为经济增长带动金融发展。姚耀军（2004）[⑥]对我国农村金融和经济的关系进行实证研究，结果证实经济增长与金融发展存在单项的因果关系。冉光和（2006）[⑦]基于面板数据的误差纠正模型，分别对我国东部与西部地区进行实证研究，得出西部地区的金融发展和经济增长具有长期单项因果关系，但短期因果关系并不明显，而东部地区则体现出长期与短期均存在双向的因果关系，因而得出不同地区之间区域金融发展与区域经济增长的关系可能存在着不一致；孙林等（2012）[⑧]利用面板数据对我国东部、中部、西部地区金融发展与经济增长关系进行检验，得出东部地区金融发展与区域经济增长存在长期与短期的因果关系，中西部地区存在长期的因果关系，但不存在短期因果关系。

（三）金融发展国内外研究述评

从国内外关于金融发展的文献可以看出，国内外学者的研究均侧重于经济增长与金融发展的关系研究，除此之外国内学者还对金融发展水平的测度与差异进行了大量的实证研究。在经济增长与金融发展关系的研究方面，国

[①] 陈军，王亚杰．我国金融发展与经济增长互动关系分析[J]．中国软科学，2002（8）．

[②] 史永东，武志，甄红线．我国金融发展与经济增长关系的实证分析[J]．预测，2003，22（4）．

[③] 燕欣春．我国金融发展对经济增长影响的理论分析与实证研究[D]．青岛：中国海洋大学，2006．

[④] 苏建军，徐璋勇．金融发展、产业结构升级与经济增长——理论与经验研究[J]．工业技术经济，2014（2）．

[⑤] 冉茂盛，张宗益，冯军．中国金融发展与经济增长的因果关系检验[J]．重庆大学学报（自然科学版），2002，25（3）．

[⑥] 姚耀军．中国农村金融发展与经济增长关系的实证分析[J]．经济科学，2004（5）．

[⑦] 冉光和，李敬，熊德平，等．中国金融发展与经济增长关系的区域差异——基于东部和西部面板数据的检验和分析[J]．中国软科学，2006（2）．

[⑧] 孙林，杨俊．我国区域金融发展与经济发展关系再研究——基于我国三大区域面板数据的检验和分析[J]．经济经纬，2012（2）．

内外学者均关注金融发展在国民经济中的促进作用，对后续经济增长与金融发展互动关系研究提供了理论基础与实践指导。随着金融发展水平的提高，金融发展中自身存在的问题及其对经济的作用机制研究将有待深入。对于金融发展水平方面的研究，国内学者基于对国外研究方法借鉴的基础上，结合我国实际情况，探讨制约我国不同地区金融发展水平的因素以及区域间金融发展水平的差异，为更好地评价金融发展水平提供了指导，但关于金融发展水平差异对经济增长发挥不同作用的具体研究较少。特色产业的发展对西南民族地区实现跨越式发展具有重要推动作用，因而对区域特色产业发展及其与金融发展的关系进行研究，具有重要的理论与现实意义。由于目前国内对于区域特色产业和金融发展之间相互关系的研究，无论理论还是实践均存在不足。伴随着金融深化和区域经济的不断发展，区域金融发展与经济增长的关系也将会越来越复杂，因此对特色产业发展与金融支持之间关系的研究需要不断完善，作为未来西南民族地区发展特色经济道路的理论指导。

三、金融支持产业发展相关文献回顾

（一）国外相关研究

对金融发展和经济增长关系的研究长期以来一直是国外学者关注的焦点，但关于产业发展与金融支持的研究则相对较少。较早提出金融发展对产业发展影响的学者是 Bagehot（1873）[1]，认为金融体系为英国的工业的发展提供了必要的资金融通，此后 King 和 Levine（1993）[2] 指出金融体系通过选择高质量的企业与项目，调动创新活动以及为实体企业提供融资来提高生产效率。Rajan 与 Zingales（1998）[3] 基于 42 个国家 36 个行业的研究，表明在金融发展水平较高的金融体系中各行业可以取得快速发展。Beck（2002）[4] 从实证角度提出金融体系为产业发展提供资金融通渠道及促进产业增长，但关键在于国家是否具有有利于金融服务产业发展的金融法制环境。

---

[1] BAGEHOT W.Lombard Street: A Description of the Money Marke[M].Dodo Press, 2006.
[2] KING R G, LEVINE R. Finance, Enterpreneurship, and Growth[J]. Journal of Monetary Economics, 1993, 32（3）: 513-542.
[3] RAJAN R G, ZINGALES L. Financial dependence and growth[J]. American Economic Review, 1998, 88（3）: 559-586.
[4] BECK T, LEVINE R. Industry growth and capital allocation: does having a market-or bank-based system matter?[J]. Journal of Financial Economics, 2002, 64（2）: 147-180.

（二）国内相关研究

国内金融支持产业发展的研究，具体结合了中国的地区实际，逐步形成了一些有价值的研究成果。其研究主要涉及以下几方面。

1. 金融和产业发展之间的互动关系研究

王广谦（1997）[1]指出金融无论是量还是质均会对产业的发展产生积极作用，而产业发展的重要前提则是金融效率提升。此后学者们更多地从产业结构方面来研究金融促进产业发展，伍海华（2001）[2]认为金融是通过资金形成、资金导向、信用扩张与产业整合等内在机制促进产业调整；张旭（2002）[3]提出金融发展会推动产业组织合理化、产出结构高级化及技术结构现代化，将有利于产业结构调整；邱冬阳（2010）[4]基于重庆1980—2008年的统计数据，协整分析验证了金融体系通过资金的导向和形成机制，发挥着配置资源的功能，从而促进投资的增加，最终推动产业结构的升级。王春丽（2011）[5]选取我国31个省市的面板数据，探索金融发展与产业结构优化的关系，认为区域金融发展总量的增加对区域产业结构优化推动作用明显。也有学者认为金融并不只是单纯影响产业结构的改变，罗荣华（2014）[6]基于中国省级面板数据，运用变系数固定效应模型进行实证分析，得出金融发展有利于产业结构的合理化，而不是产业结构的高级化。杨锦敏（2008）[7]、史诺平（2010）[8]对产业结构和金融发展的协整关系进行实证，研究结果证实金融发展并不是促进产业调整的原因，并认为结果可能受金融体系的不完善影响。

---

[1] 王广谦. 经济发展中金融的贡献与效率 [M]. 北京：中国人民大学出版社，1997.

[2] 伍海华，张旭. 经济增长·产业结构·金融发展 [J]. 经济理论与经济管理，2001（5）.

[3] 张旭，伍海华. 论产业结构调整中的金融因素——机制、模式与政策选择 [J]. 当代财经，2002（1）.

[4] 邱冬阳，汤华然. 金融发展与产业结构调整关系的实证研究——基于重庆的协整分析 [J]. 重庆理工大学学报（社会科学版），2010，24（10）.

[5] 王春丽，宋连方. 金融发展影响产业结构优化的实证研究 [J]. 财经问题研究，2011（6）.

[6] 罗荣华，门明，何珺子. 金融发展在促进我国产业结构调整中的效果研究——基于我国30个省级面板数据 [J]. 经济问题探索，2014（8）.

[7] 杨锦敏. 金融发展与产业结构调整研究 [D]. 厦门：厦门大学，2008.

[8] 史诺平，廖进中，杨炜娜. 中国金融发展与产业结构调整关系的实证研究 [J]. 统计与决策，2010（3）.

2. 关于金融支持某一特定产业的研究

胡海峰（2010）[①]、顾海峰（2011）[②]、吕娟（2013）[③]均对战略性新兴产业发展中金融体系的建设与完善进行研究，并探讨金融支持对战略新兴产业的影响；陈松林（1999）[④]、马晓霞（2006）[⑤]、陈柳钦（2008）[⑥]、郑婧渊（2009）[⑦]分别对金融支持高新技术产业存在的难点与制约因素、高新技术的融资特征以及对金融的需求、金融支持高新技术的作用机理等进行深入探讨。孙斌（2008）[⑧]、杨尚勤（2011）[⑨]、吕倩（2011）[⑩]、陆岷峰（2012）[⑪]对文化产业发展中金融支持存在的问题、模式以及构建金融体系服务文化产业等方面进行了研究。罗富民（2006）[⑫]、李孝辉（2009）[⑬]、陈明荣（2010）[⑭]对金融支持旅游业存在的问题和制约因素，以及相关金融支持体系的构建进行了研究。

3. 关于金融支持特色产业发展的研究

关于金融支持特色产业发展的研究较少，现有研究大多是基于实践经验基础上探讨县域特色产业存在的问题。王建军（2005）[⑮]认为金融体系约束、融资服务约束、信息障碍约束、企业管理约束是金融支持沂水特色产业不足的原因；杨少芬（2009）[⑯]指出福建省金融支持特色产业发展存在金融主体单

---

① 胡海峰，孙飞. 我国战略性新兴产业培育中的金融支持体系研究 [J]. 新视野，2010（6）.

② 顾海峰. 战略性新兴产业发展的金融支持体系及其政策设计 [J]. 现代财经（天津财经大学学报），2011（9）.

③ 吕娟. 安徽省战略性新兴产业发展的金融支持研究 [D]. 合肥：安徽大学，2013.

④ 陈松林. 金融支持高新技术产业发展的难点与突破 [J]. 新金融，1999（9）.

⑤ 马晓霞. 高新技术产业金融支持体系研究 [J]. 科技进步与对策，2006，23（9）.

⑥ 陈柳钦. 高新技术产业发展的金融支持研究 [J]. 当代经济管理，2008，30（5）.

⑦ 郑婧渊. 我国高科技产业发展的金融支持研究 [J]. 科学管理研究，2009，27（5）.

⑧ 孙斌. 金融支持文化产业发展中面临问题及建议 [J]. 金融经济，2008（6）.

⑨ 杨尚勤，谢正骞，薛峰. 陕西省文化产业发展的金融支持研究 [J]. 未来与发展，2011（1）.

⑩ 吕倩. 文化产业金融支持模式创新研究 [D]. 天津：天津财经大学，2011.

⑪ 陆岷峰，张惠. 文化产业大发展的金融支持系统研究 [J]. 江西财经大学学报，2012（2）.

⑫ 罗富民. 简析旅游产业可持续发展的金融支持 [J]. 内江师范学院学报，2006，21（6）.

⑬ 李孝辉. 张家界旅游产业发展的金融支持研究 [D]. 长沙：中南大学，2009.

⑭ 陈明荣. 金融支持欠发达地区旅游产业发展问题探析 [J]. 甘肃金融，2010（12）.

⑮ 王建军，石增谊，岳嵩，等. 金融支持地方特色产业问题研究 [J]. 金融发展研究. 2005（11）.

⑯ 杨少芬，梁晖晴. 福建省特色产业发展与金融支持研究 [J]. 福建金融，2009（3）.

一、信贷支持力度不够、融资渠道较窄、信贷担保机构供给不足及非银行机构服务不足等制约因素；汪楹（2013）[1]认为金融体系缺陷、农业产业弱质性、金融风险及风险的分担失衡成为高原特色农业发展金融支持的瓶颈。

也有部分学者探讨金融支持特色产业发展中存在的问题与对策。陈长民（2008）[2]提出可以从经济激励和扶持、支持构建特色产业集群、引入产业投资基金等机制，吸引外资、强化金融保险服务的意识和优化金融生态环境几个方面来推进金融支持西部特色产业成长。董桂芳（2011）[3]指出应增强农村实体经济的资金吸纳能力，建立和健全农业信贷投入机制，选择准确的信贷支农载体，建立稳定、明确和长效的金融政策体系，优化农村金融生态环境来促进金融支持西部农业产业化。王亚林等（2011）[4]则认为在考虑以政策促进金融支持县域特色产业升级时，应该从设立跨县域产业投资基金、创新金融产业和拓宽融资渠道、加强信贷风险管理和风险预警机制以及强化协调合作等几个方面入手。

（三）金融支持产业发展研究评述

综上所述，研究金融支持产业发展的国外文献较少，且主要集中于金融发展与产业发展之间的关系上，考虑到我国产业发展所具有的特殊性，国外的研究成果借鉴意义有限。

国内关于金融支持产业发展的文献颇为丰富，尤其随着加快产业升级逐渐成为地区间经济增长的新动力，带动区域产业发展的资金需求日益加大，因而体现在相关研究方面，对于产业发展和金融发展关系的研究逐渐增多。在二者关系的研究方面，国内大多数学者以协整分析、变系数固定效应模型等方法进行定量考察，结合较全面的定性分析，对金融发展和产业结构的关系展开研究，大多数学者得出金融发展对产业结构优化与升级有利的结论，为今后关于产业发展与金融发展关系的相关研究提供了基础。对于特色产业的金融支持方面，相关理论研究较为缺乏，现有研究大多从实践角度，具体探讨金融支持县域特色产业发展存在的不足，并提出对策建议。国内学者侧重研究的产业包括战略新兴产业、高新技术产业、旅游产业以及某县域具体

---

[1] 汪楹. 金融服务滇西边境山区高原特色农业产业发展问题研究——以云南省保山市为例[J]. 西南金融，2013（9）.

[2] 陈长民. 西部特色产业成长的金融支持对策[J]. 商业时代，2008（20）.

[3] 董桂芳. 西部地区农业产业化金融支持缺失问题研究[D]. 北京：中央民族大学，2011.

[4] 王亚林，李富喜，王应权. 县域特色产业升级与金融支持对策[J]. 西部金融，2011（8）.

某一特色产业的金融支持，探究具体涉及的金融支持产业发展中存在的问题、金融支持体系构建、制约因素及完善金融支持体系等方面。从整体上来看，国内学者较多仅从单一视角或者某一个具体产业的金融支持进行研究，缺乏全面地、系统地探讨金融支持特色产业发展的理论基础、互动机制、支持体系及实践中存在问题，对这些问题的深入探索有利于金融支持特色产业理论的丰富，及未来特色产业发展金融支持制度的完善。

第三节　核心概念界定与说明

由于目前学界对西南民族地区的范围口径不统一，对特色产业、金融支持等概念及内涵存在认识上的差异，为使本研究对象明确、具体，实证分析中采用相对一致的统计口径，避免描述和理解上的混乱，本节对本研究的西南民族地区包括的具体范围、特色产业的内涵与分类、金融支持的概念等进行界定。

一、西南民族地区的界定

（一）西南民族地区范围

西南地区从自然区划和行政区划的角度有不同的区域范围。在自然地理区划上包括现在的四川、重庆、贵州、云南、西藏以及陕西南部、湖北西北部、广西北部；从行政区划的范围来看，一般认为包括四川省、云南省、贵州省、重庆市、西藏自治区，被称为西南5省（区、市）；由于西部大开发将广西壮族自治区列为西部省份，在7大经济区划分中也将其划为大西南经济区，现在多数研究中也将广西壮族自治区纳入西南地区，称为西南6省（区、市）。民族地区一般认为是行政区划上的民族自治地区或少数民族聚居区。西南民族地区即是在西南地区内的民族自治地区或民族聚居区。

为尊重事实与研究方便，参照国家统计局对八大经济区域统计口径[①]，本本研究中所称西南民族地区系对四川、云南、贵州、重庆及广西所辖的134万平方千米广阔区域的统称。理由如下。

第一，广西壮族自治区是以壮族为主体的少数民族自治区。

---

① 八大经济区域：西南地区 [EB/OL]. 国家统计局网站，2016-08-15.

第二，贵州和云南是全国著名的多民族省份，习惯上将它们与内蒙古、宁夏、新疆、西藏、广西、青海合称为8大民族省区。全国少数民族人口数超过千万的有贵州、云南和广西3个省区，均享受国家少数民族政策。截至2013年，云南除汉族外，6000人以上的世居少数民族有彝族、哈尼族、白族、傣族、壮族、苗族、回族、傈僳族等25个；其中有15个少数民族为云南特有，人口数均占全国该民族总人口的80%以上。第六次人口普查时少数民族人口数达1534.92万人，占全省人口总数的33.4%。[①] 贵州省民族地区包含3个自治州、11个自治县、208个民族乡。全省民族自治地方面积占全省总面积的55%，据2014年统计，少数民族常住人口1255万人，占全省总人口的36.11%。[②]

第三，四川作为一个多民族省份，域内56个民族成分齐全，有14个世居少数民族，包括彝族、藏族、回族、蒙古族、羌族、苗族、傈僳族等民族。同时作为民族人口大省，截至2014年少数民族户籍人口有490.8万人，在全省总人口中占6.1%，在全国各省区市少数民族人口总量排名中居第六位，也是全国最大的彝族聚居区、第二大藏区和唯一的羌族聚居区。[③]

第四，重庆是中国唯一辖有民族自治地方的直辖市，有4个自治县，1个享受民族自治地方优惠政策的区，以及14个民族乡。既有民族自治地方，又有大量散居的少数民族，根据第六次全国人口普查数据显示，重庆已经有全部56个民族，常住少数民族人口193万人。[④]

第五，从全国少数民族的区域分布来看，西南地区是我国少数民族最集中的地区，全国55个少数民族在西南地区都有常住统计，常住人口数在5000人以上的少数民族就有30多个。因而可以将西南6省（区、市）所辖范围称为西南民族地区。另外，由于我国民族地区大杂居，小聚居的特点，在西南地区即使是像广西这样自治区一级实行民族区域自治的地方，并不是少数民族人口占绝对多数，相反汉族人口比重更大（广西在我国少数民族自治区中人口最多，而少数民族人口占全区总人口5002万的38.5%[⑤]）；而贵州黔南布依族苗族自治州汉族人口占44.08%；云南大理白族自治州汉族人口占总人口

[①] 人口及民族[EB/OL]. 云南省人民政府网，2011-11-07.
[②] 2014年贵州省少数民族地区经济社会发展情况新闻通报[EB/OL]. 多彩贵州网贵州频道，2015-01-22.
[③] 四川省民族地区和民族工作情况[EB/OL]. 中国政协新闻网，2014-12-12.
[④] 肖福燕. 56个民族重庆都齐了 塔塔尔族全市内仅有1人[EB/OL]. 重庆日报网，2014-11-13.
[⑤] 来自我国人口最多少数民族自治区的发展报告[EB/OL]. 新华社，2012-04-19.

的 50.69%；云南西双版纳傣族自治州汉族人口占总人口的 30.3%[①]，这些并不能影响我们将其视为民族地区。从经济发展的角度，边远落后的民族地区与其所在省区的大、中城市以及经济条件较好的汉族聚居区联系也越来越紧密，要将它们完全分开也不可能。

（二）研究范围的说明

从西南地区资源禀赋具有的相似性，本研究的特色产业自身所具有的地域性及产业发展的集聚性、规模性特征，我们也不可能将某一特色产业局限于民族自治地方区域内，忽视其向外扩张发展的要求与趋势，因而本书研究的西南民族地区特色产业可以是从大范围角度的西南5省（区、市）所辖区域的特色产业，也可以涉及具体某一民族自治地方区域内的特色产业。

因此，在本研究中，从省级行政区划的角度考察特色产业时，我们将西南5省（区、市）所辖范围称为西南民族地区；在具体考察民族自治州、自治县的特色产业时，西南民族地区即特指西南5省（区、市）所辖的少数民族自治州、自治县。

二、特色经济与特色产业的内涵及特征

（一）特色经济内涵及特征

关于特色经济的概念，有从区域特色经济与县域特色经济不同层次的界定，但这仅是从范围上的区分，并没有本质上的差别。目前，学界对特色经济的描述不一，在此将具有代表性的观点从侧重点不同归纳为以下几种：

1. 资源优势说

这种观点强调特色经济基于比较，是一种经济区别于另一种经济状态，而区别是基于自然资源差异与行为选择，以比较优势构建支柱产业的结果。（王长文等，2001[②]；郭京福，2006[③]；郭俊华，2004[④]；曹阳等，2008[⑤]）

[①] 数据来源：国家统计局第六次全国人口普查数据。
[②] 王长文. 西部特色经济开发[M]. 北京：民族出版社，2001.
[③] 郭京福，毛海军. 民族地区特色产业论[M]. 北京：民族出版社，2006.
[④] 郭俊华. 特色经济的理论依据、内容与发展对策[J]. 经济纵横，2004（9）.
[⑤] 曹阳，吴燕，金石. 从产业价值链分析特色经济发展的战略模式[J]. 西南民族大学学报（人文社科版），2008（7）.

2. 经济主导说

认为特色经济是一种关联性区域经济，相关产业群对本地区的发展具有较强的带动作用，并能"最大限度地扩张经济总量"，"主导产业优势突出"。（张丽君等，2002[①]；苏振锋，2010[②]；令狐昌仁，2001[③]）

3. 竞争优势说

此观点基于比较优势与市场原则，认为特色经济是市场经济的产物，要在市场竞争中取胜必须具有特色，一定意义上可以认为市场经济就是特色经济。因而特色经济是通过竞争形成的产业特色与企业、产品特色的经济结构。（刘宗发等，1999[④]；陈孝兵，1999[⑤]；李明，2007[⑥]）

4. 形成机制说

这种观点较全面地阐述特色经济的形成过程，认为特色经济是以特定的区域为载体、以特色要素或优势资源禀赋为基础、以特色产品为依托、以市场需求为导向、以特色产业为核心，依靠科学技术和政策的引导，形成规模化经营的特色产业群，并将产前、产中和产后的各种市场要素联系起来，成长成为该区域新的经济增长点，促进区域经济增长的一种经济模式。（李万明等，2004[⑦]；邹平，2010[⑧]）

5. 增值潜力说

认为特色经济以区域内一种或多种特色产品、特色产业或者特色文化为基础，发展具备一定规模，形成有较大市场增值潜力的一种经济模式。（彭亮，2009[⑨]；袁瑛，2007[⑩]）

各种观点从不同角度对特色经济的不同理解，不仅丰富了特色经济的内

[①] 张丽君，李澜.西部开发与特色经济规划[M].大连：东北财经大学出版社，2002.
[②] 苏振锋.特色经济：西部地区实现保增长、保民生、保稳定的契入点[J].生产力研究，2010（6）.
[③] 令狐昌仁.特色经济辨析[J].贵州财经学院学报，2001（6）.
[④] 刘忠发，龚益鸣.论特色经济[J].江汉论坛，1999（1）.
[⑤] 中共湖北省委办公厅，等.湖北21世纪特色经济研究[M].武汉：湖北人民出版社，1999.
[⑥] 李明.特色产业西部富裕之路：来自湘鄂渝黔边区的报告[M].哈尔滨：黑龙江人民出版社，2007.
[⑦] 李万明，等.新疆生产建设兵团发展特色经济问题研究[M].北京：中国农业出版社，2004.
[⑧] 邹平，武友德，周智生，等.西南民族区域特色经济问题研究[M].北京：科学出版社，2010.
[⑨] 彭亮.论适应西部特色经济发展的人才供给[J].经济纵横，2009（10）.
[⑩] 袁瑛.论西部民族地区特色经济发展[J].特区经济，2007（5）.

涵，也形成了对特色经济的全面、综合认识。因此，我们认为特色经济是以区域特色资源为基础，形成具有市场竞争优势的产品、产业，在政策引导下以地域或产业链的关联性，依靠资金与科学技术支持，使有巨大市场潜力的特色产业规模化、产业化发展，产生显著的经济效益，成为区域产业的优势与主导，促进区域经济可持续增长的一种经济发展模式。

基于特色经济特征的内涵，我们认为特色经济具有以下特征。

一是区域性。特色经济是在一定区域范围内发展形成的经济模式，具有一定的区域性，只是特定区域范围内的特色，离开这一区域就不再具备特色，就不再是特色经济。

二是优势性。特色经济是其核心的特色产品、特色产业通过区域内具有比较优势的稀缺资源和要素被充分调动，在政策和资金的作用下优化配置，以特色在市场经济中适应市场，满足需求，在竞争中取胜的综合结果。资源、要素与产品具有的优势性是其典型特征。

三是规模化。特色经济不是一种特殊要素、一种特色产品或一个特色企业的简单组合，而是多要素、多产品、多企业在具有竞争优势的企业或龙头企业的引领下，以相互的关联性形成一定的有效组合，规模化和集聚化发展，成为区域经济增长的主导模式。

四是效益性。特色经济强调以经济效益为中心，必须是与区域产业结构调整方向相一致，能带动相关产业发展与产业结构升级，形成区域产业发展的主导，带动经济增长的区域经济发展模式。

五是可持续性。特色经济不仅关注经济效益的逐步提高，而且更应关注其与社会效益和生态效益的协调发展。特色经济只有在良好的社会与生态效益的基础上，才能实现可持续的经济效益。随着经济环境、科学技术的发展，市场需求在不断地发生改变，特色经济中原有的特色产业优势可能会逐渐消失，需要培育出适应市场、更具优势的产业替代原有产业，实现特色经济发展的可持续性。

（二）特色产业内涵及特征

关于特色产业的内涵，国内许多学者进行了探讨，虽未达成一致的共识，但学界较为认同的几种有代表性的观点有路富裕（1999）[1]、彭建文（2001）[2]、

---

[1] 路富裕.把特色产业做大做强[J].探索与求是，2001（11）.
[2] 彭建文，王忠诚.特色产业选择初探[J].经济体制改革，2001（3）.

宁夏研究组（2004）[1]等对特色产业的界定。

各种观点对特色产业从不同角度所具有的属性进行阐述，综合各种观点认为特色产业的内涵应包含以下方面：

1. 特色产业以区域特色优势资源为基础

路富裕（1999）认为特色产业是在一定范围内以资源、技术、人才及区位等优势为基础的产业群体；彭建文（2001）、宁夏研究组（2004）、郭京福（2006）[2]认为区域特色产业的基础是特色自然资源、特色产品和社会资源；特色产业以独具特色的资源为基础（刘伯凯，2011）[3]；以少数民族地区资源特色能够发展特色产业（沈道权，1998）[4]。

2. 特色产业具有独特的生产技术和工艺

特色产业以区域特色生产技术及工艺水平为依托（宁夏研究组，2004；彭建文，2001；宋艳涛，2014[5]）；产品与服务的制造或提供过程独特（戴宾，2003）[6]；具有独特的生产和管理方式（王庆鹏，2007）[7]。

3. 特色产业竞争力强

特色产业以强竞争力、弱替代性为特征（李金叶，2006）[8]；依靠比较效益获得竞争优势（郭京福，2006）；形成一种具有强竞争力的产业体系（宋艳涛，2014）。

4. 特色产业具有相同或者相似的关联方式

特色产业是根据某种相同或者相似关联方式进行的产业类型划分（王庆鹏，2007；郝树坤，2008[9]）；这种相同或者相似的关联方式就是特色（陈国林，2009[10]）。

5. 特色产业要形成一定规模、产业集群

特色产业是通过产业化开发形成的（彭建文，2001）；形成一定规模（胥

---

[1] 宁夏研究组.宁夏特色产业的选择与培育[J].宁夏社会科学，2001（9）.
[2] 郭京福，毛海军.民族地区特色产业论[M].北京：民族出版社，2006.
[3] 刘伯凯.西部地区特色产业现状、问题及对策——以奉节脐橙为例[D].长沙：中南民族大学，2011.
[4] 沈道权.论少数民族经济的地域特色[J].贵州民族研究，1998（4）.
[5] 宋艳涛.河北省县域特色产业发展研究[M].石家庄：河北科学技术出版社，2014.
[6] 戴宾，杨建.特色产业的内涵及其特征[J].农村经济，2003（8）.
[7] 王庆鹏.贵州特色产业的发展与经济社会的历史性跨越[D].贵阳：贵州财经学院，2007.
[8] 李金叶.新疆农业优势特色产业带培育研究[M].北京：中国农业出版社，2006.
[9] 郝树坤.内蒙古鄂尔多斯市发展特色产业的探讨——以沙产业为例[D].咸阳：西北农林科技大学，2008.
[10] 陈国林.西部民族地区特色产业发展研究[M].昆明：云南科技出版社，2009.

留德，2002[①]；李金叶，2006）；规模经营是其重要属性（路富裕，1999；邹平等，2010）；特色产业是有区域特色的产业群体（沈道权，1998；宁夏研究组，2004）。

6. 特色产业成长性好，收益水平高

特色产业有广阔的发展前景，经济收益较高（宁夏研究组，2004）；是收益水平较高的产业体系（宋艳涛，2014）。

基于以上对特色产业的认识，我们认为特色产业有一个培育、成长、壮大的过程，在特色产业形成和培育的初期可能具有良好的成长性，但不一定带来高收益。所以，我们将特色产业界定为：以区域资源优势和特色产品为基础，以特有的生产技术和工艺水平条件为依托，以特有产业链的关联性，使特色产品生产与特色服务的提供以集群化、规模化发展，成长为具有良好发展前景的区域性产业或产业群体。

特色产业的特征是指特色产业所具有属性的具体体现，从上述定义出发，特色产业具有以下基本特征。

一是地域性与独特性。"特色"是以比较优势为基础的，是在一定空间范围由于资源禀赋与地域分工的差异，使某一地域的一种或多种产业在生产技术、生产方式、管理方式等方面有别于其他地域的同种、同类型产业及其他产业，生产出或提供独特的产品和服务，这种独特性一旦离开特定的地域将失去其存在的基础。

二是关联性与竞争性。关联性是特色产业依赖产业链的关联带动，使垂直关联、具有不同优势的上下游产业及旁侧关联的产业发挥协同效应，形成区域竞争优势，使生产的产品和提供的服务具有显著的品质差异和不可替代性，这是特色产业能发展壮大的依据，也是产业化、规模化发展的基础与前提。

三是规模性与层级性。一个企业不能称为特色产业，特色产业也不是几个企业构成的组合，而是具有同类属性的企业、产品以产业链为基础、多种经济活动的总和。只有具备一定的规模，才能适应市场需求获得更快的发展与壮大，通过产业化、规模化发展成为区域特色，以品牌效应形成强大的综合竞争力，产生规模效益，成为区域经济的主导。特色产业的层级性是从区域空间范围的大小而言，是特色产业地域性的延伸。"特色"是相对的，是一个区域相对于另一区域的专属性与独占性，而一个大区域下可以划分若干的次级区域，次级区域还可以细分为更多的小区域，因此随着区域范围的扩大，

---

① 胥留德. 论特色产业的选择 [J]. 经济问题探索，2002（11）.

特色产业的层级越高,但其地域的专属性与独占性也逐渐降低,产业的特色也会逐步弱化直至消失。

(三)特色产业的类型

根据特色产业的内涵与特征,选取不同的分类标准,可以将特色产业分为不同类型。

第一,按地域层级或行政区划,可以将特色产业分为大区域(如东、中、西部等)特色产业、省域特色产业、县域特色产业及乡镇特色产业,等等。小范围的乡镇或县域特色产业不一定是省域或区域特色产业,但通过政策引导与资金扶持,使其向地域外扩散发展,就可能转化成为更高层级的特色产业。

第二,按产业形成的基础,可以将特色产业划分为科技型特色产业、资源型特色产业、人文型特色产业、生态型特色产业及综合型特色产业,等等。(刘天平,2007[①])

第三,按以特色产业基地推动的方式,可分为创新推动型特色产业、品牌带动型特色产业、龙头企业带动型特色产业、高端人才带动型特色产业及资源禀赋型特色产业等。

第四,按照三次产业分类法,可以在第一产业下细分为特色农业、特色林业、特色畜牧业、特色渔业;在第二产业下细分特色采掘业、特色制造业等;在第三产业下的特色旅游文化业等。

(四)特色产业与优势产业、主导产业、支柱产业的关系

1. 特色产业与优势产业

这两个概念常被合并称为特色优势产业,从而忽略了两者的差别。特色产业是指以独特资源为基础、以独特的产品和服务为依托、以产品与服务独特的使用价值和品质为特征的产业或产业群。优势产业是在一定区域内有较强资本积累能力、获取附加值能力及竞争优势,对区域经济有较强关联性和影响力的产业。

区域特色产业和优势产业均强调要素、资源的配置需达到最优,但二者也存在着一定区别。一是产业基础不同。一般特色产业的产业基础较为单一,主要考虑区域资源要素现状;而区域优势产业的产业基础或优势来源较多元化,不仅要考虑区域内资源的要素禀赋状况,还需考虑区域内的专业分工、产品差

---

① 刘天平.西藏特色产业发展战略研究[D].成都:西南财经大学,2007.

异化、规模经济、产业转移承接以及政府主导等因素。二是产业生命期不同。按照产业生命周期的阶段划分，区域优势产业往往处于发展阶段的中后期或是处于成熟期的中期阶段，资本运营效率较高、有较高的投入产出比，对区域经济的推动作用居于或是即将达到鼎盛时期，但是区域特色产业则可能居于产业生命周期中的各个阶段。因此，区域特色产业与优势产业可能存在一定交叉，但不一定重合，部分特色产业有可能发展成为优势产业。（徐仕政，2007[①]）

2. 特色产业与主导产业

主导产业是对区域产业结构与经济发展有着导向性，起带动作用的产业部门。对主导产业的评判主要从未来长远发展角度，突出产业创新与科技吸纳能力，强调其作为区域产业体系中的核心地位，具有产业关联度高、增长率高的特征，能有效带动其他相关产业快速发展，其演变将影响整个区域产业体系的发展方向。特色产业是从区域特色资源要素优势等有利条件出发，培育扶持的产业，它有可能处于产业生命周期中的各个阶段，但是主导产业却往往居于生命周期中的成长阶段。所以，特色产业不一定是区域主导产业，但通过一定时间的培育与发展，形成较好的市场竞争力并保持高增长率，通过产业结构调整和升级，有可能成为主导区域经济发展的产业或产业群。

3. 特色产业与支柱产业

支柱产业是在区域经济中发展速度快于其他产业，有较强的市场扩张能力，在地区生产总值中所占比重较大，对区域整体经济发挥引导与推动作用的产业。支柱产业是地区生产总值的主要来源，直接影响整个地区经济发展水平与速度，评价标准一般是产业净产出占整个地区经济总量的比重，标准较为单一；而特色产业的评价标准是多元的、综合的，产业占整体经济的份额只是综合评价指标体系中的一项指标；支柱产业常常处于产业发展阶段的成熟期，而特色产业则可能处于产业生命周期中的各个阶段；如果特色产业要发展成为支柱产业，必须经过一个从培育、竞争、成长、成熟的过程，只有在竞争中生存并不断成长壮大，最终使规模经济效益成为地区经济总量的重要支柱时，才能成为本区域的支柱产业。

概括地说，特色产业与优势产业、主导产业及支柱产业既相互独立，又相互关联。从一定区域范围看，特色产业、优势产业、主导产业、支柱产业并存；从时间发展角度看，不同的产业部门又处于不同的产业层次；而从逻辑演进角度看，按演变的顺序大致排列是特色产业—主导产业—优势产业—支

---

① 徐仕政. 基于比较优势的区域优势产业内涵探究[J]. 工业技术经济，2007（2）.

柱产业。因此，区域特色产业具有成长成为区域主导产业和优势产业，并最终成为区域支柱型产业的可能性。各地区在对区域特色产业的识别与选择中，应充分考虑其成长性、竞争性与成为主导和优势产业的可能性，通过政策、资金引导培育最可能成为区域支柱的特色产业。

（五）特色产业与特色经济的关系

对于特色产业与特色经济在实践中常常被混为一谈，很少有人对二者进行区分。胥留德（2002）认为特色产业应包含诸多经济类型，形成并具有一定规模，它是某种具体特色经济现象通过提升、放大与分工协作化、规模化、产业化的经济。即指特色产品通过规模化、产业化才能形成特色产业，尚未形成规模化与产业化就属于特色经济，而且特色产业也属于特色经济。[①] 该观点将特色产业定义为规模经济，是在经济类型基础上发展而来，特色经济既包括特色产业，也包括未形成规模化的特色产品。本书并不认同这一观点，认为此观点将特色经济与经济现象等同，一个区域仅有若干零星、分散生产的特色产品，不能称其具有特色经济；特色经济是一个区域特色产品与产业规模化、产业化发展的结果，是区域经济增长的经济发展模式；没有规模化、产业化的产品生产不可能具有持续的竞争性和优势性，仅具有独特性的产品也很难在区域竞争中生存，也就不可能构成区域经济增长模式的组成部分。

因此，我们认为特色产业是特色经济的核心组成，是特色经济的载体。特色产品与特色产业规模化、产业化发展，以产业规模经济效益促进区域经济增长的发展模式即是特色经济。特色经济是一种经济系统，是一个以特色产品、企业及产业为核心，以特色资源、技术和市场为支撑的体系。一个区域可以存在多个处于初创期或培育期的特色产业，而没有特色经济，走特色经济的区域经济增长模式必须以特色产业的规模化、产业化发展为基础，所以，特色经济应高于特色产业。

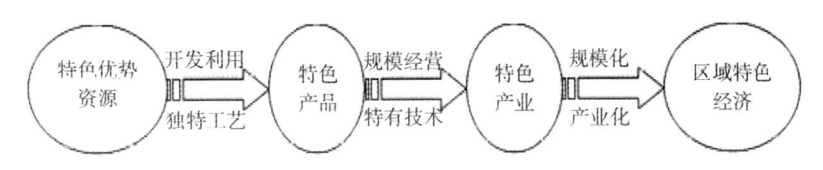

图 1.1　特色优势资源转化为特色产业、特色经济的流程图

[①] 胥留德. 论特色产业 [J]. 昆明理工大学学报（社会科学版），2002（9）.

三、金融支持的概念界定

当前的研究中较多关注金融服务、金融市场对产业、区域经济增长及宏观经济的推动作用，注重促进推动作用的对策研究，较少涉及金融支持内涵的探讨。金融就字面意义而言，即货币资金的融通，是货币流通与信用活动的总和。但金融的内涵在中外理论界有着广义、狭义等不同的界定，因而金融支持的概念也有多种不同的表述，本研究组将其总结为以下几种具代表性的观点。

其一，政策论。这种观点认为狭义的金融支持主要是一种非市场导向，即政策性金融，是政府为推动金融对产业支持，实现特定目标而运作的货币政策或信贷政策；广义的金融支持是为支持国家产业政策与社会经济发展规划，制定与实施的金融产业发展政策及其他金融政策，金融对产业的支持可以由市场性金融和政策性金融共同推动，但市场性金融是基础，政府力量是对市场性金融的一种补充和引导。（张玉喜，2006[①]）

其二，系统论。甘时勤（2005）[②]认为金融支持是金融管理当局与金融机构对区域经济扶持的援助性金融系统设计，具体包括金融制度、金融机构业务与品种、金融工具，等等。李艳（2010）[③]认为金融支持不是某一时期的金融政策或措施，而是一个合理的系统，这一系统不仅包括明确的产业、金融与经济发展目标，还应含有金融在不同阶段支持的重点领域与不同模式，以及政府与市场的行为边界和职能定位。这样的系统才能促成金融与经济的良性互动。

其三，活动论。杨圣奎（2010）[④]对区域金融支持进行了界定，并认为金融支持是金融机构和金融市场为服务区域经济发展提供的综合性金融服务与各种金融活动的总和。他认为金融支持作用于一定范围，主要是通过金融发展实现对经济增长和经济结构调整的支持，包括金融机构和金融市场两方面。

其四，供给论。这一观点将金融支持视为企业发展能从社会经济中获取的资金支持，是所需资金供给的概念。企业发展能获取的资金支持来源渠道有正规金融和非正规金融两种。（黄永明，2006[⑤]）

[①] 张玉喜. 我国产业政策的金融支持体系研究 [D]. 哈尔滨：哈尔滨工程大学，2006.
[②] 甘时勤. 西部大开发中的金融支持 [M]. 成都：四川人民出版社，2005.
[③] 李艳. 欠发达地区经济发展的金融支持系统构建 [J]. 经济问题探索，2010（11）.
[④] 杨圣奎. 中国区域金融支持问题研究 [D]. 长春：吉林大学，2010.
[⑤] 黄永明. 金融支持中小企业发展 [M]. 武汉：华中科技大学出版社，2006.

其五，过程论。谭波等（2012）[①]将广义的金融支持界定为金融机构按照一定的规律和要求，以融资向特定的企业、产业注入资金的过程；而狭义的金融支持是金融机构在特定条件下，根据政府政策导向而非市场原则，以降低信贷支持条件等方式向客户提供金融服务的一种方式。

参考以上观点对金融支持的不同认识，基于系统论的观点，结合本书研究西南民族地区特色产业的实际，本书将金融支持的内涵界定为：政府、金融监管当局和金融机构为加强金融对产业和区域经济发展的支撑作用，依据不同产业和不同经济领域及产业结构调整升级的要求，从金融制度设计、金融机构结构调整、金融服务提升、金融市场的完善及金融产品创新等方面进行系统化安排，所构成的一个全方位立体的金融体系结构。因特色产业可能处于产业生命周期中的各阶段，金融支持特色产业发展主要有以下方面内容。

第一，金融支持既包括政策性金融也包括商业性金融。对政策性金融而言，一方面，对于处于幼稚期且具有发展潜力的特色产业，国家可以运用政策性金融机构对其施加影响，给予这一行业产业政策性金融支持，或以政策性直接金融进行扶植，帮助其分散风险；另一方面，通过信贷、差别利率等相关产业金融政策引导市场性金融活动，实现特色产业选择的目标。由于西南民族地区经济的落后和市场机制的不成熟，特色产业发展如果只通过单一的市场化配置，必将导致部分处于幼稚期的特色产业获得商业性金融支持的机会很小，甚至不可能获得金融支持。因此，在西南民族地区要发挥商业性金融在特色产业成长期、成熟期的基础性作用，也要注重政策性金融对特色产业的引导和培育，形成与促进金融系统对产业的选择和支持作用。

第二，金融支持以金融自身优化为前提。金融支持西南民族地区特色产业发展最基本的条件是西南地区金融发展水平的提高与金融自身的优化，包括金融制度、金融环境、金融市场、金融服务及金融产品的完善和优化。只有不断完善的金融支持体系才能为特色产业和特色经济的发展提供持续有效的资金支持。

第三，金融支持西南民族地区特色产业是金融支持与特色产业两者的协调发展。西南民族地区发展特色产业，走特色经济的发展道路，是区域产业结构调整和升级的重要组成部分，必须有一套与此相适应的、动态的、可调整的金融结构相互协调，超前与滞后的金融发展水平都将阻碍改革与发展的

[①] 谭波，邓远建，黄鹏.中国主体功能区规划下的区域发展金融支持[J].中南财经大学学报，2012（3）.

进程。因此，金融支持与特色产业发展相协调，形成一定的可调整的协调发展机制，促进两者均衡协调发展尤为重要。

第四节　研究内容及方法

一、研究体系结构

本书研究报告共八章，从研究的背景意义、相关概念和理论基础出发，分析特色产业的金融需求，搭建金融支持的特色产业发展的作用机理，力图从西南民族地区整体及省域角度研究特色产业发展现状、金融发展水平状况；从实证角度考察金融支持与特色产业发展的协调性及存在问题，探讨失调与协调状态变化的原因；在金融支持特色产业的专题研究中，分别从省域特色产业及比较角度针对区域内有代表性的特色产业，分别以实证分析与实地调研的方式，发现民族地区某一具体特色产业在发展中金融支持状况及存在问题，结合金融支持存在的缺口及现实障碍，指出以多重理念构建"四维一体"的立体化金融支持体系，提出金融支持促进西南民族地区特色产业发展的路径选择与政策建议。

第一章为绪论，主要介绍本研究的背景、目的和意义，对国内外关于产业、特色产业、金融发展的相关文献进行系统梳理和分类综述，掌握现有研究成果与金融支持特色产业发展研究中的不足，寻找研究中的突破口与立足点，对相关概念进行界定和说明，并对研究内容、方法及研究创新与不足进行了阐述。

第二章为金融支持特色产业发展的相关理论基础。对产业发展的区域分工理论、产业结构演变理论、发展阶段理论进行系统总结，对金融发展的金融结构理论、金融深化理论、金融约束理论、金融中介理论、区域发展不平衡理论、金融可持续发展理论及金融生态理论进行介绍。将产业发展理论和金融发展理论相结合，搭建金融支持特色产业发展的理论基础。并从产业发展角度分析特色产业发展的金融需求，探讨不同类型特色产业、不同生命周期的特色产业金融需求特征，深入分析影响特色产业发展融资选择的金融政策、金融市场、金融结构与金融创新因素，探析金融支持对特色产业发展的促进作用及宏观和微观作用机理。将对西南民族地区这一中观区域金融理论的研究，建立在运用金融发展理论与产业发展理论共同搭建的特色产业发展的金融支持研究框架之上。

第三章为西南民族地区特色产业选择，多角度权衡选择西南民族地区省域特色产业，多层次考察特色产业发展现状。金融支持区域特色产业的研究基于对区域内特色产业的有效识别与综合判定，本项目研究从科学性与实践性出发，对特色产业从综合评价指标定量选择、地方政府的政策选择、区域生态保护与可持续发展的选择等多角度、多因素考虑，权衡选择西南民族地区省域特色产业；对特色产业从产业结构变化、产值构成、区位商业贡献度、区位产业贡献度等多层次考察特色产业的发展状况，有利于形成对西南民族地区特色产业立体的认识。

第四章为西南民族地区金融发展状况分析与评价，科学评价西南民族地区金融发展水平，探寻区域内水平差异及原因。密切结合金融发展理论，分别从理论与实证角度对西南民族地区金融发展水平进行描述性判断，通过构建金融发展水平综合评价指标体系，对西南民族地区五省（区、市）金融发展水平进行评价与比较，发现差距并探求差距产生的原因，为金融支持特色产业发展的进一步研究构建分析基础。

第五章为金融支持西南民族地区特色产业发展的定量考察与专题研究。是本报告的核心部分，分别从省域角度和具体某一特色产业角度，以定量和实地调研的方式考察金融支持西南民族地区特色产业发展的状况。在实证方面，从西南民族地区金融市场的促进作用、银行信贷资金的引导作用、金融发展的激励作用等方面探讨金融在当地特色产业发展中发挥的作用与成效，利用协调度模型分析西南民族地区五省（区、市）金融支持特色产业发展的协调状况，根据协调发展的内在要求，深入探寻协调发展中存在的问题及原因，为金融支持西南民族地区特色产业发展的目标模式与路径选择提供参考；在专题研究方面，考虑特色产业数量多，且不同特色产业所处区域、发展基础、重要程度、影响力大小均有所不同，以个案研究的角度，从省域角度选择具代表性的广西蔗糖业、贵州中药民族药业、云南与贵州的旅游业、四川与贵州的白酒产业、云南与贵州的茶产业进行具体分析与比较研究，探寻金融支持中存在的不足与差距；在实地考察方面，选取贵州省中药民族药业、贵州省生态农业、贵州茶产业为调研对象，以实地调研的方式，进行个案剖析，切实探求地方发展特色产业发展的金融支持方式与发展途径。

第六章为西南民族地区特色产业发展的金融支持缺口与现实障碍。结合金融支持西南民族地区特色产业发展的实证和调研结果，指出西南民族地区特色产业发展存在金融支持的制度缺口、结构缺口、资金缺口、机制缺口、生态环境缺口。发展特色产业存在：特色产业规模小，吸引资金能力弱；对政策性金融依赖大，银行信贷支持作用有限；金融生态环境欠佳，缺乏与特色产业协调发展的有效机制；金融规模粗放扩张，难以适应多层次融资需求；资本市场发展缓慢，阻碍产业结构特色化、高层次发展；金融支持水平低，特色产业集群困难；金融创新能力弱，特色产业抗风险能力有限；金融支持效率低下，影响特色产业融合发展等现实障碍。

第七章为金融支持西南民族地区特色产业发展的总体框架。结合金融支持西南民族地区特色产业发展中存在的缺口及现实障碍，给出金融支持特色产业发展的总体思路——以多重理念构建"四维一体"的立体化金融支持体系，金融支持与特色产业发展生命周期相结合，在特色产业培育期充分发挥政府参与支持作用的政策性金融为引导；成长期与成熟期以商业性金融为主的多元化融资模式，实现特色产业融资渠道与方式的多元化发展。

第八章为金融支持促进西南民族地区特色产业发展的路径选择与政策建议。在金融支持特色产业发展的总体框架下，以构建与完善特色产业的金融支持体系、促进二者协调同步发展、不同类型特色产业差异化融资为具体路径，给出金融支持的具体对策，包括：调整产业结构，提高特色产业的资金吸引力；实行差异化的财政金融调控政策，加大对特色产业的扶持；优化金融生态环境，构建金融与特色产业协调发展的有效机制；加大信贷资金支持，拓展多元化融资渠道；发展资本市场，推进特色产业规模化发展；提高金融支持水平，促进特色产业集群化发展；加快金融创新，提高特色产业抗风险能力；提高金融支持效率，实现特色产业融合发展。

二、研究方法

本研究采取理论研究与实地调研相结合、实证分析与规范分析相结合、定性分析方法和定量分析方法相结合、静态分析与动态分析、案例与比较分析相结合的研究方法。

（一）理论研究与实际调研相结合

因本项目研究属于应用性研究，需要将金融发展、产业发展理论与西南民族地区特色产业发展实践相结合，所以本研究从理论角度深入分析特色产业发展的金融需求与金融支持作用机理，将理论运用于金融支持西南民族地区特色产业的具体分析中；由于西南民族地区地域广阔，区域金融、经济发展水平差异大，金融支持不同范围特色产业也存在一定差异，实地调研是可以获取第一手资料，发现具体问题的直接、有效的方法，本研究组以入户问卷调查与访谈方式，以贵州省为主要调研对象，选取部分特色产业进行个案研究与分析，尝试将理论研究结果与实地调研成果相结合，综合全面地开展研究。

本项目研究组针对贵州特色产业设计了三大类调查问卷，包括"贵州茶产业发展及金融支持调查问卷""贵州民族药业发展及金融支持调查问卷""贵州生态农业发展及金融支持调查问卷"。①"贵州茶产业发展及金融支持调查问卷"分别针对茶园（茶农）、茶企生产和销售设计了3种不同的调查问卷，了解茶产业在种植、加工、销售与品牌等产业链各个环节金融支持中存在的问题与不足。②"贵州民族药业发展及金融支持调查问卷"，依据调查对象不同而分为3小类问卷，包括"中药种植基地问卷""民族制药企业问卷"及"批发及零售药业企业问卷"，调查对象主要是中药种植基地负责人、制药企业、民族药销售的批发及零售企业等。③"贵州生态农业发展及金融支持调查问卷"对农户、生态农业示范园区及当地政府进行问卷调查与访谈，了解金融支持生态农业在种植、加工、销售等环节中存在的问题。并于2012年8月开始至2013年2月在贵州省贵阳、黔东南、黔西、遵义、安顺、都匀、铜仁等地进行了问卷调查及实地访谈。

本项目研究组对贵州三类特色产业的实地调查遍及贵州省贵阳、安顺、铜仁、毕节、遵义等市及其下辖县乡，还赴黔东南、湄潭县、石阡县、黔西县等的基地、园区考察，历时约2年时间，发放并收回各类问卷1548份，积累了较多第一手资料，为本研究奠定了良好的基础。

（二）实证分析与规范分析相结合

以大量数据为依据，将描述性分析与推断性分析相结合、横向分析与纵向分析相结合，有理有据地进行论证。研究中，对西南民族地区各省特色产业的选择、金融发展水平的评价进行了系统研究，一方面选取适合的度量指标和计量方法进行客观的评价与描述，另一方面，结合统计、计量得到的结果及实地调研结果，对金融支持西南部民族地区特色产业发展所具有的基础条件和存在困难进行具体分析，给出了规范性地分析及结论，注重验证搭建的理论基础在实践中的可行性，理论在实践中的运用与深化。

（三）定性研究与定量研究相结合

定性分析是具体判断研究对象是否具有某一性质或确定引起某种现象变

化的原因及过程的研究，是研究中最常用的。本研究第 2 章对特色产业发展的金融需求与金融支持作用机理主要采用定性分析的方法，通过对特色产业发展金融需求的一般特征及具体需求进行分析，并以产业生命周期及产业资金来源及渠道为基础，探讨了金融支持与特色产业发展之间的相互关系，形成了评价金融支持特色产业发展的理论框架。第 3、4、5 章构建特色产业发展及金融发展水平评价指标体系，运用因子分析法对西南民族地区特色产业进行选择和评价，正确合理判断金融发展水平，并运用协调度模型分析金融支持与区域特色产业发展的协调状况，探寻金融支持特色产业发展中存在的问题及不足。定量与定性相结合的分析方法增强了研究结论的可靠性与科学性。

（四）静态分析与动态分析相结合

本研究在对特色产业选择与发展现状、金融发展水平的评价方面，既采用时点数据进行截面的静态分析，也采用时序数据进行纵向的动态分析，追踪动态变化的特点，动静结合考察经济发展，既了解特色产业与金融支持某一特定的状态，也看到金融支持特色产业发展的差异化变动过程，有利于多角度掌握西南民族地区特色产业发展不同阶段的金融支持政策和方式的变动。

（五）案例与比较分析相结合

在对金融支持西南民族地区特色产业发展进行总体综合分析的基础上，选取部分省域、地州、县域特色产业作为案例展开专题研究，进行重点分析；对生态旅游业、白酒产业、民族药业在西南民族地区有一定共性的特色产业进行省级比较研究，试图点面结合，比较探求区域内部差异及存在问题。

三、主要的创新与不足

（一）主要的创新

第一，结合产业发展理论、金融发展理论，提出了适合区域经济增长的金融支持特色产业发展理论分析框架。从理论角度阐释金融支持特色产业发展的内在机制，突破了以前大部分文献主要研究经济增长与金融支持的关系，缺乏区域层面研究及将金融支持与特色产业发展相结合的研究现状，构建了一个特色产业资本形成、金融运行并支持其发展的理论分析框架，并认为特色产业发展与金融支持之间存在互动机制。

第二，对西南民族地区特色产业和金融发展水平，及其相互关系进行了统一考核及评价。构建了特色产业选择与评价指标体系、金融发展水平评价指标体系，对西南民族地区六省（区、市）进行统一考核，从综合的视角判断区域内各省域特色产业及金融发展状况，并运用协调度模型分析金融支持与西南民族地区特色产业发展的协调性，实证分析二者之间的关系变化，认为西南民族地区各省区金融支持特色产业发展都存在一个从不协调到基本协调，再到协调的过程。

第三，通过案例的实地调研和访谈，收集并掌握了贵州省部分中药民族药业、特色生态农业及茶产业的第一手资料。因而本研究不仅从省域层面对西南民族地区金融支持特色产业发展进行分析与比较研究；同时从实践调研角度考察西南民族地区金融支持特色产业存在的具体问题，对比金融发展水平、支持力度在不同地域支持特色产业的具体状况，从不同视角全面分析金融支持对特色产业发展的影响力。

第四，提出了从"总体框架—目标模式—具体路径"的金融支持西南民族地区特色产业发展的完整体系构架，系统地、有针对性地指出金融支持西南民族地区特色产业发展的制度设计与路径选择。认为西南民族地区要构建一个促进特色产业发展的"四维一体"金融支撑体系，引领特色产业快速发展，不仅要有相应的金融政策、金融制度的导向安排，还需从金融体制、金融环境、市场结构、运行机制、运行效率等方面多措并行，形成区域金融协调体系、绿色金融支持体系、新型金融生态体系与多元化金融支持体系。

（二）不足之处

第一、金融支持特色产业发展的理论有待于在实践中进一步发展和完善。由于西南民族地区地域广，区域内资源与经济、金融发展水平差异大，省、地州、县域特色产业种类较多，且产业结构在不同层级地区存在较大差异，本研究所构建的金融支持理论框架其适用性有待于进一步地检验，并需结合不同地区实际情况，将特色产业的金融支持模式与路径具体化。本研究未来努力的方向是对县域特色产业继续进行深入的调研分析，利用实地调研数据对区域特色产业理论继续实证检验，深入挖掘金融支持特色产业发展的共性规律与差异，使金融支持特色产业发展理论体系在今后的实践中不断完善和发展。

第二、受现有产业统计口径和统计指标限制，区域政策导向的特色产业项目与统计行业划分项目不相对应，缺乏对地区特色产业的具体统计数据，使得特色产业选择及综合评价难以运用评价指标体系在省域以下进行，所以本研究在综合研究报告中仅从省域角度对特色产业进行选择与评价；由于影响区域特色产业发展的金融因素众多，本研究组克服银行、证券、保险相关数据难以获得的现实困难，收集了大量的金融统计数据作为分析的基础，尽可能以翔实的基础全面评价金融发展水平及其与特色产业的关系；但任何一个模型都不可能涵盖所有的因素，加之统计数据的不足，因而本研究中金融支持西南民族地区产业发展的相关实证结果与判断仍是粗略的。

第三，本项目研究为减少实证结果因统计数据不足对结论的影响，尝试以实地调研的方法修正实证的估计及对理论的检验。但西南地区地情差异大，经济发展程度不一，特色产业发展不仅受金融政策因素影响，也与地方政府行政政策支持导向的变化有重要关系，制约地区特色产业发展的原因复杂。加之特色产业种类多，统计口径不一，实地调研获取翔实数据的难度很大，因时间、经费与精力的限制，本项目研究组只对贵州省茶产业、民族药业、生态农业等进行实地调查，通过对大量详实的调研资料进行数据收集、整理及统计，分析具体特色产业发展中金融支持存在的不足，但受调研涉及的特色产业与调研范围影响，及金融因素在实地调研中的敏感性原因，部分企业对调研的配合度不很高，可能调研结果的代表性与共性特征不足，对研究的深度与具体对策的思考上有一定影响。

此外，受时间与本项目研究组成员学术水平和知识能力的限制，本项目研究的研究成果虽具一定的初创性，但仅是在对金融支持特色产业在理论、实证与实践方面的铺垫与尝试，仍存在较多的问题和不足，需要在未来的研究中不断完善。

第二章　金融支持特色产业发展的相关理论基础

第一节　产业发展与金融发展的相关理论

一、产业发展相关理论

（一）区域分工理论[①]

早期的国际分工与贸易理论是区域分工理论的最早形式，区域经济学家们通常用古典的国际分工与贸易理论来解释区域分工，进而形成区域分工理论。

1. 绝对成本优势理论

英国古典经济学家亚当·斯密在其代表作《国家财富的性质和原因的研究》一书中提出了绝对成本优势理论，基于分工利益分析的基础上得出以绝对成本进行分工的理论学说。

该理论是根据各国（地区）存在的绝对优势（有利的生产要素、生产条件等）进行国际或区域的分工。亚当·斯密假设：第一，只有两个国家（或地区）、两种产品、一种生产要素（即劳动）；第二，该生产要素可以在国内无障碍自由流动，而在国际上不能流动；第三，两国（地区）间的自由贸易使其各自的资源、劳动力、资本都得到了充分利用。在此假设的基础上得出了各国（地区）根据自身的优势（有利的自然资源、地理环境及民族素质等），生产在成本上占绝对优势即成本低于别国的产品，并进行交换，对各国都有利。绝对优势理论认为，国际分工可以在很大程度上提高劳动生产率，并且通过国际贸易，对各国都非常有利。但是该理论在用来解释国际贸易产生的原因

[①] 亚当·斯密. 国富论 [M]. 谢宗林，李华夏，译. 北京：中央编译出版社，2011.

方面存在很大的局限性,当一个国家(地区)同时具有生产两种产品的绝对优势,而另一个国家在生产两种商品方面都处于绝对劣势,在此情况下,还需不需要进行国际贸易,或者说,还能不能参与国际分工?如果进行,是否一定带来生产总量的增加,对两国是否都有利?在亚当·斯密看来,国际贸易之所以产生,是因为生产条件的不同而在生产成本方面产生绝对差异。因此,亚当·斯密的绝对成本优势理论是建立在资本和劳动能够在国家之间完全无障碍流动的前提下才能成立。

2. 比较成本优势理论[①]

比较成本优势理论是大卫·李嘉图1817年在其《政治经济学及赋税原理》一书中提出的。大卫·李嘉图指出,由于资本和劳动力在国际上不能完全自由地流动和转移,以亚当·斯密的绝对成本优势理论作为国际分工和贸易的原则行不通,国际分工与贸易应该以相对成本的大小来进行,即为相对成本优势理论。

比较成本优势理论认为,如果一个国家(或地区)在两种商品的生产上都具有绝对优势,但所具有的优势程度并不相同,即其中一种商品的生产相对于另一种产品的生产具有相对优势;相反,另一个国家(或地区)在两种产品的生产上都处于绝对劣势,但所处的劣势程度也不相同,其中一种产品的生产相比另一种产品的生产具有相对优势。那么,这两个国家(或地区)间也可以进行国际贸易和分工从而获得最大利益。因为,在自由贸易的条件下,一个国家(或地区)不一定需要生产每一种商品,而应当集中力量将资本和劳动投入到本国具有相对优势(即有利程度较大而不利程度较小)的产业部门中去,生产本国(本地区)具有相对优势的商品并出口,进口本国(本地区)具有绝对劣势的商品,从而在相同总量资源(即资本和劳动力不发生变化)使用的情况下,实现资源利用效率的最大化,生产总量得以增加,使各国经济得到快速发展,不断推动国际分工和贸易的发展进程。但是,该理论同样存在一定不足,首先,该理论认为世界是静态均衡的、永恒的,是一个各国、各地区、各经济体利益和谐一致的世界;其次,大卫·李嘉图认为劳动生产率的差异是引起国际贸易与分工的原因,但并未对劳动生产率差异的产生原因进行解释;第三,该理论得出,各个国家(或地区)都会根据相对优势原则,完全专业化地生产本国具有相对优势的商品,但是事实是,在国家间或区域

[①] 彼罗·斯拉法.大卫·李嘉图全集:第1卷 政治经济学及赋税原理[M].郭大力,王亚南,译.北京:商务印书馆,2013.

间的贸易中难以找到一个国家（或地区）进行完全专业化地生产；第四，该理论以生产要素不流动作为假设条件与现实不符。

3. 要素禀赋理论[①]

要素禀赋理论由赫克歇尔首先提出，由俄林系统创立，所以，要素禀赋学说也被称之为赫克歇尔－俄林模型或 H-O 学说。赫克歇尔和俄林认为，现实生产中投入的生产要素不仅仅是劳动力，还有其他多种要素，但是生产过程的基本条件是投入两种生产要素（劳动和资本）。

该理论认为，国家（或地区）之间生产要素的丰缺差异是贸易及分工产生的主要原因。即两国（地区）在技术水平相同的情况下，生产同一种商品的价格差别就主要来自投入使用的生产要素在价格上的差别，而所使用生产要素的价格差别则取决于该国（地区）此生产要素的相对丰富程度。所以，一个国家（地区）的比较优势产品应是需要密集地使用本国（地区）供给相对丰富、价格相对便宜的生产要素生产的产品。在国际贸易中该国就能够出口相对于本国来说价格低廉的生产要素所生产的商品，进口相对于本国（地区）来说价格昂贵的生产要素所生产的产品。也就是说，资本丰富但劳动力相对稀缺的国家应该生产并出口资本密集型产品，进口劳动密集型的产品；相反，拥有丰富的劳动力资源而资本稀缺的国家就应当生产并出口劳动密集型的商品，进口资本密集型的商品。在自由贸易的前提下，如果每个国家（地区）都能够根据要素禀赋理论来进行生产分工，开展贸易，就能够在很大程度上提高各类生产要素的使用效率，从而有利于提高各国（地区）的经济发展水平。但是，该理论也存在明显的局限性，一是要素禀赋理论一系列的假设条件都是静态的，没有注意到国际、国内经济等因素的动态变化；二是该理论假设各个国家（地区）之间的技术、经济条件都是相同的，把比较结果看成是绝对不变的，与现实不符；三是在进行分析时，仅选择了资本和劳动力两种要素，所包含的生产要素种类不足；四是未考虑需求方面的影响；五是将政府对贸易的干预排除在外等假定条件与现实不符。

（二）产业结构演变理论

1. 配第－克拉克定理[②]

伴随一个国家（或地区）的经济发展，其产业结构也将不断发生变化，

[①] 伯特尔·俄林. 区际贸易与国际贸易[M]. 逯宇铎，等译. 北京：华夏出版社，2008.

[②] 威廉·配第. 政治算术[M]. 马妍，译. 北京：中国社会科学出版社，2010.

产业结构的变化又会推动经济的发展呈现出一定的规律性。17世纪末，威廉·配第在其著作《政治算数》一书中提到，随着经济的发展，工业会显现出比农业更为重要的特征，进而商业又必将比工业占有更为重要的位置。进而从事工业会比从事农业获得更多的收入，从事商业又会比从事工业获得更大的报酬。1940年，柯林·克拉克在配第研究的基础上，在经过分析整理了大量的文献资料以后，明确指出了劳动力产业结构与经济发展存在的相关关系。根据克拉克的观点，随着经济发展与人均实际收入水平的不断提高，第一产业内的劳动力将逐渐向第二产业过渡，当经济获得更进一步发展，第二产业内的劳动力又将逐渐向第三产业转移，从而形成第三产业劳动力人口规模大于第二产业、第一产业，第二产业的劳动力人口总量大于第一产业的就业结构。此后这一定理就被人们称为"配第－克拉克定理"。

2. 库兹涅茨人均收入影响论[①]

继配第－克拉克定理之后，库兹涅茨指出了国民收入和劳动力在各个产业之间的分布结构和变化趋势。1941年，库兹涅茨在其著作《国民收入及其构成》一书中提到，伴随经济发展的趋势，农业部门国民收入在全部国民收入中所占比重将不断下降，而农业部门劳动力占全部劳动力的比重也将呈现下降趋势，且农业部门国民收入占比的下降速度会快于劳动力占比的下降速度；工业部门国民收入在全部国民收入中所占比重将呈不断上升趋势，但工业部门劳动力在全部劳动力中所占比重保持不变或略有上升；服务部门国民收入在全部国民收入中所占比重保持不变或略有上升，而服务部门劳动力在全部劳动力中的占比呈现出上升的趋势。

库兹涅茨认为，第一，农业部门的国民收入比重以及劳动力比重之所以会呈现出下降的态势，是因为农产品为最终的生活必需品，其需求弹性为低收入弹性，当人们的生活水平上升到一定程度以后，对农产品的需求将不会随着人们实际收入水平的增加而增加，因而，农业部门实现的国民收入份额将不断减少。另外，随着农业生产技术的进步，劳动生产率必然呈现上升的趋势，农业劳动生产率的提高与农业国民收入水平的下降之间的矛盾就必然导致农业部门劳动力比重下降的趋势。第二，工业部门国民收入比重呈现上升趋势的原因是工业部门的收入弹性为高收入弹性，而工业部门的劳动力比重大体不变或略有上升的原因是随着工业生产技术的进步，劳动生产率提高，

---

① 西蒙库·库兹涅茨.现代经济增长[M].戴睿，易诚，译.北京：北京经济学院出版社，1989.

使得原有的工业部门排斥多余的劳动力，而工业部门的扩张又需要增加劳动力，此消彼长后，工业部门的劳动力比重呈现大体不变或略有上升的趋势。第三，服务业的国民收入比重之所以大体不变或略有上升，是因为服务业与农业相比，虽然收入弹性也为高收入弹性，但是第三产业中的资本和劳动力比起第二产业更容易进入，内部竞争压力大，使得服务部门的产品价格处于劣势，所以其国民收入比重难以得到提升，而服务部门的低技术要求就注定了服务部门的劳动力吸收能力要比第二产业强。

3. 罗斯托的经济成长阶段论[①]

1960年，美国经济史学家罗斯托以技术标准为基础，将经济增长划分成六个阶段，即为传统社会、为起飞创造前提条件、起飞、成熟、高额消费、追求生活质量六阶段。在每个阶段，由于经济发展程度不同，其主导产业部门也有所差异，每个阶段主导产业部门的更替最终会推动经济增长由传统社会阶段向追求生活质量阶段演进。在传统社会阶段，与之相适应的经济特征呈现出生产力水平低下，产业结构比较单一的现象，在此阶段，主导产业为农业；在为起飞创造前提条件的阶段，农业生产技术水平有所提高，劳动生产率增加，手工业和商业兴起，劳动力人口逐渐向工业和服务业转移；随着科学技术水平的提高，经济增长进入起飞阶段，在此阶段，人均国民收入水平快速增长，农业生产技术水平进一步提高，农业经济商品化，以多个产业部门为主导共同推动了国民经济的增长；第四个阶段为成熟阶段，主导产业为钢铁、化学、机械等部门，农业部门劳动力持续转向工业部门，劳动力人口呈现专业化、高学历化及熟练化的特征；新兴产业的出现成功地将经济推进到高额消费阶段，人均国民收入水平有了明显提高，主导产业部门为耐用消费品部门和劳务服务部门，消费结构发生变化，企业间的竞争日益激烈；最后一个阶段为追求生活质量阶段，主导产业部门转向教育、医疗、娱乐及旅游等追求生活质量的部门。

（三）发展阶段理论

1. 钱纳里工业化阶段理论[②]

美国经济学家霍斯·钱纳里基于克里克与库兹涅茨研究的基础，从经济发展的长期过程中专门针对制造业考察了产业内部各部门的地位的变动及其主要

[①] 罗斯托.经济成长的阶段[M].国际关系研究所编辑室，译.北京：商务印书馆，1962.
[②] 苏东水.产业经济学[M].4版.北京：高等教育出版社，2015.

作用，阐述了制造业内部产业结构演变的真正原因，即制造业的发展变动主要受人均国民生产总值、需求规模和投资率的影响，而工业品和初级品的输出率对其影响较小。钱纳里提出的工业化阶段理论将不发达经济到成熟工业经济的变化过程依据人均国内生产总值划分为三个阶段六个时期，并且指出，从任意一个发展阶段向另一个发展阶段的过渡都是靠产业结构的转化来推动的。

（1）初级产业。在初级产业时期，制造业中的主导部门为食品、纺织及皮革等部门。该阶段包括不发达经济与工业化初期。在不发达经济阶段，其产业结构主要为农业，生产力水平较为低下，现代工业极少出现；第二阶段是工业化初期阶段，产业结构从农业逐渐转向工业，而工业中又以劳动密集型产业为主要产业。

（2）中期产业。在这一产业时期，制造业中的主导部门转为石油、化工、煤炭以及非金属矿产品开采加工等部门。该阶段包括工业化中期与工业化后期。在工业化中期阶段，产业多属于资本密集型产业，重化工业迅速成长并大规模发展，第三产业开始发展；在工业化后期阶段，第一、第二产业呈现平稳增长的态势，第三产业持续高速增长，金融、旅游、咨询以及公用事业等产业得到发展。

（3）后期产业。在后期产业阶段，服装制造、机械制造、印刷品出版等产业称为制造业中的主导部门。后期产业包括后工业化社会和现代化社会。在后工业化社会这个阶段，技术密集型产业飞速发展；在最后一个阶段——现代化社会阶段，知识密集型产业从第三产业中分化出来，消费方式呈现多样性特征。

2. 霍夫曼工业化经验法则[①]

德国经济学家霍夫曼认为，随着各国工业化进程速度的加快，消费资料工业净产值与生产资料工业净产值的比例是不断趋于下降的，比值越低，说明工业化程度越深。参考霍夫曼比值，可将工业化过程具体划分为以下4个阶段：

工业化第一阶段：霍夫曼比例=5（±1），在这一阶段，消费品工业占主导地位；工业化第二阶段：霍夫曼比例=2.5（±1），在此阶段，资本品工业快速增长，消费品工业产值等于或低于工业总产值的50%；第三阶段：霍夫曼比例=1（±0.5），资本品工业持续快速增长，与消费品工业规模持平；第四阶段：霍夫曼比例<1，资本品工业规模超过消费品工业规模成功占领主导地位，实现了工业化进程。

---

① 苏东水. 产业经济学[M]. 4版. 北京：高等教育出版社，2015.

3.产业生命周期理论

产业生命周期理论是在弗农 1966 年的产品生命周期的理论基础上逐渐衍生发展起来的。产业的生命周期主要是指一个产业从出现在市场上到成熟再到完全衰落退出市场所历经的阶段，主要包括初创期、成长期、成熟期与衰退期 4 个发展阶段，对于识别某产业处于什么发展阶段可以通过市场增长率、竞争者数量、需求增长率、进入及退出壁垒、产品品种、技术变革、用户购买行为等指标判别。

处于初创期的产业，行业利润低，企业数目较少，企业竞争压力小，产值比重低，企业管理尚不完善，产品品种也比较单一。但是处于该生命周期的产业，市场增长率较高，需求增长较快，并且企业进入该产业壁垒较低。在此阶段，企业应将开辟新用户，拓展市场作为主要的任务。

当产业处于成长期时，行业竞争者数量增多，企业进入门槛提高。产品品种增多，该产业产出占整个产业系统的产出比重增大，市场增长率很高，消费者需求也正高速增长。

在成熟期阶段，技术已经相对成熟，市场容量基本固定，消费者市场已经形成，市场增长率不高，行业盈利能力逐渐下降，企业进入壁垒很高。

处于衰退期的产业，技术落后，替代品数量增多，需求萎缩，产品品种减少，竞争者数量减少。产业衰退类型可分为四种：资源型衰退，即由生产产品所需要的资源的枯竭引起的衰退；效率型衰退，因为生产效率的下降引起的衰退；收入低弹性衰退，因为较低的需求—收入弹性引起的衰退；聚集过渡性衰退，因为经济的过度聚集导致的衰退。

二、金融发展相关理论

（一）西方金融发展理论

1.金融结构理论[①]

金融结构理论是由美籍经济学家雷蒙德·W.戈德史密斯提出的，是研究金融发展问题的最早和最有影响力的理论之一，主要描述并分析金融发展的过程和规律。戈德史密斯给出衡量一个国家（地区）金融结构和金融发展水平的存量与流量指标，并揭示关于金融深化的途径和规律，认为不同企业经

---

① 雷蒙德·W.戈德史密斯.金融结构与金融发展[M].周朔，等译.上海：上海三联书店，1994.

济体的金融结构类型受金融相关比率的影响。将资本市场上的各类金融现象分类并统一归纳为三个方面,即金融工具、金融机构和金融结构。其中金融工具是各种对其他经济单位的债权凭证与所有权凭证;金融机构主要是从事相关金融服务的各类金融中介机构,也包括资产与负债由金融工具所组成的企业;金融结构则是一个国家(地区)当前拥有的金融工具和金融机构的总和。金融结构变化是金融发展的实质,而一个国家(地区)的金融结构主要取决于该国(地区)金融机构、金融工具的类型、性质和规模,金融结构变化状况影响着金融发展程度。因而,金融结构是一个不断在演进和变化的概念,不同的国家(地区)拥有不同的金融结构,即使是同一国家(地区)在不同的经济发展阶段,也拥有不同的金融结构模式。而金融结构模式大致可以分为"银行主导型""市场主导型""金融和法律主导型"以及"金融服务主导型"这四个类型。

2. 金融深化理论[①]

金融深化理论是由美国经济学家麦金农和肖针对发展中国家(地区)普遍存在的"金融抑制"现象共同提出的,以金融自由化政策促进不发达国家(地区)经济发展的理论。麦金农指出,发展中国家(地区)通常存在政府过度干预金融市场的现象,造成实际利率偏低,储蓄不足,资本匮乏,资本低效率配置以及金融抑制的结果,最终使得金融体系运行效率降低、经济效率低下。金融深化理论的主要思想为:放松政府部门对金融市场的过分干预,放松对实际利率的严格管制,使得利率能够充分反映市场的资金供求状况,增加储蓄额和投资额,提高资本的配置效率,并且能够有效地抑制通货膨胀,刺激金融体系的完善和经济的良性发展。

3. 金融约束理论

1996年,赫尔曼、斯蒂格里茨在《金融约束:一个新的分析框架》一文中提出了金融约束论。[②] 其基本思想为:政府对金融市场的适当干预是有必要的,在宏观经济稳定、通货膨胀率低以及具有正的实际利率的前提条件下,经济落后、金融体系尚不完善的不发达国家(地区)应实行金融约束政策。即通过控制存贷款利率、限制银行业竞争以及限制资产替代性等措施来为民间部门尤其是银行部门创造租金机会。通过为银行部门创造经济租金,将激

[①] 爱德华·S.肖.经济发展中的金融深化[M].邵伏军,等译.上海:上海三联书店,1988.

[②] 托马斯·赫尔曼,凯文·穆尔多克,约瑟夫·斯蒂格利茨.金融约束:一个新的分析框架[J].经济导刊,1997(5).

励银行的长期经营行为，使其凭借掌握的企业内部信息优势，实现社会效益的增加。

4. 金融中介理论

金融中介理论研究的核心问题是：为什么会存在金融中介机构？从严格意义上来说，经济学家们对金融中介问题的探讨真正起源于20世纪60年代，以20世纪60年代为分界线，金融中介理论可被划分为古典金融中介理论、传统金融中介理论和现代金融中介理论三个阶段。

（1）古典金融中介理论。古典金融中介理论认为金融中介机构具有信用媒介与信用创造这两大基本功能。而金融中介机构的信用媒介功能，约翰·穆勒、大卫·李嘉图、亚当·斯密等人指出金融机构的主要职责除了最初的货币兑换，还应当提供信用媒介服务。他们认为，银行的作用也仅限于提供支付中介、信用媒介服务，而不能创造信用。其信用媒介功能在于吸收存款和发放贷款，但是强调了银行只有在吸收了存款的基础之上才能进行贷款发放，并未对超过吸收存款部分的贷款进行解释，由此，金融中介机构的信用创造职能便由此凸显出来。麦克鲁德力和凯恩斯提到，金融中介机构的作用主要是为社会创造信用，银行可以使用超过其吸收的存款额进行放款。银行的信用创造职能，通过货币乘数的作用，能够为社会创造出大量新的资本，从而推进国民经济的发展。

（2）传统金融中介理论。美国经济学家费雪在1930年提出了"内部信贷市场"的观点，它强调了金融中介机构的重要功能，即家庭的福利水平和总效用受消费者信贷市场的影响。[1] 然而，也有许多的经济学家认为金融中介的存在并不会对经济的运行产生影响。Modigliani和Miller提出MM定理[2]，以及后来出现的"真实商业周期模型"，都表示了金融中介与经济运行互不相关的观点。显然，这样的结论与现实是不符的。

（3）现代金融中介理论。现代金融中介理论主要研究的是金融中介机构如何利用自身的优势降低交易成本、规避信息不对称风险。该理论的内容主要包括六个方面：第一，不确定性。跨期交易的出现催生了不确定性的产生，并且不确定性成本并不能靠使用其他资源来减少，金融中介在这方面的作用就得到了凸显。银行可以发挥其跨代平滑作用，通过风险转移机制降低不确

---

[1] 费雪. 利息理论[M]. 陈彪如，译. 上海：上海人民出版社，1999.

[2] MODIGLIANI F, MILLER M. The Cost of Capital, Corporation Finance and the Theory of Investment[J]. The American Economic Review, 1958, 48（3）: 261-297.

定性成本,并且可以减少个人持有多样化投资组合的成本;第二,交易成本。金融中介在技术上存在规模经济优势,在金融市场交易中,产品交易量的增加速度远快于产品的交易总成本。中介机构不仅在提高储蓄和投资水平并且优化储蓄额的配置效率方面起重要作用,还可以依据借贷双方不同的金融需求创造出新型的金融产品,降低金融交易成本,即能够很好地发挥其"分配技术"和"中介技术";第三,信息不对称。信息不对称现象的存在会导致金融市场的失灵,中介机构在借贷双方间所扮演的角色就决定了其所掌握的信息是最充分、最真实有效的。金融中介可以在贷款给贷款人时对其所经营的项目进行评价,投资低风险高回报项目,然后向借款者发行承诺特定回报组合的证券。如此,借贷双方之间所存在的信息不对称问题听过金融中介得到解决;第四,"功能观"。金融中介在功能上与金融机构相比更加稳定,不管是在地域跨度上,还是时间跨度上,金融功能变化都较小,稳定的金融功能使得金融系统的运行效率更高;第五,风险管理及参与成本。随着金融市场的发展,银行传统的将风险跨期平滑化进而分散风险的方法已经很难满足投资者的需求。所以银行不得不进行业务创新,推出新兴的金融产品吸引投资者的目光,开始扮演风险管理者的角色,代理投资者进行风险管理和交易,从而降低参与成本;第六,价值增加及客户导向。金融中介能够创造新兴的金融产品,通过调整期限结构、缩小流动性危机、转换财务风险等方式为投资者提供增加值。

(二)国内金融发展相关理论

1.区域金融发展不平衡理论

区域金融发展不平衡,是指区域间金融发展存在差异。区域金融发展不平衡是金融资源在区域间的低效配置、金融结构的区域性不平衡、地区金融发展水平的差距以及金融主体行为的差异性。周立、胡鞍钢(2002)[1]指出中央政府的纵向分割式改革以及地方政府的横向分割式控制,造成金融资源不能在各地区、各行业间自由流动,条块分割的金融资源也难以得到优化配置;金融结构的区域性不平衡体现为金融工具的地区差异性、金融市场结构的地区差异性、金融制度的地区差异性以及产权结构等金融构成要素的地区差异性;地区金融发展水平的差距主要包括金融产品交易数量、金融吸纳程度、金

---

[1] 周立,胡鞍钢.中国金融发展的地区差距状况分析(1978—1999)[J].清华大学学报(哲学社会科学版),2002(2).

融深化程度以及金融辐射程度的差距；金融主体行为的差异性表现为金融机构的金融制度的差异、非金融机构的不同金融活动、地方政府实施的不同金融政策以及地方居民的金融参与度。

2. 金融可持续发展理论

金融可持续发展理论是白钦先教授在金融资源理论的基础上提出来的，其研究的基本范式是基于"货币非中性"的"金融非中性"，将可持续发展引入金融发展中，指出"金融是一种资源，是稀缺资源，是最基本的战略性资源"的观点[①]，确认了金融的资源属性，赋予金融一个全新的效率观，认为金融是一种可以开发稀缺的资源，需要对其进行优化配置，金融的可持续发展必须通过金融资源的合理利用来实现，只有金融发展起来才能实现对经济的带动作用。该理论主要包括以下几个方面的内容。

（1）金融可持续发展包括动态金融发展和静态金融发展。动态金融可持续发展是指各个不同阶段金融发展的变化对比，研究的是金融发展的动态变化以及变化的理想趋势；静态金融可持续发展是指发展的自然拓展，只着重于当期发展状况。

（2）金融可持续发展是指金融系统和环境支持系统的有机统一，它是经济发展的内在要求，而环境的可持续发展是实现金融可持续发展的外部保障。

（3）金融可持续发展是量与质的统一发展。既要注重金融机构的扩张、资本的积累、技术的完善，又要着重实现金融制度、金融结构以及金融市场的完善。

（4）金融可持续发展应是金融宏观和微观效率的结合。而所谓的"金融微观可持续发展"是指实现各金融机构自身盈利的增加及市场竞争能力的加强；"金融宏观可持续发展"是指金融系统各个要素间的相互协调，促进金融业整体效率的提高。

3. 金融生态理论

2001年，经济学家白钦先教授在其著作《金融可持续发展研究导论》中首先提出"金融生态"一词，指出金融生态环境是指金融资源的开发和合理使用。2004年时任我国央行行长的周小川也曾提出过金融生态环境这一概念，并认为"金融生态即微观层面的金融环境，它包含法律、会计与审计准则、社会信用体系、市场体系、企业改革的进展、中介服务体系及银企关系等多

---

① 白钦先，等. 金融可持续发展理论研究导论 [M]. 北京：中国金融出版社，2001.

方面的内容,而其中的法律制度环境则是金融生态的重要构成要素"[①]。指出可以通过相关法律法规制度的完善、金融生态环境的改善,将能促进整个金融体系的有效改革与发展。因此,一个良好的金融生态环境将是各金融机构在实现其自身健康发展的同时,能够产生正的外部性的机制。金融生态环境可以侧重从地方债务对金融稳定的影响、金融发展、经济基础、制度与诚信文化这四个方面进行评价。

第二节 特色产业发展的金融需求

一、特色产业发展金融需求特征的一般分析

特色产业从培育到成长是一个长期的过程,在这一过程中对金融的需求也呈现出多方面的特征。

(一)综合化与层次化

特色产业在生命周期的不同阶段,其风险水平不同、盈利能力不同、融资能力不同,在资金的运用方向、需求量方面也各有特征。随着特色产业的发展,其金融需求已不仅仅局限于传统的信贷需求,而要求金融机构能够针对不同时期金融需求的变化提供全方位的金融服务。同时,不同类型的特色产业金融需求的侧重点不同,产业由于兼并、重组、集群等需要,银行体系提供的金融服务已不能满足其发展要求,而需要银行、保险、证券、融资租赁、信托等提供的综合性服务。此外,特色产业从培育到发展的过程中,其规模不断壮大,金融需求也呈现出层次化的特征:在创立的初期,产业的融资方式主要是内源融资、风险投资;达到中小规模后,融资方式主要是风险投资、创业板上市;达到大型规模后,融资方式主要是银行贷款、资本市场上市融资,即随着产业规模的扩大,其融资方式呈现出多样化、高级化的特征。

(二)规模化与集中化

为能促进特色经济的形成与区域经济的发展,特色产业就必须走发挥规

[①] 周小川. 完善法律制度,改进金融生态 [N]. 金融时报,2004-12-07.

模效应的集聚道路,而产业的集聚化发展提高了产业的集中度,进而导致产业发展中金融需求的规模化与集中化。在产业集聚过程中,生产经营规模的扩大、整合资源所采取的并购措施等都需要大量的资本支持,同时对于长期化、专业化、规模化的融资服务需求也随之增加,这就要求金融市场能够提供大规模、低成本、多功能的融资平台。如企业为扩大融资规模,降低信贷成本,以最大限度地发挥资本的规模效应,而产生对政策性银行或国有银行牵头的银团贷款的需求;企业为满足融资期限长、资金需求量大的融资要求,而对股票市场提出的快速发展要求;企业为能拓宽自身融资渠道,对金融机构开展知识产权质押、动产抵押等信贷活动的迫切需求;企业为解决发展过程中大量资金的周转问题,对积极发展产业供应链融资有迫切需求。

(三)多样化与个性化

特色产业发展过程中,其金融需求逐渐呈现出多样化与个性化的趋势。如为形成产业竞争力而产生的技术研发需求;为购买生产设备而产生的固定资产融资需求;为促进产业升级而产生的兼并重组需求;为促进产业发展、拓展业务而产生的互联网金融需求。这些多样化的需求需要金融体系更高层次、更具多样化的金融服务作为支撑,其中不仅包括金融产品的多样化需求,还包括融资渠道的多样化需求。如随着产业的外向性发展,其对于应收账款质押、远期进口信用证、履约保函等金融产品的需求也随之增加。

同时,不同区域、不同类型特色产业的金融需求具有差异化特征,这就要求金融机构能够结合产业调整政策,针对其需求发展变化制定个性化方案,为企业提供更专业化的融资战略。总而言之,产业需要开展"内源性融资+外源性融资""政策性融资+商业性融资""信贷融资+证券融资"的结合模式,以满足发展过程中多样化、个性化的金融需求。

二、不同类型特色产业发展的金融需求

为更好地了解特色产业发展对金融需求的差异性,下面将从特色产业的分类视角对其进行分类阐述。除按照一二三产业划分方式外,综合前人对特色产业类型的观点,按其形成基础,可分为科技型特色产业、资源型特色产业、人文型特色产业、生态型特色产业和综合型特色产业。

(一)科技型特色产业

科技型特色产业是指以技术创新为主导,从事高新技术的开发、科技成

果的商品化及销售等一系列活动,在产品的加工制造等方面有独特优势,具有一定规模的企业集群。该类型的产业属于知识技术密集型产业,高投入、高技术、高风险、高成长、高收益是其主要特征,产品的附加值较高,所需资金主要用于技术的开发与创新、科技成果的转化、专业技术人才的引进和培养、科技园区和产业化基地建设、生产设施设备的购买等。此外,在其发展过程中,除对金融产品、金融服务的需求更趋多样化外,由于该类产业的高风险特征,其对于融资担保及增值保值、金融避险类产品的需求较大,如项目的专项保险、利率掉期、创业投资风险补偿基金等。

(二)资源型特色产业

资源型特色产业是指充分利用地区资源优势,以资源的勘探、开发、利用为基础而形成的对资源高度依赖的产业。该类型产业的资金需求主要表现在以下几个方面:首先,该产业对资源的依赖程度较高,核心内容是资源的开发与利用,所以在这方面的融资需求量较大;其次,在资源的开发过程中,前期的勘探和采掘成本较高,一旦资源枯竭,产业将面临较高的沉没成本,因此为降低沉没成本,减少经济损失,产业在技术改造方面存在一定资金需求;再次,资源的开发在一定程度上会对生态环境造成破坏,如水质污染、植被破环、大气污染等,所以为实现可持续发展,产业在环境保护方面存在技术改造、废物利用等资金需求;最后,某些自然资源的开发往往伴随着高危险性,作业环境安全系数低,安全事故发生较为频繁,因此在安全设施投入与保障方面存在融资与保险等资金需求。

(三)人文型特色产业

人文型特色产业是指以区域或民族文化为核心,通过一定的工艺流程将文化融入生产,以生产出带有区域或民族文化特色的产品为依托而形成的产业。这类特色产业一般分布在民族地区,生产的产品带有浓郁的地域特色和民族特色,其资金的需求主要表现在以下三个方面:首先,该类型的特色产业蕴含丰富的文化内涵,产品的生产、营销与民族文化密切相关,所以产业需要一定资金用于文化传承、技艺传承,避免出现文化失传、产品灭绝的局面;其次,目前民族地区的该类型产业大多处于小型、微型甚至家庭作坊式规模,且属于私营所有制企业,呈现出组织结构不健全、规模小、分布零散、行业集中度低的特点,因此产业在规模化生产方面存在大量资金需求;最后,丰富的文化不仅需要传承,还需要发展,在区域外文化的冲击和同化压力下，企业需要部分资金用于民族特色产品的挖掘与开发，以形成核心技术和品牌。

（四）生态型特色产业

生态型特色产业是指特色产业与生态因素有机结合、相互促进，实现资源的综合、高效利用所形成的产业。其通过实现生态资源与产业的相融与互促，达到资源的高利用和废物的低产出的目的。一般而言，环境、设施和服务是这类产业发展的重要因素，因其而产生的资金需求体现为：首先，生态环境的高质量和高效益是发展生态型产业、实现经济与环境协调发展的基础和关键，因此产生了对生态环境质量提升的资金需求；其次，科学的规划是这类产业开发的重要前提和依据，其对于产业的后续发展也具有重要意义，所需资金还用于对产业的市场定位、目标定位、营销策划、环保规划等进行深入研究和规划；最后，由于该类型产业基础设施建设耗资量大，部分行业需要为消费者提供交通、住宿、餐饮甚至娱乐、休闲等全方位服务，所需资金将用于提高服务质量，优化发展环境。

（五）综合型特色产业

综合型特色产业是科技型、资源型、人文型、生态型特色产业中两种或两种以上的融合。由于该类特色产业是两类或多类产业的综合，所以其资金需求同其他类型产业相比更具多样性和复杂性。如贵州的中药、民族药业同时融合了三种类型产业的特征，既有显著的资源型和人文型特征，又有不大显著的科技型特征。其资金需求如下：用于药材的开采利用，发挥贵州在中药材资源方面的独特优势；用于生产规模的不断扩大，市场占有率的不断提升，药材种植基地的扩建；用于创新技术、研发新品，提高自主创新能力，实现中药业的现代化；用于培养技术继承人，传播医药文化，继承和发扬贵州民族药文化遗产。

三、基于产业生命周期特色产业发展的金融需求

产业生命周期是指产业从产生到发展壮大，再到衰退的过程，主要分为初创期、成长期、成熟期、衰退期四个阶段。不同产业在生命周期的每一个阶段都有其特殊的金融需求，本项目研究将从产业生命周期角度分析各阶段的金融需求，尝试全面了解特色产业的金融需求特征，探索适合产业的融资途径。由于西南民族地区的特色产业大部分还处于初创期和成长期，极少部

分处于成熟期,且根据前文对特色产业的界定,处于衰退期的产业已经不能称之为特色产业,所以本项目研究在下面的论述中不考虑衰退期。

产业在整个生命周期中的金融需求呈现如下规律:随着特色产业的发展壮大,政策性金融的介入逐渐减少,商业性金融的介入逐渐增多。具体而言,在初创期,需要政策性金融在产业的培育与扶持方面投入大量资金,引导符合国家产业政策的产业、特色企业快速成长,而商业性金融因盈利性特征在这一时期很少涉入;特色产业、企业发展到成长期,政策性金融的引导作用基本完成,会逐步减少资金的介入,这一时期企业盈利能力的增加也吸引商业性金融资金不断增大投入;特色产业、特色企业发展至成熟期,企业盈利稳定、盈利能力强,商业性金融的逐利性将有大量资金介入,扶持力度较大,政策性金融则逐渐退出。这一规律如图2.1所示。

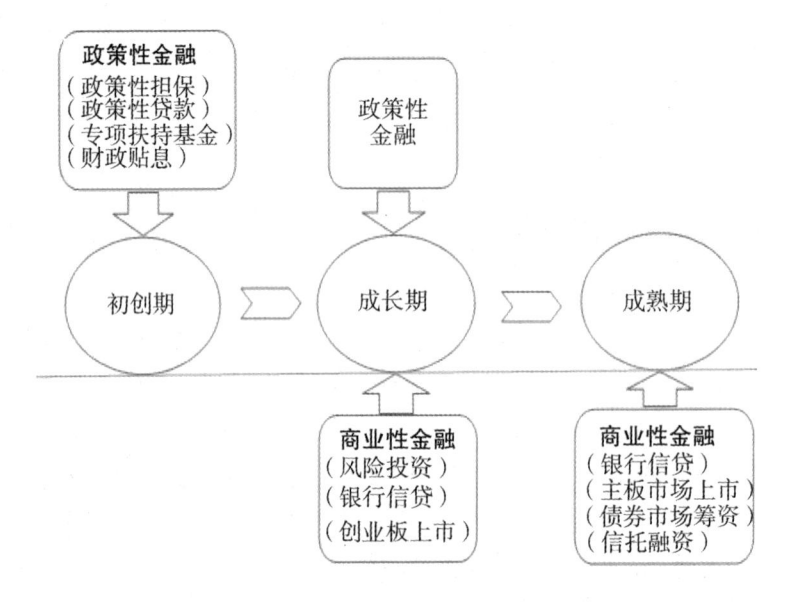

图 2.1 产业生命周期中各阶段的金融需求

1. 初创期

在此阶段,产业刚产生或建立不久,产品的研发费用、原材料及设备等固定资产的投入费用较高、规模较小,市场对企业产品的需求不足,产品的研发、市场的开拓以及产品的销售渠道都处于未知状态,企业面临较大的市场风险和管理风险。较高的成本和较低的收入使企业处于高风险阶段,较高的风险和严重的信息不对称使得企业无法获得银行贷款,同时也很难在证券市场筹集资金,所以这一阶段的融资渠道较窄,以内源融资为主,企业的自有资本是主要的资金来源，政府财政支持、天使投资资金、风险投资资金也发挥一定的辅助作用。

2. 成长期

成长期是产业发展的关键时期，这时产业已初具规模，拥有一定的市场占有率，市场需求量逐步增加，盈利能力渐增，成长性较高，内部资金积累增多。同初创期相比，这一时期市场风险和技术风险较小，收益较高，但仍需资金用于扩大生产规模、开拓更广阔的产品市场，以获取利润。在这一时期，产业的融资渠道增多，由于技术已经逐渐成熟，产品已有一定的市场占有率，产业成长速度加快，符合风险投资高回报且尽量规避风险的投资要求，所以风险投资在产业的资金来源中占有一定比例。同时，发展前景好、违约风险较小的企业可获得一定数量的银行贷款，创业板上市、私募股权融资也成为企业的融资渠道。

3. 成熟期

成熟期是产业生命周期中相对较长的时期，这一时期市场稳定、技术成熟，显著特征是低风险与高收益并存。为了巩固地位和保持竞争力，企业融资需求仍然很大，所需资金主要用于降低生产成本、提高产品质量、开发新产品和新技术以及兼并生产互补性或同质性产品的企业。但这一时期企业的融资能力大大增强，资金来源广阔，融资方式更趋多样化，一方面，由于违约风险较低，金融机构会主动向企业提供贷款，另一方面，企业已经具备一定规模，且条件相当成熟，满足股票市场的准入标准要求和债券市场的信用标准要求，所以企业可以到主板市场上市融资或通过债券市场筹资。

第三节　影响特色产业发展融资选择的因素分析

伴随特色产业的发展，企业的融资方式、融资规模等都发生着变化，而影响其融资选择的因素多种多样，从区域角度分析，金融政策导向、金融市场发展、金融体系结构、金融产品创新都将影响特色产业的融资方式。其中区域金融政策通过实施差别化政策引导社会资金的投资方向，适应特色产业发展的融资需求；区域金融市场为满足特色产业发展更多的资金需求，通过自身的不断完善和发展为企业提供高效的融资平台；区域金融体系通过调整与结构的合理化发展，为企业构建全方位的融资体系；区域金融产品通过不断创新，为企业提供多样化的融资工具以拓宽其融资渠道。因此，金融政策导向、金融市场发展、金融体系结构、金融产品创新的发展变化都在一定程度上决定和影响特色产业融资数量、结构和方式的选择。这一影响机制如图2.2所示。

```
特色   融   金
产业   资   融      ┌─ 区域金融政策 ──差别化政策── 引导投资方向
发展   需   支持
       求   创      ├─ 区域金融市场 ──完善市场──── 提供融资平台
           新
                   ├─ 区域金融体系 ──结构合理化── 构建全方位融资体系
                   
                   └─ 区域金融产品 ──融资工具──── 拓宽融资渠道
```

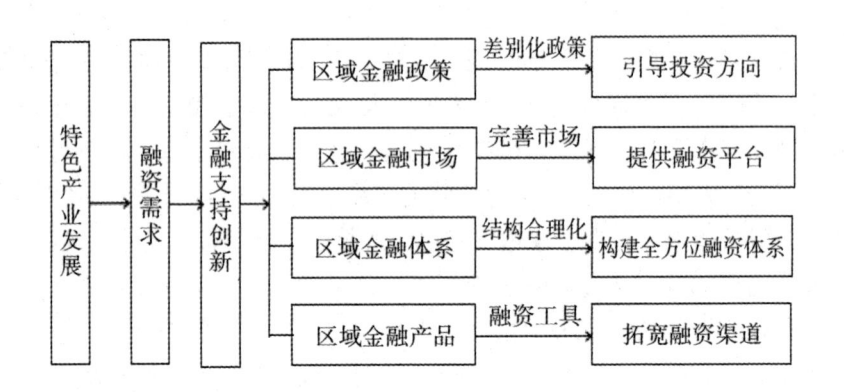

图2.2　影响特色产业发展融资选择的因素

一、区域金融政策导向的影响

区域金融政策是地区政府、中央银行和其他金融机构在坚持国家产业政策的前提下，以地区实际情况为依据制定的相关金融政策，是区域金融体系完善与否、金融市场发达与否的重要影响因素，其有效实施为地区特色产业的发展提供了稳定的金融制度环境。金融政策通过有选择性的、有差别的措施实现导向功能，如对不同产业可以实施差别利率及不同的信用管理等。常常在区域金融政策的实施过程中，以符合国家产业政策为目的，对于符合区域产业规划支持的产业、企业，政府扶持力度大，企业主要依赖政策性资金的支持，融资成本低、风险小。一般而言，政策性金融（含开发性金融）会更偏向于处于成长阶段、符合区域产业调整政策的重点产业，且导向的效果更为明显。

二、区域金融市场发展的影响

金融市场是特色产业发展筹措资金的重要平台，它能够有效引导资金的流动，为管理部门进行间接调控提供了条件，其是否发达、完善的程度决定着企业的融资难易度和融资效率的高低。区域金融市场对特色产业发展融资选择的影响体现在：首先，一个发展水平高的金融市场必然有着良好的金融生态环境，无论是法律制度与社会信用、政府行为还是经济基础，都呈现出良好的状态，而一个良好的金融环境又将促进金融主体的积极健康发展、企业融资效率的提高及融资成本的降低；其次，在一个完善且成熟的金融市场中，金融活动的参与者更多，金融主体更为多样化，作为金融市场活动的主要参与者，金融机构在区域金融系统中的运作能力更强，对于企业融资的影响更大；最后，金融市场的发展水平越高，金融创新的能力越强，多样化的金融工具能够满足企业的多样化融资需求。综上所述，发达的金融市场必然有着良好的金融生态环境、高度活跃的市场和多样化的金融主体，金融市场的发展水平越高，其资源配置的功能越强，融资效率越高，融资成本越低，融资选择更加多样化。[①] 特色产业所在区域金融市场发展与完善程度直接影响其融资的能力、融资的方式与融资成本，影响特色产业的发展和成长。

三、区域金融体系结构的影响

金融体系是金融系统中各个组成部分的统称，其要素包括参与资金融通的经济主体、交易市场、中介机构与金融工具等。不同地区的金融体系结构不尽相同，在西南民族地区，由于金融市场发展水平较低，银行往往在金融体系中占据主导地位，银行信贷等间接融资方式通常是企业融资的重要来源，资本市场在企业融资时发挥的作用往往极其微弱。[②] 随着区域金融体系的发展，其结构更加合理化，资本市场体系由原本的层次单一变为多层次，企业融资由原本的间接融资为主变为直接融资和间接融资并重的局面，如企业可以选择通过银行信贷进行融资，也可以选择在资本市场上发行证券进行融资。即金融体系结构的合理化发展为企业提供了融资的多元渠道，扩大企业的融资选择范围。同时，金融体系结构越合理，为企业提供的金融工具的种类越多，而不同的工具风险不一、成本不一，企业通过多样化的金融工具进行融资时，可根据自身的风险承受能力、还本能力选择适合的融资工具。

四、区域金融产品创新的影响

金融产品是特色产业发展过程中依赖的融资工具，其品种的丰富度决定

[①] 吴桢.金融生态环境影响金融主体发展的区域差异研究[D].兰州：兰州大学，2015.
[②] 李苍舒.中国现代金融体系的结构、影响及前景[J].数量经济技术经济研究，2015（2）.

着企业融资的方式与便利度。区域金融机构在进行产品创新时往往以市场需求为导向，以适应企业拓宽融资范围和种类的需求。如金融机构可以通过开发出贷款利率、期限和还款方式的新型组合，积极开展并购贷款，扩大银团贷款等，扩大企业的融资来源和融资规模；可以通过开拓各种权利质押贷款业务，转让专利权、商标权等来进行融资；可以通过发展融资租赁业务节省企业的融资成本；可以通过建立相关贷款担保基金，通过企业联保、互保等方式来解决企业贷款的担保难问题。[①]

第四节 金融支持与特色产业发展的一般关系及机理分析

一、金融支持与特色产业发展的一般关系

（一）金融支持对特色产业发展的促进作用

1. 扶持作用

金融支持对特色产业发展的扶持作用主要表现在资金扶持方面。任何一个特色产业在创建初期都是弱小的，尤其是民族地区的特色产业，受地区经济发展滞后的影响，特色产业自我发展的能力较弱。特色产业从选择到培育，需要经历长期的过程，也需要资金、市场、技术、人才、组织管理等要素的密切配合，其中资金是其他要素的基础和关键，是维持并不断促进特色产业发展的金融基础。如科技型特色产业发展过程中的科技创新和科技成果产业化，都需要大量的资金投入，其对于资本的规模与形成速度都有着极高的要求。

在特色产业发展的资金扶持中，资金的导向有着极其重要的作用。资金的导向即政策性金融（含开发性金融），一般政策性金融支持会将资金引向特定的产业，从而促进产业的发展。在政策性金融支持中，政府可以通过直接干预和间接干预两种方式进行，如政府通过政策规定引导金融机构对某特色产业积极开展信贷活动，对不同产业实施差别化的利率政策；政府通过制定相关财政政策和税收政策，实施财政补贴和税收优惠等助力特色产业的发展；政府积极扶持特色产业企业在主板市场、创业板市场上市，拓宽企业的融资渠道。

---

① 谢沛善. 中日高新技术产业发展的金融支持研究 [D]. 大连：东北财经大学，2010.

此外，在特色产业发展逐渐成熟后，商业银行经营管理的目标即利润最大化则会迫使银行逐利，使信贷资金流向效益好的产业，加快该产业的发展步伐。

2. 保障作用

金融支持对特色产业的保障作用主要是指将资金转化为产业资本，为特色产业持续长期的发展提供保障。产业从选择、培育、成长到壮大是一个长期的过程，其中需要大量的人力、财力、物力支持，资金起着关键性的作用。如特色农业在发展过程中，道路交通设施等基础设施的建设、生产资料的购买、大型农机机械、农产品加工设备的更新、生产经营规模的扩大、农业科技的创新等都需要较大的资金投入，没有资金的支持，特色农业产业的产、供、销均无法维持正常经营。因而，产业发展的每一个阶段、产业链上的每一个经营主体，都需要大量的资金用于市场拓展、规模扩大等，以保持特色产业在竞争中的优势地位，保障产业的持续发展。

3. 监督作用

金融支持对特色产业的监督作用体现为企业从金融市场融通的资金具还本付息的要求，对企业资金的使用产生一定的约束，从而要求企业对资金的运用进行严格的监督，强化资金的使用效率。在资金运作过程中，为保障资金的安全，必须加强对资金运作的监督，注意防范、降低企业风险，此外还需要加强企业内部核算。在监督过程中需要主要以下几点：第一，合理安排资金的使用和分配；第二，提高资金的使用效率；第三，注重成本管理。比如，在经营管理环节，应加强企业的内部核算，把企业的成本管理与企业整体的经济效益结合起来，以市场需求为导向，尽可能创造更多的利益；在销售环节，应加快资金的回笼速度，缩短资金的回收期，实现科学营销。

4. 激励作用

金融支持对特色产业的激励作用主要是指在产业发展过程中由于投入了大量资金，融通资金的还本压力将激励企业不断发展壮大。在特色产业发展过程中，无论是技术的创新、组织管理水平的提高，还是市场的拓展、人才的引进，都需要大量资金的投入。企业为能尽快偿还本金，加快资金回笼速度，就会通过提高资金利用率、扩大生产规模、加快技术和产品创新、改革产品市场营销模式等渠道实现企业利润的提高与创造，从而促进产业发展。

（二）特色产业发展对金融的推动作用

特色产业对金融的推动作用是通过产业自身的投融资需求和产业结构调整来实现的，其中特色产业发展产生的投融资需求通过两条途径实现对金融的推动。一是特色产业发展产生金融产品多样化的需求,促进金融服务与产品的创新;二是特色产业发展过程中在金融市场融资量的不断扩大,促进信贷市场、保险市场、证券市场的多元化、合理化发展,进而推动金融发展的结构优化。特色产业成长的过程同时也是区域产业结构不断调整的过程,产业结构调整实现产业结构的合理化、高级化,最终促进产业结构优化,进而提高区域特色产业整体经济效益,带动地区经济增长。即特色产业的发展同时促进了地区经济增长与金融发展的结构优化,加之二者因金融效率提高存在的互动关系,所以特色产业的发展也推动了经济与金融的协调共融。如图2.3所示:

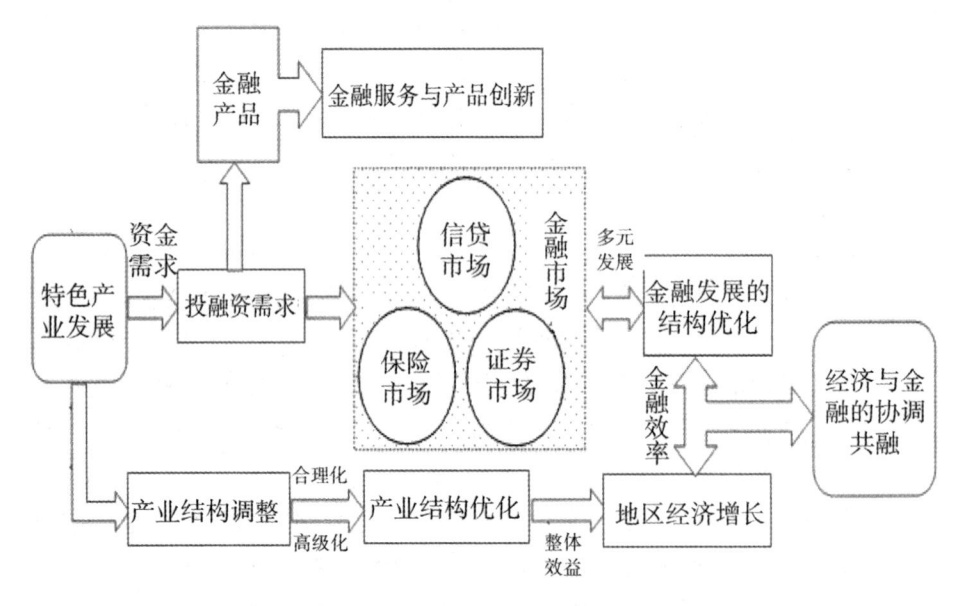

图2.3 特色产业发展对金融的推动作用机制

1. 特色产业发展促进金融业务与服务创新

随着特色产业的壮大,企业的融资需求、投资需求也随之加大,金融机构传统的金融服务已不能满足特色产业发展的需要。这一现象将会倒逼金融机构拓展新的业务空间,丰富区域金融市场层次和产品,开发多元化的投资产品和投资方案来满足特色产业发展的需求。这种创新包括金融技术、金融市场、金融产品等的创新,一般涉以下几类金融产品:所有权凭证类,如再买卖优先股、可积累优先股;融资工具类,如可转换抵押;股权账户类,如有附属担保品抵押债券;衍生金融产品类;组合金融工具类,如贷款承诺等。

2. 特色产业发展有利于金融发展的结构优化

金融结构是指金融的各个组成部分在金融市场上的分布及地位,涉及信贷市场、保险市场、证券市场等方面。在特色产业发展的初期阶段，所需的资金主要由信贷市场提供，较少涉及保险市场和证券市场，但随着特色产业的发展壮大，信贷市场提供的资金难以满足产业发展中后期的大量资金需求，因此资本市场就成了企业外部融资的重要来源。同时，随着特色产业的不断发展，企业面临的各种风险加大，对于保险产品的需求也随之增加，将有利于保险市场的发展。体现出随着特色产业的发展，金融发展的结构由产业发展初期的单一走向产业发展中后期的多元化，结构更加合理，即特色产业的发展促进了金融发展结构的优化。

3. 特色产业发展促进经济与金融的协调共融

一般认为经济增长与金融发展二者存在互动关系，由于经济运行状况决定金融效率，所以经济增长能够促进金融发展；反之，金融发展能促进资本投入的增加和要素生产率提高，从而促进了经济增长。而特色产业发展能够同时实现经济增长和带动金融发展。一方面，区域经济总量由区域各个产业的产值构成，因而特色产业的发展将带动经济总量的增长，且产业结构调整通过产业结构的合理化、高级化，实现资源的优化配置，促进地区经济增长；另一方面，特色产业的发展进入盈利稳定期后，投入到产业中的资金有更高的回报率，产业在发展过程中更大规模和更为完善的金融服务需求也将带动银行业、保险业、证券业、信托业等金融行业的共同发展，进而促进金融发展。

总而言之，特色产业的发展能够同时促进经济增长与金融发展，而一般认为经济增长和金融发展又存在互动关系，所以特色产业的发展能够促进经济与金融的协调共融。因此，在特色产业发展过程中，应注重产业发展和金融发展的协调性。当特色产业发展超前时，金融发展相对滞后，则滞后的金融环境不能满足产业发展的需求，会导致产业后期发展的动力不足；反之，若产业发展相对滞后，即实体经济的发展落后于金融发展水平，则依赖于实体经济发展的金融业也会出现后劲不足、发展缓慢的现象。

二、金融支持促进特色产业发展的作用机理

（一）金融支持与特色产业发展的宏观作用机理

金融支持对特色产业发展的促进作用是在政策性金融（含开发性金融）的导向下，通过金融机构在金融市场中的运作来实现。具体而言，一方面，社会资金进入金融市场后，在政策性金融的导向下通过投资转化为产业资本，另一方面，金融机构中的存款性金融机构在货币乘数作用下将扩大货币供给

量，部分货币供给通过资本化转化为特色产业的资本供给。金融机构在金融市场中的运作为产业增加了资本供给，进而促进了特色产业的选择、成长、聚集与创新。同时，金融机构基于经营安全原则所制定的风险防范机制又对产业创新有一定约束作用。

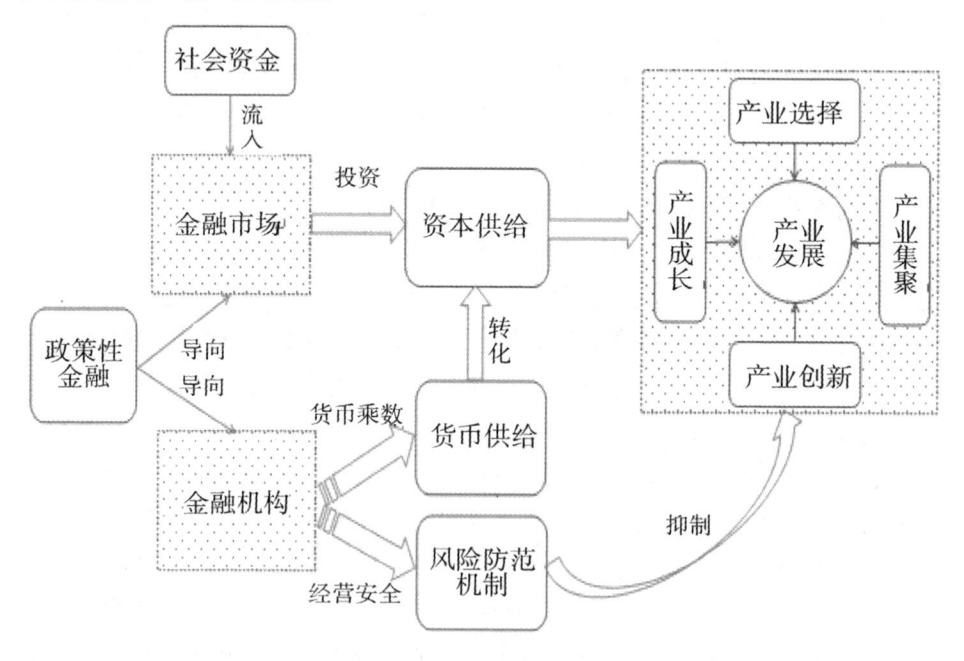

图 2.4　金融支持促进特色产业发展的宏观作用机理

1. 资金形成机制与特色产业的选择

特色产业的培育与发展离不开市场的消费需求、大量的资金投入、产业技术的创新及人才的培养等，其中资金的投入是产业拓展市场、培养人才的基础，也是技术创新的重要推动力量，即资本的积累为产业发展注入了持续的动力，是产业赖以生存和发展的基础，所以资本的形成机制对于特色产业的发展有着极其重要的意义。在特色产业的发展过程中，资金的形成主要有三条途径：一是通过政策性金融支持（含开发性金融）获得资金；二是将金融机构吸收的大量社会资金转化为产业资本，即通过实现储蓄向投资的转化实现资金支持；三是在证券市场上筹措资金。但这三种途径都有自身的局限性，其中政策性金融支持（含开发性金融）的扶持力度有限，不能满足特色产业发展的大量资金需求；通过银行信贷融资时，作为追求利润的企业，银行会基于资金的安全性角度，倾向于将贷款发放给发展前景好、资金回笼速度快、违约风险小的产业，而资金回收期长、发展前景不确定的产业难以获得资金支持；在证券市场上筹措资金时，受制于股票市场的较高的准入标准要求、债券市场的高信用标准要求以及期货期权市场的发展不成熟，未形成一定规模的企业难以上市融资。若特色产业在资本形成、集聚能力较弱时，难以有效通过上述途径获取资金，无法满足产业发展过程中大量、持续的资金需求。市场的优胜劣汰机制则会致使资本形成不足的此类产业自然淘汰，导致能够在市场竞争中生存的必然是资金集聚能力强的产业。

2. 投资导向机制与特色产业的成长

投资导向机制是特色产业发展过程中重要的金融支持机制，在现代市场经济条件下，金融体系对投资的导向作用中，市场性金融占据主导地位，政策性金融（含开发性金融）起引导和校正作用。虽然在不同的地区，二者的介入程度不同，一般在经济欠发达地区，政策性金融的介入度高，而发达地区，市场性金融的介入度更高，但不同区域都需要遵循一条共同的原则，即政策性金融（含开发性金融）的导向作用要以充分发挥市场性金融支持为基础。其中市场性金融对资金导向的主导作用主要体现在：商业银行基于自身利润最大化考虑，根据"三性"经营原则（安全性、流动性、收益性），在利率的引导下，将资金从低效率产业引导至高效率产业，实现资金资源的高效配置。政策性金融（含开发性金融）对资金导向的引导和校正作用体现在：政府依据产业调整政策，通过政策性金融机构实施差别化的金融政策以鼓励或限制不同产业的发展，或建立新型政策性金融机构，向资金投入不足或市场金融机构扶持力度不够的产业进行投资，引导资金投向、促进产业结构调整与产业结构升级。金融体系通过市场性金融与政策性金融的共同作用，即利用市场性金融的利益竞争机制，配合政策性金融的校正和引导作用[1]，引导资金流向需要扶持的或生产效率高的产业，提高资本的运营效率，有效促进区域特色产业的培植与发展。

3. 信用扩张机制与特色产业的集聚

产业集聚是产业发展到一定阶段的必然产物，是指同一产业以及与该产业相关的活动主体（包括机构、企业、政府组织等）在地理区域内高度集中，在经济活动中既相互合作又相互竞争，促使资本要素在空间范围内不断汇聚的过程。在特色产业集聚过程中，无论是对于经济联系集聚型还是指向性集聚型，足够的资本供给在促进产业空间集聚、增强产业外向关联、促进产业竞争力方面都发挥着基础性和关键性作用。而信用扩张作为扩大产业资本供给的重要机制，其与特色产业的发展、集聚存在相互促进的良性循环关系。一方面，金融

---

[1] 梁茹，凌江怀，等. 战略性新兴产业金融支持研究 [M]. 北京：科学出版社，2013.

体系通过信用创造功能扩大货币供给量，增加资金供给，加速产业资本的形成，从而促进了产业发展，加快了产业集聚的速度；另一方面，银行在向企业贷款时，产业的快速集聚会加快资金的流动速度，进而使区域内银行收益增加，投资的高收益会吸引更多的资金流入，进而使基础货币增加，在乘数效应的作用下，货币供给量进一步增加。总而言之，在信用扩张与产业集聚的相互促进、良性循环作用下，持续、大量的资本供给为特色产业的集聚奠定了经济基础，在一定程度上避免了因资金缺口的存在而制约产业集聚化发展的现象。

4.风险防范机制与特色产业的创新

在金融活动中，金融风险是每一个市场参与者都要面对的问题，建立一套完整的风险防范机制，在风险尚未发生时，采取相应的措施以减少其发生的可能性，对于金融机构的良性运转、金融体系的稳健运行乃至经济社会的健康发展有着重要意义。[①] 特色产业的创新往往与金融活动有着密切的联系，而金融机构的风险防范机制对产业的创新是一把"双刃剑"，一方面，风险防范机制的约束作用能够促进特色产业更加稳健发展，在一定程度上降低了企业由于盲目创新导致不良后果的可能性：特色产业的创新活动存在较大风险，在创新尚未取得成果之前，若出现产业创新活动与金融机构的风险防范机制相悖的现象，金融机构则会依据风险防范机制，取消或降低对产业的金融支持力度，从而降低了金融机构自身运行风险，也在一定程度上减少了企业的损失，促进其健康发展。

另一方面，风险防范机制在某种程度上又会限制特色产业的创新。特色产业在未形成集聚发展前，往往是以中小企业的身份参与金融活动，在其创新过程中，技术创新、市场创新以及人才的培养都需要大量的资本，银行为预防信用风险的发生，将限制甚至不会向发展前景确定性差、违约风险高的中小企业提供信贷支持，导致企业的资本供给不足，从而对特色产业发展形成抑制。

（二）金融支持促进特色产业发展的微观影响途径

金融支持对特色产业发展的促进作用主要是通过银行信贷、政策性金融、非正规金融、资本市场等实现。其中，银行信贷通过三条途径影响特色产业的发展：一是直接信贷在利率的作用下实现金融资源的合理配置，以促进特色产业的发展；二是通过利率影响消费信贷水平，进而影响产品市场需求；三是政府以其信用为担保建立融资平台，通过给予银行一定的贷款风险补偿以获取银行贷款，为产业发展提供所需的项目贷款、中长期贷款。非正规金融通

---

① 赵宇.我国民族地区农村金融风险防范与控制机制研究[D].北京：中央民族大学，2013.

过民间借贷、私人钱庄，政策性金融（含开发性金融）通过政府担保、税收优惠、政策性金融机构、政策倾斜等直接或间接地影响产业发展的融资渠道和融资成本。资本市场则通过两条途径实现对特色产业发展的促进作用：一是通过提供投融资机制和完善市场功能直接或间接影响企业融资渠道和成本，进而影响产业资本供给；二是通过资本市场的信息披露功能，监督企业提升综合实力，间接地促进了特色产业的发展。如图2.5所示。

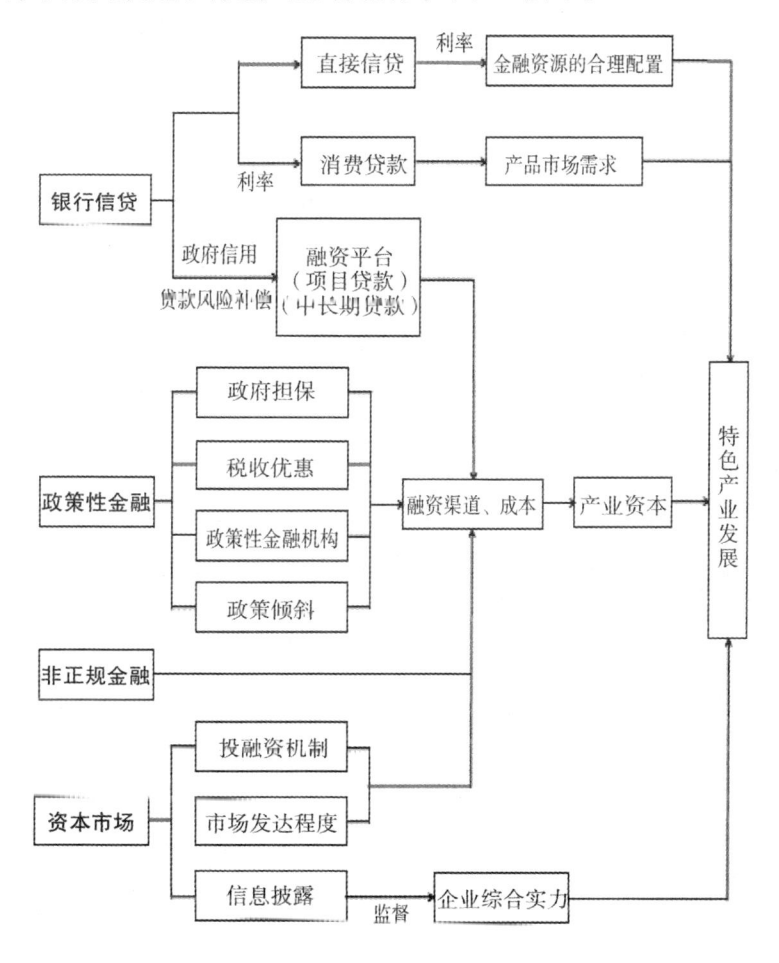

图 2.5 金融支持促进特色产业发展的微观影响途径

1. 政策性金融的引导与扶持

政策性金融（含开发性金融）是政府为实现特定的产业政策而采取的一系列特殊性的资金融通行为，其对于符合政府产业政策、但资金需求量大、盈利能力弱、有发展前景的产业具有重要意义。在政策性金融支持下，政府为企业提供担保、在税收方面提供优惠，引导政策性金融机构开展相关政策性业务，达到了降低企业融资成本、拓宽企业融资渠道的目的，减轻了产业发展过程中的融资压力。在政策性金融扶持特色产业发展的过程中，我国的三大政策性银行发挥着极其重要的作用，自1994年以来，在我国基础产业、支柱产业的发展、农业发展、进出口贸易发展方面有着突出的贡献，一方面满足了产业在发展过程中的融资需求，另一方面则实现了金融资源的合理配置。

政策性金融支持中的政策倾斜一般包括以下几种措施：（1）信贷倾斜。信贷倾斜是政府通过引导商业银行的信贷方向来支持产业发展，其依靠两条途径促进产业发展。一是投资信贷倾斜，即在特色产业发展的初期，政府通过政策性银行对产业的信贷活动表明产业政策的意图，以此引导商业银行对该产业的后续资金投资，通过此种方式扶持和鼓励符合地区产业政策调整产业的发展，而对投资过热、需要去产能的产业采取限制性的措施达到控制目的；二是消费信贷，即通过对消费信贷的调控影响市场需求，调整消费结构，引导资金向政府支持的产业转移，带动相关产业的发展。（2）差别利率。差别利率体现了政府的政策倾向和金融机构的贷款意向，无论是政府通过规定低于市场均衡利率的利率，还是针对不同的产业贷款实施不同的利率政策，目的都是对符合产业政策的相关产业实施优惠利率，影响企业的资金成本，鼓励这类产业积极发展。（3）资本市场准入政策。政府根据产业政策调整上市企业的上市标准，保证符合产业政策规定的产业优先融资，限制不符合产业政策规定的产业的融资活动。

2. 银行信贷的支持作用

银行是吸收社会闲散资金的场所，通过信贷功能将社会大量的闲置资本贷给所需企业，为企业提供了一个便利的融资平台，在一定程度上缓解了企业融资难的问题。[①] 银行信贷作为间接融资的主要方式，是通过利率实现金融资源的合理高效配置，主要通过以下几条途径实现：第一，企业经营管理的目标是追求利润最大化，由于利率的作用，企业会根据资金运用的收益和风险匹配原则来决定融资数量和使用方向，提高资金的使用效率[②]；第二，信用活动具备偿还性的基本特征，只有发展前景良好、经济效益好的企业才能获得后续信贷支持，发展前景差、经济效益差的企业难以获得信贷支持；第三，银

---

① 王茂溪.湖南省新能源产业发展的金融支持研究[D].长沙：中南林业科技大学，2014.
② 李丽.区域产业转移进程中的低碳物流与金融支持研究[M].北京：经济管理出版社，2012.

行信贷通过利率影响消费贷款，进而影响市场需求，影响产业的发展。基于上述三个方面的原因，银行信贷通过市场化的利率作用，将资金从低效率的企业（或行业）引向高效率的企业（或行业），实现金融资源在行业间的优化配置，进而促进特色产业的发展。

3. 资本市场的限制与影响

资本市场是企业筹措长期资金的重要市场，其中股票市场是企业融资的重要渠道。[1]资本市场对特色产业发展的影响主要体现在以下几个方面：首先，资本市场为企业提供了持续的投融资机制。企业可以通过在股票市场上发行股票来筹集资本，并以此扩大企业的影响力，提升企业的整体形象，同时，资本市场为企业资金的增值保值提供了有效途径。当企业发展所需的资金需求得到满足时，企业可以实现生产规模的扩大、产品质量的提升等，从而促进产业的发展，如创业板市场的开放降低了规模小、但成长性高的企业的上市门槛，促进了这类企业的融资和发展。

其次，资本市场自身的发育程度及其准入标准会影响产业的发展。若资本市场发育速度慢，不能满足产业发展的需求，则会抑制产业的发展，同时，当资本市场准入标准较低时企业融资较容易，准入标准较高时，企业无法进入资本市场融资，则会阻碍产业的发展。

最后，资本市场的信息披露功能能够促进特色产业的发展。[2]资本市场是一个信息集合地，证券的价格能够反映综合信息，严格的监管制度和信息发布会降低交易成本，提高交易效率，同时，在资本市场上发行证券需要进行及时的信息披露和接受严格的监督管理，这样能够督促上市企业提升自身综合实力，提高企业运作效率，从而促进产业的发展。

4. 非正规金融的补充作用

非正规金融是指尚未被国家法律规定认可的个人、金融组织及其资金融通行为[3]，有民间自由借贷、私人钱庄、典当行、各种基金会等多种存在形式。同正规金融相比，非正规金融的融资规模较小，但在特色产业融资中仍然起着重要的作用，主要有两方面原因：其一，非正规金融具备融资范围广、融资速度快、手续简便、无须抵押等优势，采取该种方式融资较为容易，尤其在

---

① 王茂溪.湖南省新能源产业发展的金融支持研究[D].长沙：中南林业科技大学，2014.

② 李丽.区域产业转移进程中的低碳物流与金融支持研究[M].北京：经济管理出版社，2012.

③ 王相敏，张慧一.民间金融、非正规金融、地下金融：概念比较与分析[J].东北师大学报（哲学社会科学版），2009（6）.

某些产业的融资需求具有较强的时效性（如特色农业的季节性资金需求），而正规金融的复杂程序难以满足其灵活性的资金需要；其二，产业在创立或成长阶段往往存在信息不透明问题，且无法提供充分的抵押或担保，正规金融为规避风险，会对产业融资采取限制性措施。因此，正规金融的缺位使得非正规金融广泛存在，尤其是在经济欠发达地区。

总体来说，非正规金融在一定程度上填补了正规金融市场的空白，是产业发展过程中融资渠道的重要补充。同时，非正规金融发展与产业发展二者之间存在良性的互动关系：产业在创立初期获得的正规金融支持有限，而非正规金融的发展拓宽了企业的融资渠道，借助非正规金融市场筹资可以为产业后期的发展奠定良好基础；反之，非正规金融的发展往往是建立在一定的社会网络基础上的，而随着产业的发展，产业内企业同上下游相关企业、存在合作与竞争关系的企业的联系增强，从而创造了良好的信用环境，促进了非正规金融的发展。此外，由于非正规金融具有诸多不稳定因素，容易导致信用风险、道德风险的发生，所以相关部门应重视其风险的防范。

第三章　西南民族地区特色产业的选择

第一节　西南民族地区特色产业选择的依据和原则

一、影响特色产业形成与发展的条件

特色产业形成、发展与地方经济发展、产业结构状况有着直接的联系，良好的经济基础有培育特色产业的优越条件，特色产业的集聚化、产业化容易形成，区域产业结构调整状况与特色产业发展方向有密切关系。

（一）特色产业发展的经济基础

1. 经济快速发展，人民生活水平逐步提高

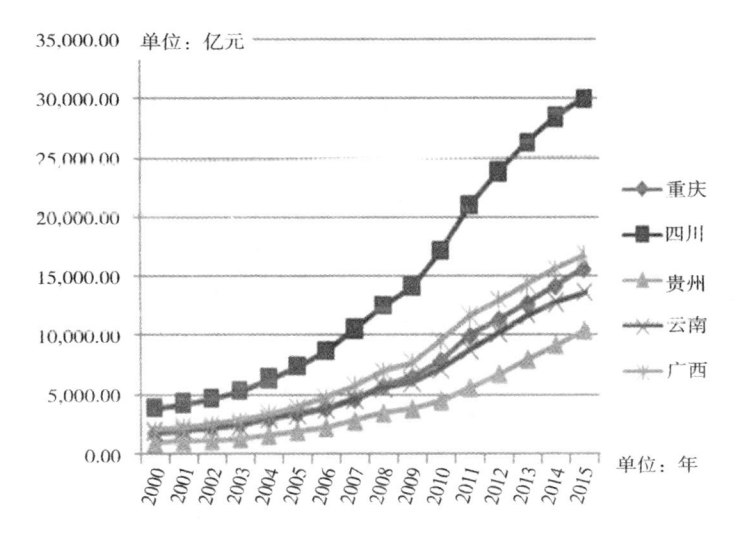

图 3.1　2000—2015 年西南民族地区五省（区、市）地区生产总值

数据来源：wind 资讯。

如图 3.1 所示，实施西部大开发以来，西南民族地区五省（区、市）地区生产总值呈逐年上升趋势，四川省经济增长较快，远远超过其余四省（区、市），2000—2015 年均增长率达 14.54%；其他省（区、市）中广西地区生产总值总量相对其他地区高，贵州最低。

如图 3.2 所示，近十几年来，国民经济的快速发展带来了城镇居民可支配收入的提高，西南民族地区五省（区、市）城镇居民可支配收入均呈现明显增长态势，至 2015 年各省（区、市）城镇人均可支配收入均在 25000 元左右，除贵州省偏低外，其余省（区、市）水平相差不大，但远远落后于全国平均水平 331195 元。

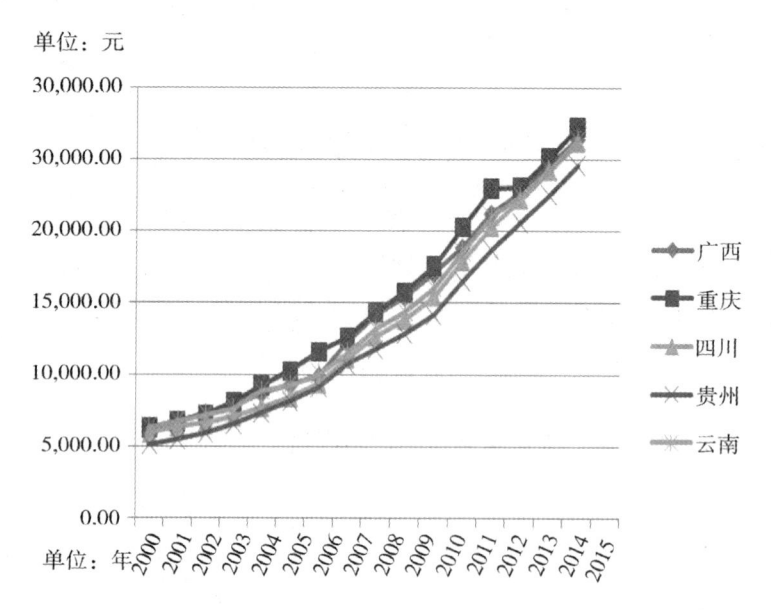

图 3.2　2000—2015 年西南民族地区五省（区、市）城镇人均可支配收入

数据来源：wind 资讯。

2. 地方财力不断增强，固定资产投资规模明显上升

从图 3.3 可以看到，西南民族地区五省（区、市）地方一般预算收入呈明显的上升趋势，四川地方财力最强，2015 年地方一般预算收入达到 3329.1 亿元，年均增长率为 18.05%，其次为重庆 2155.1 亿元，年均增长率为 22.19%，云南居中，广西、贵州居末。

从图 3.4 可以看到，西南民族地区五省（区、市）全社会固定资产投资也呈快速上升趋势，尤其是 2010 年以后上升幅度提升较快，四川省全社会固定资产投资远远超过其他省（区、市），位居第一，2015 年达到 24965.56 亿元，近6年年均增速达11.32%，其次是广西15654.95亿元，年均增速14.2%，重庆、云南居中，贵州居末。

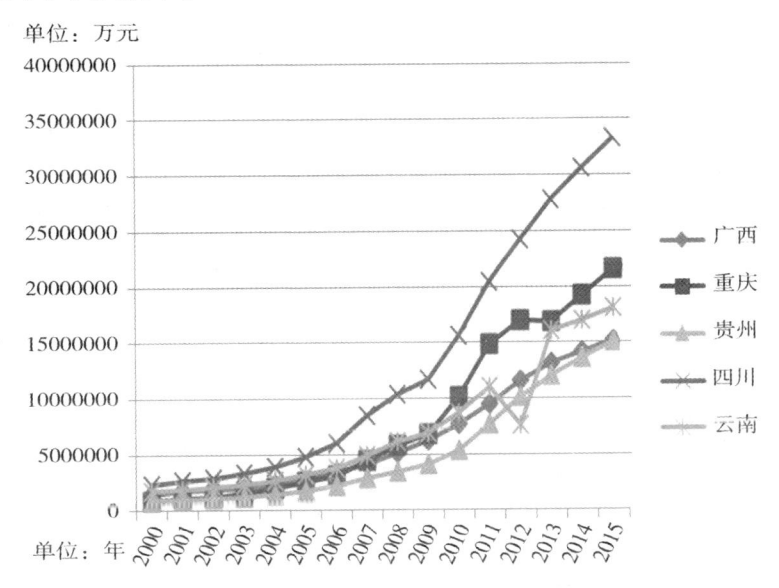

图3.3 2000—2015年西南民族地区五省（区、市）地方一般预算收入

数据来源：中国知网——中国经济与社会发展统计数据库。

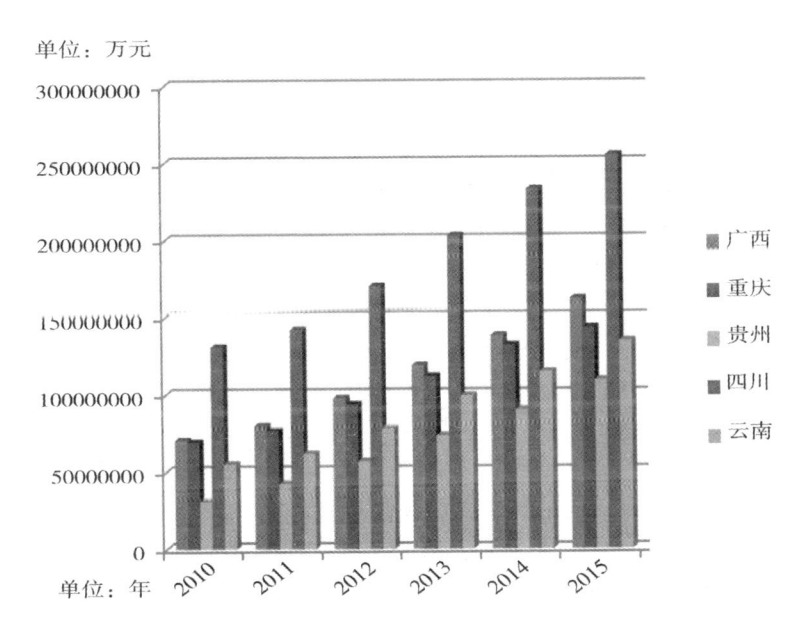

图3.4 2000—2015年西南民族地区五省（区、市）全社会固定资产投资

数据来源：wind资讯。

3. 经济总体水平相对低，人均经济总量小

西南民族地区五省（区、市）经济虽取得较快发展，但与全国平均水平相比，人均经济总量小，差距明显。如图 3.5 所示，截至 2015 年，除重庆市人均地区生产总值超过全国平均水平外，其余四省（区、市）人均地区生产总值均在全国平均水平以下；人均社会消费品零售总额仅重庆市与全国平均水平较为接近外，其余省（区、市）也远远低于全国水平；从人均固定资产投资看，仅有重庆市人均固定资产投资超过全国平均水平；地方财力较弱，人均公共一般预算收入五省（区、市）均远低于全国水平，重庆市为全国平均水平的 63%，重庆市为全国平均水平的 65%，广西为 46%，云南仅为全国平均水平的 33%。

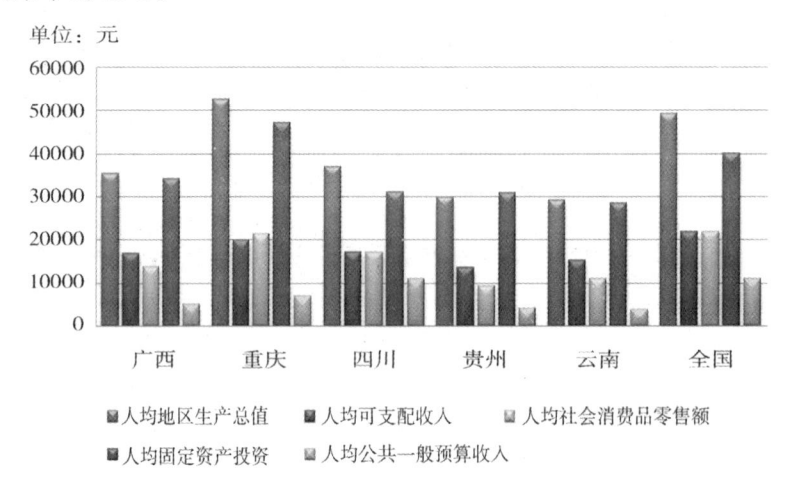

图 3.5 2015 年西南民族地区五省（区、市）人均经济总量与全国平均水平比较

数据来源：国家统计局；根据各省（区、市）2015 年国民经济和社会发展统计公报统计数据、2015 年政府工作报告相关数据计算。

（二）西南民族地区产业结构现状

1. 三大产业增长较快，产业结构不断优化

从图 3.6—3.10 看到 2000—2015 年西南民族地区五省（区、市）三大产业结构中第一产业占地区生产总值比重相对较少，除重庆保持相对平稳的较低水平外，都呈现出明显的下降趋势；五省（区、市）都经历了第二产业先升后降的过程，在产业结构调整中第三产业占比逐渐上升，目前第二、三产业占比有更为接近的趋势。2015 年广西、重庆、四川产业结构中第二产业占比最大，分别为 45.8%、45%、47.5%；而贵州、云南第三产业占比

最大，分别为44.9%、45%。到2016年除广西仍保持第二产业占比最高达45.1%外，其余均已初步形成"三二一"的现代产业格局，但仍属于较低水平，三大产业的经济总量，都处于相对落后的水平，产业结构内部存在诸多不合理因素。

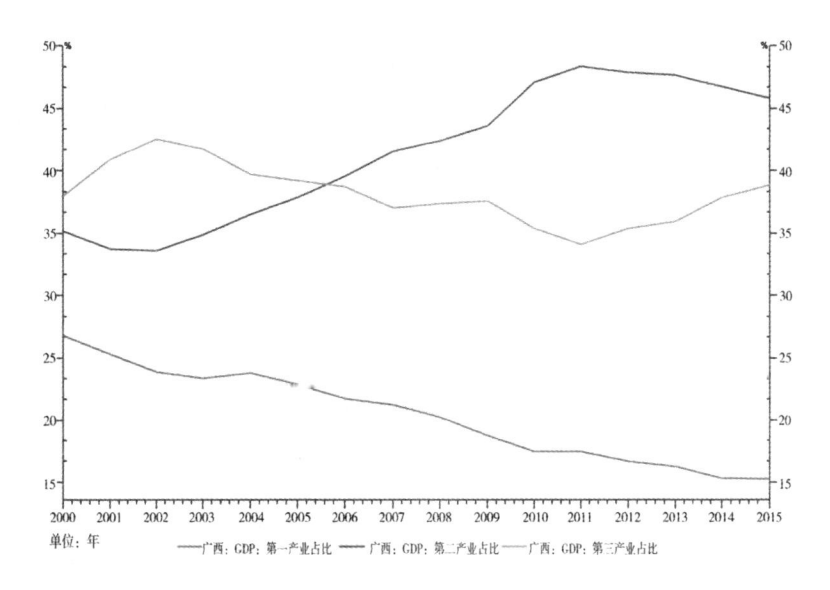

图 3.6 广西三大产业结构变化图

数据来源：wind 资讯。

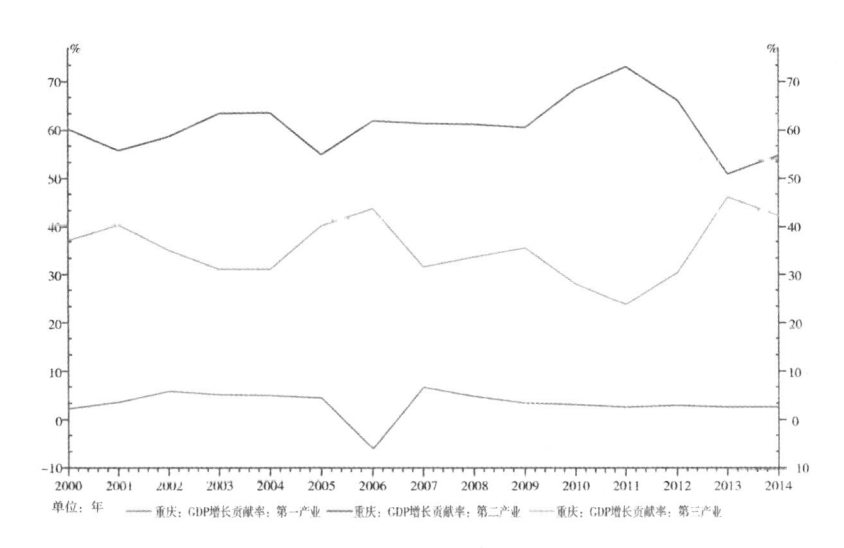

图 3.7 重庆三大产业结构变化图

数据来源：wind 资讯。

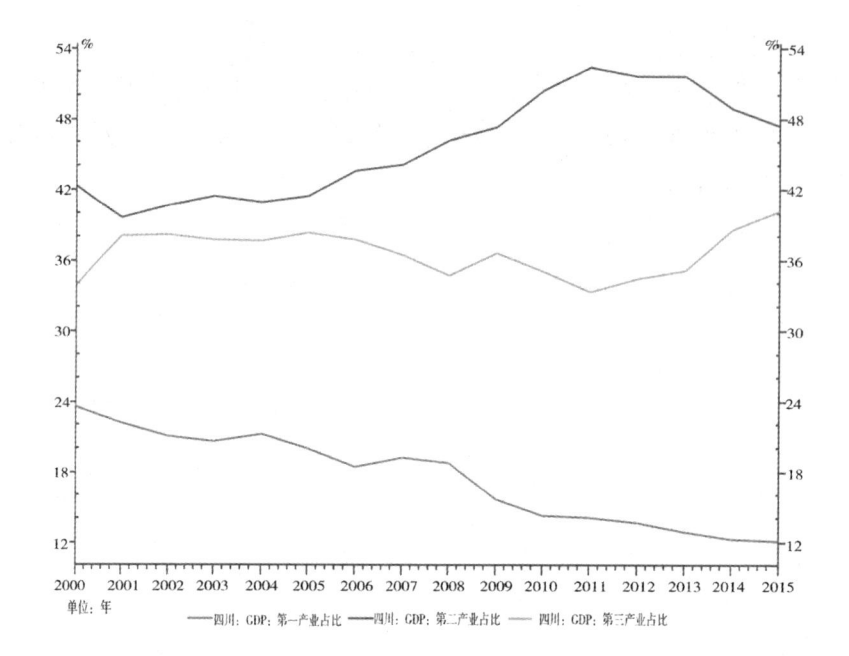

图 3.8　四川三大产业结构变化图

数据来源：wind 资讯。

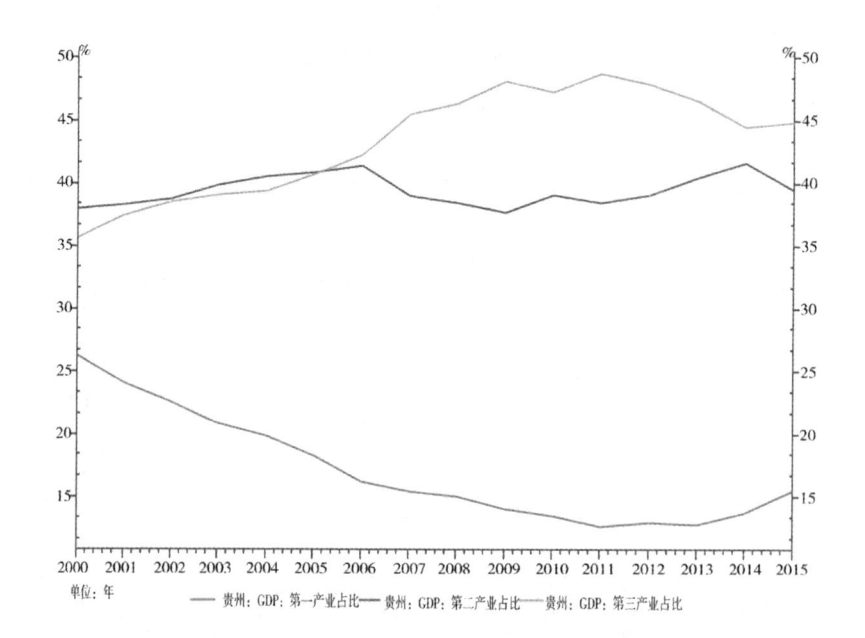

图 3.9　贵州三大产业结构变化图

数据来源：wind 资讯。

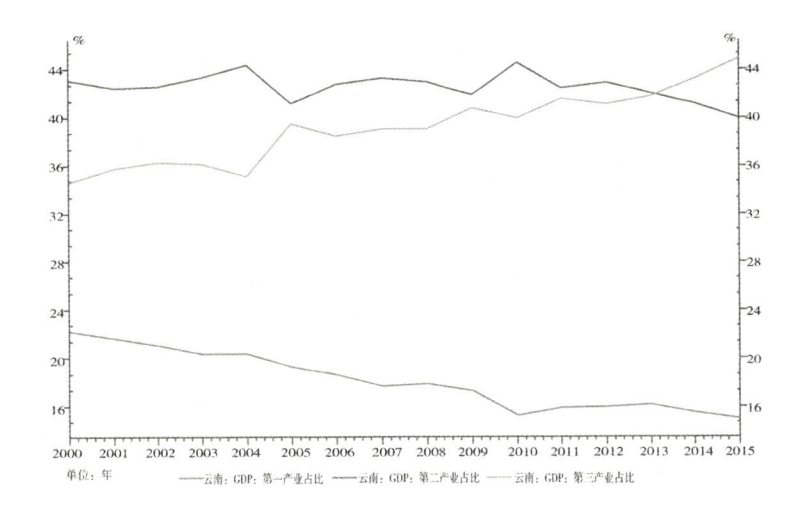

图 3.10　云南三大产业结构变化图

数据来源：wind 资讯。

2. 产业结构落后于全国水平，第三产业发展空间大

2015 年全国第一、二、三产业占地区生产总值比重分别为 5.1%、37.5%、57.4%，西南民族地区各省（区、市）第一产业占比均超过全国水平，到 2016 年第一、二、三产业调整为 8.6%、39.8%、51.6%，西南民族地区五省（区、市）除四川、重庆，其余第一产业占比均超过全国水平，最低的重庆市为 7.4%，贵州最高为 15.8%；第三产业占地区生产总值比重均低于全国水平，最高的是四川 51.5%，广西最低仅 39.6%[①]；各省（区、市）都存在第一产业比重过大，第三产业有很大调整空间的状态。因而加快区域特色产业的发展，促进区域一、二、三产业融合发展，有利于区域产业结构进一步优化，对于西南民族地区实现经济和社会的全面协调与可持续发展有重要意义。

二、特色产业选择的依据

（一）区域环境基础

1　特殊的区位优势

作为战略大后方的西南民族地区，是我国的战略大后方，其中云南、广西与缅甸、老挝、越南相接壤，有陆地国境线 5600 多公里。西南民族地区的开放与发展，对巩固国防具有重要的建设意义。因特殊的区位，西南民族地

---

① 数据来源：wind 资讯。

区被纳入西部大开发实施范围，不仅享有国家财政支持政策、差别化的产业政策、优惠的税收政策，还在土地、金融、价格、生态补偿等方面享有特殊的帮扶政策。2013年9—10月习近平主席在访问中亚四国和东盟国家时提出了建设"丝绸之路经济带"和"21世纪海上丝绸之路"的倡议构想。"一带一路"倡议的提出为处于"南方丝路"的西南民族地区主动融入发展战略带来了良好的机遇。西南民族地区地处我国西南南下出海通道的重要交通枢纽，是"丝绸之路经济带"建设的重要区域，是将"丝绸之路经济带"与"21世纪海上丝绸之路"相连接的重要门户。西南民族地区融入"一带一路"的发展将有利于推动"中国—东盟自由贸易区"的建设，形成与东南亚国家的优势互补，互联互通，共同发展。

2. 丰富的自然资源

西南民族地区是我国矿产资源、能源资源、生物资源及旅游资源的主要分布区域。域内不仅储藏着丰富的天然气、煤炭等能源资源，还有丰富的锡、铝土、铜、磷等有色金属、黑色金属和非金属矿产资源，已发现的矿种就有130余种，种类多、储量大，使钢铁、有色金属及化工成为西南民族地区重要的支柱产业。西南民族地区水资源总量占全国水资源总量的25.5%[①]，是我国水资源最为丰富的地区，但大肆的水电开发也带来了生态的破坏及各种滑坡、泥石流等次生灾害。林地资源丰富，在横断山地区、雅鲁藏布江大拐弯地区及喜马拉雅山南坡有我国第二大天然林区，森林类型与树种都非常复杂。多样的地貌与垂直分布明显的气候类型，孕育了丰富的生物资源，动植物物种资源位居全国之首，云南是著名的"动植物王国"。得天独厚的自然风景与人文资源形成独特的旅游资源，成为令人向往的旅游胜地。这都为西南民族地区特色产业、特色经济的形成奠定了基础。长期发展中，逐渐形成了以水电为主的特色能源工业，以铝、铅、锌、锡等有色金属为主的采选冶炼及加工工业，对磷、硫和天然气等开采、加工为主的特色化学工业，以对生物资源的开发创新为主形成的特色优势生物资源开发产业，及以特色生态旅游、民俗旅游为基础的旅游产业，形成了区域的绝对优势与比较优势。

3. 多样的民族文化

西南民族地区是我国少数民族聚居的区域，以云贵高原为中心居住着30多个少数民族，是我国少数民族密度最高、分布最为典型的地区。众多的少数民族呈立体分布，形成"大杂居、小聚居、以村寨为聚居"的特点。历经

---

① 根据中华人民共和国国家统计局2016年相关统计数据计算。

几千年的发展，西南地区的少数民族都保持着自己的民族语言、服饰与风俗习惯，沉淀了丰富、多样的民族文化。不同的民族服饰、民族文化节日衍生出很多以少数民族风情为特色的景区旅游产业及品牌区域文化产业。贵州黔东南被联合国列入世界十大"人类最后的心灵家园"；有较大影响力与吸引力的贵州屯堡文化、工艺独特的民族手工艺品等，多样的文化资源与旅游资源相结合，成为西南民族地区区别于其他区域的重要特色。

（二）产业政策导向

区域特色产业的形成是由市场机制优胜劣汰选择与政府政策扶持的单一作用或共同作用的结果。市场机制淘汰劣势产业，使区域特色优势得到集聚，形成生产要素的重新组合，产生规模效应，有利于特色产业的发展；但在市场落后机制发挥不完善的情况下，仅以市场力量对资源进行配置，可能会增大特色产业的培育成本，甚至在产业优势未形成集聚时期，就因追求短期利益将处于初创期的特色产业淘汰。政府的产业政策导向，是政府有目的地对经济进行干预，对特色产业进行政策上的扶持，有利于宏观调控的长期行为将特色产业置于良好的培育环境之下，使其在市场机制中能快速地发展。

产业政策是区域产业结构调整与优化，促进产业结构向高级化发展的有效调控政策工具，具体包括产业组织、产业结构、产业技术及产业布局安排等。政府制定与实施产业政策是为弥补市场失灵或促进区域优势发展。当市场机制能自发地形成经济、金融资源的优化配置时，则无须产业政策的扶持；若产业不具备规模优势，且无自身发展优势的情况下，也无对其扶持的必要。产业政策通过产业组织以资源的高效配置为重点，有利于规模效益的形成；通过产业结构实现产业体系内部结构的协调，推动产业体系的高级化，即培育的重点和特色产业集群导向；通过产业技术引导企业技术创新，提高产品技术含量，促进产业升级发展；通过产业布局发挥区域优势，避免产业结构趋同，形成区域特色，产生产业整合效应及整体优势。

西南民族地区在西部大开发战略下，国家对西部地区基础设施、生态环境与科技教育等政策性投入，有利于区域特色产业发展环境的完善，地方政府在发展战略的指导下，确定自身产业体系目标，明确产业发展的重要任务与工作重点，对区域特色产业的培育和发展均具导向作用。

（三）工业化阶段

工业化是发展经济学范畴的概念，反映社会生产力的提高与经济水平不断上升的过程。对于工业化阶段的合理判断，有利于一个地区产业结构调整方向的把握。而区域特色产业的培育与发展是产业结构调整的一个方面，因而对区域发展工业化阶段的正确认识有利于选择培育符合阶段发展的特色产业。

工业化发展阶段的判断最具代表性的是钱纳里、库兹涅兹、赛尔奎（1989）[1]等人，在案例基础上通过实证分析得出的"标准结构"经验性判断。需要从人均收入水平、产业结构、就业结构、城镇水平等多个维度的指标综合进行衡量。经济学家钱纳里根据人均地区生产总值水平，将整个经济发展过程分为不发达、成熟、发达共三个阶段六个时期。经济发展的三个阶段是前工业化、工业化的实现和后工业化阶段，在其中的工业化实现阶段又具体划为初期、中期、后期三个不同时期。

根据库兹涅茨[2]实证分析结论，在工业化的初期，第一产业占比高，而第二产业占比较低；随着工业化进程的推进，第一产业占比持续下降，第二产业与第三产业占比都缓慢上升，而且第二产业占比上升幅度大于第三产业，当第一产业占比下降到20%以下，第二产业占比高于第三产业，则工业化进入到中期阶段；当第一产业占比下降到10%以下，第二产业占比上升到最高水平并且较为稳定时，进入到工业化后期阶段，此后第二产业的占比将有所下降。也就是说在国民经济中工业的占比会经历一个从上升到顶峰再趋于下降的过程，这一过程呈现"∩"形。

配第－克拉克定理指出劳动力将随着人均收入水平的提高而发生转移，先是从第一产业转向第二产业；当人均收入水平得到进一步提高后，劳动力就会从第二产业转向第三产业。钱纳里等人认为工业化与城市化的一般关系体现为：城市化率在20%以下称为非城市化；当城市化率在20%—32%时，处于工业化准备期；城市化率在32%—36.4%范围为工业化初期；城市化率超过36%但在49.9%以下，处于工业化中期；城市化率在49.9%—65.2%之间到达工业化成熟期；在工业化后期，城市化率达到65.2%以上，经济处于稳定增长阶段；当城市化率超过70%时，即为高度城市化，经济达到后工业化阶段。比如，云南省2016年常住人口城镇化率达到44.33%，处于工业化中期阶段。

三、特色产业选择的原则

对区域特色产业的选择，应以比较优势理论、竞争优势理论、区域分工

---

[1] 钱纳里.工业化和经济增长的比较研究[M].吴奇，等译.上海：上海三联书店，1989.
[2] 西蒙·库兹涅茨.各国的经济增长[M].常勋，等译.北京：商务印书馆，1999：347-360.

理论、产业结构演变理论及发展阶段理论为指导，结合资源禀赋、时空条件与产业形成和发展等多因素的影响，基于特色产业的内涵及特征，客观地评价各产业的整体优势与实力，科学、合理地选择特色产业，必须遵循以下原则。

（一）从区域实际出发原则

特色产业是在一定区域基础上的"特色"，不同区域范围因资源、环境的影响形成其他区域难以替代的特有资源，在对特有资源以独特技术进行加工的基础上形成特色产品，因而具备特色产业的基本特征。特色产业的选择与培育是区域资源配置的过程，影响区域资源的流动方向，实现区域资源的有效配置与促进特色经济的发展，必须从区域实际出发。西南地区经济相对落后，工业化程度低，产业结构欠合理，亟须培育和发展与区情相符、与工业化阶段相一致、具有发展潜力的特色产业，将资源优势转化为产业优势，促进产业结构的优化与区域经济协调发展。

（二）市场导向性原则

在现代市场经济环境下，市场将是产业发展的导向因素，它决定着产业发展的规模和方向。特色产业能得以发展是因其特殊的产品和服务满足广大消费者的偏好，其壮大和规模化发展也必须是在市场份额能够不断扩大的基础之上。因而特色产业的选择要以满足市场需求作为最根本的出发点，适应市场需求变化规律，培育有市场潜力和潜在经济效益的产业。

（三）前瞻性与动态性原则

特色产业的培育与壮大有一个较长的时期，这就需要在选择时考虑市场需求、产业的发展潜力及相关产业链的带动作用，前瞻性地选择特色产业，使其在成长过程中充分发挥其优势及带动性，逐渐向优势产业和支柱产业发展，成长成为区域经济的新增长点。产业的发展和成长是区域产业结构的重要组成部分，而产业结构是一个结合不同时期经济发展阶段不断调整的动态过程。某一时期的特色产业不可能成为这一区域的永久特色，必须以发展的眼光，动态地结合环境与条件变化，根据产业结构调整需要选择与适时调整区域特色产业，创造不同时期不同构成的特色经济。

（四）可持续发展原则

选择与培育特色产业的目的是将其发展成为区域的主导产业或支柱产业，

在未来区域经济发展的较长时间内起决定作用，因而必须考虑其可持续发展及与相关产业发展的协调性。在关注产业可持续发展的同时，应注重区域生态环境的可持续和区域经济效益的可持续，特色产业选择应尽量选择无污染、污染少的产业，以对资源合理、综合开发利用，人与环境和谐发展为目标，规划特色产业的可持续发展道路。

（五）开放性与区域协作原则

开放性是指必须具备开放的眼光，以开放的国内、国际市场为背景，选择的特色产业不仅在国内市场具竞争力，而且具有吸引外资及国际市场发展潜力，必须发展地分析产业未来的前景与导向性。具开放性的特色产业其发展趋势必然会外向扩张，因而需要从区域整体利益出发，进行统筹规划，合理布局，使得区域内外在不断加强协作的基础上，实现资金、技术、市场等资源的优势互补，促进区域经济协调良性发展。

第二节　特色产业评价指标体系的构建

一、特色产业选择方法

受统计口径和产业划分标准的影响，特色产业的政策导向与统计指标的行业划分不相对应，缺乏对区域特色产业专门的统计数据，且三次产业的行业统计口径缺乏一致性，存在以统一标准进行选择的困难。因此，立足西南民族地区经济与产业发展基础，根据区位、资源与政策优势，对特色产业选择以定量与定性相结合的方法进行。根据《国民经济行业分类》（GB/T 4754—2011），结合政策导向，先按三次产业的划分将特色产业定性划分为第一产业中的特色——特色农业、林业、牧业，并尝试以区位熵判断产业优势；第二产业中的特色——特色采矿业、制造业、电力、热力、燃气及水生产和供应业，通过构建评价指标体系，运用因子分析法量化评价云南省工业中的特色产业；第三产业中的特色——特色旅游业，主要结合资源禀赋、特色优势与政策导向得出。

第二产业中特色产业定量选择的方法采用因子分析法。因子分析法目前被认为是最为有效的综合评价方法之一，它从寻找相关矩阵内部起支配作用的因子模型出发，将指标按照相关性大小分组，并对原始指标进行分解、降维处理，让众多指标的绝大部分信息仍然保留在几个较少的、不可直接测量到、具独立性的因子中，结合因子贡献确定权重，最后得出综合评分。这样的处理过程只有少量的信息损失，极大地简化了研究，所得到的各因子之间不存在多重共线性，也提高了研究对象的精准度，避免信息重叠。但是在因子分析中，首先需要考虑对数据进行预处理，即将数据进行标准变换，以此消除不同指标间量纲与数量级对研究的影响[①]。

二、特色产业评价标准

特色产业的选择是将特色产业从众多产业中挑选出来，或确定其在区域产业结构中的地位，必须按照一定的评价标准，明确从哪些角度展开评价，从哪些方面通过比较得出。因此，制定客观、科学的评价标准显得尤为重要。根据相关理论和选择原则，可以从比较优势、产业贡献度、市场竞争力等方面构建评价标准体系。

（一）比较优势

由于区域差异影响资源在占有、分配和利用等方面的差别，导致比较优势产生，区域内具有比较优势或生产效率高可作为特色产业发展。产业比较优势可用"比较劳动生产率""相对投资效果系数"等指标来衡量。

比较劳动生产率是某产业部门的产值比重和该部门就业的劳动力比重的比值，它反映该产业部门1%的劳动力所创造的产值占本地区国民总收入的比重。如果该比值大于1，说明产业具有良好的成长性。相对投资效果系数是区域内某产业投资收益与该国全部产业平均投资收益的比值，反映区域内该产业成长性大小。

（二）产业贡献度

贡献率是以产出量与投入量之比来衡量经济效益的指标。产业贡献度可以用"增加值占有率""增加值贡献率""利税占有率"等指标衡量某产业对地区经济增长及社会贡献程度，判断其是否高于区域内其他产业的贡献水平，可以反映某产业发展成为区域支柱产业的潜力。

增加值占有率是某产业增加值占区域生产总值的比重，反映了该产业对该地经济增长的贡献度；增加值贡献率是某产业增加值增量与地区生产总值增

---

① 熊晓炼，周迎丰.西南地区金融发展水平评价与比较研究[J].西部论坛，2016（5）.

量之比，反映该产业发展对当地经济的促进作用；利税占有率是某产业利税总额在本地区利税总额中所占的比重，体现该产业对社会承担义务的程度。

（三）市场竞争力

将区域特色资源转化为产业竞争力是特色产业发展壮大的基础，可以用"区位熵""市场竞争优势指数""产业集中系数"等衡量区域产业分工程度与产业市场开拓能力。

区位熵反映一个地区的某产业产值占该地区全部产业产值的比重与全国该产业产值占该国全部产业产值比重之比，反映出某产业的区域化程度及市场竞争力的大小；若区位熵大于1，说明该产业存在为区外提供服务，在国内有较强的竞争力，区位熵越大表明该产业的区域化程度越高。

市场竞争优势指数是某产业销售收入占全国同产业销售收入的比重与该产业总产值占全国同产业总产值比重的比值。如果指数大于1，则说明该产业具有较强的市场竞争力。

产业集中系数表示区域某产业人均产值（或产量）与全国该产业人均产值（或产量）之比，反映某区域该产业的集中度。若系数大于1，则说明区域内该产业有规模化发展趋势。

三、特色产业评价指标体系

特色产业是以区域资源优势和特色产品为基础，以特有的生产技术和工艺水平条件为依托，以产业链的关联性，使特色产品生产与特色服务的提供以集群化、规模化发展，形成具有良好发展潜力的区域性产业或产业群体。因而在前人研究与考虑各省相关产业指标数据的可得性基础上，根据评价标准构建评价指标体系，如表3.1所示。

表3.1 云南省特色产业评价指标体系

评价标准	评价指标
比较优势	比较劳动生产率（y_1）
	相对投资效果系数（y_2）
产业贡献度	增加值占有率（y_3）
	增加值贡献率（y_4）
	利税占有率（y_5）

（续表）

评价标准	评价指标
专业化程度	区位熵（y_6）
	市场竞争优势指数（y_7）
	产业集中系数（y_8）

第三节　西南民族地区省域特色产业的选择

一、特色产业选择流程

在对西南民族地区区域特色产业的选择上，以区域经济发展、产业结构现状为条件，以区域的区位、资源、文化等环境基础、产业政策导向、工业化阶段为依据，根据特色产业选择的原则，采用定性与定量相结合的方法，对西南民族地区特色产业进行综合判断，最终形成区域特色产业体系，选择流程如图3.11所示。

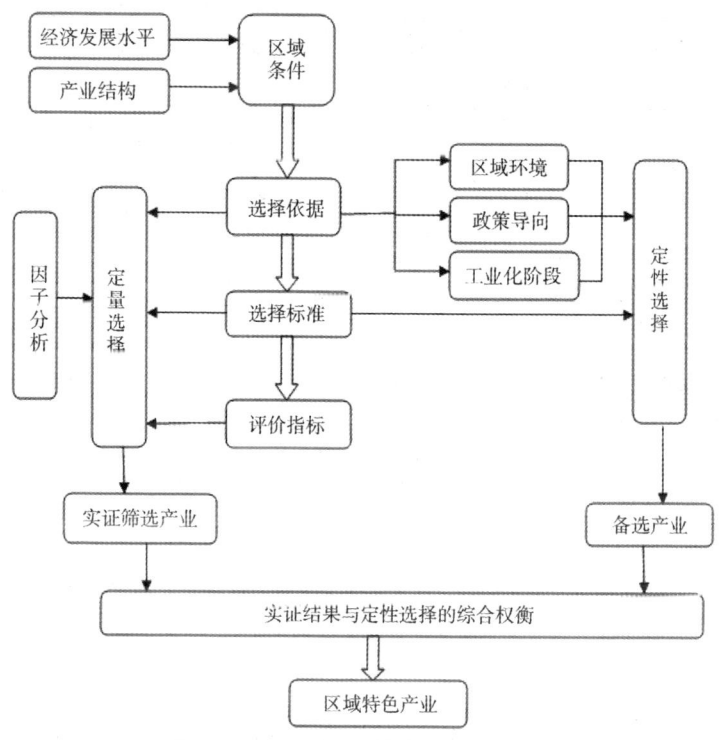

图 3.11　区域特色产业选择流程图

二、特色产业的定量与综合选择——以云南省为例

因对西南民族地区各省（区、市）特色产业选择的方法、流程相同，以五省（区、市）中少数民族最多、经济发展水平相对居中的云南省为例，说明特色产业选择与形成特色产业体系的过程。由于涉及行业多、数据量大，其他省（区、市）特色产业定量选择的过程不再赘述，定量选择相关数据及结果见附录中附表1—附表8。

（一）云南省特色产业定量选择

参照第二产业按统计口径划分的 44 个具体国民经济行业，剔除不需适应区域特色的建筑业，兼顾云南省各个产业相关数据的可获得性，筛选出 35 个行业为考察样本。评价指标基础数据来源于 2014、2015 年《云南省统计年鉴》及 2015 年云南国民经济和社会发展统计公报及 Wind 资讯。

根据表 3.1 云南省特色产业评价指标体系，计算整理各产业的相关评价指标值如表 3.2 所示。

表 3.2　云南省各产业相关评价指标值

云南省	比较劳动生产率（y_1）	相对投资效果系数（y_2）	增加值占有率（y_3）	增加值贡献率（y_4）
煤炭开采和洗选业	4.19766	−0.27125	0.02153	0.02124
黑色金属矿采选业	7.88861	2.91904	0.00599	0.00618
有色金属矿采选业	6.42353	16.00737	0.00951	0.00833
非金属矿采选业	8.99947	6.29768	0.00417	0.00469
农副产品加工业	4.96791	2.83240	0.01059	0.00847
食品制造业	3.68008	6.87622	0.00364	0.00591
酒、饮料和精制茶制造业	4.46243	19.30167	0.00625	0.01334
烟草制品业	69.00339	31.63811	0.09098	0.06585
纺织业	1.56121	−0.36466	0.00038	−0.00018
纺织服装、服饰业	1.82430	−5.19170	0.00021	0.00070
皮革、毛皮、羽毛及其制品和制鞋业	1.14334	−23.66951	0.00012	−0.00026
木材加工和木、竹、藤、棕、草制品业	3.05701	14.12807	0.00157	0.00345
家具制造业	1.10761	−0.00189	0.00003	0.00001

(续表)

云南省	比较劳动生产率（y_1）	相对投资效果系数（y_2）	增加值占有率（y_3）	增加值贡献率（y_4）
造纸和纸制品业	3.82200	13.01500	0.00164	-0.00117
印刷和记录媒介复制业	5.98463	9.84283	0.00216	0.00089
文教、工美、体育和娱乐用品制造业	7.23640	-15.24918	0.00186	0.00342
石油加工、炼焦和核燃料加工业	6.55953	-1.55373	0.00360	-0.00274
化学原料和化学制品制造业	5.75554	-45.07184	0.01587	-0.00948
医药制造业	8.65627	16.09861	0.00758	0.01037
化学纤维制造业	32.98225	-18.28206	0.00045	0.00053
橡胶和塑料制品业	2.85294	-36.51291	0.00194	0.00647
非金属矿物制品业	4.73619	6.56254	0.01034	0.01547
黑色金属冶炼和压延加工业	5.46119	0.82482	0.01459	0.00915
有色金属冶炼和压延加工业	7.14912	-1.90873	0.02867	0.00269
金属制品业	3.37878	5.73863	0.00153	-0.00076
通用设备制造业	4.09303	18.17435	0.00212	0.00376
专用设备制造业	3.98412	20.60745	0.00205	0.00406
交通设备制造业	3.55725	-49.06933	0.00348	0.00563
电气机械和器材制造业	3.18097	0.94262	0.00157	0.00213
计算机、通信和其他电子设备制造业	8.98156	-2.54609	0.00068	0.00093
仪器仪表制造业	7.07642	0.51542	0.00042	-0.00022
废弃资源综合利用业	7.50715	0.47845	0.00008	0.00004
电力、热力生产和供应业	0.02711	-336.47612	0.03595	0.06096
燃气生产和供应业	360.98847	12.71645	0.00065	0.00152
水的生产和供应业	4.23901	-550.00767	0.00084	0.00068

云南省	利税占有率（y_5）	区位商（y_6）	市场竞争优势指数（y_7）	产业集中系数（y_8）
煤炭开采和洗选业	0.05556	1.03201	1.37015	0.75321
黑色金属矿采选业	0.01351	1.19069	1.28889	0.92381

（续表）

云南省	利税占有率（y_5）	区位商（y_6）	市场竞争优势指数（y_7）	产业集中系数（y_8）
有色金属矿采选业	0.01791	2.52343	0.95057	2.65466
非金属矿采选业	0.01342	1.67650	0.93653	1.79012
农副产品加工业	0.02018	0.58711	1.07270	0.54732
食品制造业	0.00867	0.68008	1.06815	0.63669
酒、饮料和精制茶制造业	0.01936	1.07448	0.85548	1.25601
烟草制品业	0.59465	14.16177	1.00785	14.05147
纺织业	0.00092	0.03693	1.30944	0.02820
纺织服装、服饰业	0.00035	0.03262	0.86409	0.03775
皮革、毛皮、羽毛及其制品和制鞋业	0.00025	0.03849	0.83543	0.04607
木材加工和木、竹、藤、棕、草制品业	0.00402	0.37982	1.05350	0.36053
家具制造业	0.00004	0.01680	0.76779	0.02188
造纸和纸制品业	0.00333	0.31529	1.12394	0.28052
印刷和记录媒介复制业	0.00781	1.04176	0.91578	1.13756
文教、工美、体育和娱乐用品制造业	0.00582	1.29399	0.30139	4.29343
石油加工、炼焦和核燃料加工业	0.01017	0.41753	1.33402	0.31298
化学原料和化学制品制造业	0.02078	0.76419	1.07844	0.70861
医药制造业	0.02988	1.00196	0.88459	1.13268
化学纤维制造业	0.00255	0.13557	1.26297	0.10734
橡胶和塑料制品业	0.00305	0.32593	1.12044	0.29090
非金属矿物制品业	0.02250	0.62861	1.00415	0.62601
黑色金属冶炼和压延加工业	0.00947	0.95164	1.29270	0.73617
有色金属冶炼和压延加工业	0.02078	2.12057	1.31910	1.60758
金属制品业	0.00284	0.18765	0.98827	0.18988
通用设备制造业	0.00177	0.10331	1.35559	0.07621
专用设备制造业	0.00383	0.20495	1.15659	0.17720
交通设备制造业	0.01050	0.18090	1.09440	0.16529
电气机械和器材制造业	0.00380	0.11297	1.20707	0.09359

(续表)

云南省	利税占有率（y_5）	区位商（y_6）	市场竞争优势指数（y_7）	产业集中系数（y_8）
计算机、通信和其他电子设备制造业	0.00190	0.02120	1.59584	0.01328
仪器仪表制造业	0.00050	0.11541	1.44390	0.07993
废弃资源综合利用业	0.00021	0.06912	1.71106	0.04040
电力、热力生产和供应业	0.08632	1.56739	1.18669	1.32082
燃气生产和供应业	0.00097	0.56948	1.28030	0.44480
水的生产和供应业	0.00177	1.09726	0.91055	1.20505

利用SPSS20对相关数据进行处理，得出KMO值为0.754，表明该数据可以进行因子分析。巴特利特球形度检验概率值为0.000，远小于0.01，拒绝各变量独立的假设，即变量间相关性较强，适合做因子分析。进行因子分析，得到因子解释原有变量总方差情况（表3.3），在提取三个因子情况下原始变量信息的82.94%被保留，能很好地解释大部分原始变量信息，因子提取效果较为理想。

表3.3　因子解释原有变量总方差的情况表

成分	初始特征值			旋转平方和载入		
	合计	方差的%	累积%	合计	方差的%	累积%
1	4.495	56.186	56.186	4.462	55.769	55.769
2	1.172	14.646	70.833	1.149	14.358	70.126
3	.969	12.112	82.944	1.025	12.818	82.944
4	.917	11.458	94.402			
5	.315	3.943	98.345			
6	.083	1.039	99.384			
7	.039	.492	99.876			
8	.010	.124	100.000			

注：提取方法为主成分法，旋转提取因子使用最大方差法。

根据因子载荷矩阵（表3.4），利税占有率、区位熵与增加值占有率在因子1上具有较高载荷，这说明这3项指标对因子1有较强的解释能力；而比较劳动生产率与相对投资效果系数对因子2有较高载荷,市场竞争优势指数对因子3有较高载荷,说明这3个指标解释因子2与因子3的能力最强。

表3.4 旋转后的因子载荷矩阵

	成分		
	1	2	3
Zscore（y_1）	.103	.620	−.013
Zscore（y_2）	−.071	.818	.067
Zscore（y_3）	.966	−.012	.010
Zscore（y_4）	.863	−.211	.017
Zscore（y_5）	.975	.111	−.014
Zscore（y_6）	.968	.130	−.079
Zscore（y_7）	−.069	.050	.993
Zscore（y_8）	.935	.133	−.167

根据因子得分矩阵（表3.5）和各因子的方差贡献率可得3个因子得分函数为:

$F_1 = 0 \times Zy_1 - 0.042 \times Zy_2 + 0.224 \times Zy_3 + 0.208 \times Zy_4 + 0.219 \times Zy_5 + 0.212 \times Zy_6 + 0.051 \times Zy_7 + 0.199 \times Zy_8$.

$F_2 = 0.542 \times Zy_1 + 0.718 \times Zy_2 - 0.047 \times Zy_3 - 0.219 \times Zy_4 + 0.063 \times Zy_5 + 0.083 \times Zy_6 - 0.014 \times Zy_7 + 0.092 \times Zy_8$.

$F_3 = -0.044 \times Zy_1 + 0.012 \times Zy_2 + 0.077 \times Zy_3 + 0.090 \times Zy_4 + 0.046 \times Zy_5 - 0.021 \times Zy_6 + 0.984 \times Zy_7 - 0.110 \times Zy_8$.

表3.5 因子得分系数矩阵

	成分		
	1	2	3
Zscore（y_1）	.000	.542	−.044
Zscore（y_2）	−.042	.718	.012
Zscore（y_3）	.224	−.047	.077
Zscore（y_4）	.208	−.219	.090
Zscore（y_5）	.219	.063	.046

(续表)

	成分		
	1	2	3
Zscore（y_6）	.212	.083	−.021
Zscore（y_7）	.051	−.014	.984
Zscore（y_8）	.199	.092	−.110

为每个公因子进行赋权，可得综合因子评分方程式为：

$F=0.67237 \times F_1+0.17310 \times F_2+0.15454 \times F_3$

根据综合因子评分方程计算出各产业的综合得分，按得分排序如表3.6所示，并认为得分为正值的产业为省域范围有良好发展态势的产业。

表3.6 云南省各产业综合得分排名

云南省产业	F_1	排名	F_2	排名	F_3	排名	F综	排名
烟草制品业	5.43846	1	1.07559	2	−0.09359	16	3.82799	1
其他制造业	−0.175	15	0.01296	26	4.84754	1	0.63244	2
电力、热力生产和供应业	1.45314	2	−3.04268	35	0.45456	6	0.51918	3
燃气生产和供应业	0.33472	21	3.39107	1	−0.09426	17	0.34719	4
煤炭开采和洗选业	0.42763	3	−0.20229	32	0.57203	4	0.34032	5
有色金属冶炼和压延加工业	0.35452	4	0.11569	15	0.32221	8	0.30791	6
有色金属矿采选业	0.24349	5	0.26433	3	0.53388	27	0.12725	7
黑色金属冶炼和压延加工业	0.04515	6	−0.01721	28	0.28836	9	0.07169	8
黑色金属矿采选业	−0.06833	14	0.10519	17	0.21199	12	0.00506	9
非金属矿物制品业	0.03301	7	−0.06496	30	−0.26526	24	−0.03016	10
医药制造业	0.00052	10	0.15766	10	−0.57718	29	−0.06142	11
农副产品加工业	−0.06779	13	0.00615	27	−0.16448	21	−0.07	12
酒、饮料和精制茶制造业	0.01292	8	0.10293	18	−0.63254	31	−0.07112	13
非金属矿采选业	−0.03636	11	0.22555	5	−0.56704	28	−0.07268	14

093

（续表）

云南省产业	F_1	排名	F_2	排名	F_3	排名	F综	排名
废弃资源综合利用业	−0.39361	28	0.09782	19	1.0507	2	−0.08551	15
计算机、通信和其他电子设备制造业	−0.38687	27	0.07783	21	0.82552	3	−0.1192	16
通用设备制造业	−0.34888	25	0.13871	13	0.36277	7	−0.15455	17
食品制造业	−0.20986	17	0.07845	20	−0.23063	22	−0.16303	18
石油加工、炼焦和核燃料加工业	−0.34693	24	0.14652	11	0.27285	10	−0.16564	19
化学原料和化学制品制造业	−0.19562	16	−0.04591	29	−0.25086	23	−0.1781	20
仪器仪表制造业	−0.41265	31	0.1081	16	0.50545	5	−0.18063	21
专用设备制造业	−0.34539	23	0.16435	9	−0.04483	15	−0.21063	22
化学纤维制造业	−0.40488	29	0.2135	6	0.12049	13	−0.21658	23
印刷和记录媒介复制业	−0.24455	18	0.23284	4	−0.60583	30	−0.21736	24
电气机械和器材制造业	−0.38116	26	0.04748	24	0.04704	14	−0.24071	25
木材加工和木、竹、藤、棕、草制品业	−0.33722	22	0.1394	12	−0.27044	25	−0.24421	26
橡胶和塑料制品业	−0.27614	20	−0.25309	33	−0.1166	18	−0.24742	27
纺织业	−0.43696	33	0.05139	23	0.23919	11	−0.24787	28
造纸和纸制品业	−0.40677	30	0.19854	7	−0.15139	19	−0.26231	29
交通设备制造业	−0.27176	19	−0.32715	34	−0.15878	20	−0.26383	30
文教、工美、体育和娱乐用品制造业	0.01286	9	0.18731	8	−1.99405	36	−0.26644	31
金属制品业	−0.43423	32	0.13585	14	−0.42083	26	−0.33321	32
纺织服装、服饰业	−0.47296	34	0.02185	25	−0.66368	32	−0.41646	33
皮革、毛皮、羽毛及其制品和制鞋业	−0.48235	35	−0.09206	31	−0.73024	34	−0.45275	34
家具制造业	−0.50064	36	0.06209	22	−0.86276	35	−0.4588	35
水的生产和供应业	−0.05008	12	−3.51379	36	−0.69154	33	−0.74842	36

综合得分为正值的 8 个产业为烟草制品业、电力、热力生产和供应业、燃气生产和供应业、煤炭开采和洗选业、有色金属冶炼和压延加工业、有色金属矿采选业、黑色金属冶炼和压延加工业、黑色金属矿采选业，可以作为云南省特色产业的备选产业。

（二）云南省特色产业选择的定性分析

根据云南省发展特色产业的基础、条件，结合定量分析的结果，多角度选择云南省特色产业，具体判断分析如下。

1. 基于资源基础的选择——第一产业中的高原特色农（林牧）业

云南以其立体的地貌、多样的气候、丰富的物种等资源特点，成为西南的生态安全屏障，有着发展特色农（林牧）业的独特优势。发展高原特色农（林牧）业已成为云南的绿色战略品牌，是云南农业现代化发展的特色道路。建设"高原粮仓、特色经作、山地牧业、淡水渔业、高效林业、开放农业"成为云南发展高原特色农（林牧）业的"六大重点内容"[1]。农业在云南省具有特殊且重要的地位，2015 年云南省农业总产值达 3457 亿元人民币，云茶、云花、云菌、云菜、云油与云南咖啡等，这一系列带"云"字号的高原、生态绿色特色农产品，已成为云南的"金字招牌"。其中的天然橡胶、鲜切花、核桃、咖啡面积和产量均居全国第一。[2] 高原特色农（林牧）业是云南省特色产业体系的重要组成部分。

2. 自然景观融入人文资源的选择——第三产业中的特色旅游业

丰富的旅游资源、多彩的民族风情与独特的民族文化相融合，使"七彩云南"成为云南旅游业的特色品牌。因特殊的区位优势，具异国风情的边境游也成为云南旅游业的特色，云南成为闻名海内外的旅游天堂。旅游业也是云南省支柱产业之一，2015 年，累计接待海外入境游客 1075.32 万人次，其中接待海外旅游者 570.08 万人次，旅游业总收入达 3281.79 亿元，带动就业人数 698.02 万人，生产税净额 100.94 亿，占省财政总收入比重 3.1%，旅游产业综合增加值总量达 1858.6 亿元，占全社会增加值的 13.52%，旅游产业贡献

---

[1] 中共云南省委. 云南省人民政府关于加快高原特色农业发展的决定 [J]. 楚雄政报，2012（6）.

[2] 云南 2015 年农业总产值达 3457 亿元"云系列"成"金字招牌" [EB/OL]. 中国新闻网，2016-02-29.

作用显著。① 旅游强省战略与推动云南旅游产业转型升级的有力措施，使特色旅游业成为云南省特色产业体系重要构成。

3. 基于区域优势的选择——第三产业中的现代物流业

云南地处我国西南边疆，与越南、老挝、缅甸相接壤，是我国陆地上唯一与东南亚、南亚相连的省份，具有连接三大市场的独特区位优势。主动融入"一带一路"、孟中印缅经济走廊、长江经济带等国家战略，云南以"互联网+"创新物流服务模式，建立和完善社会化、专业化的物流服务体系具有重要意义。因其区位优势发展的现代物流业是云南省特色产业之一。

4. 政策导向与定量分析的综合选择——第二产业中的特色工业

政府的产业政策通过宏观调控或经济干预，在政策上有目的地对特色产业给予扶持，使其在良好的政策环境下聚集优势，引导其良性发展。因而，政策导向有利于区域特色产业的形成和发展。云南省《关于着力推进重点产业发展的若干意见》中提到引导烟草、能源、建材、冶金、装备、化工等优势传统产业转型升级，优先发展生物医药、农特食品加工、有色金属及稀贵金属新材料、汽车及先进装备、石油及精细化工、电子信息六大战略新兴产业。战略性新兴产业的培育与发展高度依赖制造业的发展，而定量选出的8个产业涉及烟草、能源、冶金、化工等传统优势产业，符合政策导向与转型升级的要求。战略新兴产业是与国家战略相结合，结合云南现有的资源、技术与产业发展基础，以科技创新为前提、以重大技术突破、重大发展需求为基础、代表未来科技和产业发展新方向的产业。云南省可以发展天然药物和民族医药资源为基础的生物医药产业，以特色高原农业为基础的农特食品加工业，以资源产业为基础的有色金属及稀贵金属新材料、石油及精细化工产业；而汽车及先进装备产业政策导向明显，虽属于非资源型产业，但发展较快，近年来对经济发展贡献度较高；电子信息产业是国家信息化发展战略的组成部分，信息产业的发展对其他相关产业发展的带动性明显。

（三）云南省特色产业体系的构建

云南省处于工业化中期向后期过度的阶段特征，决定了工业转型升级与产业结构优化是现阶段工业化发展的主要目标，结合定量、定性与政策导向分析，对云南省特色产业的选择确定为包括高原特色农（林牧）业、旅游产业、

---

① 云南省旅游发展委员会.2015年云南省旅游经济运行情况综述[EB/OL].云南旅游政务网，2016-02-14.

烟草制品业、电力、热力生产和供应业、燃气生产和供应业、煤炭开采和洗选业、有色金属冶炼和压延加工业、有色金属矿采选业、黑色金属冶炼和压延加工业、黑色金属矿采选业、生物医药业、农特食品加工业、石油及精细化工产业、现代物流业，共14个产业。汽车及先进装备业、电子信息产业虽发展较快，但与中东部仍有较大差距，虽政策导向性强，但政策导向具主观性，可以作为特色产业选择的参考，但不应作为主要依据，因此，未将汽车及先进装备业与电子信息产业纳入特色产业体系。

根据特色产业选择结果，可以将云南省特色产业体系划分为三部分，即特色产品生产与加工体系、特色服务体系及特色区域创新体系。

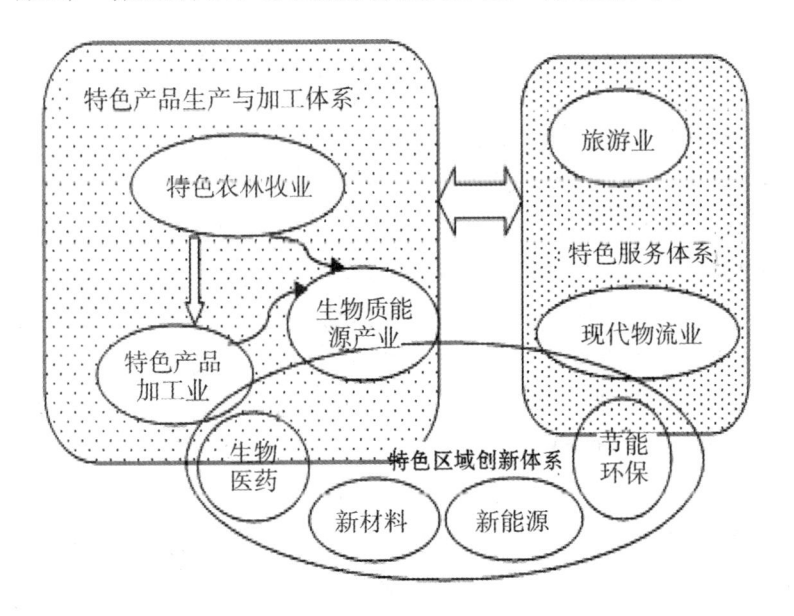

图3.12 云南省特色产业体系

1. 特色农林牧产品生产与加工体系

特色农林牧产品生产与加工体系包括高原特色农（林牧）业、高原绿色产品加工业和能源循环产业。其中高原特色农（林牧）业依托云南省红土地和丰富的农林资源，应以农业和牧业为重点，大力发展具优势的农产品、经济作物种植和畜牧养殖业；工业主要集中于高原特色农（林牧）业的绿色产品加工以及依托于农业、林业资源的生物质能源产业。

2. 以旅游、贸易通道为核心的特色服务体系

以旅游、贸易通道为核心的特色服务体系包括旅游业和现代物流业。旅游业依托云南独特、丰富的旅游资源发展较快，是云南省重点发展的产业。

作为"南方丝绸之路"重要节点的特殊区位优势，使其现代物流业具有较大的发展潜力，可以通过"交通廊道"效应，带动经济快速发展。

3. 特色区域创新体系

以发展战略新兴产业为核心的特色区域创新体系，云南省需要密切结合区域资源禀赋、自身经济发展水平、产业发展基础等实际情况，以科技创新为支撑，选择在原有资源与资源产业上的突破创新。通过农业科技创新、企业技术创新、重点领域的成果创新，重点发展新材料、新能源、生物医药、节能环保等战略性新兴产业，实现传统优势产业的转型升级，促进实体经济创新发展、加快云南省跨越式发展的目标实现。

三、西南民族地区省域特色产业体系的确立

西南民族地区特色产业体系的确立主要依照以下方式。第一，根据前述定量与定性的分析结果综合权衡确定，定量分析主要按照各省（区、市）工业产业评价指标体系的因子分析结果综合评分为正值，产业排名居前列的产业作为特色产业的备选产业（四川、重庆、广西、贵州选出备选产业过程见附录）；第二，第一产业中的特色以资源禀赋、产业导向及近年来的产业发展态势确定；第三，结合资源禀赋、区位优势、产业综合效应、发展潜力等因素，参考国家与地方政府对战略新兴产业的定位，对部分省（区、市）从第三产业中选择旅游业、生物制药、现代物流业作为区域特色优势产业。最终形成西南民族地区各省域特色产业体系如表3.7所示。

西南民族地区特色产业体系形成的过程中，在定量分析基础上充分考虑了产业政策导向的作用及产业发展趋势的动态性，使选择的特色产业符合西南民族地区各省（区、市）工业化发展的阶段与经济发展水平。对工业化发展阶段的判断上，从人均国民生产总值指标、三次产业结构、劳动力产业就业结构及城市化率方面衡量，参照钱纳里等人对工业化阶段的划分标准，综合认为四川、重庆处于工业化中期向工业化后期过渡的阶段，广西、贵州、云南大致处于工业化中期。与全国工业化总体上相比处于中期阶段，但已经显现出向后期过渡的特征相比，西南民族地区工业化水平偏低。基于目前全国经济环境变化与重工业产能过剩的背景，作为欠发达区域，西南民族地区应结合自身条件与工业经济发展规律，避免走重复重工业化道路，以推动工业内部产业结构优化升级与不断提升服务业地位，加快新型工业化建设，实现后发赶超。

表3.7　西南民族地区省域特色产业体系

省（区、市）	区域特色产业选择 一级指标	特色产业指标 二级指标
四川	1. 特色农林牧业	种植业（农业）
		林业
		畜牧业
	2. 特色农产品加工业	农副食品制造业
		酒、饮料和精制茶制造业
		烟草制品业
	3. 特色资源产业	电力、热力生产和供应业
		非金属矿物制品业
		黑色金属冶炼和延加工业
		化学原料和化学制品制造业
		石油和天然气开采业
	4. 装备制造业	交通运输设备制造业
		通用设备制造业
		计算机、通信和其他电子设备制造业
		仪器仪表制造业
	5. 特色旅游产业	旅游业
	6. 特色战略新兴产业	生物制药业（医药制造业）
	7. 现代物流业	交通运输、仓储和邮政业
重庆	1. 特色农林牧业	种植业（农业）
		林业
		畜牧业
	2. 特色农产品加工业	农副食品制造业
		酒、饮料和精制茶制造业
		烟草制品业
	3. 特色资源产业	电力、热力生产和供应业
		非金属矿物制品业
		黑色金属冶炼和延加工业
		有色金属冶炼和压延加工业
		燃气生产和供应业

（续表）

省（区、市）	区域特色产业选择 一级指标	特色产业指标 二级指标
	4.装备制造业	交通运输设备制造业
		电气机械和器材制造业
		计算机、通信和其他电子设备制造业
	5.特色旅游产业	旅游业
	6.特色战略新兴产业	生物制药业（医药制造业）
	7.现代物流业	交通运输、仓储和邮政业
云南	1.高原特色农（林牧）业	种植业（农业）
		林业
		畜牧业
	2.农特食品加工业	农副食品制造业
		酒、饮料和精制茶制造业
		烟草制品业
	3.特色资源产业	电力、热力生产和供应业
		煤炭开采和洗选业
		黑色金属冶炼和延加工业
		黑色金属矿采选业
		有色金属冶炼和压延加工业
		有色金属矿采选业
		燃气生产和供应业
		石油加工炼焦及核燃料加工业
	4.特色旅游产业	旅游业
	5.特色战略新兴产业	生物制药业（医药制造业）
	6.现代物流业	交通运输、仓储和邮政业
贵州	1.现代山地特色高效农（林牧）业	种植业（农业）
		林业
		畜牧业
	2.特色农产品加工业	酒、饮料和精制茶制造业
		烟草制品业

(续表)

省（区、市）	区域特色产业选择一级指标	特色产业指标二级指标
	3.特色资源产业	电力、热力生产和供应业
		煤炭开采和洗选业
		非金属矿采选业
		黑色金属冶炼和延加工业
		有色金属冶炼和压延加工业
		化学原料和化学制品制造业
		橡胶和塑料制品业
	4.特色旅游产业	旅游业
	5.特色战略新兴产业	生物制药业（医药制造业）
广西	1.现代特色农（林牧渔）业	种植业（农业）
		林业
		畜牧业
		渔业
	2.特色农产品加工业	农副食品制造业
		酒、饮料和精制茶制造业
		烟草制品业
	3.特色资源产业	电力、热力生产和供应业
		非金属矿采选业
		黑色金属冶炼和延加工业
		有色金属矿采选业
		有色金属冶炼和压延加工业
		化学原料和化学制品制造业
		造纸和纸制品业
		木材加工和木、竹、藤、棕、草制品业
		石油加工、炼焦和核燃料加工业
	4.装备制造业	交通运输设备制造业
		电气机械和器材制造业
	5.特色旅游产业	旅游业
	6.特色战略新兴产业	生物制药业（医药制造业）
	7.现代物流业	交通运输、仓储和邮政业

101

第四节　西南民族地区特色产业发展总体特征

一、特色产业发展较快，发展潜力大

伴随市场经济发展，竞争意识不断深入，对区域特色产品市场价值的充分认识，使得区域特色产业开发、利用程度逐步提升。地理标志作为一种知识产权，是鉴别某一产品原产于某成员国领土或该领土某一地区或某一地点的特殊标志，即为某产品的产地标志。地理标志产品涉及的行业范围十分广泛，包括白酒、葡萄酒、黄酒、茶叶、水果、花卉、工艺品、调味品、中药材、水产品、肉制品以及其他加工食品等多个领域。因地理标志产品具明显的地域性与独特性，属于特色产品的范畴，因而从区域地理标志的注册、认定数量可在一定程度上说明当地特色产业发展状况。

目前国家市场监督管理总局实施保护的地理标志产品有1992个，其中在华保护的国外地理标志产品共16个，核准6107多家企业与组织使用地理标志产品专用标志。[①] 如表3.8所示，2005年第一次全国地理标准调研报告中西南民族地区认定的地理标志仅51个；2011年第二次全国地理标准调研报告认定的地理标志中西南民族地区提升为358.5个，超过2005年的7倍；截至2016年8月西南民族地区认定的地理标志为495个，是2005年的9.7倍，比2011年增长38.08%。西南民族地区基于特色资源、特色工艺基础的特色产品众多，随着特色产业的成长与竞争意识的增强，地理标志产品数量将有大幅度上升。

表3.8　西南民族地区五省（区、市）2005、2011、2016年地理标志保护产品数量表

省（区、市）	2005年地理标志保护产品数（个）	2011年地理标志保护产品数（个）	2016年8月地理标志保护产品数（个）
四川	22	173	264
重庆	5	42	12
云南	8	44	45

---

① 梅煜，杨明．"一带一路"背景下地理标志产品可持续发展战略研究　以陕西省为例[J]．西部学刊，2016（11）．

（续表）

省（区、市）	2005年地理标志保护产品数（个）	2011年地理标志保护产品数（个）	2016年8月地理标志保护产品数（个）
广西	7	56	57
贵州	7	36	89
合计	49	351	467

数据来源：中国国家地理标志产品保护网。

二、部分传统特色产业已升级为支柱产业或主导产业

在西南民族地区部分基于资源基础发展形成的特色产业，在雄厚的资源支撑与政府产业政策主导下，已经升级为地方支柱产业或主导产业。如四川在历史因素形成电子工业基地之一的基础上，以大量电子信息企业及科研院所云集的优势，政府将其作为引领产业转型的先导性产业加以扶持，电子信息产业逐步成为四川特色支柱产业，2015年，四川电子信息产业主营业务收入达6344.5亿元，居全国第七位、中西部第一位。[①] 重庆以其拥有大批老军工企业的技术实力为基础发展起来的摩托车制造业，30多年的发展历程中在我国摩托车行业一直具强势的领先地位，并抓住良好机遇形成了力帆、隆鑫、宗申三大品牌，汽车、摩托车产业逐步成为重庆的支柱产业，这一优势地位不仅持续，还在不断扩大，2015年汽车行业增加值增速达14.8%，拉动重庆工业增长3.1个百分点。[②] 作为最大产糖省区的广西，蔗糖业是其最大的特色农业，也是其国民经济的支柱产业和在我国最具影响力的产业。被称为"中国烟草故乡"的云南，烟草产业是特色产业更是支柱产业，烟草经济优势为推动云南省社会经济发展做出了重大贡献，烟草产业在全国也居于行业领先的地位。2014年云南收购烤烟90万吨，收购总值为250多亿元，年收购量在全国占比达40.5%，烟叶生产始终居全国第一。[③] 贵州优质的水资源、独特的酿造工艺造就了高品质的白酒产业，截至2015年底，白酒产

---

① 读懂四川电子信息产业发展：重大机遇多，实招频现[EB/OL]. 凉山彝族自治州人民政府网，2016-06-17.
② 2015年重庆经济运行情况分析[EB/OL]. 重庆市经济和信息化委员会网站，2016-02-14.
③ 程永照. 发挥烟草经济优势 推动跨越发展[N]. 云南日报，2015-10-14.

业规模以上产量达42.79万千升，产量居全国第11位，实现规模以上工业总产值757亿元，在全省工业行业居首位。2015年贵州白酒产业以全国3.3%的产量，实现全国规模以上酒类行业利润总额的32.5%，居全国第一。[①]

三、特色产业品牌开始形成，建设严重滞后

由中国品牌价值研究院等机构每年调研评选出的"中国品牌500强"，是对中国品牌价值从品牌建设、品牌发展潜力、品牌综合竞争力等方面进行的独立、科学、全面的评价。2015年的"中国品牌500强"是对全国34个省（区、市）涉及41个行业的3100个重点品牌，在对采集的数据及大量相关资料分析的基础上，通过100位企业高管、官员及学者对审核已符合资格要求的品牌遴选出的结果。

从表3.9可以看到，西南民族地区五省（区、市）中四川在500强中有品牌席位16个，在五省（区、市）中居首，16个品牌中白酒产业占1/3以上；其次为重庆7个品牌，大多为汽车、摩托车制造业；贵州、云南、广西以酒、烟、医药居多。五省（区、市）品牌数共38个，在500强中占比仅7.6%。西南民族地区有大量以特色资源开发形成的特色产品，因品牌建设的滞后，致使市场竞争力不足，影响特色产品的市场销售，制约着特色产业的再生产与扩大再生产。

表3.9 西南民族地区各省（区、市）在2015年品牌500强中占有席位情况表

省（区、市）	品牌数量	品牌名称	品牌隶属机构	主营业务
四川	16	长虹	四川长虹集团	家电
		东方电气	中国东方电气集团有限公司	机械
		通威	通威集团	农业、能源
		郎酒	四川郎酒集团有限责任公司	食品、饮料
		泸州老窖	泸州老窖股份有限公司	食品、饮料
		沱牌	四川沱牌舍得酒业股份有限公司	食品、饮料

---

① 全省酒类行业发展情况分析[EB/OL].贵州省统计局网站，2016-09-29.

(续表)

省(区、市)	品牌数量	品牌名称	品牌隶属机构	主营业务
四川	16	剑南春	四川剑南春（集团）有限责任公司	食品、饮料
		舍得	四川沱牌舍得酒业股份有限公司	食品、饮料
		海底捞	四川海底捞餐饮股份有限公司	餐饮、酒店
		娇子	川渝中烟工业有限公司	烟草
		娇子	四川烟草工业有限责任公司	烟草
		四川航空	四川航空股份有限公司	航空服务
		全友	全友家私有限公司	家具
		恩威	成都恩威投资（集团）有限公司	医药
		白塔牌	四川白塔新联兴陶瓷集团有限责任公司	建材
		五粮液	五粮液集团有限公司	食品、饮料
重庆	7	长安汽车	重庆长安汽车股份有限公司	汽车
		龙湖	龙湖地产有限公司	地产
		力帆	力帆实业（集团）股份有限公司	汽车
		嘉陵	中国嘉陵工业股份有限公司（集团）	摩托车
		雷士照明	雷士照明控股有限公司	照明电器
		美心	重庆美心集团有限公司	建材
		隆鑫	隆鑫控股有限公司	摩托车
贵州	6	茅台	中国贵州茅台酒厂（集团）有限责任公司	食品、饮料
		陶华碧老干妈	贵阳南明老干妈风味食品有限公司	食品、饮料
		习酒	中国贵州茅台酒厂（集团）习酒有限公司	食品、饮料
		黄果树	贵州中烟工业有限责任公司	烟草
		KEKE克刻	贵州益佰制药股份有限公司	医药
		神奇	贵州神奇药业股份有限公司	医药
云南	4	云天化	云南云天化股份有限公司	石油、化工
		云南白药	云南白药集团股份有限公司	医药
		红塔山	红塔烟草（集团）有限公司	烟草
		红河	云南红河烟草（集团）有限公司	烟草

(续表)

省（区、市）	品牌数量	品牌名称	品牌隶属机构	主营业务
广西	5	五菱	柳州五菱汽车有限责任公司	汽车
		柳工	广西柳工集团有限公司	机械
		真龙	广西中烟工业有限责任公司	烟草
		源安堂	广西源安堂药业有限公司	医药
		肤阴洁	广西源安堂药业有限公司	医药
合计	38	占500强比重7.6%		

资料来源：河北省工商行政管理局网站。

四、资源型产业粗放式发展为主，亟须实现转型升级

长期以来西南民族地区以对土地、河流、矿藏等资源的占有方式，进行生产与扩大再生产发展资源型经济，并形成了产业链短、产品初级、产品附加值低的产业结构，投资大、效益低的发展方式，刺激资源型经济继续以消耗大量资源为前提的粗放式扩张。西南民族地区是我国重要的资源供应区域，矿业和产业链相关产业在国家及地区经济发展中均占重要地位。资源型工业为推动西南民族地区经济发展提供了重要的支撑。在蕴藏钒钛磁铁矿丰富的攀西地区，建立起了跨地区、跨行业的现代化企业集团，即攀枝花钢铁（集团）公司；云南以有色金属铜的勘探、采选、冶炼、加工、研发及进出口贸易为主的企业，即云南铜业（集团）有限公司，是我国铜冶炼与铜加工规模最大的企业之一；云南锡业集团（控股）有限责任公司是全球著名的锡生产和加工基地，也是全球锡生产企业当中产业链最长和最完整的企业，在全球锡行业中排名第一；有色金属工业是贵州重要的支柱产业，铝、钛、黄金在我国有色金属工业中占重要位置。

西南民族地区以采掘业、原材料工业占比大的矿产资源产业结构，产业链短，具有趋同性，形成地区间、企业间的恶性竞争。在对矿产资源过度开发中，带来了水土流失、挤占破坏土地、环境污染等负面情况，使经济增长和资源环境之间的矛盾日益尖锐。2014年西南民族地区五省（区、市）应开展监测的重金属污染防控重点企业共3661家，在全国占比达19.56%，污染源监督性监测重点企业共8750家，占全国的14.8%。[①] 资源型产业亟须转变

---

① 根据wind资讯西南五省（区、市）及全国2014年应开展监测的重金属污染防控重点企业数、污染源监督性监测重点企业数计算。

发展方式，淘汰落后产能，构建特色资源企业的科技创新体系，加强资源的深加工，延长加工产业链，发展循环经济，实现可持续、协调发展。

五、特色产业中小企业数量多，产业集群开始形成

西南民族地区有着数量众多的中小企业，部分中小企业作为大型企业的配套，在大企业的产业链中分工协作，为特色产业集群的形成与发展发挥着积极的促进作用。截至 2016 年 6 月，四川省有私营企业 80.09 万户，注册资本达 36704.79 亿元[①]；重庆市 2015 年中小企业实现增加值达 6215.7 亿元，拉动当地地区生产总值增长 4.5 个百分点，对地区生产总值增长的贡献率为 42.3%[②]；云南省 2015 年民营经济户 225 万户，完成增加值 6389.7 亿元，占全省地区生产总值比重达 46.6%，对全省贡献率达到 49.5%[③]；广西 2015 年 1—11 月小微企业对规模以上工业增长贡献率为 49.5%，拉动增长 3.8 个百分点[④]；贵州 2012—2015 年间共扶持微型企业 82321 户，私营企业由 9.46 万户增加到 33.76 万户[⑤]。

四川在立足现有基础上大力发展特色产业，发挥在钢铁、水泥等特色产业的成熟技术与强大生产能力，积极引导装备制造、工程建设、材料生产等企业集群发展；重庆市以建设特色资源加工基地、绿色食品基地、纺织服装产业基地、重型装备产业基地为目标，不断完善绿色制造、农产品加工、重型装备和材料配套功能的集群发展优势；广西壮族自治区正着力打造特色农产品加工业、特色加工制造、特色旅游产业、特色矿产加工业的集聚发展，形成集聚效应推动县域特色产业发展；云南省财政厅每年以地方特色产业中小企业发展资金，积极推动原料深加工、精加工产业集群，打造特色药材基地、特色生物资源基地。贵州集中力量发展包括酒、烟、茶、药及食品等特色轻工业产业集群发展，同时也加快了对新材料、新能源及节能环保等战略性新兴产业的发展。

---

① 四川省中小企业协会 [EB/OL]. 四川省中小企业协会网站，2016-09-28.
② 重庆市中小企业局 [EB/OL]. 重庆市中小企业局网站，2016-09-28.
③ 王蕾.2015 年云南省非公经济企业增长翻倍 [N]. 春城晚报，2016-05-03.
④ 2015 年 1—11 月广西经济运行情况 [EB/OL]. 广西壮族自治区人民政府门户网站，2015-12-28.
⑤ 张春雷. 贵州 4 年扶持企业 8.23 万户带动就业 45.17 万人 [N]. 贵州日报，2016-09-27.

第四章 西南民族地区金融发展状况分析与评价

第一节 西南民族地区金融发展现状分析

近年来西南民族地区经济发展速度一直超越全国平均水平，金融业在西南五省（区、市）经济发展中的地位也日益重要。为了实现对西南民族地区金融发展水平全面综合地评价，本研究组选取的评价指标涵盖了西南民族地区的非金融机构部门融资量、金融业增加值、金融机构本外币存贷款余额、上市公司数、金融相关率、保险深度及保险密度等多个维度。

一、金融发展规模指标分析

（一）非金融机构部门融资量

非金融机构部门融资是衡量金融发展规模的重要指标之一，它主要表示实体经济中非金融机构部门从金融部门获得的贷款、从资本市场以发行股票或债券等方式获得的融资量。从图4.1可以看出，西南民族地区五省（区、市）中仅四川省非金融机构部门融资量在2008年、2009年及2014年超过全国平均水平，其余四省（区、市）均低于全国平均水平，重庆的非金融机构部门融资量在2008年以后超越云南位居第二，2015年出现大幅下降，广西和云南相差不大，贵州在持续上涨后2015年超过重庆跃居第二。

四川省2009年得益于债券融资的迅速发展，非金融机构部门融资量增速明显，全年共发行197.5亿元债券，同比增长269%。2013年受直接融资规模下滑的影响，非金融机构部门融资量同比下降27.88%。2014年，四川省非金融机构部门融资量出现十年来的峰值，比全国平均水平高出1193.26亿元，主要是受省内调整同业监管政策的影响，各项贷款大幅上涨。四川省2015年非金融机构部门融资量下降明显，但银行间市场的直接债务融资规模与存续余额却呈现上升趋势，且创下历史新高，体现出融资体系不断完善，金融市场多元化的发展态势，非金融机构部门的融资总量仍居首位。①

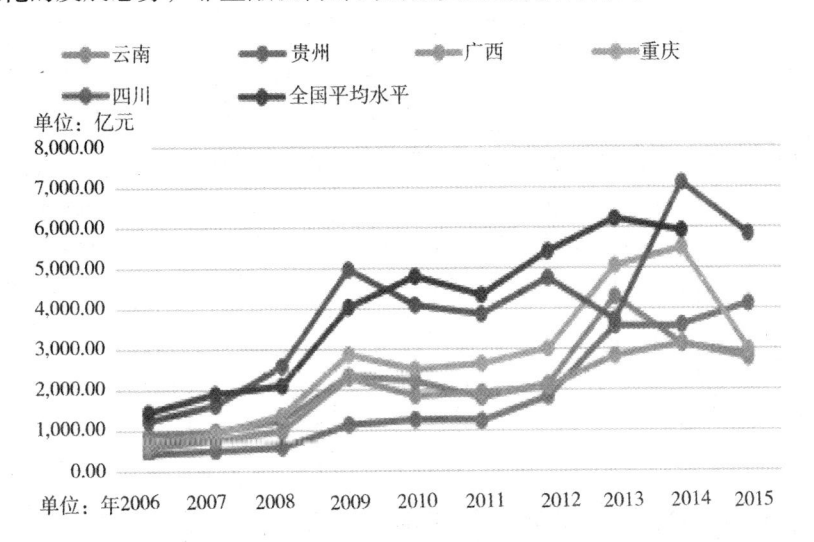

图 4.1　2006—2015 年西南五省（区、市）非金融机构部门融资量

数据来源：西南五省（区、市）《金融运行报告》（2006—2015）、Wind 资讯。

从整体情况来看，重庆市的非金融机构部门融资量除 2010 年出现小幅回落及 2015 年出现大幅下降外，呈现逐渐上升的趋势。从构成分析可知，2010 年，虽然股票和短期债券筹资额有所增长，但受贷款增速放缓的影响，重庆市非金融机构部门融资量相比上年有所下降。2015 年，重庆市杠杆融资进程加快，信托贷款、委托贷款等成本较高的新增贷款全面回落，直接造成非金融机构部门融资量较 2014 年下降了 84%，非金融机构部门融资量虽然有所下降，却看到银行非信贷资金投放渠道在不断丰富，占比不断提升，贷款增长和实体经济发展速度较为匹配，全年外币贷款、信托贷款、委托贷款与未贴现银行承兑汇票等表外融资却均比上年减少，体现出社会融资结构优化的方向，金融对实体经济定向支持的成效开始显现。②

云南省的非金融机构部门融资量在 2013 年出现大规模上涨以后逐渐回落。2013 年，全省直接融资比重虽有所下降，但间接融资占比大幅上升，融资量达到 4268 亿元，比上年多 2160 亿元。2014 年，主要是在宏观经济下行压力

---

① 数据来源：《四川省金融运行报告》（2006-2015）。
② 数据来源：《重庆市金融运行报告》（2006-2015）。

109

下，受融资结构变化影响，云南省强化了同业监管措施，非金融部门扩张放缓，委托贷款、资金信托计划贷款及未贴现的银行承兑汇票显著缩量，涉外收付和银行结售汇均呈现逆差。因此，非金融机构部门融资量同比下降9.1%。[①]

广西的非金融机构部门融资量变化趋势较为平缓，2010年较2009年有所下滑，历经4年的缓慢增长后，2015年出现小幅度下降。2010年主要是受信贷投放趋缓的影响，贷款额度有所减少，加之融资条件较为严格制约了直接融资的发展，广西非金融机构部门融资量有所回落。2015年，广西外币贷款、信托贷款、未贴现的银行承兑汇票较上年均有所减少，非金融机构部门融资量出现小幅下滑。

贵州省非金融机构部门融资量发展较快，截至2015年，融资量达到4090亿元，比2006年增加3692亿元，其中2013年增幅最为明显，同比增长97.3%，主要受益于委托贷款、未贴现银行承兑汇票的快速增长。非金融机构部门融资量在2015年有较快的增长，而人民币贷款和委托贷款的增量较为明显，这与贵州省加大对新兴中小企业的扶持以及大力发展高、新和互联网产业的政策导向有关，反映出目前贵州省经济发展和投入均在不断加大，经济发展靠负债拉动的特征较为明显。[②]

（二）金融业增加值

金融业增加值反映一定时期内一个地区所有金融部门从事金融活动所创造出的价值总和。从图4.2可以看出，2006—2015年西南民族地区金融业增加值整体呈上升趋势，四川省金融业增加值位处西南部第一，自2009年起一直高于全国平均水平，重庆市在2012年、2013年曾高于全国平均水平，云南、广西、贵州金融业增加值稳步增长。除四川省外，西南民族地区的其余四省（区、市）金融业增加值均低于全国平均水平，也看出西南民族地区较为落后的经济金融现状。

四川是西南地区最为重要的金融中心，外资金融机构数量众多，拥有丰裕的金融资源，随着西部大开发战略的实施，金融业增加值/地区生产总值比重不断上升，金融对实体经济的带动作用逐渐显现，同时，经济的快速发展又促进了金融规模的扩张。[③]

---

① 数据来源：《云南省金融运行报告》（2006-2015）。
② 数据来源：《贵州省金融运行报告》（2006-2015）。
③ 数据来源：中国知网——中国经济与社会发展统计数据库。

单位：亿元

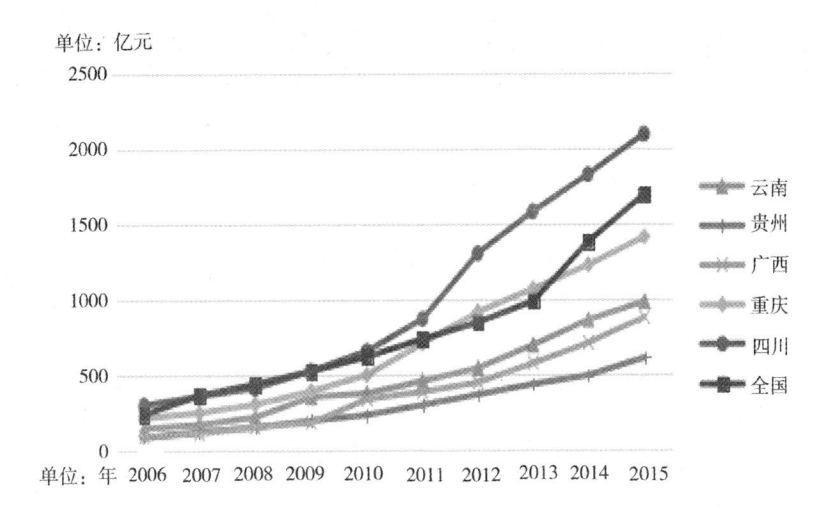

图 4.2 2006—2015 年西南民族地区五省（区、市）金融业增加值

数据来源：中国经济与社会发展统计数据库。

重庆金融业增加值从 2006 年的 213.7 亿元增加到 2015 年的 1410.18 亿元，10 年间增加了 6 倍之多。从发展趋势看，2006—2008 年，重庆金融业在此期间实现较快增长，年均递增率为 19%；2009—2012 年，实现快速发展，平均增长率达到 32%；2013—2015 年，回归到平稳增长，年平均增长率为 15%。长期来看，虽然重庆金融业增加值与全国平均水平相比，存在较大差距，但从金融业增加值占地区生产总值的比重来看，2006—2015 年，重庆市的年均单位地区生产总值金融业增加值 6.8% 高于全国平均水平 5.2%，说明重庆金融业对实体经济的贡献率处于较高水平，对经济增长的作用效果较为明显。[①]

云南金融业增加值的绝对量远低于全国平均水平，但从占地区生产总值的比重情况来看，与全国平均水平基本相当，并且曾一度超过全国平均水平，2006—2015 年，云南金融业增加值占地区生产总值的平均比重为 5.2%，仅略低于全国平均水平 5.5%，从对地区生产总值的贡献度来看，10 年来云南金融业增加值的平均贡献率为 9.15%，低于全国平均水平的 2.24 个百分点，差距较大。两者存在的反差说明云南省金融业增加值的相对总量并不低，但对地区生产总值的增长贡献度不高。

---

① 数据来源：中国知网——中国经济与社会发展统计数据库。

表4.1　云南与全国金融业增加值占地区生产总值的比重

年份（年）	2006	2007	2008	2009	2010	2011	2012	2013	2014	2015
云南	3.61%	3.55%	3.83%	5.70%	5.19%	5.13%	5.25%	5.86%	6.72%	7.16%
全国	3.70%	4.56%	4.62%	5.10%	5.10%	5.15%	5.33%	5.68%	7.28%	8.50%

数据来源：中国经济与社会发展统计数据库、国家统计局。

表4.2　云南与全国金融业增加值对地区生产总值增长的贡献率比较

年份（年）	2006	2007	2008	2009	2010	2011	2012	2013	2014	2015
云南	2.35%	2.36%	5.28%	28.04%	2.21%	4.86%	6.00%	10.03%	17.01%	13.38%
全国	5.48%	8.18%	4.99%	10.76%	5.12%	5.41%	6.92%	9.38%	24.68%	33.04%

数据来源：中国经济与社会发展统计数据库、国家统计局。

近十年来，广西金融业规模不断壮大，截至2015年，广西实现金融业增加值876.47亿元，是2006年的9.6倍，年均增长率为30.01%，增加值总量占全省地区生产总值的比重为5.22%，高于2006年3.31个百分点，占第三产业产出的比值为13.40%，高于2006年的4.95个百分点，比重不断提升，对经济发展的促进作用逐渐增强。但与全国平均水平及沿海发达省市相比，2015年，广西的金融业增加值还不到广东的1/3，仅为深圳的1/7，说明从横向比较，广西的金融业发展水平还很落后，总体规模仍旧偏小。①

2006年以来，贵州金融业增加值呈不断上升的态势，年均增长速度达到25.01%，超过同期地区生产总值年均增长率近7个百分点，使其占地区生产总值的比重持续增加。到2015年，贵州金融业增加值占地区生产总值的比重为5.79%，远低于全国平均水平8.50%，说明金融业对推动经济增长的作用有限。②

（三）金融机构本外币存贷款余额

在间接融资为主导的西南民族地区，金融机构存贷款余额作为衡量区域

---

① 数据来源：中国知网——中国经济与社会发展统计数据库、国家统计局。
② 数据来源：中国知网——中国经济与社会发展统计数据库、国家统计局。

金融发展水平的重要指标,是指某一时点金融机构的存款额度与贷款额度。因而金融机构存贷款余额可以反映某一时点金融机构为实体经济已经提供或未来可以提供融资的总量。

从图 4.3 可以看到,2006—2015 年,西南民族地区存贷款余额均保持稳定快速增长的态势,但仅有四川省的存贷款余额高于全国平均水平。四川在总量上保持西南部第一,年均增长率达到 19.69%;重庆 2010 年超过云南居第二,年均增速 20.61%,快于全国平均增速 17.01%;云南、广西信贷总量居中,贵州排名最末。①

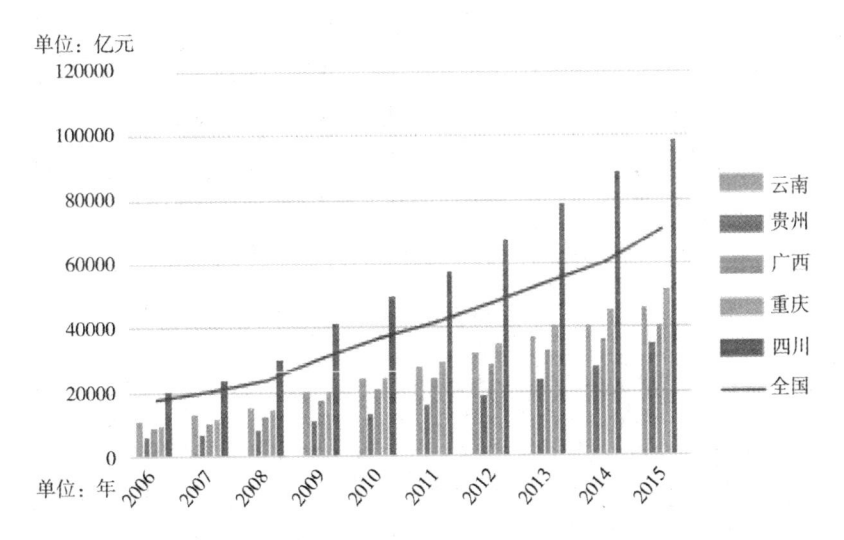

图 4.3 2006—2015 年西南民族地区五省(区、市)金融机构本外币存贷款余额总量

数据来源:五省区市《金融运行报告》(2006—2015),国家统计局。

(四)上市公司数量

一个区域内的上市公司数量,在一定程度上能够从总量上较好地说明该区域资本市场的规模与活跃程度。从图 4.4 可以看到,四川省是西南五省(区、市)中上市公司家数最多的省份并远超过其他区市,重庆排名第二,广西在 2011 年后超越云南,贵州上市公司数增加幅度不大。

---

① 数据来源:五省(区、市)《金融运行报告》(2006—2015)。

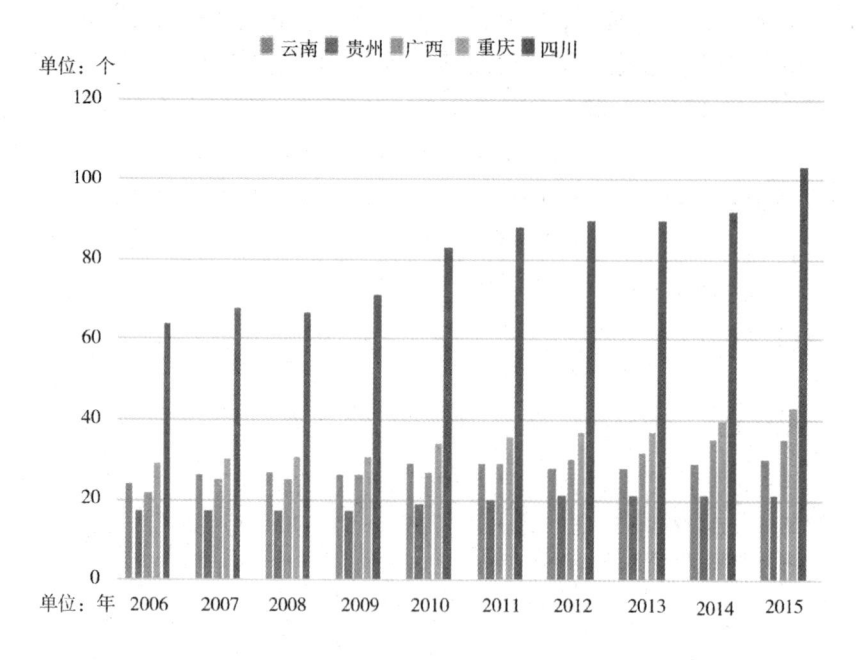

图 4.4　2006—2015 年西南五省（区、市）上市公司数

数据来源：根据五省（区、市）《金融运行报告》（2006—2015 年）整理。

截至 2015 年年底，四川省已有上市公司 103 家，占全国数量的 3.5%，位居西部第一，较 2006 年增加了 39 家，在 2014 年的 92 家上市公司中，有 80 家公司处于盈利状态，占比达 86.96%，其中 9 家营业收入超过百亿元，为整个四川省的上市企业贡献了约七成收入，51 家上市公司进行的利润分配，累计约 70 亿元。2010 年四川企业凭借西部首个"路演中心"在成都高新区挂牌的优势，就近享受上市路演及信息发布服务，加速了四川企业上市的进程，因而从上市公司数量增长的趋势看，2010 年增幅最大。四川省上市公司数量与质量的同步发展、证券市场的健康运行，为金融发展规模的扩大奠定了良好的基础。①

重庆 1987 年实行股份制改革，1993 年第一只股票成功上市，至 2015 年已有 43 家上市公司，上市企业总量稳步增长。但从上市公司的组成结构来看，产业结构较为单一，高科技含量低，传统产业企业多，朝阳产业企业较为缺乏，上市公司主要集中于第二产业，如汽车行业、医药化工行业。此外，从上市

---

① 数据来源：四川省上市公司年报（2006—2015 年）。

公司融资能力来看，2006年至2015年，平均每年A股筹集资本金为83.47亿元，低于全国各省平均水平。说明虽然上市公司数量增加，但公司流通股本偏少，上市公司整体业绩较差，总体规模小，再融资功能受阻，致使证券市场仍处于较低的发展阶段。①

截至2015年，广西在上交所和深交所上市的公司合计有35家，远低于全国平均水平，数量偏少，并且其上市公司原身大多数是国有企业，社会负担重，优良资产少。从行业分布状况来看，广西的上市公司主要集中于制造业、化工业，缺乏高新技术产业，国家重点扶持的建材、制糖、有色金属、机械制造四大支柱产业的行业优势得不到体现。由于广西科技水平落后，工业基础薄弱，企业很难达到上市要求，因此从广西的IPO情况来看，自2006年年初至2015年年底，新增上市企业13家，仅占境内上市公司的1.05%，融资进程缓慢。从上市公司的盈利状况来看，2015年，广西上市公司亏损12家，占总数的34.29%，非经常性损益较以前年度虽有所降低，但仍占净利润的57.68%。从广西上市公司管理角度看，上市企业治理结构还有待完善，国有综合平均控股比例高达百分之四十几，导致资本配置效率低下，其次，法人治理结构有待健全，广西上市公司中普遍存在交叉任职、职责不清的情况，缺乏完善的内部制衡机制。整体来看，广西上市公司数量少、质量低，证券市场发展缓慢。②

自1993年第一支股票云南白药上市后，至2015年，云南省上市公司总计30家，其中有比较知名的企业，如太平洋证券、云南白药等，但是总体来说，云南省上市公司仍存在明显的缺陷，上市公司绝对数量少、过多受限于自身的自然资源条件、分布不均衡、公司股权分布过于集中、资产负债率、盈利能力普遍偏低，这些现状都制约着云南省证券市场的健康运行。云南省拥有丰富的矿产资源，与其资源优势相对应的是云南省30家上市公司中，矿产资源类就有11家，这类企业占用了大量人力、物力资源，却难以创造效益，虽然资产规模大，收入总量高，但平均净资产收益率却为–13.25%，阻碍了当地经济的健康发展；此外，云南省上市公司分布较为集中，30家上市公司中，有23家在昆明市注册，占比76.67%，而云南省其他9个州市至今还未有一家上市公司，反映了其省域经济失调的现象；而且，云南省30家上市公司中，仅有4家的净利润率在5%以上，其余的都低于5%，盈利能力较弱。资产负

---

① 数据来源：根据《重庆市金融运行报告》（2006—2015年）计算而得。
② 数据来源：国家统计局、上海证券交易所统计年鉴、深圳证券交易所网站、巨潮资讯。

债率偏低,其中有 13 家的资产负债率小于 50%,有 18 家的资产负债率小于 80%。可见,云南省上市公司和资本发展存在不平衡性。[①]

改革开放以来,贵州省经济取得了良好的发展,但金融市场和证券市场与其他省市相比,发展仍然比较落后。截至 2015 年,贵州有 21 家上市企业,占全国总量的 0.8%,与 2006 年相比仅新增了 4 家上市公司,发行股票数量少,增长速度缓慢,规模效应难以形成。贵州 21 家上市公司中有 15 家的国有股东控制比例相对较高,国有控股企业占比高达 71.43%,对上市公司业绩的负面影响较为明显,上市公司的业绩走向与全国上市公司平均水平呈相反趋势,2013 年,在不含贵州茅台的情况下,上市公司平均每股税后利润为 0.32 元,与 2012 年相比下降了 13.51%,2014 年有所上涨为 0.4 元,但仍低于全国平均水平。其次,贵州省上市公司运用自有资本的效率普遍偏低,2012 年,加权平均净资产收益率仅为 9.64%,2013 年为 8.01%,2014 为 8.18%。此外,贵州省某些上市企业还因为业绩不断下滑而被发达地区的企业借壳重组,如贵华旅业、中国七砂等,这些公司被重组后,导致本地企业失去一定的融资平台和机会,从而失去对贵州区域经济的带动作用。[②]

二、金融发展效率指标分析

金融机构存贷比是金融机构贷款总额与存款总额之比,存贷比高表明金融机构将储蓄转化为投资的能力强,盈利能力强,有利于实体经济增长,但如果存贷比过高,金融机构准备金不足,会导致支付危机甚至于金融危机的产生。按照国际惯例,存贷比控制在 0.69—0.75 是较为合理的水平。从图 4.5 可以看到,云南、贵州、广西、重庆存贷比水平差异不大,四川稍偏低。

---

① 数据来源:上海证券交易所、深圳证券交易所数据库、和讯数据。
② 数据来源:巨潮资讯。

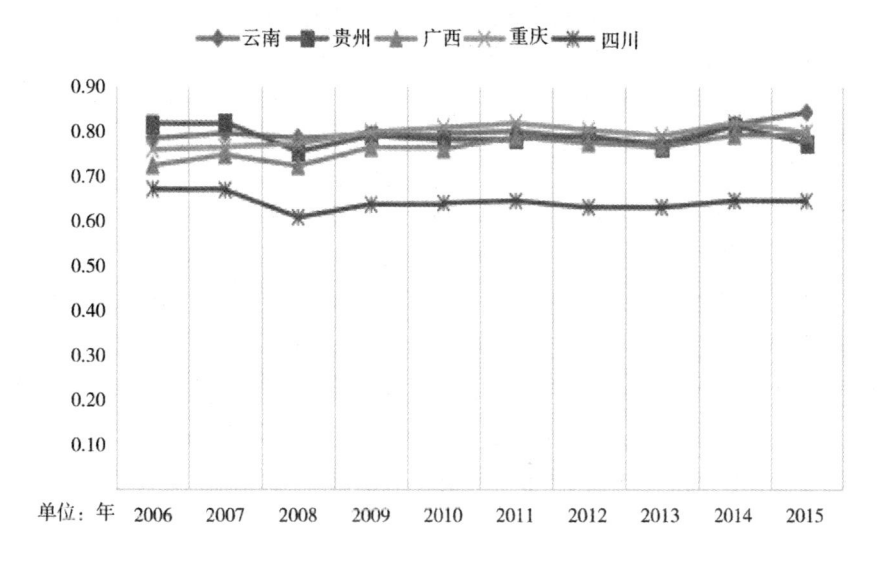

图 4.5　2006—2015 年西南五省（区、市）存贷比

数据来源：西南民族地区五省（区、市）《金融运行报告》（2006—2015）及相关数据计算。

2006—2015 年，四川省的存贷比保持在 0.64 左右的水平，低于中国人民银行规定的贷存比上限 75%，2007 年存贷比最高为 0.67，2008 年最低为 0.61，存贷比有所下降，说明四川金融机构存在流动性过剩现象。截至 2015 年，重庆市存贷比为 0.8，10 年来变化不大，基本高于中国人民银行所规定的存贷比上限，说明重庆信贷投放较为充足。2006—2015 年，云南省的存贷比稳定在 0.78—0.84 之间，变化幅度不大，基本高于全国存贷比，变化趋势与其较为一致。近 10 年来，贵州存贷比稳定在 0.79 左右，高于存贷比上限，存款增长低于贷款增长力度，金融机构逐利性过强，各种理财产品的出现以及监管体制的不健全导致银行挤兑风险过高，理财产品挤压了银行存款，造成存贷比过高的趋势。截至 2015 年，广西壮族自治区贷款余额达到 18119.3 亿元，金融机构存贷比为 0.79，10 年间贷存比增速呈整体上升趋势，2015 年最高为 0.79，2006 年最低为 0.72，存贷比维持在较为合理的水平，说明广西金融机构风险控制系统相对较为健全。[①]

---

① 数据来源：各省区市《金融运行报告》（2006—2015）。

三、金融深化程度指标分析

（一）金融相关率（FIR）

金融相关率是指一国（地区）金融资产总额与该国（地区）经济活动总量之比，金融相关率数值越大，表明金融发展水平越高。基于数据的可获得性和完整性，以2006—2015年的各年金融机构本外币存款余额与金融机构本外币贷款余额之和来衡量区域金融资产总额，以地区生产总值衡量经济总量，对西南民族地区的金融相关率（FIR）指标进行计算，即FIR=（金融机构本外币存款余额+金融机构本外币贷款余额）/地区生产总值，计算结果如图4.6所示，总体看来，西南民族地区五省（区、市）的金融相关率呈上升趋势，但存在一定波动。

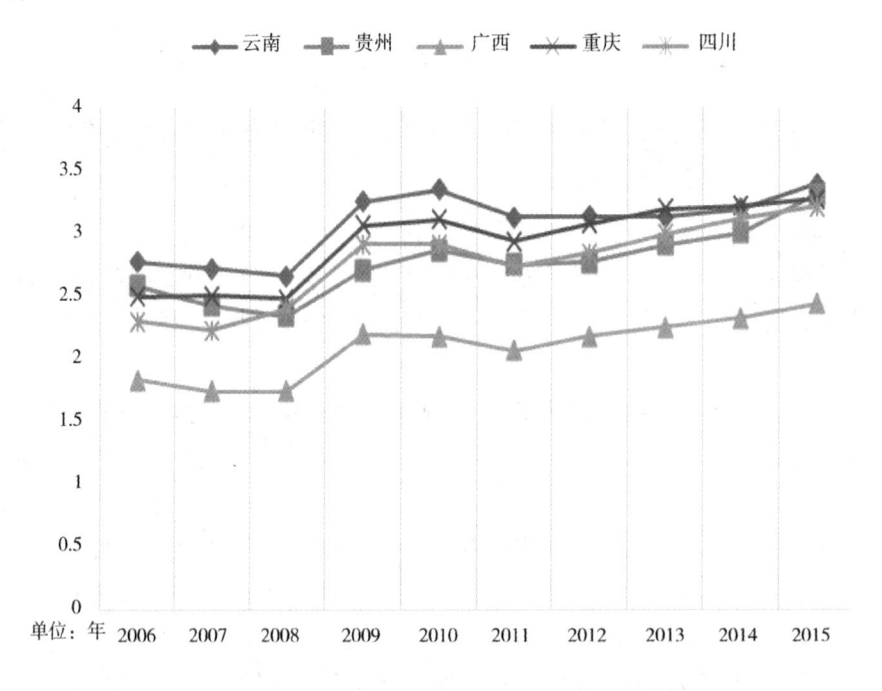

图 4.6 2006—2015年西南五省（区、市）金融相关率

数据来源：西南民族地区五省（区、市）2006—2015年《国民经济和社会发展统计公报》《金融运行报告》。

2006—2008年间，五省（区、市）的金融相关率整体呈现下降态势，2008—2010年间，五省（区、市）的金融发展并未受到2008年金融危机的影响，金融发展水平较快；2010年FIR指数均有所下降，但在2011年，该指数有所反弹，并一直缓慢增长。理论上讲，金融相关率越高，金融发展规模就越大，金融深化程度水平就越高，金融支持经济发展的能力也越强。从数据显示情况看，云南省是西南民族地区金融相关率最高的省份，重庆位居其次，四川金融相关率与贵州差别不大，广西金融相关率较低。

出现上述情况，可能由于此处的FIR指数仅以金融机构本外币贷款余额之和与地区生产总值之比衡量，FIR数值大，只能说明其银行业发展水平相对于实体经济发展水平较快，反之，FIR数值小，也只说明其银行业金融机构发展水平相对于实体经济发展水平较慢，并未涵盖保险业与证券业，因而证券业相对发达的四川省并未得到体现，不能反映出地区金融发展水平的总体状况；其次，由于西南五省（区、市）经济发展水平存在较大差距，地区生产总值基数大小不一，以此为分母计算出的省市间的FIR指数没有统一标准；第三，除了正规金融机构外，西南民族地区较多中小企业的融资来源是非正规金融机构，这部分数据由于没有被统计，在FIR指数中也未能得到体现，形成某些地区金融发展水平较高而金融相关率却不高的情况。

2011年以前云南省FIR指数均居于领先地位。2008年金融危机过后，受中央积极的财政政策和宽松的货币政策的影响，2009—2010年云南省金融相关率提升幅度较大。但从FIR指标构成情况看，金融机构存款余额与贷款余额从2006—2015年上涨了320.42%，高于地区生产总值的上涨幅度243.97%，而信贷利息是对地区生产总值的一种再分配，云南省地区生产总值的增速不及信贷资产增速，其地区生产总值增量不足以支付信贷资金利息，对经济发展造成了严重的负担和制约。因此，虽然云南省金融相关率水平较高，增速较快，但由于地区生产总值基数及增长幅度等原因，FIR指数并不能完全反映出云南省实际的金融发展水平。[①]

重庆市金融相关比率整体呈现上升态势，这主要是得益于其筹备建立金融中心，金融开放程度增加的缘故。重庆市2011年的FIR指数出现下滑现象，从指标构成分析可知，是因为2011年该地区生产总值的上涨幅度不如金融机构本外币存款余额及贷款余额的上涨幅度。一方面，重庆市金融机构中间业务的快速增长带动了保证金存款、结构性存款及委托存款的大幅增加；另一方面，银行通过差别准备金动态调整机制，加强内部信贷管理，本币贷款增速明显，而外贸的快速发展以及企业流动资金需求的增多，使得外币贷款大幅增长。

---

① 数据来源：云南省《金融运行报告》（2006—2016年）及相关数据计算。

2011年后重庆市金融相关率波动趋势逐渐降缓，进入到稳定发展的阶段。

贵州省在2008年遭受特大低温雨雪灾害后，人民银行和辖内金融机构认真贯彻落实国家宏观调控政策，积极采取各种措施提升金融服务水平，对贷款进行合理、均衡的投放，并积极配合扩大内需的政策要求，加大信贷投放力度，使得金融相关率大幅增长，但却造成实体经济的发展过多依靠信贷拉动，经济发展过程中面临较高的系统性金融风险。2011年后，金融相关率保持稳定发展，表明贵州省金融发展水平逐渐提高，但从另一个层面来看，由于FIR指数的分子仅包含了金融机构存款余额与金融机构贷款余额，仅涉及银行业金融机构，因此只能说明其金融组织体系较为单一，金融市场被国有商业银行垄断，新兴金融工具得不到发展，实体经济的发展较多依赖传统国有商业银行，货币化程度对实体经济的促进作用效率低下。

2006—2015年，四川省金融相关率呈现整体上升的趋势。2007年FIR指数最低，为2.23，2015年FIR指数最高，达到3.21。2009年四川省金融相关率增速较快，达到21.29%，主要是在遭受特大地震灾害后，中央信贷支持政策向四川倾斜，加上适度宽松的货币政策的作用的结果。年末四川省金融机构本外币各项贷款余额达到15979.4亿元，同比增长40%。灾区优惠利率政策的有效执行，使得金融机构定价趋于平稳，全年贷款利率保持稳定。2011年因国家政策趋于稳定，金融相关率出现回落。因而，四川省的金融发展水平有提高的趋势，区域金融对经济的促进作用不断增强。[①]

广西金融相关率在西南五省（区、市）中偏低，这与其自身的金融发展程度密切相关。从金融组织体系来看，广西主要还是以银行业为主，四大国有银行占据绝对主导地位，其他种类金融机构数量少、规模小，而四大国有银行不良贷款率高，运作效率低下。随着金融机构存款余额和贷款余额的增加，广西金融相关率增长速度相应地也随之加快，2015年广西金融相关率为2.43，比2006年上升了32.79%，但仍远低于其他各省（区、市），表明广西金融业发展水平较为滞后，发展速度较慢。[②]

（二）保险深度与保险密度

区域保险市场发展程度可以从一定程度间接反映居民对金融市场的参与度。一个地区的保险深度是以该地区的保费收入占地区生产总值的比例来衡

---

① 数据来源：四川省《金融运行报告》（2006—2015年）及相关数据计算。
② 数据来源：广西壮族自治区《金融运行报告》（2006—2015年）及相关数据计算。

量的，主要取决于经济的发展水平以及保险业的发展状况，反映保险业在该地区国民经济中的地位。如图 4.7 所示，四川、重庆、云南、贵州的保险深度在 2010 年以前均呈逐渐上升的态势，此后出现一段时期的回落，从指标构成分析，回落的原因大致可归结于这四省市的保费收入增长率超过地区生产总值的同期年均增长率。四川是西南五省区市中保险深度最高的地区，重庆第二，云南第三，除四川和重庆外，其余各省区均低于全国平均水平 3.04%。

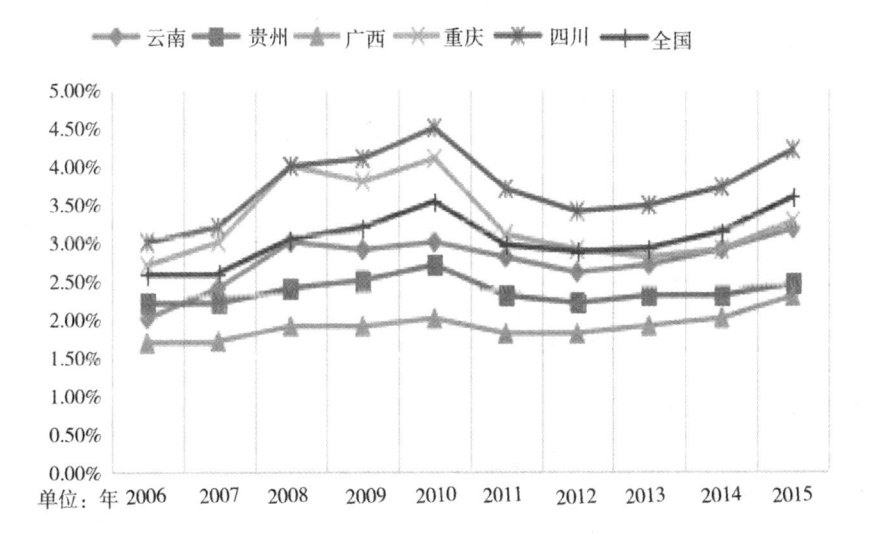

图 4.7 2006—2015 年西南五省（区、市）保险深度

数据来源：西南民族地区五省（区、市）《金融运行报告》（2006—2015）。

保险密度是根据当地常住人口数计算的人均保费额度，反映该地区居民参与保险的程度。如图 4.8 所示，西南地区 2006—2015 年平均保险密度最高的为重庆，其次是四川，其余省区远低于这两个省市。但除重庆 2009—2010 年的保险密度高于全国平均水平外，其余各省区市均低于全国 1784.71 元/人的平均水平，反映西南民族地区保险业较其他地区发展相对缓慢，保险业规模仍然偏小。[①]

---

① 数据来源：各省区市《金融运行报告》、中国统计年鉴及相关数据计算。

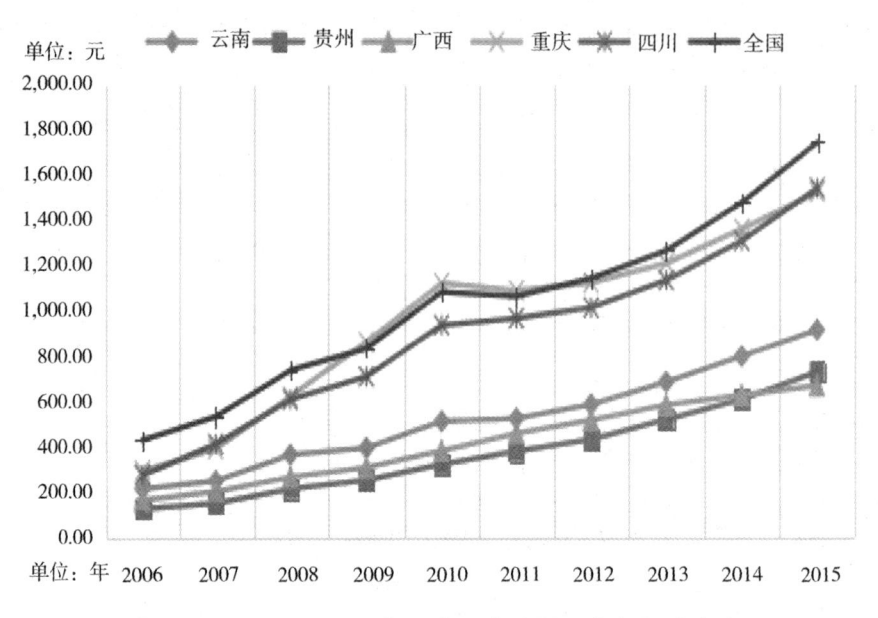

图 4.8　2006—2015 年西南五省（区、市）保险密度

数据来源：西南民族地区五省（区、市）《金融运行报告》（2006—2015）。

近年来，四川省保费收入不断增多，保险规模不断扩张。2010 年保险深度出现峰值，达到 4.5%。但受居民保险意识较弱的影响，四川人口参保程度较低，投保率低，导致虽然保费不断增收，而人均保费仍然偏低的现象，2006—2015 年，四川平均保险密度 891.04 元/人，低于全国平均水平。[①] 虽然四川经济发展水平在西南民族地区五省（区、市）中位居前列，但保险业仍处于较低的发展水平。

2015 年，重庆保费收入达到 514.58 亿元，同比增长 26.35%。其中，财产险保费收入为 155.93 亿元，人身险保费收入为 358.65 亿元。保险公司市级分支机构已有 44 家，数量居全国前列，保险深度保持平稳，保险密度处于较高水平。重庆保险业发展已初具规模，但与东部发达省市相比，仍存在很大差距，2010 年以后，重庆保险业发展逐渐降缓，逐步拉大与全国平均水平的差距。2011 年，由于利率水平和通货膨胀率有所上升，银行理财产品面临较大的竞争压力，加之其代理的保险业务受到严格管理，寿险销售难度增大，保费收入有所减少，导致保险深度增幅回落。整体而言，重庆保险基础薄弱，部分从业人员缺乏实践经验及保险专业知识，因而整体服务质量不高。部分保险

[①] 数据来源：根据四川省《金融运行报告》（2006—2015 年）、中国统计年鉴有关数据计算。

公司因缺乏有效的管理经验、责任意识不强、监管机构不健全等成为制约着重庆市保险业发展的重要原因。①

从图4.7可以看到，云南近年来的保险深度逐渐提升，2015年超越重庆成为西南五省（区、市）中排名第二的省份，保险密度年均增速达18.08%，2008年最高达到46.95%的增速，但与全国平均水平相比仍存在显著差异，该年保费收入为434.60亿元，比全国平均收入少279.59亿元。②与全国保险业的实际情况相似，云南的保险产品结构存在相对失调的现象，机动车辆保险在省内各地区的保险市场上都占据比较大的份额，具有一定的趋同性，而责任险及货运险在各地区的分布却存在较大差异。此外，云南保险业发展存在地区差异，在经济发展水平较高的滇中地区，由于居民平均受教育水平较高，意识形态较为先进，风险意识较强，保险覆盖面较广，并且得益于先进管理理念的引入，使得保险公司整体管理水平较高，供给能力较强，因此保险业发展水平相对较高；而经济发展较为落后的滇西、滇南地区，保险需求不足，影响保险业务的开展，因此发展相对落后。

近年来，虽然贵州省保险业一直保持着持续稳健的发展，盈利能力显著提高，但在不断发展的过程中，保险规模小、保险深度低、保险密度小、机构数量少等问题也制约着贵州省保险业的发展壮大。一是保险业规模偏小、保费收入总量小，截至2015年，贵州省保费收入仅为257.80亿元，在五省（区、市）中排名第五，约为四川的1/5；二是保险深度低，2015年，贵州省保险深度为2.45%，仅高于广西的2.29%；三是保险密度小，2015年，贵州省保险密度还不到全国平均水平的1/2；四是机构数量少，覆盖面窄，市场竞争不充分，到2015年，还没有任意一家保险公司的总部设在贵州省内，保险公司分支机构也仅有27家，尚未形成系统合理的竞争格局。③

广西得益于其特殊的地理位置，成为中国面向东盟的重要门户，因而获得诸多的政府优惠政策，在此发展机遇下，广西保险业逐渐发展起来。首先，业务规模逐渐扩张，2015年，广西保费收入达到385.75亿元，比2006年增加319.2亿元，年均增幅达18.29%。其次，资产规模持续增加，从表4.3可以看到，广西保险业的总资产从2008年的230亿元增加到2014年的661.8亿元，年均增长20.2%。

---

① 数据来源：重庆市2015年《金融运行报告》。
② 数据来源：云南省2015年《金融运行报告》、中国证券监督管理委员会。
③ 数据来源：贵州省2014年《金融运行报告》。

表4.3 2008—2014年广西保险业资产规模增长情况表

年份（年）	2008	2009	2010	2011	2012	2013	2014
保险业总资产（亿元）	230	274	344	418	495	585.4	661.8
年增长率	25.2%	19.1%	25.5%	21.5%	18.4%	18.3%	13.1%

数据来源：2008—2014年《广西保险业年报》。

但与全国保险业发展的平均水平相比，广西保险业发展还比较落后。第一，广西保险业与实体经济之间存在不协调发展，与经济发展水平相比，保险业发展稍显滞后，截至2015年，广西地区生产总值为16803.1亿元，占全国国民生产总值的2.48%，而保费收入为385.75亿元，仅占全国的1.59%；第二，增长方式为粗放经营，较高的投入却只能获得较低的收入，在销售方式上仍存在恶性价格竞争的现象；第三，农村地区的保险供给制度尚不完善，既适合农民需求，又要保证农民承担得起的保险品种还很少，农村保险市场还有待开拓。[1]

第二节 西南民族地区金融发展水平综合评价

一、金融发展水平评价指标体系的构建

为更客观地、系统地衡量与评价西南民族地区的金融发展水平，需构建全面、综合的金融发展水平评价指标体系，对西南民族地区的五省（区、市）金融发展状况进行统一评价，便于纵向与横向比较，更好把握西南民族地区五省（区、市）金融发展水平的省域差距，而区域差异也是影响特色产业发展差异的重要因素之一。

（一）构建评价指标体系的基本原则

为能正确、有效地衡量西南民族地区五省（区、市）的金融发展水平，在构建综合评价指标体系时坚持以系统性、科学性、可比性、代表性及可

---

[1] 数据来源：广西壮族自治区《金融运行报告》（2006—2015年），国家统计局网站。

获取性为原则。首先，考虑选取的相关指标应能客观反映西南民族地区金融发展的客观、真实水平，这是对评价指标的基础性要求；其次，选择的区域金融发展水平评价指标在评价体系中具有相对独立性与内在的联系，因而既包括重点指标，也需考虑指标间存在的关联性；再次，由于进行不同省份间横向比较与纵向发展水平的比较，所以同一指标应统计口径相同，还需注意指标在时间与空间上区间和标准的一致性；第四，指标的选取应满足可获取性原则，考虑相关金融指标统计口径在区域内的一致性和数据的可取得性，在设置指标体系时尽可能选择可以直接取得或者能够通过间接计算获取的指标；最后，由于金融体系内各子系统之间的相互关系十分复杂，可选指标数量众多，因此在满足可获取性原则的基础上，应选取最具代表性的典型指标。

（二）金融发展水平的评价体系构建及其指标的选取

金融发展水平的内涵丰富，它涵盖了金融市场、金融机构、金融工具以及运行机制等的多个要素协调发展状况以及运作效率形成的统一整体。因此，为全面、综合地考察某一区域金融的发展水平，就必须将其视为一个整体系统，并细分为具体包含了多个层面的若干子系统，而每个子系统内部可选择适当的指标来衡量。

1. 金融规模指标

可以将金融规模划分为金融资产规模与组织规模，它可以衡量一个区域金融体系的实力，也可以作为反映区域经济金融化程度的一个重要指标。一般用于衡量区域金融资产规模的绝对指标主要有社会融资规模、金融机构本外币存贷款余额、非金融机构部门融资量、保费收入、国内股票与债券筹资额、股票市场总价值等；而衡量组织规模的指标主要有金融从业人数、金融机构数量、上市公司数与保险公司分支机构等指标。

社会融资规模是指一定时期内，实体经济从金融体系获得的全部资金总额，它能较为完全地反映区域金融发展和经济的关系，由于该指标是我国从2011年才开始使用的一个新的统计口径，定量分析缺乏2011年以前的相同统计口径数据，而与其相近的"非金融机构部门融资量"指标也能较好地反映实体经济发展对于非金融机构部门的依赖程度；西南民族地区金融机构以银行业金融机构为主，因此采用金融机构本外币存贷款余额来衡量金融机构资产的规模大小；股票市场总价值可以评价该区域股票市场的发展与企业从股票市场融资的难易程度，但鉴于西南民族地区金融市场有欠发达的重要特征，西南民族地区融资量的构成以银行业贷款为主,其股票市场目前仍存在成长速度过缓的问题,因而该指标在各省的变化较小,选用上市公司数量指标也能较好地反映该地区资本市场上主体的活跃程度;金融机构数量与金融从业人数的增长,可以反映地区的金融发展潜力,有利于金融业对居民生活及企业发展的渗透,也是一个地区金融发展水平的重要体现。

2. 金融结构指标

金融结构有着不同的具体表现形式,它反映了金融市场上各种要素和力量的组合与运行状态,可以用金融体系的各个组成部分相互的比值来衡量,体现出金融业内部各要素发展的均衡性及金融业在区域经济中的重要地位。同时,金融结构也能直接反映区域金融资源在一个地区金融体系内是否实现了合理配置,主要包含融资结构、金融中介结构、金融资产结构及金融开放结构等方面。

用来衡量金融结构的指标一般有各类金融机构持有的金融资产比全部金融机构资产总额的比值、各类金融机构数与全部金融机构总额之比、货币性金融资产与金融资产总额之比、证券类金融资产与金融资产总额之比、保险类金融资产与金融资产总额之比、直接融资额和间接融资额的比值、各类外资(合资)金融机构数和中外资金融机构总数的比值,等等。但在西南民族地区反映金融业行业结构的构成指标中,由于各类金融机构金融资产的持有额、全部金融机构的资产总额、直接融资额和间接融资额等指标统计口径不统一,并且指标缺乏连续性,难以选作评价指标。考虑西南民族地区的金融业开放程度偏低,金融产业结构以银行业为主体,当前间接融资依然处于重要地位。因而选择了金融机构本外币贷款余额和非金融机构部门融资量之比,表示金融机构资产的流动性大小,可以说明银行业行业内部发展结构;国内股票和债券筹资额与非金融机构部门融资量之比,反映直接融资市场在整个金融业中的结构地位;保费收入与非金融机构部门融资量之比,反映保险业所能够提供的融资总量占金融业所能提供的融资总量的比例,间接体现保险业与金融业之间的结构关系;国内股票和债券筹资额和金融机构本外币贷款余额的比值,反映直接融资市场和间接融资市场之间的相互关系;中长期贷款余额和金融机构本外币贷款余额的比值,可以衡量间接融资市场长期支持区域经济发展的力度。

3. 金融效率指标

同样的金融资源条件下,金融效率直接反映出金融体系对金融资源的配置效率,若金融效率越高,说明金融资源的产出水平越高,能将储蓄转化为投资的能力越强,对区域实体经济的支撑作用也越强。金融效率主要包括配置效率、投资产出效率及银行营运效率,可以使用的衡量指标,包括金融业增加值与地区生产总值之比、金融机构本外币贷款余额与地区生产总值之比、金融业人均增加值、国内股票和债券筹资额与地区生产总值的比值、国内生产总值增加值与全社会固定资产投资额之比、金融机构本外币贷款余额与金融机构本外币存款余额之比,等等。

金融业增加值是金融业全部单位一定时期内新创造的价值之和,金融业增加值与地区生产总值的比值,可以反映金融业的发展程度及其对地方实体经济发展的贡献率;金融机构本外币贷款余额与地区生产总值之比,可以体现间接融资市场对区域实体经济发展的贡献程度;国内股票和债券筹资额与地区生产总值的比值,表示直接融资市场对于经济发展的贡献程度;国内生产总值增加值与全社会固定资产投资额之比,可以体现金融对西南民族地区特色产业发展的宏观层面的支持效率,金融业的固定资产投入产出效率;金融机构本外币贷款余额和金融机构存款余额的比值,可以衡量金融机构的资金使用效率,是金融机构贷款资产占存款负债的比例,它反映金融中介机构将储蓄转化为投资的效率。

4. 金融深化指标

金融深化是针对"金融抑制"提出的,金融深化程度高,就能够有效地应对通货膨胀,使得经济和金融能够实现良性循环发展。结合西南民族地区资本市场滞后的实际,从银行业和保险业两个方面构建金融深化指标,主要包括金融机构本外币存贷款余额之和与地区生产总值的比值、保费收入与地区生产总值之比、保费收入与地区总人数之比等。

考虑到西南民族地区融资规模主要集中于以银行业为代表的金融机构,因此选择金融机构本外币存贷款余额之和与地区生产总值之比来代表金融相关率;保费收入与地区生产总值之比也称为保险深度,可以衡量保险业发展对区域经济的保障程度;保费收入与地区总人数之比代表地区内的保险密度,表示人口参加保险的程度,也反映经济和保险业发展水平。

在前述基本原则指导下,总结众多学者金融理论研究成果,综合考虑西南民族地区金融业发展的前述特征及研究的可操作性,将从金融规模、金融结构、金融效率和金融深化4个方面,构建金融发展水平的评价指标体系,具体涉及一级指标4个,二级指标9个,三级指标22个,如表4.4所示。

表 4.4 西南民族地区金融发展水平评价指标体系

金融发展水平评价指标体系	金融规模 组织规模	金融业从业人员（X_1）
		上市公司数（X_2）
		保险公司分支机构（X_3）
	金融资产规模	非金融机构部门融资量（X_4）
		金融机构本外币存款余额（X_5）
		金融机构本外币贷款余额（X_6）
		保费收入（X_7）
		国内股票与债券筹资额（X_8）
	金融结构 金融资产结构	金融机构本外币贷款余额/非金融机构部门融资量（X_9）
		国内股票和债券筹资额/非金融机构部门融资量（X_{10}）
		保费收入/非金融机构部门融资量（X_{11}）
		国内股票和债券筹资额/金融机构本外币贷款余额（X_{12}）
	银行结构	中长期贷款/金融机构本外币贷款余额（X_{13}）
	金融效率 配置效率	金融业增加值/地区生产总值（X_{14}）
		金融机构本外币贷款余额/地区生产总值（X_{15}）
		金融业人均增加值（X_{16}）
		国内股票和债券筹资额/地区生产总值（X_{17}）
	投资产出效率	国内生产总值增加值/全社会固定资产投资额（X_{18}）
	银行营运效率	金融机构本外币贷款余额/金融机构本外币存款余额（X_{19}）
	金融深化 银行深化	金融机构本外币存贷款余额之和/地区生产总值（X_{20}）
	保险深化	保费收入/地区生产总值（X_{21}）
		保费收入/人数（X_{22}）

二、金融发展水平综合评价的实证与分析

（一）评价方法

变异系数法可直接利用各指标所包含的信息通过计算得到指标权重，常用于比较两个总体均值不等的离散程度，使用变异系数可以消除平均数或

单位不同对两个或两个以上资料变异程度比较的影响，是一种客观赋权的方法。而相对化处理方法能直接反映出各指标标准值和实际值存在的差异程度。因而拟采用变异系数法与相对化处理相结合的方法对西南五省（区、市）的区域金融发展水平进行评价，即首先采用相对化处理法对区域金融发展指标体系中的每个指标的评价分值进行计算，再采用变异系数法对各评价指标的权重进行确定，最后采用各评价指标的权重对每一评价指标的所得评价分值加权算术平均，进而得到五省（区、市）金融发展水平的综合评价值。其具体计算过程如下：

设存在 m 个区域，n 个指标，可得原始数据：X_{ij}, $i=1, 2, ..., m$; $j=1, 2, ..., n$。

首先，采用公式 $P_{ij}=X_{ij}/X_n$ 对指标进行相对化处理，其中 X_n 是标准化后的值；其次，计算第 i 个区域第 j 项指标的权重，计算公式为：

$$v_{ij} = \sigma_{ij} / \overline{X}_{ij}, \quad W_{ij} = v_{ij} / \sum_{j=1}^{n}$$

其中的 v_{ij} 表示第 i 个区域第 j 项指标的变异系数，W_{ij} 是第 i 个区域第 j 项指标的权重；最后，采用变异系数权重对相对化处理后的数据进行加权，计算各省域金融发展水平的综合评价值，计算公式为：

$$Q_{ij} = \sum_{j=1}^{n} W_{ij} \cdot P_{ij}$$

（二）评价结果分析

1. 截面分析

根据表 4.4 金融发展评价指标体系，以西南民族地区五省（区、市）2015年相关指标为样本，评价指标的基础数据分别来源于 2015 年各省（区、市）国民经济和社会发展统计公报、2016 年各省区市政府工作报告、2015 年各省区金融运行报告及 Wind 资讯。

计算 2015 年五省（区、市）金融发展水平的综合评价值如表 4.5 所示，可以看出金融发展水平综合评分从高到低分别是四川、重庆、云南、广西、贵州。其中四川排名第一，贵州排在最末。其中金融规模评分与综合评分排名一致，四川和重庆无论从金融规模、金融深化还是金融结构方面高于其他省份和区域。

表 4.5 西南五省（区、市）2015 年金融发展水平得分排名表

省份	综合得分	名次	规模得分	名次	结构得分	名次	效率得分	名次	深化得分	名次
云南	0.892	3	0.433	3	0.173	2	0.186	1	0.099	3
贵州	0.707	5	0.342	5	0.103	5	0.180	4	0.081	4
广西	0.790	4	0.424	4	0.148	4	0.147	5	0.072	5
重庆	1.030	2	0.512	2	0.206	1	0.183	2	0.130	2
四川	1.581	1	1.087	1	0.172	3	0.181	3	0.141	1

2. 趋势分析

采用相同的计算方法和评价指标体系，对西南五省（区、市）金融发展水平进行趋势分析，基础数据来源于《中国区域金融运行报告》（2004—2015年）、2005—2015 年各省（区、市）统计年鉴、2015 年各省（区、市）国民经济和社会发展统计公报、2016 年各省（区、市）政府工作报告以及 Wind 资讯。各地区金融发展水平得分及综合排名情况如图 4.9 所示，反映西南五省（区、市）2004 年到 2015 年的金融发展水平得分排名变化情况。从图中可直观地看出，贵州省和广西壮族自治区的金融发展水平排名在 10 年间并无变化，而其他地区金融发展水平排名则存在波动。

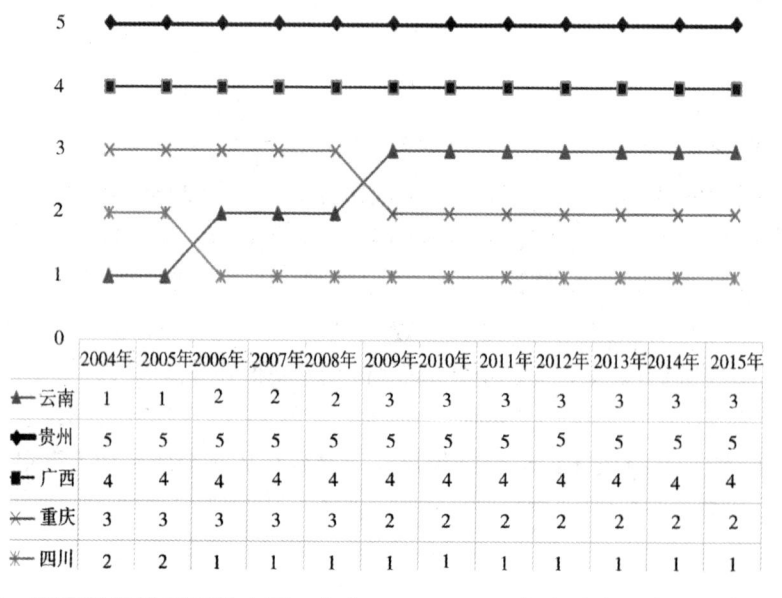

	2004年	2005年	2006年	2007年	2008年	2009年	2010年	2011年	2012年	2013年	2014年	2015年
云南	1	1	2	2	2	3	3	3	3	3	3	3
贵州	5	5	5	5	5	5	5	5	5	5	5	5
广西	4	4	4	4	4	4	4	4	4	4	4	4
重庆	3	3	3	3	3	2	2	2	2	2	2	2
四川	2	2	1	1	1	1	1	1	1	1	1	1

图 4.9 西南民族地区五省（区、市）2004—2015 年金融发展水平排名变化图

3. 研究结论

（1）在促进西南地区金融发展中，金融规模、金融结构与金融效率尤为重要。据 2015 年截面指标分析，在西南五省（区、市）金融发展水平得分中，三个指标对于总的综合得分贡献较大，因而金融规模、金融结构和金融效率相对于金融深化在欠发达的西南民族地区金融发展中显得尤为重要，相对落后的金融业首要的是解决壮大与结构完善和服务经济的能力，离实现金融深化还有一段距离。

（2）西南地区五省（区、市）在金融业发展过程中，具有明显的内部发展差异性。云南在金融效率方面的得分高于其他三个方面，金融规模和金融深化方面得分较低，说明云南省的金融发展水平与其相对落后的经济相适应，存在一定的效率，区域金融较好地支持了区域实体经济的发展，但由于金融规模的限制，发展后劲不足；贵州在金融效率与金融深化方面的得分高于金融规模和结构，但得分均偏低，反映了贵州省金融发展规模较小，金融结构还有待优化，金融深化程度及金融业的投资产出效率是在低水平上的效率，还有待提高；与贵州相反，广西在金融效率及金融深化方面的得分低于金融规模和结构，说明在其当前金融规模和金融结构下实现的金融效率低下；重庆在金融结构上得分较高，为 0.206，远高于其他省份，说明重庆市拥有相对完善的金融结构，直接融资市场和间接融资市场实现均衡发展，其他三个方面得分排名均为第二，表明在金融规模、投资产出效率及金融深化方面还有上升空间；四川省的金融规模得分最高，为 1.087，但在结构及效率层面的得分却屈居西南地区第三位，表明金融规模在四川省的金融发展过程中占据重要地位，银行、证券、保险三者的发展规模都列居西南民族地区第一，金融业发展的规模带动作用明显，基本实现经济和金融协调发展，但与间接融资市场发展相比，直接融资市场对实体经济发展的贡献度却显得相对较小，债券市场虽获得了一定程度的发展，但股票市场的发展却稍显落后。

（3）西南民族地区区域内金融发展水平总体较低、金融发展不均衡。西南五省（区、市）的金融发展综合得分差异明显，最高分与最低分呈现明显差距，其中三个省区得分小于 1，综合得分比较靠前的为四川、重庆，得分分别为 1.581、1.030，远远超过其他省份，排名后 3 位的是云南、广西和贵州，得分为 0.892、0.790、0.707。趋势分析中四川排名较为稳定，即在第一与第二之间徘徊；重庆排名在 2004—2009 年间为第三，其余时间均居第二；云南 2004—2009 年间波动较大，从第一名跌落至第三名，后排名虽然居中，但与四川、重庆金融发展水平相比仍有一定差距。广西、贵州所有年份排名均居第四、第五，较为靠后。

（4）西南地区区域内金融发展水平呈阶段性变化。从图4.9中西南民族地区金融发展水平排名的稳定性看，金融发展水平排名呈现出从稳定到波动，最后又趋于稳定的状态。2005年以前，云南排名居第一，四川、重庆分居第二、第三，贵州排名最后；2009年以后，四川、重庆排名居前，贵州居末，在此期间，出现与各省区经济发展水平相适应的状态，一定程度上说明此期间金融与经济协调发展。2006—2008年各地区排名有较大波动，究其原因是，云南股票与债券筹资额有所下降，直接融资市场发展变缓，股票与债券筹资额/地区生产总值这一指标呈逐渐下降趋势。其次，金融机构本外币贷款余额年均增速18.17%不及非金融机构部门融资量年均增速22.72%，加之金融机构本外币存款余额年均增长率17.67%不及经济增长，导致金融相关率呈下降趋势，使得云南排名从第一下降至第三。因排名具相对性，所以原排名第二的四川赶超云南位居第一。重庆2008年后因经济增速减慢，金融业增速提升超过经济增长排名上升。广西与贵州金融发展综合得分无变化，呈现与经济发展的一致性。

第三节　基于金融发展理论的现状评析

一、"银行主导型"模式不能适应特色产业体系的金融需求

从金融结构理论出发，金融结构变化决定着金融发展的程度。因而区域金融结构应与区域产业体系结构发展相适应，才能被称为有效率的最优金融结构。西南民族地区城乡居民收入水平以及所处的经济发展阶段决定了以"银行主导型"的金融结构模式，国有银行占据主导地位，中小商业银行发展滞后。而现阶段西南民族地区的经济发展程度、产业结构的类型以及资源禀赋的丰裕程度决定了中小企业是西南民族地区特色产业体系构成中的主要企业类型，以"银行主导型"的金融结构难以适应特色产业中小企业发展的资金需要，中小企业筹措资金的需求不能获得满足。在西南民族地区服务中小企业融资渠道与融资工具数量少，服务中小企业相对占优势的中小商业银行、新型农村金融机构等发展较为缓慢。因此，应完善以"银行主导型"的金融结构体系，在保证国有商业银行主导地位的前提下，打破其垄断地位，推动中小商业银

行的发展，解决中小企业的融资难问题，形成与西南民族地区特色产业体系结构相适应的最优金融结构。

二、金融抑制严重，制约金融深化目的的实现

金融深化理论强调以金融自由化政策促进不发达地区的经济发展。但西南民族地区金融业发展缓慢，没有发达的金融市场，金融组织体系设置单一、金融工具种类少，而资源浪费及区域产业结构的趋同的现实，使金融深化的目的难以实现。地区特色产业的发展也受到资金瓶颈约束，经济与金融难以实现真正协调发展。由于西南民族地区金融市场存在着信息不完善、道德风险以及代理行为等现象，完全放开对金融市场的干预并不能有效地促进经济的动态效率。根据金融约束理论，在不发达国家（地区）应实行金融约束政策。因此，从长远看来，政府应适当地对西南民族地区金融市场进行干预，有效地促进区域特色产业的发展与经济增长。此外，还应针对西南民族地区的金融发展现状，制定相应的、有差别的金融政策，推行金融创新和改革，实现金融深化，降低融资成本，提高资金配置效率，形成完善的金融市场体系，推动地区特色产业、特色经济发展。

三、以金融中介为主导的融资结构阻碍金融市场的发展

西南民族地区以间接融资为主，直接融资为辅的格局，使得中介贷款融资成为企业融资的主要来源。五大国有商业银行发展较快，中小商业银行在发展过程中阻碍较多。在直接融资方面，虽然近年来债券市场获得了一定程度的发展，但股票市场却发展滞后，两种融资方式的失调阻碍着西南民族地区平衡、有效、完善的金融市场的形成。在为特色产业企业提供资金融通服务方面，金融中介机构相较证券市场发挥着更为重要的作用，金融中介过重的融资负担与资本市场的落后形成鲜明的对比，导致西南民族地区整体金融水平发展落后、金融资源配置效率低下。针对上述西南地区金融市场存在的问题，金融市场的改革应着眼于整体金融系统的资金融通能力，间接融资方面，应结合现代金融中介理论的思想，不断降低交易成本、规避信息不对称风险，逐步完善银行治理结构，树立属于自己的特色品牌，积极开发新型金融产品，满足客户不同的融资投资需求，扩大收入来源，提高盈利能力，推进中小商业银行的发展；直接融资方面，应建立起一套完整的制度规范，促进资本市场的发展。

四、区域金融发展不平衡，金融资源配置效率低下

依据区域金融发展不平衡理论，我国无论是总体上，还是地区上，甚至是地区内，都存在金融发展不平衡现象。首先，政府对于西南民族地区金融领域的不平衡介入，一定程度上影响区域金融资源配置效率，也加剧了西南民族地区的金融发展不平衡，金融资源较多体现为中央和地方政府支配的财政资金；其次，西南部地区的金融资源配置具有城市化、工业化倾向，在资金扶持、信贷配置方面，国有工业部门、传统特色资源型产业往往能够比传统农业生产部门、处于初创期的中小特色产业部门获得更多的支持，传统农业生产部门、中小特色产业部门因为得不到资金支持而生产逐渐萎缩、收入下降。因此，需要改变政府治理结构，取消信贷配置，兼顾效率与公平，加大金融对于特色农业、特色中小企业的资金支持，改善企业融资环境，促进西南民族地区的金融发展由不平衡向平衡转变。

五、金融生态环境恶劣，影响金融发展的可持续

金融可持续发展理论认为，金融可持续发展需要通过金融资源的合理利用来实现。根据《中国地区金融生态环境评价（2013—2014）》的统计数据，西南民族地区的金融生态环境综合评分等级较低，除了重庆被评为Ⅱ等以外，四川、云南和广西都被评为Ⅳ级，金融生态环境较差，贵州的综合评分为0.302，属于金融生态环境评分等级最低的省份（见表4.10）。

表4.10 地区金融生态环境等级评定（2013—2014年）

金融生态环境等级	划分标准	地区
Ⅰ级	0.600分以上	上海、北京
Ⅱ级	0.500~0.600分	浙江、广东、江苏、福建、天津、山东、重庆
Ⅲ级	0.400~0.499分	辽宁、安徽
Ⅳ级	0.350~0.399分	河北、吉林、湖北、内蒙古、江西、山西、云南、四川、广西、湖南、河南、海南
Ⅴ级	0.350分以下	陕西、新疆、黑龙江、甘肃、宁夏、贵州、青海

数据来源：《中国地区金融生态环境评价》（2013—2014）。

西南民族地区距离国家金融中心较远，金融市场起步晚，金融机构业绩差、不良贷款率高，经济发展缓慢，自然生态环境比较复杂，法制环境欠佳。此外，五省（区、市）在金融发展程度、经济发展水平、风俗习惯等方面也存在一定差异，对其实行统一的金融政策、法律制度并不能产生同样的效果，因此，需要在大方向上与中央政府政策保持一致的基础上，由地方政府根据地方实际情况做出政策调整，兼顾经济、社会的发展水平以及外部环境的保护，促进二者协调发展。另外，应积极进行金融创新，建立完善的风险防范机制，促进西南民族地区五省（区、市）的共同发展，以推动金融生态环境的改善，最终实现西南民族地区的金融可持续发展。

第五章　金融支持西南民族地区特色产业发展的定量考察与专题研究

第一节　西南民族地区特色产业发展的金融支持概况

一、特色产业发展的金融支持政策

实施西部大开发战略以来，相关部门运用多种金融支持政策积极支持西部经济发展。中国人民银行放宽了西部地区再贷款（再贴现）限额、引导西部地区金融机构加大信贷投放；调整存款准备金率及存、贷款利率；增加银行信贷结构调控力度，吸引资金流向西部；对西部民族地区实行优惠货币信贷政策，对民族贸易及民族特需商品生产贷款执行优惠利率，积极扶持少数民族特需商品重点生产企业的发展。金融业在支持西部优化产业结构、促进经济增长与就业、扩大外贸出口等方面发挥了积极作用。工农中建四大国有（控股）商业银行不断创新金融产品与服务方式，加大了对西部地区信贷资源的投入，重点支持交通、通信、水利、电力、石油、天然气、生态环境保护等基础设施及大中型项目建设，农业信贷投入和中小企业融资持续加大。

国家发展改革委与商务部2004年7月联合颁布了《中西部地区外商投资优势产业目录》，其中明确指出了投资西部特色优势产业的267条条目，此《目录》不仅从范围上扩大了对特色优势产业的投资准入，还明确指出了外商投资我国西部特色优势产业在享受国务院原来颁布的《关于进一步鼓励外商投资意见的通知》中相关优惠政策外，还能享受该《目录》中关于纳税、用地等有关方面规定的其他优惠政策。国务院的有关文件中也指出西部地区应积极发展能源、机械、矿业、旅游、中药材加工、特色农业等优势产业，支持西部地区具备基本条件的地方发展资源加工项目，做到优先审批；对国家投资或需要国家批准的重点项目，只要西部地区有优势资源，有市场，予以优先安排；对西部地区特色优势产业发展的重点工程给予信贷政策支持。国务院下发的《关于实施西部大开发若干政策措施的通知》文件中，明确提出对国家布局的西部特色优势产业重点工程，中央财政要给予资金或贷款贴息支持。在国务院下发的有关文件中明确提出，鼓励各类金融机构采取银团贷款、混合贷款、融资租赁等形式，加大对西部有竞争力的特色优势产业集团进行技术改造并给予贷款支持，包括扩大贷款规模、延长贷款期限等措施。[1]

国务院西部地区开发领导小组办公室、国家发展和改革委员会、财政部、中国人民银行、中国银行保险监督管理委员会、国家开发银行2006年印发《促进西部地区特色优势产业发展意见》的通知，给出了西部地区发展特色优势产业的总体思路，促进西部地区特色优势产业发展的重大项目布局实行同等条件西部地区优先、坚持政府投入倾斜、加大金融服务力度等政策。[2]一系列向西部倾斜的金融支持政策为西南民族地区特色产业发展提供了良好的政策环境。

二、特色产业发展的金融支持组织体系

由于西南民族地区经济发展较为落后，总体上处于工业化中期或中期向后期的过渡期，其特色产业发展的金融支持体系主要由三种类型的金融组织构成，即政策性金融（含开发性金融）、商业性金融及非正规金融。

（一）政策性金融（含开发性金融）支持

政策性金融支持包括中央与地方政府、政策性金融机构（含开发性金融机构）及金融监管机构等对区域特色产业发展提供的资金支持和制度支持。因而除中央和地方政府为发展特色产业进行的财政补贴、投资、担保及存款保险等行为外，政策性金融机构（含开发性金融机构）支持主要是中国农业发展银行和国家开发银行以优惠性存贷利率、倾斜性信贷、优惠贷款期限与提供担保等方式提供的支持，能有效弥补国家财政资金和商业性金融不能满足的融资需求。

国家开发银行成立于1994年，是直属国务院领导的政策性金融机构。2015年3月，国务院明确国开行定位为开发性金融机构，主要以开展中长期

---

[1] 王永前.特色产业看西部：加快发展西部特色优势产业——访国家发展改革委副主任、国务院西部开发办副主任王金祥[EB/OL].新华网，2005-11-09.

[2] 国务院西部开发办公室.关于促进西部地区特色优势产业发展的意见（国西办经〔2006〕15号）[EB/OL].中国网，2009-12-01.

信贷和投资等金融业务,为我国国民经济的重大、中长期发展战略服务。[①] 作为西部大开发中长期投融资的主要金融支柱,在西南民族地区特色产业发展中其主要为特色产品生产基地与产业带建设及区域特色优势产业发展提供开发扶贫贷款扶持;对西南民族地区各省区市新型城镇化与新农村建设、民生改善、生态环境保护等提供资金支持,为特色产业创造发展环境与条件;通过绿色通道,扩大信贷规模,长期优惠贷款等方式开展扶贫工作,对为贫困农户提供融资担保增信,支持特色产业发展。

作为国务院直属领导的、我国唯一的农业政策性银行——中国农业发展银行,于1994年11月挂牌成立,其职责主要是依照国家法律法规及方针政策,以国家的信用为基础筹集资金,并承担农业政策性的金融业务,代理国家财政支农资金的拨付,为农业与农村经济的发展服务。[②] 在服务农村与支农职责的履行下,中国农业发展银行在西南民族地区充分发挥其政策性金融的导向作用,根据区域经济特点和资源特色,因地制宜制定特色产业扶贫工作方案,积极开展特色产业扶贫,不断加大对特色产业的扶持力度。引导和支持部分核心企业建设高品质特色原材料生产基地,引领农户参与农村产业融合发展;支持绿色生态种植业、养殖业、农产品精深加工业等领域的产业技术集成创新和转化应用;依托地区特有的自然资源和人文资源,大力推动民俗观光、景区游览、休闲娱乐等旅游产业;加强对地区种养加龙头企业的支持培育,支持绿色、安全的农产品标准化生产及精深加工等行业;支持电商企业开辟特色农产品网上销售平台,地区农贸市场和批发市场建设及农副产品加工物流园区和基地建设;支持林业重点生态工程、特色农产品基地建设及林下经济发展等,推动西南民族地区实现经济内生增长与自主脱贫致富。[③]

(二) 商业性金融支持

随着特色产业的发展,产业化、规模化进程中的商业性金融需求迅速增加。商业性金融是在国家政策引导下,按照市场法则实现金融资源有效配置及货币资金合理流动产生的货币资金融通活动的总称。商业性金融机构是根据现代企业制度组建与设立的,以营利为目的的银行与非银行金融机构。商业性金融机构在经营管理三性原则与资产负债管理的约束下,主要开展风险

[①] 国家开发银行——开行简介 [EB/OL]. 国家开发银行网站,2016-08-10.
[②] 中国农业发展银行——机构简介 [EB/OL]. 中国农业发展银行网站,2016-08-10.
[③] 刘浩. 农发行加大力度支持特色产业扶贫 [EB/OL]. 中国农业发展银行网站,2016-08-15.

低、流动性强、期限短且盈利好的业务。商业性金融支持又包括银行与非银行金融机构的支持。

按银监会监管范围看，西南民族地区各省（区、市）已基本建立起以5大国有（股份）商业银行为主体，包括城市商业银行、农村商业银行、农信社、新型农村金融机构及信托、租赁等多元化的银行业金融机构（见表5.1–5.5）。银监会监管下的银行业金融机构，重庆市辖内共84家[1]；四川105家[2]；云南57家[3]；贵州72家[4]；广西60家[5]。银行业金融机构的功能定位基本明确，国有（股份）商业银行均为综合性商业银行，业务涵盖面广，重点支持国家大型项目建设和发展，在支持特色产业发展方面，结合地域特色与行业特色，不断创新产品，加大对民族特色产业授信支持及对中小企业的支持，促进产业集群以及特色产业区域的规模化发展。城市商业银行市场定位的主要服务对象是小型、微型企业，以产品和服务创新为城乡特色产业发展提供金融服务。农村商业银行、农信社、新型农村金融机构是重点服务"三农"的金融机构，农信社是在县域服务"三农"的主要力量，对农业设施、观光农业、生态农业及产业化龙头企业进行信贷扶持，积极支持特色农业基地建设，为促进农业区域化布局、一体化加工、规模化生产、产业化经营的形成，推动农村特色农业产业化可持续发展提供着重要支撑。村镇银行等新型农村金融机构在一定程度上弥补了农村金融供给不足、农村金融服务机构网点覆盖率低、金融服务空白等问题，在欠发达地区的农村与民族县域、乡镇特色农业发展方面发挥着重要作用。

非银行金融机构是不以吸收存款作为其主要资金来源，通过发行股票与债券、接受信用委托或提供保险等形式筹措资金，并将其筹集的资金运用于长期性投资的金融机构，主要包括保险公司、信托公司、金融租赁公司、证券公司、汽车金融公司、财务公司等。但目前中国银业监督管理委员会将金融租赁公司、汽车金融公司、信托公司、财务公司纳入其监管范围，因而此处非银行业金融机构主要指保险公司和证券公司。截至2015年年末，四川共有保险公司83家，其中产险公司37家、寿险公司41家、养老险公司3家和健康险公司2家，有证券公司4家、期货公司3家、证券投资咨询公司3

---

[1] 数据来源：中国银监会网站，访问时间2016年8月20日。
[2] 数据来源：中国银监会网站，访问时间2016年8月20日。
[3] 数据来源：中国银监会网站，访问时间2016年8月20日。
[4] 数据来源：中国银监会网站，访问时间2016年8月20日。
[5] 数据来源：中国银监会网站，访问时间2016年8月20日。

家、证券公司分公司 27 家、基金公司分公司 12 家、证券期货营业部 317 家，A 股上市公司达到 103 家[①]；重庆市有共有保险法人机构 3 家，营业性保险分公司 45 家，证券公司总部 1 家，证券公司营业部 171 家，证券分公司 17 家，境内上市公司 43 家[②]；贵州辖内仅有 25 家保险分公司，证券法人机构 1 家，证券公司分公司 4 家，全省境内上市公司 20 家[③]；云南 2015 年末有省级分公司以上保险公司 36 家[④]，辖区共有证券公司 2 家，证券分公司 10 家，证券投资咨询公司 1 家，证券营业部 138 家，上市公司 30 家[⑤]；广西保险市场主体总量达 37 家，其中产险主体 21 家，寿险主体 16 家，已初步形成法人公司与分支机构、中资与外资、商业性与政策性、综合性与专业性等多种组织形式、多种所有制成分保险机构并存的市场竞争格局[⑥]，辖内 1 家证券公司，1 家基金管理公司，15 家证券分公司，153 家证券营业部，37 家期货营业部，上市公司（A 股）数量 31 家。[⑦]在对特色产业扶持方面，各省（区、市）保险公司尤其是农业保险对西南民族地区农户特色农产品生产提供了基础性保障，并在加强农业龙头企业地位、产业化组织的内部联合、提高龙头企业核心产品的市场竞争力、促进农业龙头企业的相关多元化经营等起到了积极的推动作用。随着西南资本市场的发展，各省（区、市）积极培育特色产业企业上市融资，对拟上市公司进行全面的质量督导与监管，从目前已上市企业整体看，资源特色较为明显，涉及有色金属冶炼、电力、矿业、林业、旅游、医药等行业，部分行业已成为该省（区、市）的支柱产业。证券业可以充分利用其中介服务的功能，通过投融资产品创新，为西南民族地区上市企业的并购重组、作为企业的财务顾问和企业资产证券化等方面提供专业化的金融服务，还能为特色产业企业创新与发展提供差异化、多元化与综合化的金融服务。

三、特色产业发展的金融供给现状

作为西南民族地区金融市场供给主体的政策性金融、商业性金融与民间

---

① 数据来源：2015 四川省国民经济和社会发展统计公报。
② 数据来源：2015 重庆市国民经济和社会发展统计公报。
③ 数据来源：2015 贵州省国民经济和社会发展统计公报。
④ 数据来源：2015 云南省国民经济和社会发展统计公报。
⑤ 2015 年 11 月云南辖区资本市场情况 [EB/OL]. 中国证券监督管理委员会云南监管局网站，2015-12-29.
⑥ 朱衍生 .2015 年广西保险业回顾及 2016 年展望 [J]. 区域金融研究，2016（1）.
⑦ 数据来源：2015 广西壮族自治区国民经济和社会发展统计公报。

企业、个人都为特色产业发展提供了有益的支持,促进了特色产业的发展。

(一)政策性金融(含开发性金融)支持

1. 国家开发银行的信贷支持

截至 2015 年 11 月底,国开行扶贫贷款业务已覆盖 832 个国家级贫困县和集中连片特困县中的 727 个县,累计发放贷款 1.34 万亿元,贷款余额超过 8000 亿元,先后与贵州、四川、广西等多个省和自治区签订扶贫攻坚合作备忘录,重点支持贫困地区基础设施建设、特色产业发展、农户脱贫致富以及教育卫生等领域项目建设。在为扶贫开发提供长期信贷资金支持的同时,还有效助推了贫困地区市场建设、制度建设,以及金融生态改善和发展。①

2013 年在国家开发银行 1.2 亿元农业产业化开发扶贫信贷资金的扶持与带动下,贵州省印江自治县建成生态茶园 28 万亩、其中投产茶园 12 万亩,发展食用菌 5000 万棒、存栏绿壳蛋鸡 75.6 万羽,促进了当地二大特色产业发展和群众增收致富。②截至 2015 年,在贵州以"四台一会"贷款模式精准扶贫,发放贷款 19 亿元,利用地方财政扶贫资金 2 亿元,作为贷款贴息,支持了当地茶叶、中药材、牛羊等特色产业发展。

国家开发银行云南分行将会泽县作为脱贫攻坚试点县,2003 年至 2015 年共支持会泽县各项贷款 5.27 亿元,贷款范围包括易地扶贫搬迁、基础设施建设、特色产业发展和教育扶贫等领域。③国家开发银行云南省分行积极支持昭通市交通、能源水利、保障性住房、棚户区改造、教育卫生、城市基础设施、特色产业等重点项目建设,为昭通经济社会的发展做出了巨大贡献。④

2016 年 2 月国家开发银行与水利部联合印发《关于加强金融支持水利扶贫开发的意见》,在重庆市城口、巫溪、丰都、武隆等 4 个水利部定点扶贫县,开通绿色通道,增加信贷规模,提供长期优惠贷款,通过水利扶贫开发,发展特色产业,带动贫困地区脱贫致富。⑤

---

① 国家开发银行——民生金融 [EB/OL]. 国家开发银行网站,2016-08-30.
② 任廷津,成嘉庭. 探索金融支持产业化扶贫新路径,印江借国开行 1.2 亿元贷款壮大特色产业 [N]. 贵州日报,2013-05-15.
③ 刘光信. 会泽成国家开发银行金融扶贫试点县 [N]. 曲靖日报,2016-07-25.
④ 杜托. 我市与国家开发银行云南省分行签订战略合作协议 [N]. 昭通日报,2016-02-27.
⑤ 曾金华. 国家开发银行支持推进水利扶贫攻坚 [EB/OL]. 中国经济网,2016-02-19.

2. 中国农业发展银行的项目扶持[①]

中国农业发展银行结合贫困地区的资源特色与区域经济特征，不断开展业务创新，探索贫困地区金融支持特色产业发展的有效模式。

农发行重庆市分行为重点支持农村路网通村通畅、农村公路改扩建等农村路网建设项目，"十一五"期间累计投放贷款156.98亿元，建设项目52个，涉及全市20多个区县，改扩建乡村公路达1.7万余公里，促进农村资源的合理开发，推动了城乡一体化进程。对2013年重庆市交委"十二五"规划中的建设项目已累计投放贷款6.12亿元，支持298条农村公路的改建，涉及里程1541公里。农发行重庆市分行为支持当地农业产业化企业扩大生产经营、升级产品，累计向光大集团投放6.745亿元贷款，使其发展成为集畜牧业、乳品加工业、环保产业、现代化观光农业为一体的民营高新技术国家级农业产业化龙头企业。

2012—2015年农发行信贷支持四川广汉市现代粮食产业示范基地建设，在推动现代农业产业化发展方面具有积极的示范作用，对促进农民增收、粮食产业的优化有重要意义。

农发行云南玉溪市分行2005—2013年为玉溪大河项目累计投入10.86亿元贷款，为建设生态城市，推动玉溪可持续发展奠定了基础。农发行云南临沧市分行截至2015年10月累计投放贷款4.24亿元支持滇红集团发展茶产业，创新推出企业林权抵押贷款，有力地促进了滇红集团的生产发展，惠及临沧地区25个少数民族约38万茶农。

农发行将贵州毕节试验区作为扶持重点地区，2006—2010年农发行投放9.23亿元支持毕节市倒天河利综合治理项目，不仅带动相关产业发展、增加就业、带来巨大的经济效益，还实现了社会效益与生态效益。

（二）商业性金融支持

1. 商业性金融支持四川特色支柱产业与产业结构调整

工商银行四川省分行紧密围绕国家农业发展政策和市场需求，通过做强龙头、做全产业链、做新担保、做优产品推广等多项创新服务，立足支持四川产业结构优化升级，创新运用综合化金融产品，积极缓解企业融资难问题，截至2014年9月实际投放到实体经济的资金达1700多亿元。[②]

[①] 中国农业发展银行—支农成效—成功案例[EB/OL].中国农业发展银行网站，2016-08-30.
[②] 张学文.工行四川省分行创新支持产业结构优化升级[N].四川日报，2014-10-16.

<<< 第五章　金融支持西南民族地区特色产业发展的定量考察与专题研究

四川省农业厅分别与中国邮储银行四川省分行、中国农业银行四川省分行签署了战略合作协议，协议规定自2015年起，四川省邮储行系统每年对现代农业的信贷投放额不低于200亿元，而四川省农行系统每年需对现代农业的信贷投放额不低于300亿元，并且涉农信贷增速不低于全部贷款增速。双方确定在现代粮食产业、现代特色效益产业、现代畜牧业、现代水产业、现代种植业、现代农产品初加工、休闲农业与乡村旅游、现代农产品流通业、战略性新兴产业、现代农业示范区等十大重点领域加强合作，加大信贷投入、加快主体培育，为四川省现代农业加速发展提供强劲的资金支持[①]；农行四川分行以川猪、川菜、川茶、川药等特色优势产业为依托，创新服务模式支持农业特色支柱产业，截至2014年5月，该行涉农贷款余额达1488亿元，有力地支持了1100多家农业产业化企业发展，带动700余万农户增收。[②]泸县支行对特色农业产业链上的农户贷款余额达1.2亿元，累计支持农户5000余户[③]；农行雅安分行创新"茶叶企业多户联保"贷款方式，支持川西绿茶基地雅安茶产业发展，信贷支持茶农2046户，贷款余额6533.02万元，信贷支持茶叶企业6户，贷款余额1185万元。[④]

中国银行四川省分行2016年5月与成都高新区管委会签署《银政全面合作协议》。根据协议，未来5年内，中国银行四川省分行将在基础设施建设、新兴产业发展、重大项目建设、"一带一路"项目建设、支持中小科技型企业发展等领域为成都高新区提供不低于600亿元的资金支持。[⑤]近年来，中行四川分行延伸贷款的支农作用，大力发展特色农业、旅游农业、新兴农业，截至2016年4月，该行扶贫惠农各项贷款余额已近50亿元。[⑥]

2016年3月中国建设银行与四川省签署金融战略合作协议，中国建设银行将在"十三五"期间为四川省产业转型升级、小微企业发展及精准扶贫、脱贫等方面提供更大力度的金融支持。成都农商银行不断研究服务"三农"

---

① 李淼.农行和邮储银行支持四川现代农业[N].四川日报，2015-02-27.
② 支持重点区域项目　服务特色支柱产业[EB/OL].中国农业银行四川省分行网站，2014-07-09.
③ 楚淇蒙，杨明强.农行泸县支行积极支持特色产业做大做强[N].四川日报，2015-07-03.
④ 创新金融服务产品，支持特色产业发展[EB/OL].中国农业银行四川省分行网站，2012-10-12.
⑤ 卢薇.未来5年　中行四川省分行600亿元投向成都高新区[EB/OL].四川在线，2016-08-30.
⑥ 薛莲.中国银行四川省分行以金融力量助力精准扶贫[EB/OL].四川省人民政府网站，2016-06-13.

的有效途径，努力使金融服务惠及广大农村地区，让广大农村居民享有基础金融服务，截至2014年6月末，成都农商银行涉农贷款余额1018亿元，涉农贷款占比71.65%。①

2. 商业性金融支持重庆市特色产业与经济发展

2015年工行与重庆市签署《金融战略合作协议》，围绕重庆市委、市政府要求，建立了"一带一路"及长江经济带重大项目储备库，重点投向大交通领域、大通关领域、大通道领域、战略新兴产业领域、城镇化领域、生态安全领域、中小企业和"三农"等领域，工行拟支持份额1500亿元。②国有商业银行与农村信用社在重庆对特色产业的龙头企业给予贷款支持、利率优惠，对出口创汇企业流动资金贷款优先安排等，推动特色产业与农业产业化发展。重庆农商行积极支持光伏用电产业链发展，并推出了特色的"药易贷""银医通"等金融服务创新，尝试精准扶贫和特色产业链搭建的结合，支持重庆石柱县黄连、酉阳土家族苗族自治县青蒿素等特色生物制药的发展，促进重庆医药产业发展。

3. 商业性金融支持云南特色产业与经济发展

建设银行云南省分行一直重点支持国家及省级重点在建续建项目、省属重点特色优势产业等领域，截至2015年9月，对云南省综合交通建设贷款余额达321亿元。该行结合云南区域经济特点，为云天化、云铜、云锡、云南冶金、云投、云白药等一批省属特色优势产业制定实施包括贷款、投行、理财、发债、财务管理、现金管理等一揽子综合金融解决方案，积极满足客户差异化需求。2014年以来为省属重点特色优势产业提供贷款余额超过280亿元。③工商银行云南省分行针对云南高原特色农业资源丰富的实际，创新支农信贷产品，截至2014年11月末，投向农业及相关产业的贷款余额达到403.04亿元。④2015年更名为云南红塔银行的原玉溪商业银行将成为重点服务烟草产业、战略新兴产业、现代服务业、高原特色农业等高原特色优势产业发展的特色银行，为特色产业的产业链各环节提供包括资金、理财、咨询等相关服务，成为云南省高原特色优势产业发展的金融服务专家。

---

① 刘寒松.农村普惠金融的成都样本[N].四川日报，2014-10-23.

② 谭叙.中国工商银行重庆市分行整合全球资源 服务重庆发展[EB/OL].重庆日报网，2015-07-15.

③ 黄涛.建行云南省分行十年改革发展 支持地方经济倾力改善民生[EB/OL].人民网，2015-10-27.

④ 工行云南省分行多举措支持高原特色农业[EB/OL].云南网，2014-12-15.

4. 商业性金融支持贵州特色产业与经济发展

中国工商银行贵州省分行推行绿色信贷政策，为贵州绿色经济发展提供贷款支持，包括"五个一百工程""五张名片"等产业发展战略的实施，及高效山地农业、电子信息、新型建筑材料、大健康医药、文化旅游等战略新兴产业发展，从"十二五"至今累计投放贷款 3758 亿元，贷款规模持续为各主要商业银行的首位。[①]"十二五"以来，中国建设银行贵州省分行创新金融产品为贵州省基础设施建设、水利建设、教育事业、医疗保障、信息化建设等提供支持，累计在贵州投放贷款 1970 多亿元，推动贵州经济更好发展。[②] 农行贵州省分行在贵州省生态畜牧、中药现代化、茶产业发展等特色产业积极提供信贷支持，为贫困地区转化资源优势为经济优势，带动农民增收做出了贡献。在龙头企业扶持方面，推动信邦制药、同济堂制药、汉方制药等企业增强经济实力，实现上市发展。邮政储蓄银行贵州分行大力支持贵州省新兴产业发展，促进服务业的转型升级，截至 2016 年 8 月邮储银行贵州省分行支持服务业产业金融产品超过 100 个。[③] 贵州省农信社积极服务"三农"、服务中小企业、开展精准扶贫，推出"特惠贷""信合惠农村村通"等金融服务，探索打造"贵农云"农村电商平台，实现传统农村金融服务的升级发展。截至 2016 年 6 月，贵阳农商行为贵州省棚户区改造项目、贵安新区建设、贵安新区建设等重点项目及贵州省支柱产业共授信 21.57 亿元，支持了地方经济发展。[④]

5. 商业性金融支持广西特色产业与经济发展

中国工商银行广西分行积极响应广西壮族自治区"双核驱动"战略的实施，以铁路、电力、公路、港口、城建等重大项目为支持重点，2014 年累计发放贷款 1131 亿元。并加大先进制造业、文化产业、现代服务业及战略性新兴产业等国家重点扶持产业的信贷支持，2014 年累计投放贷款 714 亿元，在生态环保、清洁能源、节能减排与循环经济等领域的贷款余额超过 230 亿元，

---

① 田洋，刘玉林. 中国工商银行贵州省分行 绿色金融助美丽贵州腾飞[EB/OL]. 贵州日报网，2015-06-26.

② 田洋. 建行贵州省分行支持贵州守底线走新路奔小康纪实[EB/OL]. 贵阳网，2016-02-03.

③ 包正发，杨智林. 邮储银行贵州省分行支持服务业产业金融产品超过 100 个[EB/OL]. 人民网，2016-09-02.

④ 丁璇，秦晓蓉. 贵阳农商银行上半年授信 21.57 亿元支持贵州省支柱产业发展[EB/OL]. 贵州省银行业协会网，2016-08-30.

为广西实体经济发展提供了多元化服务。① 建设银行广西分行对国家级重大建设项目、广西区域重点项目和"双核驱动"战略项目及外向型经济积极提供信贷支持，2015 年 7 月末累计发放贷款 1224 亿元，为广西经济社会发展提供增量资金支持 607 亿元，推动了广西经济持续发展。② 自 2016 年来，广西北部湾银行积极与中国农业发展银行广西分行、中国银行广西分行等多家金融机构签订了战略全面合作的协议，实行"大同业"发展战略，不断提升对区域经济的服务和支持实体经济发展的能力。兴业银行将广西绿色环保企业和项目作为其重点支持对象，截至 2015 年 5 月，兴业银行南宁分行对广西的节能环保领域已累计提供融资约为 150 亿元，在重点领域、重点产业与小微企业融资服务方面提供积极支持，累计为广西城镇化建设项目投入资金 315.93 亿元，2015 年 1—5 月为小微企业累计投放 40.9 亿元。③ 作为农村金融的主力军广西农信社加大对农业产业化与小微企业的支持，截至 2015 年，营业网点达到 2353 个，其中县域及以下网点 2034 个，占比 86.4%，涉农贷款余额达 2977 亿元，小微企业贷款余额 1548 亿元，增长了 19.63%，为服务"三农"及小微企业发展做出了积极贡献。④

---

① 齐红艳. 工行广西分行提质增效支持经济建设改革创新提升服务水平 [EB/OL]. 新华网，2015-02-13.

② 何丰伦，邓勇. 建设银行广西区分行支持服务"一带一路"综述 [EB/OL]. 新华网，2015-09-16.

③ 谭卓雯. 兴业银行南宁分行支持广西经济社会发展纪实 [EB/OL]. 广西新闻网，2015-06-18.

④ 粟干妹. 广西农信社获 2015 年度广西银行业社会责任工作多项贡献奖 [EB/OL]. 广西农村信用社网站，2016-07-15.

第五章 金融支持西南民族地区特色产业发展的定量考察与专题研究

表 5.1 重庆主要银行业金融机构（2016年）

省（区）市	城市商业银行	农商行	农信社	新型农村金融机构	其他银行业金融机构	主要分支银行业金融机构
重庆（84家）	重庆银行、重庆三峡银行	重庆农村商业银行股份有限公司		重庆大足汇丰村镇银行、开县泰业村镇银行、重庆梁平澳新村镇银行、重庆璧山工银村镇银行、重庆大都汇丰村镇银行、重庆巴南浦发村镇银行股份有限公司、潼南民生村镇银行股份有限公司、綦江民生村镇东诚信农村镇资金互助社、重庆荣昌汇丰村镇银行、重庆市大渡口融兴村镇银行、重庆云阳恒丰村镇银行、重庆南川石银村镇银行、重庆宣汉江津区白沙银明星农村资金互助社、重庆江津石银村镇银行、重庆江北碚稠州村镇银行、重庆江北恒丰村镇银行、重庆武隆融兴村镇银行、重庆总县桐州村镇贷款有限责任公司、重庆北碚花旗银座村镇银行、重庆渝北龙坡民融兴村镇银行、重庆黔江泰村镇银行、重庆市沙坪坝西阳融兴村镇银行、重庆彭水民建信村镇银行、重庆万州建信村镇银行	重庆信托、新华信托、重庆机电财务公司、重庆化医财务公司、重庆力帆财务公司、重庆能源财务公司、重庆汽车金融公司、渝农商金融租赁有限责任公司、昆仑金融租赁公司、马上消费金融股份有限公司	中国农业发展银行、重庆市分行，中国进出口银行重庆分行，国家开发银行股份有限公司重庆市分行，中国工商银行股份有限公司重庆市分行，中国农业银行股份有限公司重庆市分行，中国建设银行股份有限公司重庆市分行，交通银行股份有限公司重庆市分行，中国光大银行股份有限公司重庆分行，上海浦东发展银行股份有限公司重庆分行，招商银行股份有限公司重庆分行，中信银行股份有限公司重庆分行，华夏银行股份有限公司重庆分行，兴业银行股份有限公司重庆分行，平安银行股份有限公司重庆分行，恒丰银行股份有限公司重庆分行，中国邮政储蓄银行股份有限公司重庆分行，浙商银行股份有限公司重庆分行，成都银行股份有限公司重庆分行，汉口银行重庆分行，哈尔滨银行股份有限公司重庆分行，广东南粤银行重庆分行，大连银行股份有限公司重庆分行，富滇银行股份有限公司重庆分行，厦门银行股份有限公司重庆分行，新疆银行商业银行重庆分行，东亚银行（中国）有限公司重庆分行，苏格兰皇家银行（中国）有限公司重庆分行，加拿大丰业银行（中国）有限公司重庆分行，渣打银行（中国）有限公司重庆分行，花旗银行（中国）有限公司重庆分行，华侨银行（中国）有限公司重庆分行，星展银行（中国）有限公司重庆分行，德意志银行（中国）有限公司重庆分行，澳大利亚和新西兰银行（中国）有限公司重庆分行，三井住友银行（中国）有限公司重庆分行，中国华融资产管理公司重庆办事处，中国信达资产管理股份有限公司重庆市分公司，中国东方资产管理公司重庆办事处，中国工商银行股份有限公司票据营业部重庆分部，长城资产管理公司重庆办事处

注：资料来源于中国银行业监督管理委员会重庆监管局。

表 5.2 四川主要银行业金融机构（2016 年）

省（区）市	城市商业银行	农商行	农信社	新型农村金融机构	其他银行业金融机构	主要分支银行业金融机构
四川（105家）	成都银行、泸州市商业银行、攀枝花市商业银行、宜宾市商业银行、乐山市商业银行、南充市商业银行、自贡市商业银行、德阳银行、遂宁市商业银行、绵阳市商业银行、凉山州商业银行、雅安市商业银行、达州市商业银行	成都农商银行	四川省农村信用联社	乐山嘉州民富村镇银行、内江兴隆村镇银行、新建珠江村镇银行、彭山珠江村镇银行、广汉珠江村镇银行、江油华夏村镇银行、巴中中国开封村镇银行、新都桂城商村镇银行、郫县国民村镇银行、广元贵商村镇银行、蒲江民富村镇银行、名山锦程村镇银行、龙泉驿稠州村镇银行、崇州上银村镇银行、仁寿民富村镇银行、什邡思源村镇银行、都江堰金都村镇银行、绵竹浦发村镇银行、双流诚民村镇银行、泸县元通村镇银行、西昌民信村镇银行、大竹渝农商村镇银行、夹江民仓村镇银行、广安恒丰村镇银行、金堂汇金村镇银行、资阳民生村镇银行、自贡农商村镇银行、宜宾兴宜村镇银行、遂宁安居村镇银行、四川仪陇惠民村镇银行、四川仪陇惠民贷款公司、平昌民贷款公司、苍溪益民资金互助社、邛崃国民村镇银行、大邑交银兴民村镇银行、彭州民生村镇银行、川北富川富民村镇银行、宜汉诚银村镇银行、广元包商贵民村镇银行	中铁信托、四川信托、东方电气财务公司、新希望财务公司、攀钢财务公司、四川长虹财务公司、五粮液财务公司、锦程消费金融公司	国家开发银行四川省分行、农业发展银行四川省分行、进出口银行成都分行、工商银行四川省分行、农业银行四川省分行、中国银行四川省分行、建设银行四川省分行、交通银行四川省分行、招商银行成都分行、邮政储蓄银行四川省分行、中信银行成都分行、光大银行成都分行、浦发银行成都分行、华夏银行成都分行、兴业银行成都分行、平安银行成都分行、民生银行成都分行、恒丰银行成都分行、华侨银行成都分行、渤海银行成都分行、汇丰银行成都分行、大华银行成都分行、东亚银行成都分行、花旗银行成都分行、南洋商业银行成都分行、苏格兰皇家银行成都分行、摩根大通银行成都分行、三菱东京日联银行成都分行、上海银行成都分行、浙江民泰商业银行成都分行、重庆银行成都分行、哈尔滨银行成都分行、大连银行成都分行、包商银行成都分行、贵阳银行成都办事处、天津银行成都分行、华融资产管理公司成都办事处、长城资产管理公司成都办事处、东方资产管理公司成都办事处、信达资产管理公司四川省分公司、中石化财务公司四川成都分公司

注：资料来源于中国银行保险监督管理委员会四川监管局。

表 5.3 云南主要银行业金融机构（2016年）

省（区）市	城市商业银行	农商行	农信社	新型农村金融机构	其他银行业金融机构	主要分支银行业金融机构
云南（57家）	富滇银行 曲靖市商业银行 玉溪市商业银行		云南省农村信用社联社	文山民丰村镇银行、玉溪红塔区兴和村镇银行、昭通昭阳富滇村镇银行、曲靖惠民村镇银行、楚雄禄丰龙城富滇村镇银行、楚雄兴彝村镇银行、丽江古城富滇村镇银行、中国银行云南省分行、大理海东村镇银行、昆明呈贡华夏村镇银行、世靖富源富滇村镇银行、普洱民生村镇银行、景洪民生村镇银行、嵩明民生村镇银行、个旧沪农村镇银行、弥勒沪农村镇银行、瑞丽沪农村镇银行、开远沪农村镇银行、临沧临翔沪农村镇银行、侯山隆阳沪农村镇银行、建水沪农村镇银行、蒙自沪农商村镇银行、云南安宁稠州村镇银行、遵义汇川黔兴村镇银行	云南信托、云南冶金财务公司、云南东方资产管理公司云南办事处、中国邮政储蓄银行云南省分行、恒丰银行（中国）昆明分行、汇丰银行（中国）昆明分行、华夏金融租赁公司	广东发展银行昆明分行、深圳发展银行昆明分行、招商银行昆明分行、上海浦东发展银行昆明分行、兴业银行昆明分行、中信银行昆明分行、光大银行昆明分行、华夏银行昆明分行、民生银行昆明分行、恒丰银行昆明分行、中国建设银行云南省分行、中国银行云南省分行、交通银行云南省分行、中国华融资产管理股份有限公司云南省分公司、中国长城资产管理公司昆明办事处、中国东方资产管理公司云南经营部、东亚银行（中国）云南省分行、泰京银行昆明分行、中国信达资产管理股份有限公司云南省分公司、国家开发银行云南省分行、中国进出口银行云南省分行、中国工商银行云南省分行、中国农业发展银行云南省分行、中国农业银行云南省分行

注：资料来源于中国银行保险监督管理委员会四川监管局。

表 5.4 贵州主要银行业金融机构（2016 年）

省（区）市	城市商业银行	农商行	农信社	新型农村金融机构	其他银行业金融机构	主要分支银行业金融机构
贵州（72家）	贵阳银行、贵州银行	贵阳农村商业银行	贵州省农村信用社	贵阳观山湖富民村镇银行、贵阳南明富民村镇银行、贵阳云岩富民村镇银行、贵阳乌当富民村镇银行、仁怀蒙银村镇银行、贵阳花溪建设村镇银行、平坝国丰村镇银行、贵阳花小河科技村镇银行、龙里国丰村镇银行、贵阳白云德信村镇银行、都匀融通村镇银行、息烽包商黔隆村镇银行、清镇兴邦村镇银行、毕节发展村源包商黔源村镇银行、开阳富民村镇银行、黔西花都村镇银行、织金惠民村镇银行、盘县万和村镇银行、水城蒙银村镇银行、六盘水钟山凉都村镇银行、兴义丰村村镇银行、绥阳黔北村镇银行、施秉金鼎村镇银行、从江月明村镇银行、黄平振兴村镇银行、金沙县汇丰村镇银行、大方富民村镇银行、遵义县汇隆村镇银行、纳雍富民村镇银行、威宁富民村镇银行、赫章富民村镇银行、镇宁汇商村镇银行、安顺西航南马村镇银行、安顺西秀富民村镇银行、凯里东恒村镇银行、遵义红花岗富民村镇银行、福泉富民村镇银行、遵义惠水村镇银行、惠水恒升村镇银行、关岭恒升村镇银行、贵定佰升村镇银行、修文江海村镇银行	华能贵诚信托、振华财务公司、茅台财务公司、贵州盘江财务公司	中国农业发展银行贵州省分行、国家开发银行贵州省分行、中国工商银行贵州省分行、中国农业银行贵州省分行、中国银行贵州省分行、交通银行贵州省分行、中信银行贵阳分行、中国建设银行贵州省分行、招商银行贵阳分行、浦发银行贵阳分行、兴业银行贵阳分行、光大银行贵阳分行、中国华融资产管理公司贵州办事处、中国信达资产管理公司贵州分公司、中国长城资产管理公司贵州分公司、中国邮政储蓄银行贵州省分行、花旗银行贵阳分行、南无市商业银行贵阳分行、中航集团财务公司、重庆银行贵阳分行、南方电网财务公司贵州分公司

注：资料来源于中国银行保险监督管理委员会贵州监管局。

表 5.5 广西主要银行业金融机构（2016 年）

省（区）市	城市商业银行	农商行	农信社	新型农村金融机构	其他银行业金融机构	主要分支银行业金融机构
广西（60家）	广西北部湾银行、柳州银行、桂林银行	广西资源农村商业银行、广西东农村商业银行、广西融安农村商业银行、广西蒙山农村商业银行、广西田阳农村商业银行、广西恭城农村商业银行、广西龙胜农村商业银行、广西灌阳农村商业银行、广西昭平农村商业银行、广西凌云农村商业银行	广西壮族自治区农村信用社	广西横县桂商村镇银行、武鸣漓江村镇银行、广西融水元宝山村镇银行、广西柳江柳银村镇银行、广西鱼峰信合村镇银行、广西兴安民兴村镇银行、桂林国民村镇银行、广西藤县桂银村镇银行、灵川深通村镇银行、岑溪市北部湾村镇银行、合浦国民村镇银行、东兴国民村镇银行、灵山泰业村镇银行、广西平南桂银村镇银行、广西桂平桂银村镇银行、广西容县桂银村镇银行、广西兴业村镇银行、广西北流柳银村镇银行、广西博白柳银村镇银行、广西兴业柳银村镇银行、广西陆川柳银村镇银行、平果国民村镇银行、田东北部湾村镇银行、田阳民兴村镇银行、宜州深通村镇银行、扶绥深通村镇银行	广西交投财务公司、北部湾金融租赁公司	汇丰银行（中国）有限公司南宁分行、国家开发银行广西区分行、中国光大银行南宁分行、南洋商业银行南宁分行、南方电网财务公司广西分公司、中国农业发展银行广西区分行、上海浦东发展银行南宁分行、星展银行南宁分行、中国工商银行广西区分行、华夏银行南宁分行、中国农业银行广西分行、兴业银行南宁分行、中国银行广西区分行、中信银行南宁分行、中国建设银行广西分行、招商银行南宁分行、交通银行广西分行、中国民生银行南宁分行、中国邮政储蓄银行广西区分行

注：资料来源于中国银行保险监督管理委员会广西监督局。

第二节　金融支持与省域特色产业协调发展状况及评价

协调度模型是评价两经济系统协调发展状况定量考察方法的核心，其基本思想为，通过某种手段来组织所研究的系统，对所研究系统的协调度进行评价。在此将特色产业与金融业视为两个经济系统，基于关联协调度模型从省域角度评价西南民族地区金融支持与特色产业发展的协调状况。

一、定量考察方法与指标体系构建

（一）协调度模型简介

采用关联协调度模型对特色产业发展与金融支持两个系统间的协调度进行定量分析，其计算公式为：

$$C_{ab} = \frac{(a+b)}{\sqrt{(a^2+b^2)}}$$

其中，C_{ab} 为特色产业与金融支持发展的协调度，a 为金融支持综合发展水平指数，b 为特色产业综合发展水平指数。a 和 b 的计算公式为：

$$a = \sum wi \times ai(i=1,2,...m.)$$
$$b = \sum wj \times bj(j=1,2,...n.)$$

式中，ai、bj 分别为金融支持体系和特色产业发展体系下各个具体指标的标准化数值，wi、wj 分别为金融支持体系和特色产业发展体系下各个具体指标的权重，m 和 n 分别为金融支持体系和特色产业发展体系下的指标个数。

C_{ab} 的取值范围为 –1.414 到 1.414 之间：当 $a>0$，$b>0$ 且相等时，C_{ab} 得最大值 1.414；当 $a<0$，$b<0$ 且相等时，C_{ab} 得最小值 –1.414；其余任何情况 C_{ab} 值都将介于两者中间，具体可分为六种类型，如表 5.6 所示。

第五章 金融支持西南民族地区特色产业发展的定量考察与专题研究

表 5.6 特色产业发展与金融支持协调性类型划分

金融支持与特色产业发展协调度 C_{ab}	a, b	协调状态	协调类型 协调等级	协调状态描述
$0 \leqslant C_{ab} \leqslant 1.414$	$a \geqslant 0, b \geqslant 0$	协调	高度协调 1	协调度为正。特色产业与金融支持协调发展,系统处于较优化状态。
$0 \leqslant C_{ab} \leqslant 1.414$	$a \geqslant 0, b \leqslant 0$	协调	基本协调 2	协调度为正。特色产业发展水平低于金融支持发展水平,系统趋于优化。
$0 \leqslant C_{ab} \leqslant 1.414$	$a \leqslant 0, b \geqslant 0$	协调	弱协调 3	协调度为正。特色产业发展水平高于金融支持发展水平,特色产业发展将促进收入水平提高。
$-1.414 \leqslant C_{ab} \leqslant 0$	$a \geqslant 0, b \leqslant 0$	非协调	欠协调 4	协调度为负。特色产业发展水平低于金融支持发展水平,金融支持发展带动特色产业发展,系统具有优化趋势。
$-1.414 \leqslant C_{ab} \leqslant 0$	$a \leqslant 0, b \geqslant 0$	非协调	不协调 5	协调度为负。特色产业发展水平较金融支持发展水平高,特色产业发展得不到金融支持发展的支撑。
$-1.414 \leqslant C_{ab} \leqslant 0$	$a \leqslant 0, b \leqslant 0$	非协调	失调 6	协调度为负。特色产业与金融支持发展水平均低,二者协调状态差。

(二) 指标体系及权重

金融支持指标体系与特色产业指标体系均属综合性指标体系,鉴于第三章与第四章中已对指标体系构建原则与指标选择进行了详细地描述和分析,因而此处不再赘述。

1. 西南五省(区、市)金融支持指标体系及权重

金融支持指标体系下属 9 个二级指标及 22 个三级指标,根据熵值法对五省(区、市)的金融支持综合发展指数的下属指标分别赋权,权重和为 1,具体情况如表 5.7—5.11 所示。

表 5.7　四川金融支持发展综合指数指标体系及权重

综合指标	一级指标	二级指标	三级指标（权重）
金融支持综合指数	1. 金融规模	组织规模	金融业从业人员（0.0110）
			上市公司数（0.0052）
		金融资产规模	保险公司分支机构（0.0261）
			非金融机构部门融资量（0.0724）
			金融机构本外币存款余额（0.0632）
			金融机构本外币贷款余额（0.0594）
			保费收入（0.0587）
			国内股票与债券筹资额（0.1830）
	2. 金融结构	金融资产结构	金融机构本外币贷款余额/非金融机构部门融资量（0.0233）
			国内股票和债券筹资额/非金融机构部门融资量（0.0848）
			保费收入/非金融机构部门融资量（0.0110）
			国内股票和债券筹资额/金融机构本外币贷款余额（0.0824）
		银行结构	中长期贷款/金融机构本外币贷款余额（0.0040）
	3. 金融效率	配置效率	金融业增加值/地区生产总值（0.0137）
			金融机构本外币贷款余额/地区生产总值（0.0024）
		投资产出效率 银行营运效率	金融业人均增加值（0.0943）
			国内股票和债券筹资额/地区生产总值（0.0996）
			国民生产总值增加值/全社会固定资产投资额（0.0347）
			金融机构本外币贷款余额/金融机构本外币存款余额（0.0007）
	4. 金融深化	银行深化 保险深化	金融机构存贷款余额之和/地区生产总值（0.0029）
			保费收入/地区生产总值（0.0058）
			保费收入/人数（0.0614）

表 5.8 重庆金融支持发展综合指数指标体系及权重

综合指标	一级指标	二级指标	三级指标（权重）
金融支持综合指数	1. 金融规模	组织规模	金融业从业人员（0.0045）
			上市公司数（0.0031）
		金融资产规模	保险公司分支机构（0.0189）
			非金融机构部门融资量（0.0804）
			金融机构本外币存款余额（0.0623）
			金融机构本外币贷款余额（0.0640）
			保费收入（0.0560）
			国内股票与债券筹资额（0.2188）
	2. 金融结构	金融资产结构	金融机构本外币贷款余额/非金融机构部门融资量（0.0114）
			国内股票和债券筹资额/非金融机构部门融资量（-0.1326）
			保费收入/非金融机构部门融资量（0.0107）
			国内股票和债券筹资额/金融机构本外币贷款余额（0.0991）
		银行结构	中长期贷款/金融机构本外币贷款余额（0.0053）
	3. 金融效率	配置效率	金融业增加值/地区生产总值（0.0137）
			金融机构本外币贷款余额/地区生产总值（0.0027）
		投资产出效率 银行营运效率	金融业人均增加值（0.0137）
			国内股票和债券筹资额/地区生产总值（0.1195）
			国民生产总值增加值/全社会固定资产投资额（0.0194）
			金融机构本外币贷款余额/金融机构本外币存款余额（0.0001）
	4. 金融深化	银行深化 保险深化	金融机构存贷款余额之和/地区生产总值（0.0024）
			保费收入/地区生产总值（0.0052）
			保费收入/人数（0.0563）

表5.9 云南金融支持发展综合指数指标体系及权重

综合指标	一级指标	二级指标	三级指标（权重）
金融支持综合指数	1.金融规模	组织规模	金融业从业人员（0.0018）
			上市公司数（0.0025）
		金融资产规模	保险公司分支机构（0.0173）
			非金融机构部门融资量（0.0822）
			金融机构本外币存款余额（0.0687）
			金融机构本外币贷款余额（0.0727）
			保费收入（0.0698）
			国内股票与债券筹资额（0.2085）
	2.金融结构	金融资产结构	金融机构本外币贷款余额/非金融机构部门融资量（0.0113）
			国内股票和债券筹资额/非金融机构部门融资量（0.0767）
			保费收入/非金融机构部门融资量（0.0119）
			国内股票和债券筹资额/金融机构本外币贷款余额（0.0558）
		银行结构	中长期贷款/金融机构本外币贷款余额（0.0035）
	3.金融效率	配置效率	金融业增加值/地区生产总值（0.0141）
			金融机构本外币贷款余额/地区生产总值（0.0027）
		投资产出效率 银行营运效率	金融业人均增加值（0.1037）
			国内股票和债券筹资额/地区生产总值（0.0731）
			国民生产总值增加值/全社会固定资产投资额（0.0525）
			金融机构本外币贷款余额/金融机构本外币存款余额（0.0001）
	4.金融深化	银行深化 保险深化	金融机构存贷款余额之和/地区生产总值（0.0022）
			保费收入/地区生产总值（0.0037）
			保费收入/人数（0.0652）

表 5.10 贵州金融支持发展综合指数指标体系及权重

综合指标	一级指标	二级指标	三级指标（权重）
金融支持综合指数	1. 金融规模	组织规模	金融业从业人员（0.0021）
			上市公司数（0.0014）
		金融资产规模	保险公司分支机构（0.0175）
			非金融机构部门融资量（0.1004）
			金融机构本外币存款余额（0.0573）
			金融机构本外币贷款余额（0.0551）
			保费收入（0.0487）
			国内股票与债券筹资额（0.2192）
	2. 金融结构	金融资产结构	金融机构本外币贷款余额/非金融机构部门融资量（0.0114）
			国内股票和债券筹资额/非金融机构部门融资量（0.0831）
			保费收入/非金融机构部门融资量（0.0138）
			国内股票和债券筹资额/金融机构本外币贷款余额（0.1132）
		银行结构	中长期贷款/金融机构本外币贷款余额（0.0009）
	3. 金融效率	配置效率	金融业增加值/地区生产总值（0.0040）
			金融机构本外币贷款余额/地区生产总值（0.0011）
		投资产出效率 银行营运效率	金融业人均增加值（0.0661）
			国内股票和债券筹资额/地区生产总值（0.1292）
			国民生产总值增加值/全社会固定资产投资额（0.0183）
			金融机构本外币贷款余额/金融机构本外币存款余额（0.0002）
	4. 金融深化	银行深化 保险深化	金融机构存贷款余额之和/地区生产总值（0.0012）
			保费收入/地区生产总值（0.0007）
			保费收入/人数（0.0550）

表 5.11 广西金融支持发展综合指数指标体系及权重

综合指标	一级指标	二级指标	三级指标（权重）
金融支持综合指数	1.金融规模	组织规模	金融业从业人员（0.0028）
			上市公司数（0.0044）
		金融资产规模	保险公司分支机构（0.0222）
			非金融机构部门融资量（0.0545）
			金融机构本外币存款余额（0.0504）
			金融机构本外币贷款余额（0.0547）
			保费收入（0.0463）
			国内股票与债券筹资额（0.2011）
	2.金融结构	金融资产结构	金融机构本外币贷款余额/非金融机构部门融资量（0.0047）
			国内股票和债券筹资额/非金融机构部门融资量（0.1145）
			保费收入/非金融机构部门融资量（0.0071）
			国内股票和债券筹资额/金融机构本外币贷款余额（0.1024）
		银行结构	中长期贷款/金融机构本外币贷款余额（0.0047）
	3.金融效率	配置效率	金融业增加值/地区生产总值（0.0188）
			金融机构本外币贷款余额/地区生产总值（0.0026）
		投资产出效率 银行营运效率	金融业人均增加值（0.0931）
			国内股票和债券筹资额/地区生产总值（0.1238）
			国民生产总值增加值/全社会固定资产投资额（0.0459）
			金融机构本外币贷款余额/金融机构本外币存款余额（0.0002）
	4.金融深化	银行深化 保险深化	金融机构存贷款余额之和/地区生产总值（0.0020）
			保费收入/地区生产总值（0.0011）
			保费收入/人数（0.0426）

2.西南五省（区、市）特色产业指标体系及权重

五省（区、市）各省市的资源禀赋情况、地理位置及文化背景等影响特色产业选择的自然条件、社会条件各有差异，因此所构建的关于各省（区、市）的特色产业指标体系也有所不同。同样根据熵值法对五省（区、市）的特色产业指标体系下属的多个指标分别赋权，权重和均为1，具体情况如表5.12—5.16所示。

表5.12 四川特色产业指标体系及权重

省（区、市）	区域特色选择一级指标	特色产业选择二级指标（权重）
四川	1.特色农林牧业	种植业（农业）（0.0285）
		林业（0.0243）
		畜牧业（0.0116）
	2.特色农产品加工业	农副食品制造业（0.0636）
		酒、饮料和精制茶制造业（0.0888）
		烟草制品业（0.0462）
	3.特色资源产业	电力、热力生产和供应业（0.0391）
		非金属矿物制品业（0.0907）
		黑色金属冶炼和延加工业（0.0439）
		化学原料和化学制品制造业（0.0609）
		石油和天然气开采业（0.0378）
	4.装备制造业	交通运输设备制造业（0.0350）
		通用设备制造业（0.0592）
		计算机、通信和其他电子设备制造业（0.1347）
		仪器仪表制造业（0.0367）
	5.特色旅游产业	旅游业（0.0969）
	6.特色战略新兴产业	生物制药业（医药制造业）（0.0759）
	7.现代物流业	交通运输、仓储和邮政业（0.0261）

159

表 5.13 重庆特色产业指标体系及权重

省（区、市）	区域特色选择 一级指标	特色产业选择 二级指标（权重）
重庆	1.特色农林牧业	种植业（农业）（0.0226）
		林业（0.0189）
		畜牧业（0.0116）
	2.特色农产品加工业	农副食品制造业（0.0121）
		酒、饮料和精制茶制造业（0.0819）
		烟草制品业（0.0500）
	3.特色资源产业	电力、热力生产和供应业（0.0333）
		非金属矿物制品业（0.0654）
		黑色金属冶炼和压延加工业（0.1013）
		有色金属冶炼和压延加工业（0.0440）
		燃气生产和供应业（0.0365）
	4.装备制造业	交通运输设备制造业（0.0549）
		电气机械和器材制造业（0.0360）
		计算机、通信和其他电子设备制造业（0.0712）
		电气机械和器材制造业（0.2243）
	5.特色旅游产业	旅游业（0.0662）
	6.特色战略新兴产业	生物制药业（医药制造业）（0.0538）
	7.现代物流业	交通运输、仓储和邮政业（0.0273）

表 5.14 云南特色产业指标体系及权重

省（区、市）	区域特色选择 一级指标	特色产业选择 二级指标（权重）
云南	1.高原特色农（林牧）业	种植业（农业）（0.0398）
		林业（0.0231）
		畜牧业（0.0324）
	2.农特食品加工业	农副食品制造业（0.0789）
		酒、饮料和精制茶制造业（0.0715）
		烟草制品业（0.0280）

(续表)

省（区、市）	区域特色选择 一级指标	特色产业选择 二级指标（权重）
	3. 特色资源产业	电力、热力生产和供应业（0.0498）
		煤炭开采和洗选业（0.1123）
		黑色金属冶炼和压延加工业（0.0330）
		黑色金属矿采选业（0.0879）
		有色金属冶炼和压延加工业（0.0365）
		有色金融矿采选业（0.0479）
		燃气生产和供应业（0.1444）
		石油加工炼焦及核燃料加工业（0.0482）
	4. 特色旅游产业	旅游业（0.1000）
	5. 特色战略新兴产业	生物制药业（医药制造业）（0.0560）
	6. 现代物流业	交通运输、仓储和邮政业（0.0102）

表5.15　贵州特色产业指标体系及权重

省（区、市）	区域特色选择 一级指标	特色产业选择 二级指标（权重）
贵州	1. 现代山地特色高效农（林牧）业	种植业（农业）（0.0522）
		林业（0.0610）
		畜牧业（0.0296）
	2. 农特食品加工业	酒、饮料和精制茶制造业（0.1419）
		烟草制品业（0.0458）
	3. 特色资源产业	电力、热力生产和供应业（0.0220）
		煤炭开采和洗选业（0.1181）
		非金属矿采选业（0.2568）
		黑色金属冶炼和压延加工业（0.0095）
		有色金属冶炼和压延加工业（0.0425）
		化学原料和化学制品制造业（0.0276）
		橡胶和塑料制品业（0.0611）
	4. 特色旅游产业	旅游业（0.1072）
	5. 特色战略新兴产业	生物制药业（医药制造业）（0.0248）

表5.16 广西特色产业指标体系及权重

省（区、市）	区域特色选择一级指标	特色产业选择二级指标（权重）
广西	1.现代特色农（林牧渔）业	种植业（农业）（0.0143）
		林业（0.0282）
		畜牧业（0.0085）
		渔业（0.0315）
	2.农特食品加工业	农副食品制造业（0.0503）
		酒、饮料和精制茶制造业（0.0558）
		烟草制品业（0.0268）
	3.特色资源产业	电力、热力生产和供应业（0.0286）
		非金属矿采选业（0.0645）
		黑色金属冶炼和压延加工业（0.0499）
		有色金属矿采选业（0.0560）
		有色金属冶炼和压延加工业（0.1394）
		化学原料和化学制品制造业（0.0336）
		造纸和纸制品业（0.0357）
		木材加工和木、竹、藤、棕、草制品业（0.0783）
		石油加工、炼焦和核燃料制品业（0.1017）
	4.装备制造业	交通运输设备制造业（0.0321）
		电器机械和器材制造业（0.0550）
	5.特色旅游产业	旅游业（0.0616）
	6.特色战略新兴产业	生物制药业（0.0294）
	7.现代物流业	交通运输、仓储和邮政业（0.0189）

二、四川省金融支持与特色产业协调发展状况及评析

从表5.17可以看到2004—2015年四川省金融支持与特色产业发展协调状况及协调度类型，总体呈现金融支持与特色产业发展由失调向高度协调的转变。

2004—2009年，金融发展水平与特色产业发展水平均偏低，金融支持指数和特色产业指数均为负数，处于失调状态。值得注意的是，金融支持指数整体虽略大于特色产业发展指数，但由于在此期间，四川金融支持规模发展不

足，非金融机构融资总量偏小，其次，受金融机构存贷款余额变动影响，金融机构存贷比增速呈下降趋势，平均存贷比67.31%低于央行对商业银行规定的存贷比上限，商业银行流动性过剩，未能有效地将资金转化为对特色产业发展的投资支持，因此该期间的协调度类型为失调。

表5.17 四川金融支持与特色产业发展关联协调度及协调类型

年份（年）	金融支持指数	特色产业发展指数	a平方	b平方	a平方与b平方之和开方	协调度C_{ab}	协调度类型
2004	-0.992	-1.254	0.983	1.573	1.599	-1.405	失调6
2005	-0.945	-1.115	0.894	1.243	1.462	-1.409	失调6
2006	-0.718	-0.957	0.515	0.917	1.197	-1.400	失调6
2007	-0.617	-0.725	0.380	0.526	0.952	-1.410	失调6
2008	-0.580	-0.440	0.336	0.194	0.728	-1.401	失调6
2009	-0.366	-0.174	0.134	0.030	0.405	-1.332	失调6
2010	-0.010	0.131	0.000	0.017	0.131	0.919	不协调5
2011	0.171	0.464	0.029	0.216	0.495	1.284	高度协调1
2012	0.655	0.569	0.429	0.324	0.867	1.411	高度协调1
2013	0.581	0.842	0.338	0.709	1.023	1.391	高度协调1
2014	1.261	1.180	1.590	1.393	1.727	1.413	高度协调1
2015	1.560	1.479	2.433	2.187	2.149	1.414	高度协调1

2010年，四川金融支持与特色产业发展协调类型为不协调，金融支持发展落后于特色产业发展水平，特色产业的发展得不到金融的有力支撑，且随着特色产业的发展，对金融支持提出了更大的资金需求，但金融发展却相对缓慢，出现金融资金供求矛盾，削弱了金融对于特色产业发展的支持力度。2011—2015年，四川金融支持与特色产业发展协调类型保持高度协调的态势，二者相互作用，促进彼此的发展。2011年和2013年，金融支持综合指数低于特色产业发展指数，说明金融支持发展水平滞后于特色产业发展的资金需求。

三、重庆市金融支持与特色产业协调发展状况及评析

如表5.18所示，2004—2015年重庆市成功实现金融支持与特色产业发展的协调状况，由失调到欠协调再到高度协调的转变。

表 5.18 重庆金融支持与特色产业发展关联协调度及协调类型

年份（年）	金融支持指数	特色产业发展指数	a 平方	b 平方	a 平方与 b 平方之和开方	协调度 C_{ab}	协调度类型
2004	−0.872	−1.075	0.760	1.155	1.384	−1.407	失调 6
2005	−0.900	−1.008	0.809	1.017	1.351	−1.412	失调 6
2006	−0.784	−0.961	0.615	0.923	1.240	−1.407	失调 6
2007	−0.734	−0.758	0.538	0.574	1.055	−1.414	失调 6
2008	−0.567	−0.634	0.322	0.403	0.851	−1.412	失调 6
2009	−0.363	−0.422	0.132	0.178	0.557	−1.410	失调 6
2010	0.009	−0.129	0.000	0.017	0.129	−0.929	欠协调 4
2011	0.169	0.298	0.028	0.089	0.342	1.363	高度协调 1
2012	0.380	0.618	0.145	0.382	0.726	1.376	高度协调 1
2013	0.617	1.013	0.381	1.026	1.186	1.374	高度协调 1
2014	1.149	1.389	1.321	1.928	1.802	1.408	高度协调 1
2015	1.896	1.669	3.595	2.785	2.526	1.411	高度协调 1

2004—2009 年，重庆市金融支持指数和特色产业发展指数都小于 0，原因在于其整体金融发展水平相对落后，金融支持特色产业发展的带动作用不明显，特色产业发展较为落后。2010 年是协调状况由失调转为高度协调的转折，显示的协调度类型为欠协调，金融支持指数为正，而特色产业发展指数为负，说明由于金融长期的抑制性虽有所改善，但对特色产业发展的带动作用有限，却为后续支持特色产业发展提供了坚实的基础。2011 年在前期金融支持有力的支撑作用之下，特色产业实现较快发展，超过金融发展水平，二者的协调类型由欠协调转化为高度协调状态，并且一直延续到 2015 年。在 2011—2014 年期间，特色产业发展指数始终大于金融支持指数，说明金融支持未能充分满足特色产业发展的资金需求，直至 2015 年，金融发展才开始超前于特色产业的发展水平，实现对特色产业发展的引导作用。

四、云南省金融支持与特色产业协调发展状况及评析

云南省金融支持与特色产业发展的协调状况可以分为两个阶段（见表 5.19）。第一阶段为 2004—2009 年，金融支持指数与特色产业发展指数都为

负，协调度为负，协调等级为失调6，协调状态差。从金融支持指数与特色产业发展指数的发展趋势来看，特色产业在金融支持的带动作用下逐渐发展壮大，与金融支持发展的差距缩小，至2008年反超金融支持的发展速度；第二阶段为2010—2015年，金融支持与特色产业发展的协调度为正，处于高度协调状态。

表5.19　云南金融支持与特色产业发展关联协调度及协调类型

年份（年）	金融支持指数	特色产业发展指数	a平方	b平方	a平方与b平方之和开方	协调度C_{ab}	协调度类型
2004	-0.549	-1.139	0.302	1.296	1.264	-1.335	失调6
2005	-0.829	-1.138	0.687	1.296	1.408	-1.397	失调6
2006	-0.866	-0.992	0.750	0.984	1.317	-1.411	失调6
2007	-0.656	-0.725	0.431	0.525	0.978	-1.412	失调6
2008	0.466	-0.450	0.217	0.203	0.647	-1.414	失调6
2009	-0.507	-0.330	0.257	0.109	0.605	-1.384	失调6
2010	0.113	0.003	0.013	0.000	0.113	1.029	高度协调1
2011	0.043	0.448	0.002	0.201	0.450	1.091	高度协调1
2012	0.068	0.742	0.005	0.551	0.745	1.087	高度协调1
2013	0.781	1.161	0.611	1.349	1.400	1.388	高度协调1
2014	1.175	1.195	1.381	1.427	1.676	1.414	高度协调1
2015	1.692	1.224	2.864	1.499	2.089	1.396	高度协调1

2010年得益于"桥头堡"战略的正式提出，云南省金融支持水平得到了较快发展，金融支持指数由负转正，促进了特色产业的发展。2011—2014年，金融支持指数始终低于特色产业发展指数，金融发展水平落后于特色产业发展的资金需求，2015年金融支持水平实现较快增长，超过特色产业发展水平，金融支持指数大于特色产业发展指数。

五、贵州金融支持与特色产业协调发展状况及评析

由表5.20看到，贵州省2004—2011年及2010年金融支持指数与特色产业指数均为负，金融支持与特色产业发展的协调状态为最低等级（失调6）。2010年，金融超前发展，协调状况随着金融支持的发展由失调向欠协调转变，金融支持与特色产业发展的协调系统具有优化趋势。2011年，受直接融资市

场发展滞后的影响，金融市场运营效率降低，金融支持指数回落变为负，协调度随之转为失调状态。2012—2015年，金融支持与特色产业发展的协调状态随着金融支持指数的率先增加，由失调转化为高度协调状态。整体看来，贵州省金融支持指数大部分都低于特色产业发展指数，金融发展水平相对特色产业发展的资金需求较为落后。

表5.20 贵州金融支持与特色产业发展关联协调度及协调类型

年份（年）	金融支持指数	特色产业发展指数	a 平方	b 平方	a 平方与 b 平方之和开方	协调度 C_{ab}	协调度类型
2004	−0.788	−0.971	0.621	0.943	1.250	−1.407	失调6
2005	−0.827	−0.856	0.684	0.732	1.190	−1.414	失调6
2006	−0.794	−0.734	0.631	0.539	1.082	−1.413	失调6
2007	−0.512	−0.651	0.262	0.424	0.828	−1.404	失调6
2008	−0.543	−0.508	0.295	0.258	0.743	−1.413	失调6
2009	−0.529	−0.430	0.280	0.185	0.682	−1.407	失调6
2010	0.009	−0.355	0.000	0.126	0.355	−0.973	欠协调4
2011	−0.148	−0.018	0.022	0.000	0.149	−1.112	失调6
2012	0.592	0.401	0.351	0.161	0.716	1.389	高度协调1
2013	0.363	0.709	0.132	0.503	0.797	1.346	高度协调1
2014	1.190	1.403	1.417	1.968	1.840	1.409	高度协调1
2015	1.985	2.008	3.942	4.034	2.824	1.414	高度协调1

六、广西金融支持与特色产业协调发展状况及评析

由表5.21看到广西金融支持指数与特色产业发展指数在2009年以前都小于0，协调度为负，二者处于失调状态。其中，2004—2007年金融支持指数虽高于特色产业发展指数，受自身金融发展水平较为落后的影响，对特色产业发展的拉动效果并不明显。2010年，特色产业发展指数大于0而金融支持指数小于0，金融支持与特色产业发展的协调状况有所改善，但仍处于不协调状态。

2011—2015 年，金融业逐渐发展，金融业产值得到较大提升，为特色产业发展提供了坚实的基础，使特色产业从 2011 年开始呈现出不断发展的趋势。但在 2012—2013 年两年间，金融发展指数低于特色产业发展指数，特色产业发展的资金需求大于金融支持的供给能力，金融支持未能充分带动特色产业的发展。

表 5.21　广西金融支持与特色产业发展关联协调度及协调类型

年份（年）	金融支持指数	特色产业发展指数	a 平方	b 平方	a 平方与 b 平方之和开方	协调度 C_{ab}	协调度类型
2004	−0.820	−1.060	0.673	1.123	1.340	−1.403	失调 6
2005	−0.857	−0.973	0.735	0.947	1.297	−1.411	失调 6
2006	−0.815	−0.873	0.664	0.763	1.195	−1.413	失调 6
2007	−0.625	−0.719	0.390	0.518	0.953	−1.411	失调 6
2008	−0.618	−0.554	0.382	0.307	0.830	1.412	失调 6
2009	−0.558	−0.455	0.312	0.207	0.720	−1.407	失调 6
2010	−0.067	0.327	0.005	0.107	0.334	0.778	不协调 5
2011	0.326	0.244	0.106	0.060	0.407	1.400	高度协调 1
2012	0.347	0.745	0.120	0.555	0.822	1.328	高度协调 1
2013	0.677	0.910	0.458	0.829	1.134	1.399	高度协调 1
2014	1.260	1.105	1.588	1.222	1.676	1.411	高度协调 1
2015	1.751	1.302	3.066	1.695	2.182	1.399	高度协调 1

第三节　西南民族地区省域特色产业发展的金融支持专题研究

一、广西蔗糖业发展的金融支持

气候温暖、降水丰沛、热量丰富以及日照适中的适宜气候条件使得广西成为全国最适宜种植甘蔗的地区之一，成为中国最大的食糖主产区，其甘蔗种植面积占全国甘蔗种植面积和产量一直位居全国第一。广西的蔗糖业不仅对广西蔗糖产业甚至对全国食糖市场和供应的稳定有着重要作用，同时还是广西的支柱产业，在广西国民经济中占有重要的地位，为当地提供了众多的就业岗位，缓解了广西的就业压力，成为广大农民收入的主要来源，也有力地支持着当地政府收入。但由于受东盟自由贸易区的经济环境、食糖进口关税以及国际食糖市场竞争压力的影响，国内制糖业在于金融市场融合方面存在许多问题，以及受近年来糖价持续低迷、生产材料和劳动价格居高不下，以及种蔗收益低等因素影响，广西传统蔗糖业发展面临着严峻环境和自身发展挑战。金融的支持对蔗糖产业资金融通有着重要作用，金融业可以合理调动资金，为广西的蔗糖企业和社会资金架起桥梁，激励企业进行生产创新以吸引更多的资金投入，同时还为企业生产过程中的各种风险提供保障，使广西的蔗糖企业重新获得竞争优势，更好地服务于地区经济。

（一）广西蔗糖业发展现状

早在1982年，甘蔗就已被列为为广西经济八大优势之一，1988年，国务院将广西列为全国重点糖业生产基地，并给予中央专项资金扶持，广西的糖业得到了快速发展。从20世纪90年代初，广西甘蔗产业的种植规模、总产量，以及成品糖产量就稳居全国首位。

截至2016年，广西共有制糖企业集团23户、糖厂102间，制糖日榨蔗能力约69万吨，单厂平均日榨能力达6871吨，拥有糖业产业工人约10万人。糖业产品不断创新发展，除生产传统的白砂糖、赤砂糖外，产业链逐步向上下游延伸，也开始生产原糖、红糖、绵白糖、精制糖、低聚糖、异麦芽酮糖等新产品。发展对制糖副产品的加工利用，对蔗渣、滤泥、糖蜜等进行综合利用，实现综合利用产品达30余种，糖蜜酒精和活性干酵母、糠醛、有机生物肥等生产能力大大提高，糖蜜、蔗渣、滤泥等利用率均高达100%，蔗渣发电量居我国生物质发电首位，蔗渣的制浆造纸产量居世界之首，已形成了若干条糖业循环经济产业链。①

1. 有稳定的生产基地

从图5.1可知，1995—2014年广西糖料播种面积整体上呈现逐渐上升的趋势，与全国糖料播种面积的发展态势保持一致。2012年种植面积达到1128.02千公顷，成为历史最高；而2013年后出现了下滑趋势，这与糖料收购价格下降和生产成本上升有关；2013年以后出现了持续下降的趋势，且与全国播种面积的持续下降趋势相同；主要受要素投入品价格上涨的影响，糖料作

---

① 广西壮族自治区糖业发展办公室.全区糖业发展工作情况报告[EB/OL].广西新闻网，2017-08-21.

物的种植成本快速上升,糖料作物的种植收入不断下滑,蔗农纷纷改种其他作物,导致糖料作物的种植面积大幅萎缩。

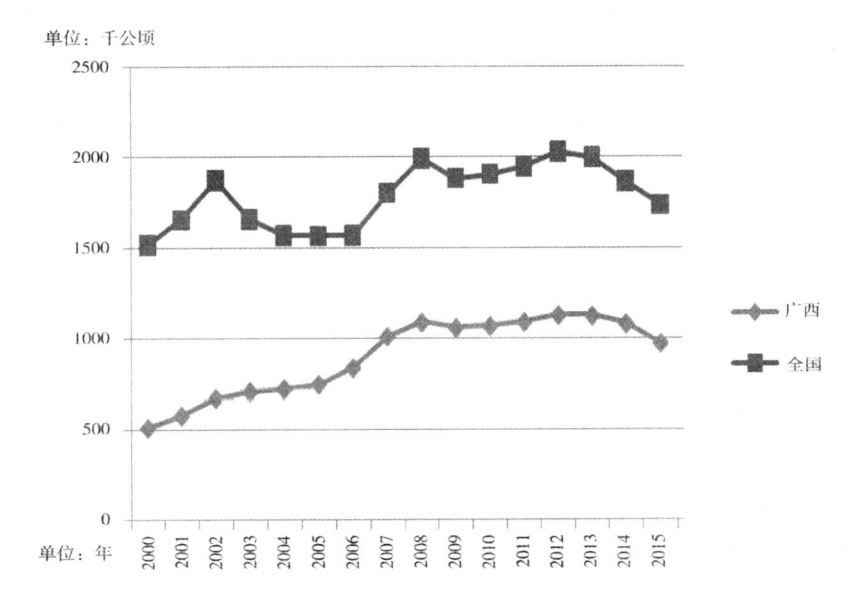

图 5.1 2000—2015 年广西及全国甘蔗种植面积

数据来源:wind 数据库、中国统计年鉴(1996—2016)。

虽然糖料作物的种植面积大幅减少,但近年 5 年广西糖料作物种植面积占全国比重均稳定在 56% 左右。2016 年广西的糖料作物种植面积为 951.03 千公顷,占全国的比值为 56.07%。在产业基地方面,广西 2004 年就已建成年甘蔗产量达 60 亿吨以上的 25 个县市糖料基地,其糖业产量占据中国糖业的一半,成为中国最大的糖料基地。从 2014 年起为解决低迷的糖业行情,广西着手打造 500 万亩高产、高糖的糖料基地。2015 年 5 月国家发改委颁布了我国《糖料蔗主产区生产发展规划》,其中确定广西蔗糖业的发展目标为:到 2020 年,广西区的糖料蔗种植面积将稳定在 1600 万亩,其产量稳定在 8000 万吨以上。其中,32 个县面积 1300 万亩,产量 7150 万吨以上,500 万亩核心基地产量达到 3000 万吨。①

2. 制糖业的固定资产投资规模存在一定程度的波动

从图 5.2 可看出,广西城镇制糖业的固定资产投资除 2009 年受金融危机

---

① 数据来源:国家发展改革委.糖料蔗主产区生产发展规划(2015—2020 年)。

影响出现下降外，2005—2011年呈现上升趋势。此后蔗糖业机械化水平不断提高，2011—2013年表现出较平稳的态势。2014—2015年由于国内外食糖价格严重倒挂，受国际低价糖大量涌入的影响，广西食糖产业安全固定资产投资大幅度减少。至2016年中央加大了对广西制糖业的政策支持，增加投资9066万元，加之地方政府的投资支持，制糖业固定资产投资开始提升。[①]

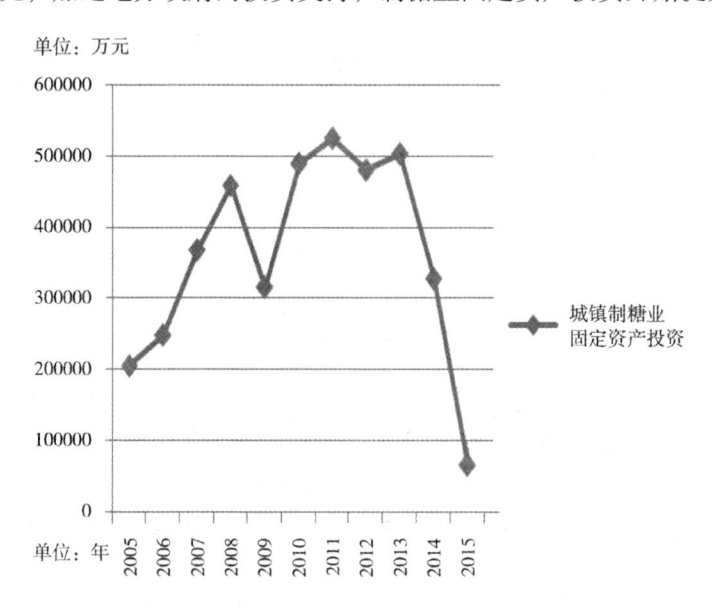

图5.2　2005—2015年广西城镇制糖业固定投资

数据来源：wind数据库、广西统计年鉴（2005—2016）。

3. 产量和产值在稳中略有下降

甘蔗产量是衡量地区糖业发展，糖料资源是否充沛的重要指标。从图5.3可知，在2014年以前除受金融危机影响外，广西的甘蔗产量总体呈现稳定上升的趋势，从2005年产量5154.69万吨增加至2014年的7952.57万吨，占比达到全国产量的63.31%，但2009年开始出现连续三年的缩减，主要原因是受金融危机与不同形式的自然灾害影响。2015年由于国内外食糖价格倒挂的严重影响，部分蔗农改种，导致产量出现下降。广西的甘蔗产量与全国甘蔗产量的变化趋势基本一致，且占到全国甘蔗产量的平均占比约60%左右。

甘蔗生产情况可以反映地区的甘蔗种植技术水平以及生成能力，也影响着制糖业的产糖率。如表5.22所示，广西糖业企业产糖率一直维持12%左右，

---

① 数据来源：2017年《广西统计年鉴》。

但 2012/2013 年榨季明显降低。2006/2007 榨季至 2014/2015 榨季，甘蔗入榨量和产糖量出现明显波动，其中由于受到自然灾害等因素影响，致使广西甘蔗的入榨量和产糖量在 2008/2009 榨季至 2011/2012 榨季连续三年呈缩减状态，而由于糖价持续低迷、劳动用工以及原材料价格偏高，致使 2015/2016 榨季广西甘蔗入榨量同比下降了 825 万吨，产糖 511 万吨，同比减少 128 万吨。

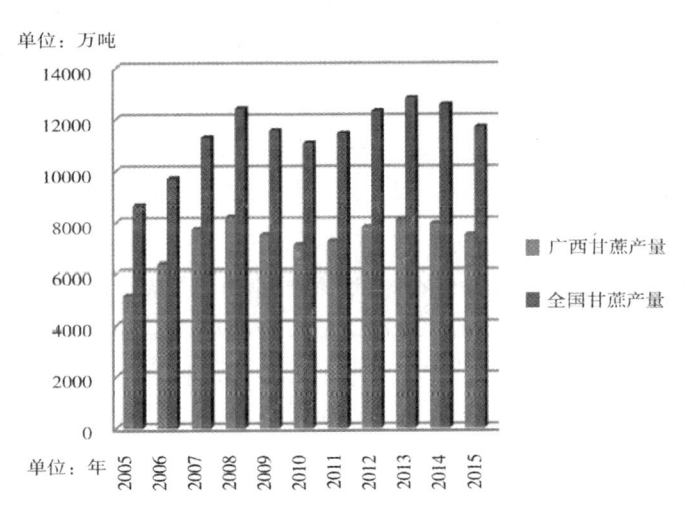

图 5.3　2005—2015 年广西以及全国甘蔗产量趋势图

数据来源：《广西统计年鉴》《中国统计年鉴》（2006—2016）。

表 5.22　2006/2007　2015/2016 榨季广西甘蔗生产情况

年度（年）	入榨量（万吨）	产糖（万吨）	产糖率（%）
2006/2007 榨季	5584	708.6	12.69
2007/2008 榨季	7689	937.2	12.19
2008/2009 榨季	6198	763.0	12.31
2009/2010 榨季	5545	711.8	12.81
2010/2011 榨季	5539	672.8	12.51
2011/2012 榨季	5764	694.2	12.04
2012/2013 榨季	6710	791.5	11.08
2013/2014 榨季	7095	857.56	12.08
2014/2015 榨季	5260	639	12.09
2015/2016 榨季	4432	511	11.53

数据来源：《广西糖业年报》（2007—2016）。

（二）金融支持广西蔗糖业发展的机制与实证

1. 广西蔗糖业发展的金融支持机制

一是资本形成机制。资本的形成机制主要体现为三个方面：第一，金融市场能够迅速有效地引导资金的合理流动，节约产品供求双方的信息成本、交易成本和监督成本，蔗糖业快速的发展吸引更多的资本，提高资金配置效率；第二，金融体系中存在多样化的金融机构、金融工具与金融服务，有利于储蓄实现增值及促进蔗糖业发展的投资增加；第三，为更好地促进蔗糖业的发展，蔗糖生产企业亟须将先进技术转化为生产力，尤其是龙头企业充分发挥带头作用，为创造更广阔的市场空间，将企业留存收益通过资金形成作用进行资源配置，推动产业发展。

二是资金导向机制。蔗糖业的发展受多种因素共同影响，如政府政策、季节变化、产业发展模式等。为使产业结构更为合理并实现产业的升级，需要提高企业的生产效率，保留技术先进和效率良好的企业，淘汰一些技术落后，投资成本高但生产效率低的企业。资金的导向作用是以商业性金融的利益竞争机制为主，商业性的金融机构会为了满足预期收益，按照流动性、收益性和安全性原则选取理想的投资对象，高效运用资金。利率市场化推动金融机构追求高收益，商业性金融机构的趋利性使其将加大对生产效率高、规模大、发展前景好的蔗糖生产业投入资金。

三是政策导向机制。蔗糖业是广西经济中重要而特殊的产业，近年来受国外低价进口糖与走私糖的冲击，导致国内食糖生产成本高。为保障国内食糖业的安全，亟须政府政策导向的积极支持。广西糖业"十三五"规划中明确了糖业发展目标，政府通过实施糖料蔗优良品种加价政策、适时投放储备糖以维护市场供应的稳定、开展糖料蔗目标价格指数保险试点、减轻制糖企业的税收负担等措施促进蔗糖业发展。

2. 金融支持广西蔗糖业发展的实证

（1）指标选取与数据来源

在指标选取方面，一方面，基于数据的可得性，最终选取成品糖产量（X）衡量蔗糖业发展水平。另一方面，考虑到指标与蔗糖业发展的相关性，及广西金融发展较为滞后，制糖业上市公司数量少、上市晚，产业发展资金除来源于政府外主要来源于银行业信贷支持的现实，分别选取金融相关率（FIR）和存贷比（SLR）来衡量广西的金融发展规模和金融效率。其中金融相关比率（FIR）是指某一时点上现存的金融资产总额和国民财富的比值，可以从一定程度上反映金融体系对实体经济的渗透程度，但考虑到广西金融证券与保险业发展缓慢，对制糖业发挥作用有限，因此用全部金融机构信贷总额代替金融资产总额，即FIR=（金融机构本外币存款余额+金融机构本外币贷款余额）/地区生产总值。该指标越大，说明社会贷款规模越大，区域金融市场规模也越大。存贷比（SLR）是全部金融机构贷款总额与存款总额之比，反映金融中介的效率，该指标越大，说明资金的利用率越高，储蓄能转化为投资的能力就越强。

实证研究选用数据为1990—2016年广西壮族自治区的年度数据，其中广西历年成品糖产量、地区生产总值以及金融相关比率（FIR）和存贷比（SLR）中所涉及全部金融机构人民币存贷余额来源于1991—2017年的《广西统计年鉴》《中国统计年鉴》《广西国民经济和社会发展统计公报》《广西金融运行报告》及wind资讯。

（2）实证过程

VAR模型（向量自回归模型）是运用模型中涉及的当期变量对其若干的滞后变量进行回归，进而估计全部内生变量动态关系的模型，一般用于研究随机扰动对其变量系统造成的动态影响或时间序列系统中的预测问题。本书尝试通过构建该模型探寻广西蔗糖业发展与金融发展之间的关系。

①对变量平稳性的ADF检验

为避免非平稳经济变量建立回归模型带来的虚假回归问题，需对时间序列数据进行平稳性检验。运用EViews5软件运算，得出检验结果如表5.23所示：在5%的显著水平下，存贷比（SLR）原始序列的ADF值小于临界值，拒绝单位根假设，表明该序列为平稳序列；成品糖产量（X）和金融相关率（FIR）原始序列的ADF值均大于临界值，接受单位根假设，表明两序列均为非平稳序列。进一步对成品糖产量（X）、金融相关率（FIR）和存贷比（SLR）变量进行一阶差分变换，发现3个变量的一阶差分序列均拒绝单位根假设，为平稳序列。

②设定变量之间的VAR关系

首先需对向量自回归模型（VAR）进行估计，用XT=（X，FIRT，SLRT）表示一个由3个变量所构成的一个系统向量。基于广西壮族自治区1990—2016年的数据，运用EViews5软件，采用SC准则和AIC信息准则判定最优滞后期为1，并进一步对模型进行估计，结果如下：

$$X=0.8853156566 \times X(-1)-30.47745786 \times FIR(-1)-290.737662 \times SLR(-1)\\+384.967463$$

表 5.23　各变量平稳性的检验结果

变量	DF/ADF 检验值	某显著性水平下 ADF 的临界值 1%	5%	10%	检验结果（a=5%）
X	0.631621	−3.769597	−3.004861	−2.642242	非平稳
D（X）	−6.251843	−3.769597	−3.004861	−2.642242	平稳
FIR	−0.748014	−3.724070	−2.986225	−2.632604	非平稳
D（FIR）	−4.671370	−3.737853	−2.991878	−2.635542	平稳
SLR	−4.092057	−3.724070	−2.986225	−2.632604	平稳
D（SLR）	−5.081815	−3.737853	−2.991878	−2.635542	平稳

由模型估计结果可知，X 除受其自身滞后变量的影响外，还受到其他两个变量滞后变量的影响，下文将对该关系进行进一步验证。

③VAR 模型的稳定性检验

基于上述分析，进一步采用 AR 根估计方法对 VAR 模型估计结果展开平稳性检验。AR 根估计的原理为：若 VAR 模型所有的根模均落在单位圆内，表明该模型稳定，若 VAR 模型所有根模均在单位圆外，表明该模型不稳定。由图 5.4 看出，AR 根估计的所有根模都落在单位圆内，说明被估计的 VAR 模型稳定，结果是有效的。

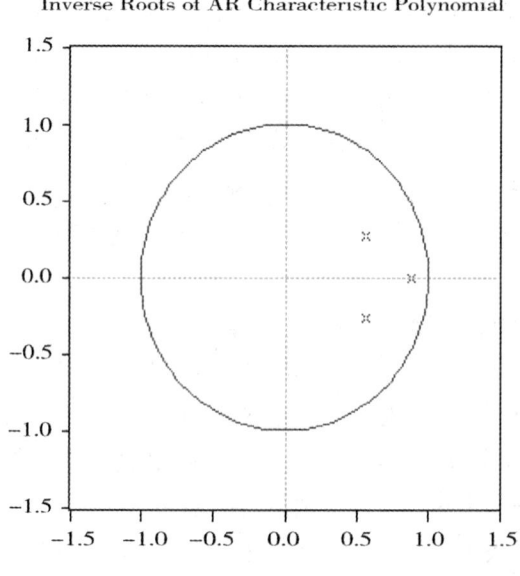

图 5.4　VAR 模型的根模显示图

④脉冲响应分析

进一步运用脉冲响应函数剖析模型受到冲击时对系统产生的动态影响。如图 5.5 所示，若给成品糖产量（X）一个标准差的正向冲击，将导致其自身产生同等的响应，表明成品糖产量（X）对自身存在滞后的冲击响应，但随着时间的变化，该响应呈逐渐衰退趋势。

由图 5.6 可知，当给金融相关率（FIR）一个标准差的正向冲击后，会在当期引起成品糖产量（X）的负向影响，第 2 期后逐渐转变为正向影响并在第 6 期达到最大值 0.06，随后影响程度呈下降趋势最终趋于稳定。表明金融规模的扩大会在一定程度上引起成品糖产量的滞后变化，但影响程度会随着时间的推移而变化，最终趋于稳定。

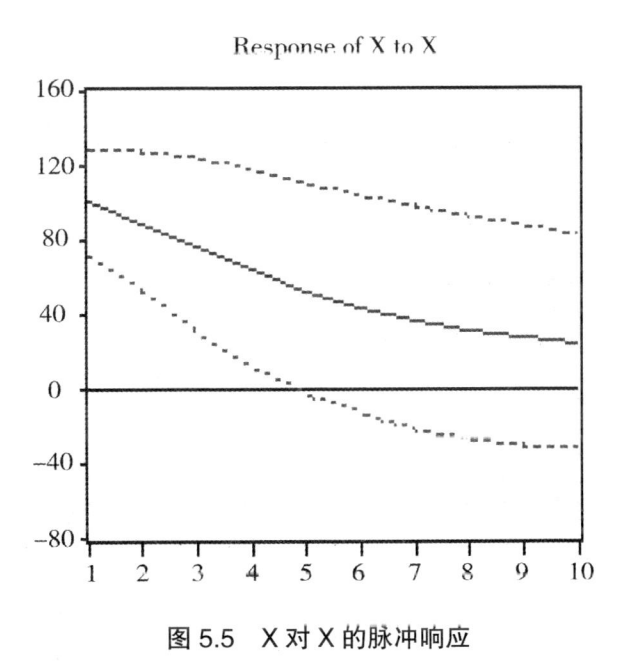

图 5.5　X 对 X 的脉冲响应

由图 5.7 可知，当给存贷比（SLR）一个标准差的正向冲击后，其对成品糖产量（X）的影响在第 1 期为零，随后冲击效应逐渐增大并在第 3 期达到最大值，第 3 期后效应开始减弱，在第 7 期后呈现负向影响。

⑤方差分解

脉冲响应函数只描述了随着时间的推移，模型中各变量对于冲击的响应，却不能比较不同冲击对一个特定变量的响应强度，为进一步评价各内生变量对预测方差的贡献度，对所建立的模型进行方差分解分析，如表 5.24 所示，在对广西成品糖产量（X）变化的贡献度中，贡献率从大到小依次为成品糖产量（X）、金融相关率（FIR）、存贷比（SLR），其中成品糖产量（X）对自身的贡献率呈逐渐减弱趋势，但最终稳定在77%水平上，表明人们往往通过广西成品糖产量的以往情况对未来的产量进行预测，但该预期随着时间的增加而减弱；金融相关率（FIR）、存贷比（SLR）在第1期贡献度为零，随后贡献度均逐渐增加，但总体贡献水平低。

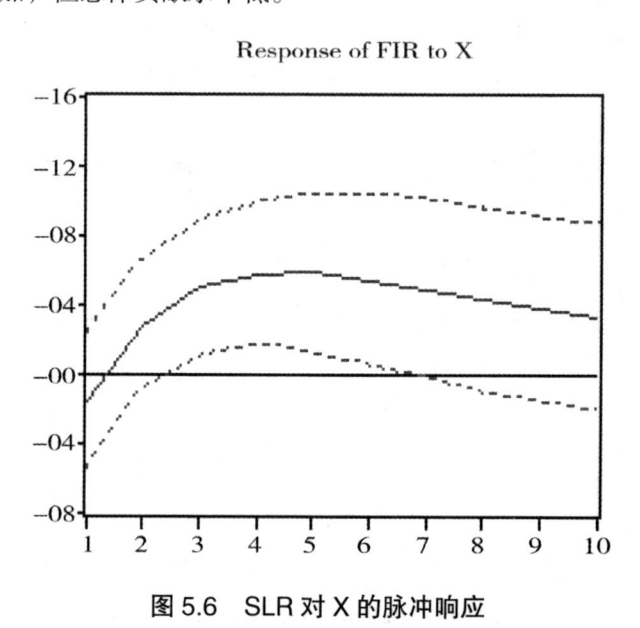

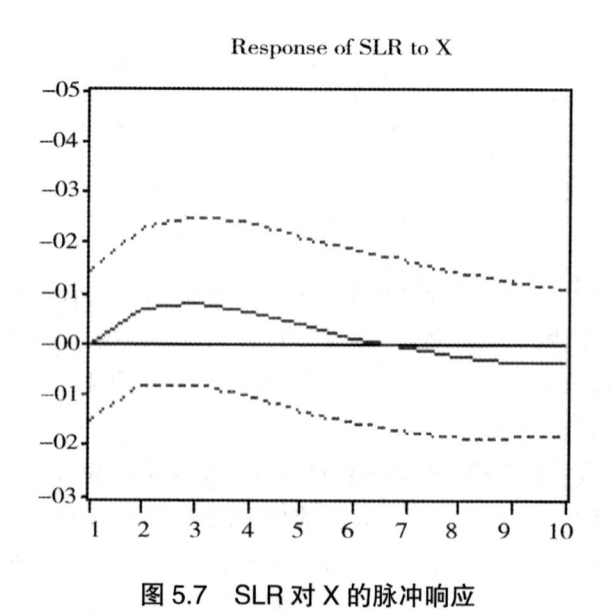

Response of FIR to X

图 5.6 SLR 对 X 的脉冲响应

Response of SLR to X

图 5.7 SLR 对 X 的脉冲响应

表 5.24 20 期 X 的方差分解表

Variance Period	Decomposition of S.E.	X: X	FIR	SLR
1	99.41829	100.0000	0.0000000	0.0000000
2	150.7442	99.31489	0.267263	0.417848
3	171.9337	99.23817	0.424927	0.336902
4	181.8208	96.75597	2.710065	0.53.3964
5	189.7185	92.33615	6.478048	1.185802
6	196.6547	88.30471	9.807336	1.887958
7	202.3260	85.48293	12.09342	2.423647
8	206.8043	83.59748	13.60178	2.800732
9	510.3264	82.24498	14.67311	3.081910
10	213.1218	81.19226	15.50000	3.307743
11	215.3661	80.34183	16.16291	3.495262
12	217.1796	79.65401	16.69541	3.650582
13	218.6476	79.10272	17.11970	3.777587
14	219.8356	78.66291	17.45654	3.880543
15	220.7973	78.31143	17.72471	3.963855
16	221.5763	78.02921	17.93939	4.031398
17	222.2079	77.80163	18.11209	4.086277
18	222.7205	77.61764	18.25144	4.130915
19	223.1368	77.46871	18.36406	4.167227
20	223.4750	77.34808	18.45517	4.196759

3. 实证结果

由以上分析结果可知，金融相关比率（FIR）与存贷比（SLR）均对成品糖产量（X）具有明显的促进作用，且都具有滞后效应，随着时期的递增，该作用逐渐减弱。其中金融相关比率（FIR）对广西成品糖产量（X）的贡献要大于存贷比（SLR），表明金融规模的扩大能够更好推动金融深化的健康发展，进而促进金融体系为广西蔗糖业的可持续发展提供更好的服务。同时需注重金融运行效率的提高与金融结构的完善，针对于此，广西金融监管机构及相关政府部门应进一步开放金融市场，促进广西区域内金融机构的有效竞争，为蔗糖业的发展提供更为完善和有效的金融支持。

二、贵州中药民族药业发展的金融支持

按照国务院《关于进一步促进贵州经济社会又好又快发展的若干意见》（国发〔2012〕2号文件）的指示精神，从2012年开始，"茶、酒、烟、药、食品"被贵州省委、省政府作为"五张名片"重点培育和发展。中药民族药业是贵州省打造的"五张名片"之一，凭借贵州省生态优良、气候适宜、民族医药积累丰富的比较优势，已发展成为省域特色产业。据统计，截至2016年，贵州省中药材人工种植及野生保护抚育总面积达到599.45万亩，总产量165.79万吨，总产值129.25亿元；贵州省中药民族药产业领域共建有省级以上工程（技术）研究中心、重点实验室、企业技术中心等创新平台和机构71个，较2015年增加7个。[①] 同时，根据国发〔2012〕2号文件要求，贵州省人民政府于2014年8月印发的《贵州省关于加快推进新医药产业发展的指导意见》与《贵州省新医药产业发展规划（2014—2017）》为新医药产业的发展奠定了政策基础，在贵州省"建设全国中药材大省和中药民族药强省"战略目标的实现过程中发挥了重要作用。而金融作为一种战略资源，可以为中药民族药业的发展提供"政策扶持＋资金支持"的"双重"支持作用。

（一）金融支持贵州省中药民族药业发展的现状

西部大开发以来，贵州省经济得到快速发展，中药民族药业作为贵州省经济发展的"五张名片"之一也取得了飞速发展。这与政策性金融的扶持和贵州省商业性金融的快速发展密切相关：其中银行业、证券业金融机构分别通过为中药民族药企发放贷款、帮助中药民族药企上市融资等方式提供间接融资与直接融资；保险业金融机构为中药民族药业的升级发展提供投资和保障作用。但鉴于贵州省保险业在中药民族药业发展中的有限作用，此处仅对银行业金融机构与证券业金融机构的作用进行具体阐述。

1. 银行业金融机构不断扩大信贷规模

作为传统的间接融资金融机构，银行在落后的地区经济发展中发挥着极其重要的作用，而贵州省中药民族药材的种植形式中，农户分散种植或合作社种植占据着主导地位，且需建设大量药材种植基地，同时种植户多以自有

[①] 数据来源：中华人民共和国国务院新闻办公室网站，访问时间：2017年12月5日。

资金进行种植,受自有资金有限与自然灾害的不预期影响,农户对银行营业网点的分布及资金量的需求有着更高的要求。

近年来,随着经济需求的不断变化,贵州省银行业组织体系更趋完善、健全。银行业金融机构个数由2008年的3960个增加到2016年的5259个,增长32.80%,其中新型农村金融机构数由3个增加到167个,小型农村金融机构数由1982个增加到2333个,大型商业银行、股份制商业银行分别增加至1094个[①],以遵义商业银行、贵阳银行、安顺商业银行为代表的城市商业银行网点覆盖面也在不断拓宽,即各类农村金融机构数量的不断增长为中药民族药业的发展提供了有力保障。

随着贵州省银行业的快速发展,金融机构的信贷规模也呈现不断扩大的趋势,截至2014年,贵州省金融机构存款余额、贷款余额分别达15307.38亿元、12368.30亿元[②],为中药民族药产业规模的不断扩大、产业的不断优化升级提供了有利的金融支持。2003—2014年银行向贵州省上市药企提供贷款情况如图5.8所示,以包括贵州百灵企业集团制药股份有限公司、贵州信邦制药股份有限公司、神奇制药、贵州益佰制药股份有限公司在内的4家上市药企为例,考查期内银行机构向几家药企提供的贷款额整体呈上升趋势,其中2006年、2007年增速较快,之后呈平稳发展态势,2013年、2014年涨幅最大,这与贵州省中药民族药产业相关支持政策的出台密切相关。

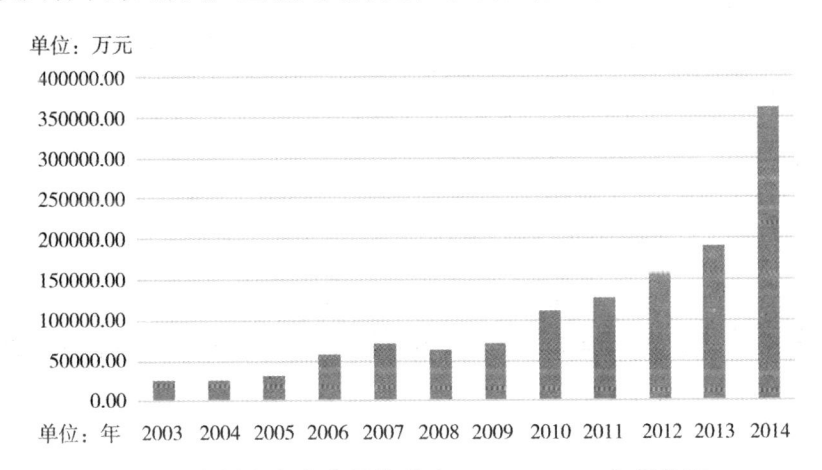

图5.8 贵州上市中药民族药企2003—2014年贷款额

数据来源:Wind资讯。

---

① 数据来源:《2008年贵州省金融运行报告》《2016年贵州省金融运行报告》。
② 数据来源:Wind资讯。

2. 证券市场支持力度不断加大

贵州省截至 2014 年共有中药民族药生产企业 155 家，有医药生产的高新技术企业 36 家，拥有自主知识产权的中药民族药品种 154 个，并涌现出了益佰制药、信邦制药、贵州百灵、神奇制药及汉方等一批重点中药民族药企业。[①] 随着制药企业规模的不断壮大和产业的不断发展，原本单一的银行信贷融资渠道已不能满足企业成长过程中多样化的资金需求，进而呈现出对证券市场融资的迫切需求。

截至 2015 年 5 月，在沪深证券市场上市的贵州公司已达到 20 多家，其中包括贵州百灵企业集团制药股份有限公司、贵州信邦制药股份有限公司、神奇制药、贵州益佰制药股份有限公司 4 家药企，其中贵州百灵是我国最大的苗族民族药的研发生产企业之一。贵州辖区新三板挂牌企业共有 20 家，其中包括新天药业、威门药业 2 家医药制造业。[②] 同时还有包括贵州太和制药有限公司、贵州绿太阳制药有限公司、贵州新天制药股份有限公司等一批药企在上市准备阶段。如图 5.9 所示，1995—2003 年间贵州中药民族药企在证券市场的筹资额维持在较低水平，仅为 3 亿元左右，2004 年开始小幅上涨，2005—2009 年趋于平稳，2009 年后大幅增加，由 2010 年的 28.7 亿元提高到 2014 年的 68.4 亿元。

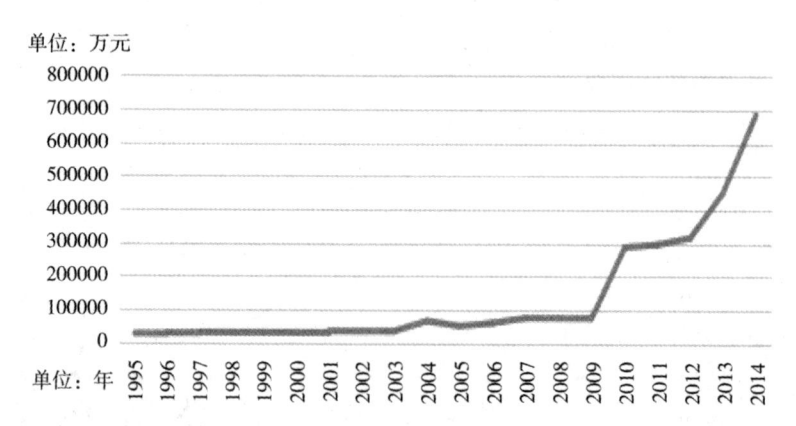

图 5.9　贵州省 1995—2014 年中药民族药企上市公司的证券市场筹资额
数据来源：Wind 资讯。

2010 年贵州信邦制药股份有限公司在深圳证券交易所挂牌上市，此后在证券市场上公司筹资数额不断上升，从 2010 年筹资 9625 万元扩大到 2014 年的 198520 万元，增加了 20 倍之多。信邦制药当前已发展为注册资本达 16.67

---

① 姚远. 民族医药产业发展的贵州样本 [N]. 人民日报，2015-03-01.
② 数据来源：中国证券监督管理委员会贵州监管局。

亿元、总资产 119.55 亿元、净资产 66.15 亿元，下属 40 余家控股企业，员工 6000 余人，集医疗服务、医药流通、制药工业为一体的全产业链企业集团。

贵州百灵集团制药股份有限公司从 23520 万股本总额经过多次利润分配和资本公积转增股本以后，截至 2014 年底，其在证券市场的筹资额达 154908 万元。贵州益佰制药股份有限公司的证券市场筹资额为 156032 万元，带来了企业的快速发展，其生产厂房面积共 43200 平方米，企业员工有 4000 余人。2014 年底贵州神奇制药有限公司在证券市场筹集资金 150341 万元。此外，在新三板挂牌的新天药业、威门药业 2014 年证券市场筹资额为 24269.5 万元。①贵州绿太阳制药有限公司、贵州新天制药股份有限公司、贵州太和制药有限公司等的上市处于筹备阶段。

3. 政策性金融支持水平大幅提高

贵州省中药民族药业作为贵州省经济发展的战略新兴产业，得到省委省政府的重点扶持，先后出台了大量针对中药民族药业发展的规划与政策，设立支持中药民族药业发展的专项资金，大力建设产业园区。从图 5.10 可以看出政策性金融投资在考察期内呈波动性上升趋势，其中 2004 年之前上升较为缓慢，2004—2007 年出现短暂的下降，2008 年后便呈现稳步上升趋势，且支持水平大幅提高，到 2014 年实现近 70 亿投资。

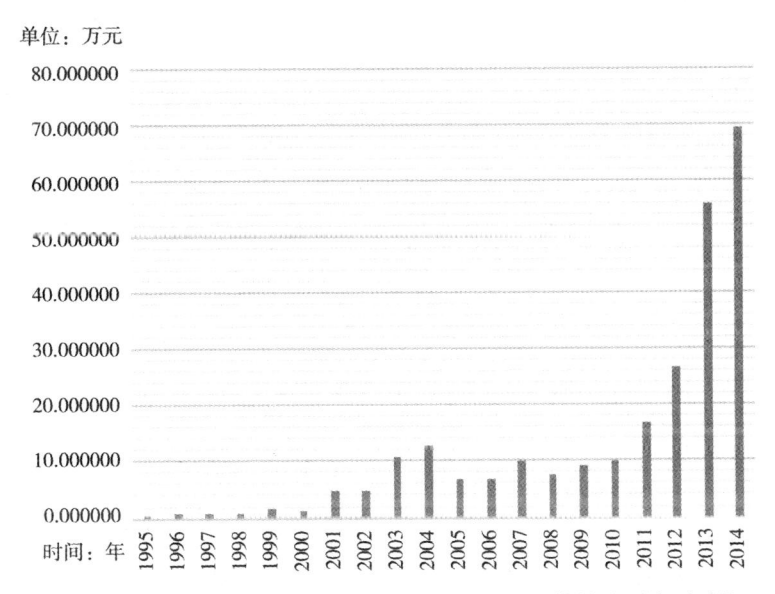

图 5.10　贵州中药民族药业 1995—2014 年政策性金融投资额

数据来源：Wind 资讯。

---

① 数据来源：Wind 资讯。

在政策性金融的支持下，贵州中药民族药业实现稳步发展。截至2014年10月，贵州省已建成产业园区6个，拥有在建园区13个，分布在贵州下辖的黔东南州、黔西南州、黔南州3个少数民族自治州。同时政策性金融不仅通过在中药民族药材集中种植区域投资建立产业园区，还积极完善和维护园区内的基础设施，以吸引药企入驻，有效地促进了中药民族药业发展，也能发挥政策性金融对商业性金融的引导作用，吸引更多的市场资本进行投资，进一步促进中药民族药业的发展。

4. 金融支持贵州省中药民族药业取得快速发展

①中药民族药种植业蓬勃发展

由于大量资金的不断投入，贵州省中药民族药得到快速发展，中药民族药材的种植总面积（包括人工种植和野生保护抚育）实现迅速增长（见图5.11），从2005年的人工种植和野生保护抚育总面积约114.5万亩发展到2014年的511.28万亩，实现年均增长18.25%。

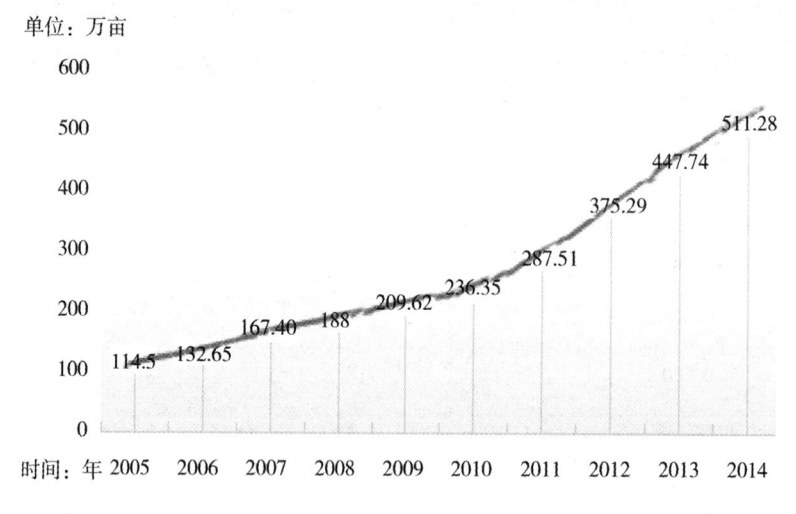

图5.11 贵州省2005—2014年中药民族药材种植面积

数据来源：Wind资讯；2015年贵州省中药民族药产业统计报告。

得益于《贵州省关于加快推进新医药产业发展的指导意见》及《贵州省新医药产业发展规划（2014—2017年）》的出台，此后贵州省政府提出打造包括天麻、杜仲、太子参、金（山）银花、何首乌、刺梨等18种有较好发展前景的重点中药民族药材，将种植面积扩大到127万亩，并重点建设贵州省38个中药民族药材种植重点县，且致力把部分重点基地培育成为全国具有影响力的中药民族药材基地品牌,包括黔东南州施秉县的太子参示范种植基地、毕节大方县等地的天麻示范种植基地、赤水的石斛示范种植基地等。① 伴随种植面积不断扩大,贵州省药材产量也快速增加,其中仅木本类的药材产量就从 2011 年 70972 吨增加到 2014 年的 85096 吨②,实现年平均增长 6.63%。

②中药民族药工业快速发展

得益于贵州医药园区建设投资和技术研发,以及政策与商业性资金支持促进了贵州民族药制药业的发展,中成药、民族药产量也在不断增加。从图 5.12 可以看出,2003—2014 年,贵州省中成药产量共增长了 2.6 倍,其中,2004—2006 年增长速度较快,2005 年出现最大增幅 40%,2007—2011 年,呈现平稳发展趋势,2011 年后增长速度又逐渐加快。

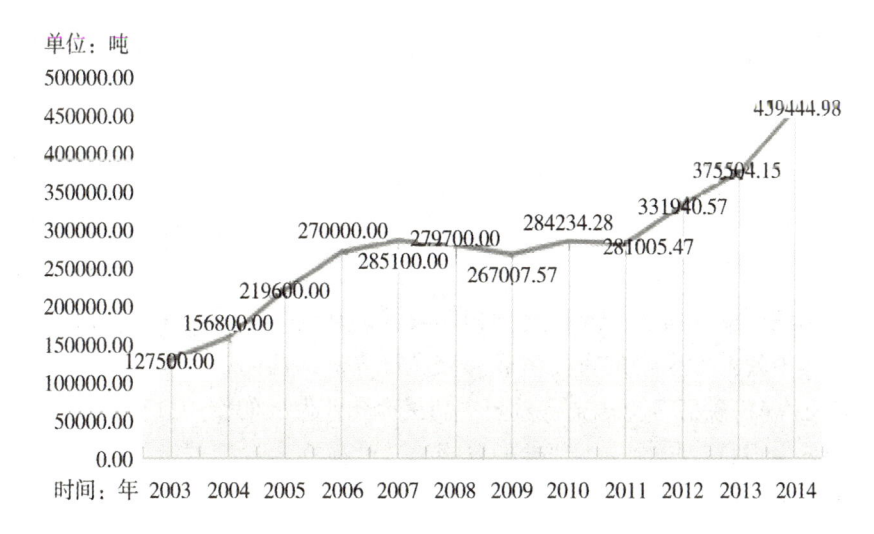

图 5.12　贵州省 2003-2014 年中成药产量

数据来源:Wind 资讯。

如图 5.13 所示,总体看来,2003—2014 年,贵州省中药民族药业的工业产值也呈上升态势,11 年间增长了 7 倍之多,年均增长 22.18%。其中,2002—2010 年呈稳步增长状态,2011 年出现短暂下滑之后急剧增加。2014 年贵州省的苗药是全国销售额最多的民族药,其销售额超过了 150 亿元。③

---

① 姚进忠.贵州省打造 18 种特色中药材种植基地 [EB/OL].贵州日报网,2014-09-08.
② 数据来源:Wind 资讯。
③ 贵州:打造中药材大省和中药民族药强省 [EB/OL].贵阳日报网,2015-02-26.

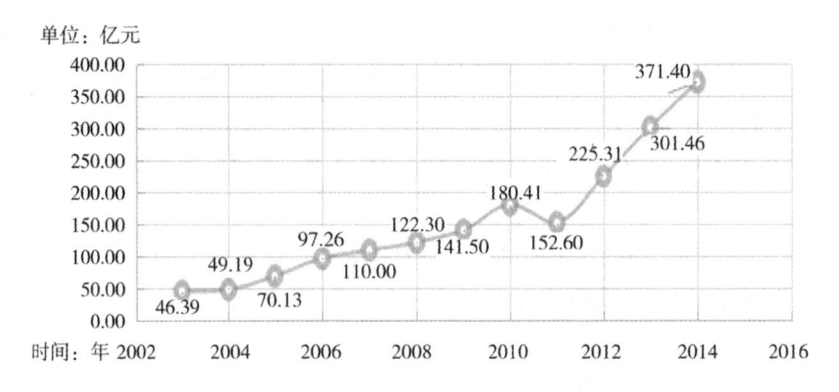

图 5.13 贵州省 2003—2014 年中药民族药工业产值

数据来源：Wind 资讯

（二）金融支持贵州省中药民族药业发展的实证分析

借鉴前人的研究经验，将金融发展水平的内涵界定为包括金融规模和金融效率在内的两个方面，其中金融规模包括政策性金融规模与商业性金融规模，商业性规模囊括银行、证券、保险在内的金融行业。鉴于保险业在贵州中药民族药业发展中的支持作用相对较弱，且数据不易获取，故仅将银行与证券作为商业性金融的重要组成部分进行分析，且代表不同的支持方向。通过建立 VAR 模型对金融支持贵州中药民族药业发展的作用进行实证分析，解释变量为银行信贷规模、证券融资规模、政策性金融相关指标，被解释变量为中药民族药产业产值。

1. 变量指标的选取

充分考虑变量指标选择的代表性与指标数据的可获得性前提下，选取指标为：贵州省中药民族药产业发展指标 Yt，以中药民族药产业的工业产值 / 贵州省地区生产总值代表。

金融效率是通过金融机构把社会剩余资本转化成为资本进行再投资的过程，可以用存贷比表示，比值越高说明社会剩余资本转化为再投资资本的比重越大，即金融效率越高，在此将金融效率指标表示为 Et= 金融机构贷款总额 / 金融机构存款总额。

银行信贷规模指标表示为 Mt。由于银行机构主要通过信贷的形式给予产业资金支持，因此在以往的研究中，多数学者考虑到优势产业贷款比重较大、不同产业之间的相关性、不同产业之间金融支持总额数据分割的困难性等情况，大多采用信贷规模来代表，即：Mt= 金融机构贷款总额/地区生产总值。不足之处在于该指标过于宏观难以具体到某一具体产业。研究考虑到指标的实际代表性，在此基础上采用上市中药民族药企的银行贷款总额与贵州地区生产总值之比来代表。即 Mt=（长期借款总额+短期借款总额）/地区生产总值。

证券市场融资规模指标表示为 Nt。鉴于贵州目前有4家已在证券市场挂牌交易的规模性药企，且中药民族药的种植园区也多由已上市公司的大药企投资建设。因而采用较多学者选用的替代性指标：即 Nt=（贵州中药民族药业所有上市公司的实收资本+资本公积）/地区生产总值。

政策性金融指标 Ct。政策性金融包含政府为扶持地方经济发展，积极提供的各种金融政策与资金支持。考虑贵州省委、省政府积极在省内的中药民族药材集中种植地区积极投资建立产业园区，并负责维护与完善园区内的基础设施，以优惠政策吸引药企入驻园区，有效促进了中药民族药产业的快速发展。因此结合贵州实际，选用中药民族药业在基础建设和更新改造的投资之和/地区生产总值作为支持中药民族药产业政策性金融的替代性指标。

2. 数据来源

实证选取了贵州省中药民族药产业 1995—2014 年的相关数据，数据主要来源于《贵州年鉴》《贵州省统计年鉴》《贵州省国民经济和社会发展统计公报》《贵州省中药民族药产业统计公报》《中国乡镇企业农产品加工业年鉴》、Wind 资讯及相关制药企业的门户网站。

3. 时间序列的平稳性检验

进行回归分析时，要求采用的时间序列必须为平稳的，否则将产生伪回归现象。由于实际情况中，因各种因素的作用，所使用的时间序列一般为非平稳的。因而在分析前，需要对该时间序列进行平稳性检验，以保证实证分析结果的有效性。采用由迪基（Dickey）和富勒（Fuller）[1]提出的 ADF 检验法对金融效率 Et、政策性金融 Ct、银行信贷规模 Mt、证券市场融资额 Nt 进行平稳性检验，得到检验结果如表 5.26 所示。

为避免伪回归现象的发生，在进行回归分析前，需对时间序列进行平稳性检验，以保证实证分析结果的有效性。采用迪基（Dickey）与富勒（Fuller）[2]给出的 ADF 检验法，对涉及的包括金融效率 Et、银行信贷规模 Mt、政策性金

---

[1] DICKEY D A, FULLER W A. Distribution of the estimators for auto regressive time series with a unit root[J]. Journal of the American Statistical Association, 1979, 74 (366): 427–431.

[2] DICKEY D A, FULLER W A. Distribution of the estimators for auto regressive time series with a unit root[J]. Journal of the American Statistical Association, 1979, 74 (366): 427–431.

融 Ct、证券市场融资额 Nt 等各变量进行平稳性检验，检验结果如表 5.25 所示。

表 5.25　各变量序列的 ADF 检验结果

变量	检验类型（K、T、P）	1%	5%	10%	ADF 检验值	P 值	检验结果
Yt	（K、0、0）	−3.831511	−3.029970	−2.655194	−1.891638	0.3287	不平稳
Mt	（K、T、0）	−4.571559	−3.690814	−3.286909	−3.836263	0.0386	平稳
Et	（0、0、0）	−2.699769	−1.961409	−1.606610	−2.470110	0.0168	平稳
Nt	（K、T、0）	−4.532598	−3.673616	−3.277364	−1.748565	0.6888	不平稳
Yt	（0、0、1）	−2.699769	−1.961409	−1.606610	−4.639490	0.0001	平稳
Ct	（K、0、0）	−3.831511	−3.029970	−2.655194	−1.375905	0.5717	不平稳
Mt	（0、0、1）	−2.708094	−1.962813	−1.606129	−3.671018	0.0011	平稳
Et	（K、0、1）	−3.857386	−3.040391	−2.660551	−5.386107	0.0005	平稳
Ct	（0、0、1）	−2.699769	−1.961409	−1.606610	−3.976046	0.0005	平稳
Nt	（K、0、1）	−3.886751	−3.052169	−2.666593	−3.944475	0.0089	平稳

注：表中（K、T、P）的 K、T、P 分别代表单位根检验方程的截距项、时间趋势项及滞后阶数，0 表示检验方程不包括截距项或时间趋势项。

从表 5.25 可看出，按照 AIC 值最小原则决定最佳滞后阶数时，原始序列中只有银行指标为平稳变量，其余变量均不平稳，经一阶差分处理后所有变量均变为平稳，说明所有变量为一阶单整序列，达到了建立 VAR 模型的必要条件。

4. 向量自回归（VAR）模型

希姆斯（C.A.Sims,1980）将 VAR 模型引入计量经济学中，是主要用于预测和分析随机扰动对系统的动态冲击，以及冲击大小、正负性与持续时间长短等的一种分析工具。VAR（P）模型的数学表达式为：

$$y_t = A_1 y_{t-1} + \ldots + A_P y_{t-P} + BX_t + \varepsilon_t \quad t=1, 2, \cdots, T \qquad （式5.1）$$

其中 y_t 是 n 维内生变量，X_t 是 d 维外生变量，p 是滞后阶数，T 为样本的个数。$A^1, \cdots, A_p$ 与 B 是需要被估计的系数矩阵。其中 ε_t 为扰动向量，它们之间可以存在同期相关，但是不与自己的滞后值存在相关，也不与等式右边的变量存在相关关系，假设 Σ 是 ε_t 的一个协方差矩阵，也是一个（kXk）的正定矩阵。则上式 5.1 可以表示为矩阵式：

$$\tilde{y}_t = A_1\tilde{y}_{t-1} + ... + A_p\tilde{y}_{t-p} + \tilde{\varepsilon}_t \qquad (式5.2)$$

其中 $\tilde{y}_t$ 为 y_t 关于外生变量 X_t 的回归残差。上式5.2可以简化为：

$$A(L)\tilde{y}_t = \varepsilon_t \qquad (式5.3)$$

式中 $A(L) = I_k - A_1L + A_2L^2 - ... - A_pL^p$，是滞后算子L的（k×k）参数矩阵。而 $A_0=I$ 是一个单位矩阵。它的一般称方程（式5.3）则是非限制性向量的自回归模型。冲击矩阵 ε_t 是白噪声向量，由于 ε_t 没有结构性的含义，所以一般称之为简化形式的冲击向量。

①确定最优的滞后期数。

在VAR（P）模型建立之前，需对变量Et、Nt、Ct、Mt综合确立其模型的最优滞后期数，通过运算，结果如表5.26所示。

表5.26　VAR模型的最优滞后阶数检验结果

Lag	LogL	LR	FPE	AIC	SC	HQ
0	386.7364	NA	2.61e−25	−42.41516	−42.16783	−42.38106
1	429.3396	56.80421*	4.22e−26	−44.37107	−42.88711	−44.16645
2	474.0690	34.78953	1.12e−26*	−46.56322*	−43.84264*	−46.18809*

建立的VAR模型受样本数量限制，可供选择的最大滞后期数是2。根据检验结果，当模型的滞后期数为2时，得到AIC和SC信息统计量均是最小值，因而该模型的最优滞后阶数为2阶，选择建立VAR（2）模型。

②VAR（2）模型的建立。

在确定最佳滞后期为2的基础上，利用Eviews7.2建立VAR（2）模型。选取中药民族药工业产值为被解释变量，方程如下：

以中药民族药工业产值作为被解释变量，采用Eviews7.2建立如下VAR（2）模型，具体方程为：

$Y_t = 0.086258 \times Y_t(-1) - 0.142159 \times Y_t(-2) + 0.027235 \times C_t(-1) + 2.097926 \times C_t(-2)$
$S.e=$（0.23745）（0.17892）（0.43376）（0.57196）
$T=$[0.36326]　[−0.79453]　[0.06279]　[3.66795]
$-2.026580 \times N_t(-1) + 1.024063 \times N_t(-2) + 2.170022 \times M_t(-1) + 0.937342 \times M_t(-2)$
（0.61526）（0.82640）（2.78908）（2.37256）

[-3.29386]　[1.23919]　[0.77804]　[0.39508]

$-0.014649 \times E_t(-1) - 0.054054 \times E_t(-2) + 0.083202$

（0.02767）（0.02255）（0.02926）

[-0.52939]　[-2.39742]　[2.84354]

从上述模型估计结果可看到，可决系数和修正可决系数的值分别是0.976701和0.943416，均在0.90以上，表明模型的拟合优度良好。同时通过对该模型进行滞后结构检验，显示存在着十个根模，分别是0.979619、0.964003、0.979619、0.884718、0.742279、0.884718、0.742279、0.509827、0.644422、0.443553，且均小于1，皆落在单位圆内（如图5.14）。表明该模型平稳，说明在样本区间内的中药民族药业产值、银行信贷规模、政策性金融规模、金融效率、证券市场融资额之间均存在着长期变动趋势。

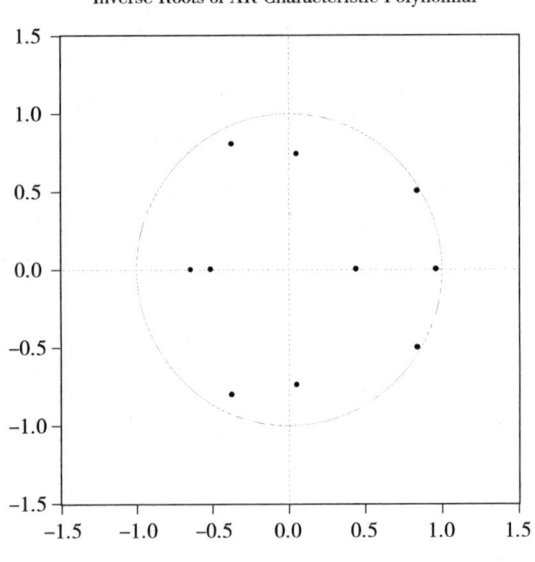

图 5.14　VAR 模型估计中 AR 根图

5. 脉冲响应函数及方差分解

为进一步探寻VAR模型的动态特征，此处采用脉冲响应函数与方差分解进行研究，其中脉冲响应函数分析用来描述在随机误差项上如果施加一个标准差大小的冲击之后，其对内生变量的当期值和其未来值会产生影响的程度；方差分解则通过分析每个结构冲击会对内生变量变化所产生的影响程度，评价不同的结构其冲击的重要性。为进一步说明金融效率、银行信贷、政策性金融投资、证券市场融资和中药民族药产业产值间存在的关系，并对变量进行脉冲响应函数分析及方差分解。

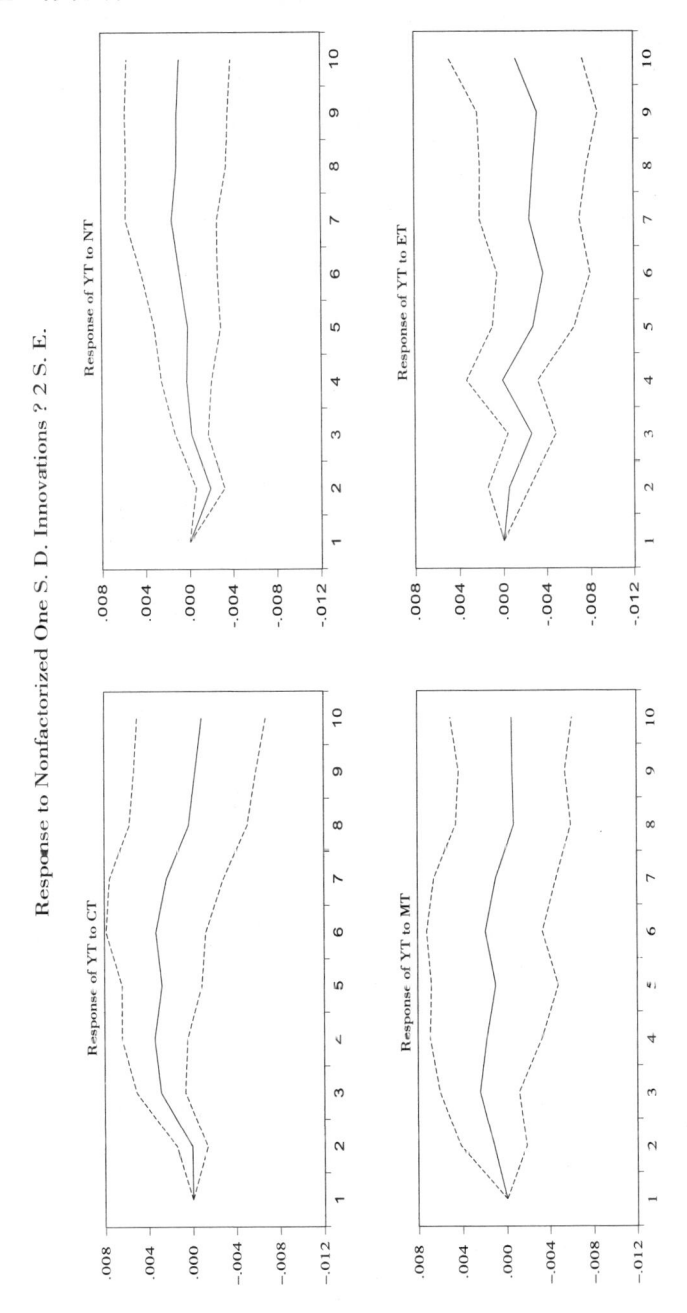

图 5.15　Yt 分别对一个标准差 Ct、Et、Mt、Nt 信息的响应

从图 5.15 可看到，政策性金融（Ct）对贵州中药民族药产业发展在前 8

期存在正向响应,且存在第4、5期最大冲击的维持,直到第6期才开始出现下降,并在第9期开始出现负向响应。而证券市场融资规模（Nt）对贵州中药民族药产业发展从开始的1、2期就为负向响应,在第3期之后开始出现正向响应且在第7期达到了最大。银行信贷规模（Mt）变量对贵州中药民族药产业发展在第8期之前均为正向响应,而第8期之后不存在明显的响应关系。金融效率（Et）对贵州中药民族药产业发展存在负向响应关系,第6期为其最低点。

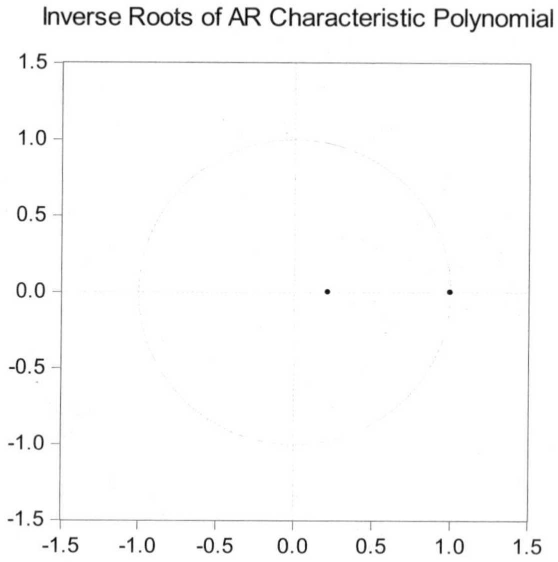

图 5.16　金融变量对贵州中药民族药产业发展的贡献率

在对变量进行方差分解后的结果如图 5.16 所示,政策性金融 Ct 变量对贵州中药民族药产业发展的贡献率从第2期到第4期呈现快速增强,并在第4期以后保持在20%以上。而金融效率（Et）变量对贵州中药民族药产业发展的贡献率从第2期开始,此后几期均持续增强状态,直到第9期以后趋于平稳并保持在40%的水平上下。证券市场融资规模（Nt）变量对贵州中药民族药产业发展的贡献率在第2期达到了最大值,此后逐渐减弱并趋于平稳。银行信贷规模（Mt）变量对贵州中药民族药产业发展的贡献率至第3期实现最大,第3期至第9期逐渐下降,在第9期后趋于平稳。

（三）实证结果

（1）实证结果显示政策性金融主要在前期促进中药民族药业发展,且贡献度较大,末期呈负向影响。试图阐释其原因,主要是因为在贵州中药民族药产业发展初期，企业市场竞争力弱，相较其他传统成熟产业，其直接与间接筹资渠道均较为狭窄，只能更多地依赖政策性金融的支持。

（2）银行信贷规模对贵州中药民族药业发展的影响为正，但后期关系尚不明显，方差分解的结果显示银行信贷规模贡献率在第3期出现最高值，主要是由于银行信贷对贵州省中药民族药业发展的促进作用较大，且随着产业的逐渐发展壮大，支持作用逐渐凸显。

（3）前期证券市场融资规模对中药民族药产业的影响为负，探究其原因，可能是因为该产业的发展基础为药材种植，而受药材种植生长周期长的影响，所投入的资金并不能在当期或短期内收回，因此初期呈现负向的影响。而在第2期达到最大贡献度后就出现下滑趋势，主要是因为贵州省部分上市药企的融资利用率较低，导致资本市场对贵州省的中药民族药业发展促进作用尚未显现。

（4）中药民族药业发展的初期金融效率的作用并不明显，然后出现负向响应，究其原因可能受贵州中药民族药业发展初期市场环境影响，企业竞争力弱，银行信贷等商业性金融介入产业的规模相对较小，发挥作用小，导致金融效率与贵州中药民族药业发展之间的关系并不明显。而之后出现的负向响应，可能由于贵州金融效率的总体水平低下，社会剩余资本的转化能力有限，导致可贷资金总体规模偏低，信贷资金的增长速度也不能满足贵州中药民族药产业发展的需要。

三、金融支持贵州与云南旅游业发展的比较

旅游业被誉为"无烟产业"与"永远的朝阳产业"，与汽车产业、石油产业并列为世界三大产业，在当前经济发展新形势下，旅游业发展常常成为一个国家或地区的经济与社会发展的重要标志。贵州拥有密集的喀斯特地貌群、瀑布群，此外，贵州还是我国早期的抗战大后方，有着诸多重要的"红色"历史遗址，人文景观也十分丰富，旅游业成为贵州发展第三产业的重中之重。同样拥有丰富旅游资源的云南省，独特的石林地质公园被称为"世界喀斯特精华"，少数民族聚居的西双版纳有着亚热带雨林的风情，丽江有终年积雪的玉龙雪山，腾冲拥有独特的火山地貌，有着沧山洱海的大理孕育浓厚的文化气息，高原湖泊、雪山、古城等景观皆成为云南发展旅游产业的坚实基础。而居于边境的特有地理位置，成就了独具特色的中老、中越及中缅跨境旅游。以丰富的旅游资源基础，现代旅游业目前成为贵州与云南新的经济增长点，均为两省经济发展做出了极大贡献，通过分析比较两省旅游业发展的现状及其金融支持存在的差距，探寻有效发挥金融对旅游产业发展的支持路径具有重要意义。

（一）金融支持旅游业发展现状的比较

西南民族地区因独有的自然景观和民族风情，使其旅游资源的禀赋程度较高，而同属西南民族地区的贵州与云南，均依托丰富的旅游资源优势，积极培育、发展旅游产业，实现产业总体规模不断扩张、作为支柱产业的地位逐渐巩固、带动作用日益显著增强。贵州与云南旅游产业的快速发展均得益于金融业的有力支持，其中，银行业主要通过投放信贷资金、证券业主要依靠从资本市场进行融资、保险业主要从建立旅游安全保障机制等方面对旅游产业的发展提供支持。

1. 旅游业发展现状的比较

鉴于数据的可获得性及完整性，从旅游资源开发状况、旅游总收入及旅游人数三个方面对贵州省与云南省的旅游业发展现状进行比较分析。

（1）游资源开发现况。

从图 5.17 可见，截至 2015 年，两省自然保护区与地质公园从数量上看差距不大；云南的省级风景名胜区、世界遗产约为贵州的两倍以上，但森林公园和国家公园数量却仅是贵州省的 50%；云南 5A 级以上风景区数量比贵州多，但国家级风景名胜区的数量却少于贵州。两省目前对旅游资源开发的程度相差不大，由于同处云贵高原，拥有相似度较高的自然环境及地理条件，且经济、金融发展差距也较小，影响两省对旅游资源开发的程度。

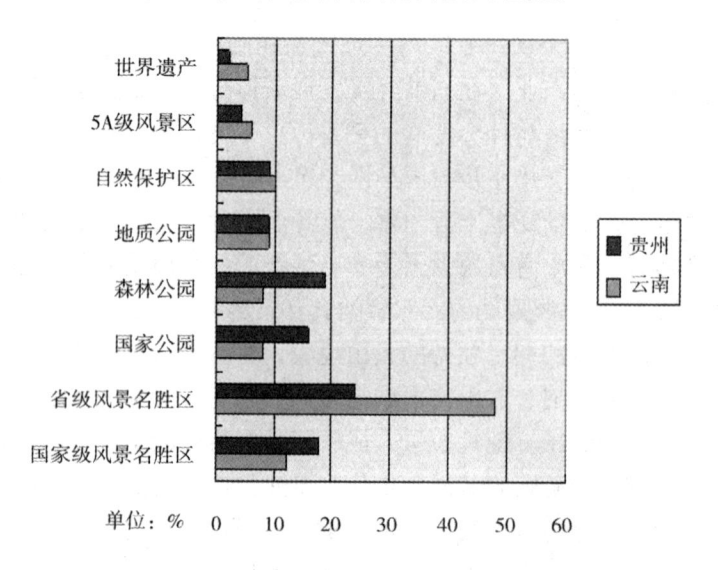

图 5.17　贵州与云南 2015 年旅游景区数量比较图

数据来源：《2016 年贵州统计年鉴》《2016 年云南统计年鉴》。

（2）旅游收入的比较。

旅游收入常被作为衡量一个区域旅游经济效益的基础性核心指标，也可以用来衡量地区旅游产业的发展情况。如图5.18与5.19所示，2007—2015年，云南与贵州的旅游总收入总体呈上升态势，占地区生产总值比重逐年递增趋势明显。其中，2007—2009年，云南的旅游总收入高于贵州，在2009年贵州政府提出"多彩贵州"发展战略以后，旅游业发展迅速，总收入实现千亿的突破，并反超云南达到1061.23亿元，高出云南54.4亿元，在2010年以后贵州旅游总收入一直超过云南，且两省差距呈逐渐拉大的趋势，目前增长率逐渐趋于平稳。2007—2015年，云南旅游总收入由559.21亿元增加到3281.79亿元，上涨了486.86%，而贵州2015年相比2007年上涨了583.22%，增长幅度较大，高于云南。

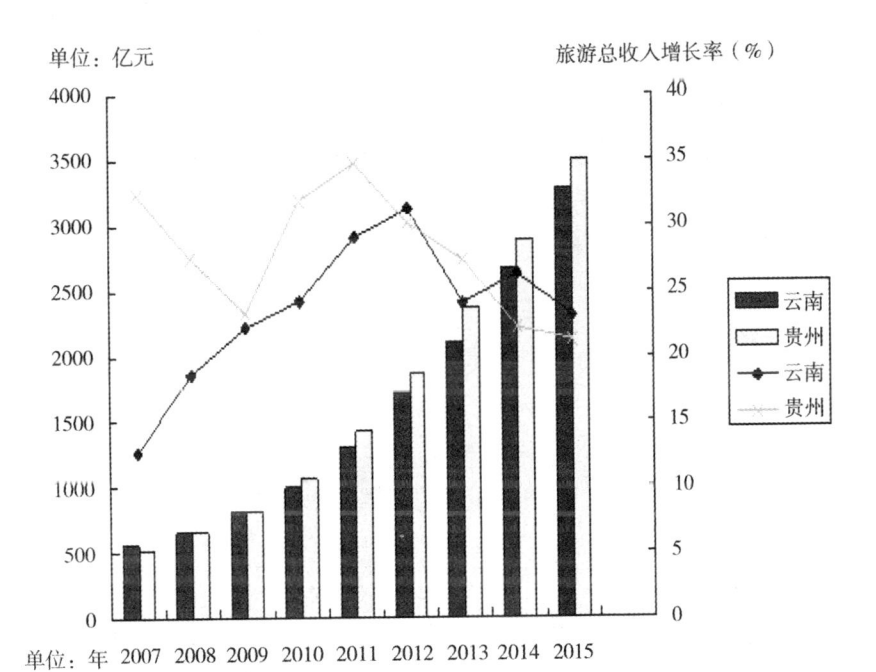

图5.18 贵州与云南2007—2015年旅游总收入比较

数据来源：《贵州统计年鉴》（2008—2016）、《云南统计年鉴》（2008—2016）、2016贵州省国民经济和社会发展统计公报、2016云南省国民经济和社会发展统计公报。

虽然两省旅游总收入一直呈上升趋势，但增长率变化趋势不平稳、波动幅度较大。云南省2007—2012年旅游总收入增长率呈上升态势，2013年下降幅度较大，相比2012年的增长率31.2%，旅游总收入增长率下降了7.2%，

2013年旅游总收入上涨幅度不及2012年，2014年上升到26.3%，2015年又有所下降，波动趋势逐渐频繁。在2007—2009年贵州旅游总收入的增长率从32.4%下降为23.3%，2011年相较于2009年，上升了11.4%，在之后的4年又呈下降趋势，到2015年下降为21.3%，波动幅度较大。9年间，贵州与云南的旅游收入平均增速分别为27.86%、23.48%，远高于同期地区生产总值增长率，且占地区生产总值的比重持续走高。2015年，贵州旅游收入占地区生产总值的比重为33.33%，相比2007年占比增加了15.57%，云南2015年的比值23.92%高于2007年的11.72%，贵州占比幅度较大，旅游产业对经济增长的贡献度高于云南省。

究其原因，旅游总收入的增多主要是得益于贵州与云南近几年的旅游总人数的增多。此外，贵州与云南为促进省域旅游产业发展均采取了积极的措施，贵州从2006年起每年均举办一届省旅游产业发展大会，由省内所有市州以轮流申请的方式举办，截至2016年已经成功举办十一届旅游产业发展大会；云南2005年启动旅游的"二次创业"，重点实施了旅游大项目带动战略。在"十二五"期间，贵州旅投集团获得国开行贵州分行提供的合作融资总额为80亿元，用来支持贵州旅游文化产业发展，因而在2010年后贵州旅游总收入反超云南成为旅游收入较高的省份，对经济的贡献度加大。

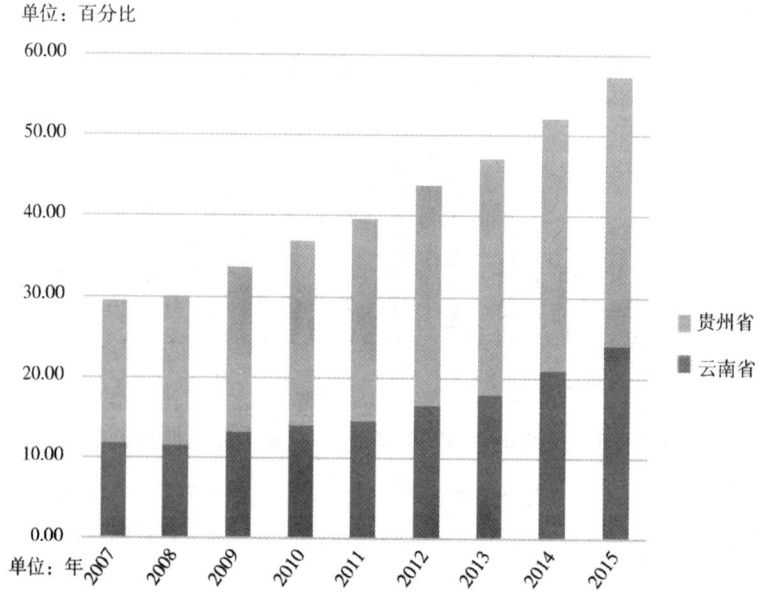

图 5.19 贵州与云南 2007—2015 年旅游总收入与地区生产总值比值比较

数据来源：《贵州统计年鉴》（2008—2016）、《云南统计年鉴》（2008—2016）、2015贵州省国民经济和社会发展统计公报、2015云南省国民经济和社会发展统计公报。

(3)旅游人数比较。

旅游人数是反映一个地区的旅游业发展情况的直接性指标,能够反映地区旅游产业吸引力的大小程度。贵州与云南2007—2015年的旅游人次变化趋势如表5.27所示。

表5.27 云南省与贵州省旅游人数 单位:万人次

年份（年）	云南			贵州		
	国内旅游人数	入境旅游人数	旅游总人数	国内旅游人数	入境旅游人数	旅游总人数
2007	8986.15	458.36	9444.51	6219.89	43.00	6262.89
2008	10250.08	510.70	10760.78	8150.69	39.54	8190.23
2009	12000.00	577.80	12577.80	10400.00	39.95	10439.95
2010	13800.00	662.81	14462.81	12863.01	50.01	12913.02
2011	16300.00	763.72	17063.72	16960.85	58.51	17019.36
2012	19600.00	886.40	20486.40	21330.68	70.50	21401.18
2013	24000.00	1043.37	25043.37	26677.69	77.70	26761.28
2014	28100.00	997.94	29097.94	32049.44	85.50	32134.94
2015	32300.00	1075.32	33375.32	37505.91	94.09	37600.00

数据来源:《贵州统计年鉴》(2008—2016)、《云南统计年鉴》(2008—2016)。

从表5.27可以看出,2007—2015年,云南省与贵州省的旅游总人数均呈上升趋势,国内旅游人数和入境旅游人数逐年增加,说明两省旅游资源对于国内外游客的吸引力逐渐增强。2007年,云南与贵州的旅游总人数分别为9444.51万人、6262.89万人;2015年,云南省达到33375.32万人,增长253.38%,贵州省高达37600万人,9年间翻了6倍之多,两省旅游业均实现了较快发展。贵州省旅游人数上涨幅度远高于云南省。2007—2011年,云南省的旅游总人数一直多于贵州省,2011年后,贵州省提出全力推动旅游产业转型升级,加大了银行类金融机构对旅游业发展的资金支持,完善了金融服务,促进了旅游业的发展,吸引了较多的游客,因此贵州旅游总人数反超云南实现了较快增长。从入境旅游人数来看,虽然两省的人数总体都呈上涨趋势,但贵州省入境旅游人数却远落后于云南省,不到云南省的1/10,国内旅游人数的不断增多与占比较小的入境旅游人数形成鲜明对比,说明国内游客对贵州省的旅游资源认同度较高,但国外市场却没有完全开拓。云南省拥有较多的国外游客，也主要是因为云南省地处我国边境地区的老挝、越南及缅甸相邻，地理位置优势明显，并且以亚洲传统客源市场为基础，大力发展欧洲、美洲等新兴客源市场。

2. 旅游业发展的金融支持现状比较分析

（1）金融资本支持情况

从银行业金融机构来看，在"十一五"期间，云南省的银行业累计向省内旅游重大项目建设投放贷款达130.48亿元，一定程度上缓解了旅游项目融资不足的问题，顺利推进了云南省旅游"二次创业"。2012年，银行金融机构为云南省重点旅游项目投入资金554.11亿元，支持力度较大，促进了云南省旅游产业在投融资主体结构方面的优化。① 到2013年末，云南省金融机构对旅业业投放贷款额高达185.7亿元，实现同比增长29.9%。② 从云南省各州市具体情况来看，2012年，普洱市银行业对本市文化旅游产业发放贷款共计2.6亿元③；截至2012年末，迪庆州金融机构累计向旅游、生物、水电及矿产四大支柱产业发放贷款28.29亿元，四大产业的人民币贷款余额达到54.41亿元，占人民币各项贷款余额的42.82%，信贷支持力度较大。④ 此外，2010年，中国银联云南分公司和云南省旅游局共同打造了"七彩云南，银联随行"旅游特惠服务品牌，吸引了众多国内外银联卡持有人到云南省旅游，游客能够刷卡消费并且享受特惠服务，大大提升了旅游业的服务效率及品质。2014年，云南省中国银行分行推出了"中银云南惠游卡"，作为首张以旅游为主题的金融旅游信用卡，持卡人既可享受金融服务，又能享受旅游服务，为游客出行提供了全方位的金融便捷服务。从证券业金融机构来看，截至2015年年底，云南省已有云南旅游股份有限公司和丽江玉龙旅游股份有限公司2家旅游公司在上交所及深交所上市，上市的旅游公司通过资本市场上发行股票筹集资金，并将所筹资金用于旅游资源的开发、旅游服务品质的提升、旅游公共基础设施的建设等，加快了旅游产业的整合速度，促进了云南省旅游产业的发展。从保险业金融机构来看，云南省推出了"旅游安全组合保险+救援中心"的安全保障模式，为游客提供了极大的安全保障。

---

① 余繁. 云南旅游产业投融资年度报告2010—2011[M]. 昆明：云南大学出版社，2011.
② 数据来源：2013年《云南省金融运行报告》。
③ 金融助力普洱绿色经济发展取得实效[EB/OL]. 中国人民银行昆明中心支行网站，2016-08-30.
④ 2012年金融支持迪庆州四大产业发展力度加大[EB/OL]. 中国人民银行昆明中心支行网站，2016-08-30.

<<< 第五章 金融支持西南民族地区特色产业发展的定量考察与专题研究

贵州省金融业营业机构结构相对合理，种类齐全，但分布不均匀，贵阳市作为贵州省的省会，是贵州省的金融中心。目前贵州省金融业由银行业金融机构、证券公司、保险公司、小额信贷公司、财务公司等组成，其中银行业金融机构包括中国农业发展银行等国家政策性银行、工农中建交五家大型银行业分支机构、农村信用社、邮政储蓄银行、招商银行、贵阳银行、花旗银行等多家银行；证券公司营业部包括方正证券、国泰君安证券、安信证券、中投证券、中国银行证券、海通证券、华创证券等多家证券营业部；保险公司包括中国平安、中国人寿、太平洋、泰康等多家。自金融机构快速发展以来，金融机构充分发挥了对贵州省旅游业发展的资金支持、资源配置、金融服务的作用，促进了贵州省经济转型的目标的实现。借助金融的支持，贵州省旅游产业得到进一步的发展，旅游资源得到进一步的开发，旅游品牌得到确立和宣传，旅游产业结构实现进一步优化，带来旅游客源及旅游收入的增加。随着旅游产业的进一步发展，有利于促进贵州省产业结构调整与优化，第三产业的比重明显上升，就业率增加，贵州省地区生产总产值得到很大提高。

2009年贵州省决定把旅游业发展成为全省的支柱产业以来，贵州省各银行机构开始重点支持交通运输业、住宿餐饮业，据统计2010年全年交通运输业信贷投入742.9亿元，住宿餐饮信贷投入20.3亿元；2011年交通运输业信贷投入993.7亿元，占贷款余额的14.5%，住宿餐饮信贷投入29.3亿元。投入资金呈上升趋势，投资力度持续增大。[①] 近十几年来，贵州省通过财政支持、银行信贷支持、上市筹资等方式，重点支持了红枫湖风景名胜区、黄果树风景名胜区、龙宫风景名胜区、织金洞风景名胜区、九洞天风景名胜区等18个国家级风景名胜区、54个省级风景名胜区、39个全国重点文物保护单位。丰富了旅游景观的种类，旅游线路逐渐合理化、方便化，完善了旅游配套基础设施，提高了各旅游景区的服务质量。此外，贵州省旅游酒店在质量上和数量上呈现较大变化，其中四星级酒店由2006年的19个增加到2011年的43个，通过严格的审查，到2012年，五星级酒店仅有4个，贵州天怡豪生大酒店、贵州喜来登贵航酒店、兴义市黔西南金州翠湖宾馆、贵阳世纪金源大酒店，这些酒店的配套设施、服务水平可堪上乘。旅游产业发展取得的成就离不开金融市场的支持，仅2010年，贵州省银行金融机构通过信贷方式支持住宿餐饮20.3亿元，2011年又投放29.3亿元，居总投入的前三。

贵州省旅游产业发展以来，特色旅游商品主要是以民族风格为主基调，

---

① 数据来源：贵州省统计年鉴（2005—2012）。

包括小吃、服饰、头饰、小饰品、交通、娱乐等方面，如黄果树风景名胜区的波波糖、青岩古镇的玫瑰糖、千户苗寨的苗家服饰与苗银、侗族大歌等特色旅游商品。贵州省旅游产品的开发，民族文化的传承、民族文化的发扬光大，离不开金融市场的支持。2007年贵州省贵阳市获得了"中国避暑之都"的称号，随后打出了"爽爽的贵阳，避暑的天堂"的旅游品牌形象，并邀请孙楠创作了《爽爽的贵阳》一歌，使得贵阳的旅游品牌形象得到迅速传播。同时，"天下第一奇峰双乳峰""纵情绿洲山水，品味侗家文化"等品牌形象也迅速走红。这首先得益于贵州省政府产业的政策导向，其次便是得益于金融市场资金的支持。贵州省旅游经济发展潜力强、势头足、资金需求强劲，借此贵州资本市场也获得快速发展。随着贵州省旅游人数逐年增加，旅游环节中的意外事故、责任风险、法律风险等风险日益凸显。贵州省旅游条例要求旅行社必须按照国家相关法律法规购买旅行社责任保险，并协助旅游者购买人身意外伤害险、旅游保险等商业保险。通过对旅行社保险的统一规范和管理，避免了旅游保险市场混乱，有效地减少了风险的发生和风险的分散。

（2）政策性金融支持情况

贵州省、云南省旅游业发展的政策性金融支持情况主要表现在两个方面：一是政策性资金的支持力度，二是以政府为主导成立的旅游专项发展基金对于旅游业发展的支持状况。

云南省旅游业发展过程中的政策性资金支持主要体现为国开行云南省分行用于支持旅游业发展而发放的金融贷款。1997年，云南省就成立了专门用于旅游发展的专项资金，2000年，国家发改委将旅游加入国债项目，开始安排国债资金对于旅游产业的投资，以加强旅游项目中各项基础设施的建设。[①] 在国开行和云南省政府进行的第二轮开发性金融合作中，国开行向云南省旅游投资公司的36个旅游项目共投放了25亿元的贷款，用于旅游开发建设。[②] 2012年，云南省成立了文化旅游产业基金，投资于昆明市的嘉丽泽地区，年底，中航信托借助信托融资，设立了"天启330号云南城投旅游产业投资基金集合资金信托计划"，通过基金形式将资金投资于云南省旅游项目，充分发挥了金融支持对于旅游产业的促进作用。

国家及贵州省各相关部门2000—2004年对旅游业投入共计4.03亿元，其

---

　　① 宋侃．云南旅游业融资模式研究[D]．昆明：云南财经大学，2010．
　　② 金力伟，梁春娟．云南省旅游产业金融支持现状及对策分析[J]．吉林工程技术师范学院报，2015（1）．

中旅游国债资金达到3.25亿元，极大地改善了旅游的基础设施建设。贵州省委、省政府从2002年起，每年划拨专款1200万元设立贵州省旅游业发展专项资金，将旅游业的投入纳入省财政预算中（从2005年起专款增加为2000万元），在9个市（州）都建立了旅发大会机制，这为贵州旅游基础设施的建设与进一步完善、加大旅游宣传推介力度均起到了积极的促进作用。到2015年旅游发展专项资金与100个旅游景区的建设资金增加到4亿，显著改善并优化了贵州省的旅游发展环境。[1] 在"十二五"期间，国家开发银行贵州省分行共为贵州旅游投资控股（集团）有限责任公司提供了80亿元的信贷资金，作为对贵州省发展旅游文化产业的资金支持。2010—2013年，国开行贵州分行累计新增贷款承诺37.46亿元，发放贷款36.01亿元，用于支持旅游文化产业类项目的建设。[2] 贵州省的首只国家级旅游产业基金于2013年11月成立，该基金总规模为300亿元，首期"梵净山旅游基金"规模为60亿元，由铜仁市与明石投资管理有限公司联合设立，并成功引进。[3]

（二）金融支持旅游业发展的实证

1. 模型与指标选取

基于数据的代表性、完整性及可获得性为原则建立指标体系。采用金融资产价值和经济活动总量之比来衡量地区金融发展程度，选取金融相关率（X）（银行类金融机构存贷款余额/地区生产总值）衡量金融支持水平，贵州省与云南省分别用GZX与YNX表示。鉴于旅游收入的绝对值相对过大，因此以其对数形式（LNY）来衡量地区旅游业发展水平，贵州省与云南省分别用LNGZY与LNYNY来表示。数据来源于《贵州统计年鉴》（1997—2016年）和《云南统计年鉴》（1997—2016年）。

2. 实证过程

（1）进行ADF平稳性检验。

为避免虚假回归，先对云南与贵州省相关变量序列进行平稳性检验，检验结果如表5.28所示。

---

[1] 贵州省人民政府关于全省旅游产业发展情况的报告（2015年11月24日省十二届人大常委会第十九次会议上）[EB/OL]. 贵州旅游在线网，2015-11-22.
[2] 国开行贵州分行80亿元助力贵州"十二五"旅游业发展[EB/OL]. 凤凰网，2013-04-03.
[3] "300亿武陵山旅游基金"为铜仁旅游打破瓶颈[EB/OL]. 中国梵净山旅游官方网，2013-11-11.

表 5.28 相关变量的平稳性检验结果

变量	ADF 检验值	1% 临界值	5% 临界值	10% 临界值	P 值	检验结果
YNX	1.664335	−2.699769	−1.961409	−1.606610	0.9714	不平稳
DYNX	−3.664044	−2.708094	−1.962813	−1.606129	0.0011	平稳
LNYNY	1.228628	−2.708094	−1.962813	−1.606129	0.9368	不平稳
DLNYNY	−4.241423	−2.717511	−1.964418	−1.605603	0.0003	平稳
GZX	1.906566	−2.692358	−1.960171	−1.607051	0.9824	不平稳
DGZX	−4.195550	−2.699769	−1.961409	−1.606610	0.0003	平稳
LNGZY	4.628335	−2.692358	−1.960171	−1.607051	1.0000	不平稳
DLNGZY	−3.717992	−2.699769	−1.961409	−1.606610	0.0009	平稳

注：D 表示一阶差分。

原指标序列 YNX、GZX、LNYNY、LNGZY 的 ADF 值都大于 1%、5% 与 10% 显著性水平下的临界值，且 P 值都大于 0.9，说明 YNX、GZX、LNYNY、LNGZY 为非平稳的。但是，差分序列中 DYNX、DGZX、DLNYNY、DLNGZY 的 ADF 值都小于在 1% 显著性水平下的临界值，说明该时间序列平稳，YNX、GZX、LNYNY、LNGZY 序列为一阶单整。

（2）设定 VAR 模型。

构造 VAR 模型需要确定滞后阶数，并考虑滞后项数目以及模型自由度的限制。如表 5.29 与表 5.30 所示，因为贵州省在滞后 1 期时的 AIC 和 SC 取值最小，分别为 −2.599414 和 −2.309693，所以确定贵州省 VAR 模型应为滞后 1 期。而云南省在滞后 2 期时 AIC 取得最小值 −2.039572，SC 是在 0 期时取得最小值 −1.643319，需进一步考虑 LR 和 HQ 准则，最终得到云南省 VAR 模型应为滞后 2 期。

表 5.29 贵州省的 VAR 模型滞后阶数确定

Lag	LogL	LR	FPE	AIC	SC	HQ
0	−19.43981	NA	0.050014	2.679977	2.776550	2.684922
1	26.79531	75.13208*	0.000257*	−2.599414*	−2.309693*	−2.584578*
2	28.02730	1.693974	0.000376	−2.253412	−1.770544	−2.228685
3	34.34944	7.112418	0.000306	−2.543681	−1.867665	−2.509063

注：*表示滞后阶数的选取。

表 5.30 云南省的 VAR 模型滞后阶数确定

Lag	LogL	LR	FPE	AIC	SC	HQ
0	15.91914	NA	0.000602	−1.739892	−1.643319*	−1.734947
1	19.32485	5.534280	0.000654	−1.665606	−1.375885	−1.650770
2	26.31658	9.613627*	0.000466*	−2.039572*	−1.556704	−2.014846*
3	29.57414	3.664760	0.000555	−1.946768	−1.270753	−1.912150

注：*表示滞后阶数的选取。

因此，建立两省的 VAR 模型，将贵州省的 VAR 模型表示为：

LNGZY=0.953×LNGZY（−1）+0.211×GZX（−1）+0.017

模型表明，滞后 1 期金融相关率会对贵州省旅游总收入产生促进作用，如果滞后 1 期金融相关率（GZX）提高 1 个单位，会带来当期旅游总收入（GZY）上升 0.211%，而旅游总收入水平还受其自身滞后 1 期的影响，如果滞后 1 期旅游总收入水平提升 1 个单位，其当期旅游总收入水平（GZY）则会上升 0.953%。表明贵州省金融支持对旅游业的发展起到了积极作用。

云南省的 VAR 模型表示为：

LNYNY=0.131×LNYNY（−1）+0.590×LNYNY（−2）−21.220×YNXB（−1）+20.733×YNXB（−2）+2.686

模型说明，云南省滞后 1 期与滞后 2 期的金融相关率均对旅游总收入存在促进作用，如果滞后 1 期金融相关率（GZX）提高 1 个单位，会使当期旅游总收入水平（GZY）提升 21.22%，而滞后 2 期金融相关率（GZX）上升 1 个单位，当期旅游总收入水平（GZY）则会上升 20.733%，云南省旅游总收入水平还受自身滞后 1 期和滞后 2 期的影响。

（3）脉冲响应分析。

基于建立的贵州省 VAR 模型，进行脉冲相应分析，预算对变量冲击的响应。先进行单位根检验，结果如表 5.31 和图 5.20 显示，贵州省 AR 特征根的多项式根倒数均落在在单位圆内，所以判断贵州省 VAR（1）模型是满足半稳性条件的，可以进行脉冲响应。

表 5.31 贵州省的 VAR（1）模型稳定性检验结果

Root	Modulus
0.997200	0.997200
0.217276	0.217276

表 5.32 和图 5.21 显示，云南省 AR 特征根的多项式根倒数均落在在单位圆内，因此 VAR（2）模型是满足平稳性条件的，可以进行脉冲响应。

表 5.32　云南省的 VAR（2）模型稳定性检验结果

Root	Modulus
0.903974	0.903974
−0.321975−0.738559i	0.805691
−0.321975+0.738559i	0.805691
−0.159504	0.159504

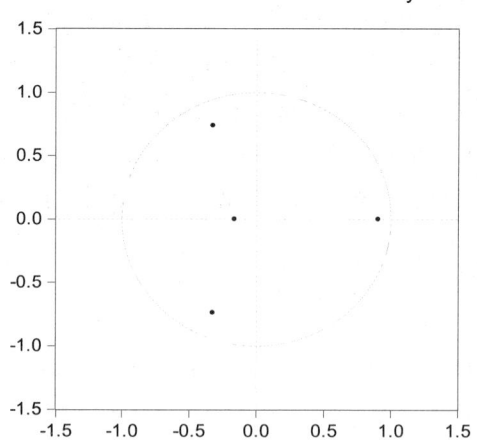

图 5.20　贵州 VAR（1）模型稳定性检验

图 5.21　云南 VAR（2）模型稳定性检验

脉冲响应函数分析可以用来反映当给定一个随机扰动项的标准差冲击会对另一变量带来的影响，它可以直观地体现变量之间的相互作用。为了更好地反映贵州和云南两省金融支持的一个标准差冲击会对旅游总收入当前和未来带来的影响，因而对两省金融相关率和旅游总收入水平之间分别采取脉冲响应分析。

图 5.22 显示出基于 VAR（1）模型，贵州省金融支持变量对旅游总收入变量冲击的脉冲响应轨迹。从冲击的动态影响过程看，可以发现面对金融支持的冲击，贵州省旅游总收入在前期出现一个快速上升的趋势，至第 4 时期时，冲击响应为 0.04%，最为强烈，此后冲击响应逐渐趋于平稳，进入稳定增长态势。表明贵州省金融支持对旅游总收入水平影响较为强烈，传导作用较为持久。

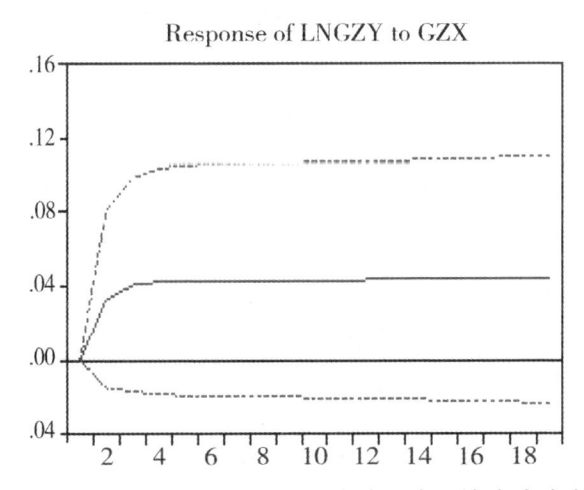

图 5.22 贵州金融相关率对旅游总收入的脉冲响应

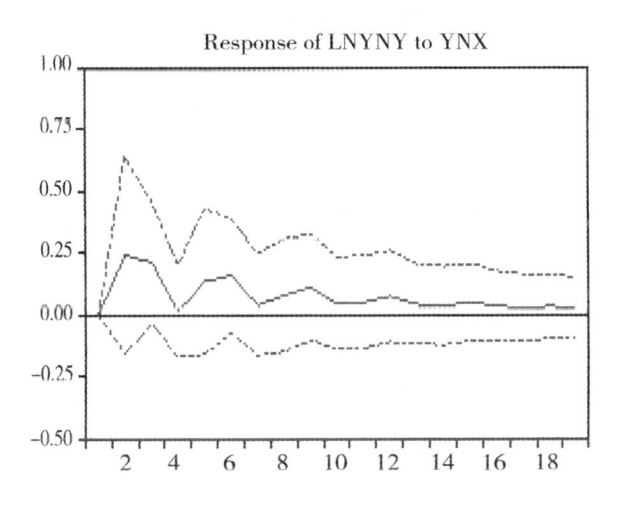

图 5.23 云南金融相关率对旅游总收入的脉冲响应

从图 5.23 看到，云南省金融支持冲击旅游总收入形成的波动较为频繁，但总体看来，主要为正向的冲击作用。在第 2 期，冲击响应达到最大值 0.25%；此后开始呈现逐渐减弱的趋势，到第 4 期降为最低点；第 5 期开始金融支持对旅游总收入的影响有所上升，但第 6 期又出现了下降，一直到第 10 期以后才出现稳定的增长态势。说明云南省金融支持对旅游总收入的影响与贵州省情况相反，在第 10 期以后要小于之前阶段，而贵州省是在第 4 期之后呈现逐渐增强态势。

（4）方差分解。

从表 5.33 可以看出，在第 1 期时，两省旅游总收入均受自身冲击 100% 影响，其后影响逐渐降低，但在整个过程中一直占据主导位置，金融支持对两省旅游业发展的带动作用逐渐增强。从旅游总收入的金融相关率贡献度来看，第 2 期时云南省金融支持达到最大贡献度 4.72%，此后开始下降，但一直保持在 4.00% 以内，也说明在云南省旅游产业的发展过程中，金融的支持作用相对较为有限；而贵州省旅游总收入的金融支持贡献度一直呈现上升态势，至第 19 期高达 18.89%，金融支持对旅游产业发展的影响随时间的推移逐渐增大。从平均贡献率来看，在 19 期中云南省为 3.13%，而贵州省达到 15.28%，说明云南省对于旅游业发展的金融支持力度弱于贵州省，云南省在旅游产业的发展过程中，金融的支持力度相对较弱。

表 5.33 云南与贵州省变量间的方差分解

Period	Variance Decomposition of LNYNY			Variance Decomposition of LNGZY		
	S.E.	LNYNY	YNX	S.E.	LNGZY	GZX
1	0.177593	100.0000	0.000000	0.095257	100.0000	0.000000
2	0.240660	95.28009	4.719915	0.133396	93.96188	6.038120
3	0.269815	96.23258	3.767424	0.163639	89.80443	10.19557
4	0.291622	96.77369	3.226305	0.189347	87.31974	12.68026
5	0.314257	96.31399	3.686010	0.212035	85.75658	14.24342
6	0.327931	96.52815	3.471850	0.232554	84.70276	15.29724
7	0.337939	96.73074	3.269260	0.251430	83.94903	16.05097
8	0.348016	96.68165	3.318351	0.269005	83.38433	16.61567
9	0.355207	96.73426	3.265738	0.285521	82.94574	17.05426
10	0.360367	96.82557	3.174435	0.301151	82.59532	17.40468

(续表)

	Variance Decomposition of LNYNY			Variance Decomposition of LNGZY		
11	0.365267	96.84095	3.159048	0.316027	82.30892	17.69108
12	0.369119	96.85584	3.144164	0.330250	82.07047	17.92953
13	0.371904	96.89874	3.101255	0.343903	81.86887	18.13113
14	0.374403	96.91688	3.083120	0.357049	81.69617	18.30383
15	0.376471	96.92354	3.076460	0.369745	81.54659	18.45341
16	0.378001	96.94362	3.056383	0.382033	81.41577	18.58423
17	0.379313	96.95570	3.044300	0.393953	81.30039	18.69961
18	0.380424	96.96007	3.039933	0.405536	81.19787	18.80213
19	0.381268	96.96944	3.030563	0.416812	81.10618	18.89382

（三）实证结果分析

利用VAR模型，通过脉冲响应函数和方差分解法对云南省和贵州省1997—2015年间的金融相关率和旅游收入的动态关系进行考察，得到以下结论。

第一，金融支持促进贵州及云南旅游产业快速发展。从脉冲响应分析结果中可以发现，随着时间的推移，虽然云南省旅游业发展的金融支持力度不及贵州省，但金融相关率对两省旅游业的发展都起到了一定的促进作用。银行性金融机构可以为旅游业的发展提供短期信贷资金，满足旅游企业的短期资金需求，还可以发放中长期贷款，为企业开发建设旅游新项目及更新固定资产提供资金，促进旅游业的长远健康发展。

第二，贵州省金融支持对旅游产业发展的贡献度要大于云南省，前者约为后者的5倍。从方差分解中可以看到，云南省在发展旅游业过程中，存在金融支持不足现象，1997—2015年，金融支持对旅游产业发展的平均贡献度仅为3.13%，旅游产业存在融资难问题。脉冲响应中，面对金融支持的冲击，云南省旅游收入的脉冲响应存在波动幅度频繁并且大致递减的趋势，旅游产业的发展得不到金融机构的有力支撑。

四、金融支持四川与贵州白酒产业发展的比较

中国白酒作为世界六大蒸馏酒之一和中华民族的宝贵文化遗产，对中国酒文化有着深远的影响，同时也与地区的经济发展密切相关。白酒是地域资源型产业，其对地域温度、湿度等气候条件和土壤、窖泥与微生物群落分布

等有着特殊的要求。川黔地区作为中国白酒的主要生产区之一，所辖的宜宾、泸州、遵义等地区白酒产量占全国的五分之一，其中贵州省凭借自身的白酒资源与酿造工艺优势、独特的生态地理环境以及相关政策与措施的落实，打造出以国酒茅台、习酒、珍酒等为代表的一批知名白酒品牌；四川省地处长江上游，其自然环境、地质特征及气候条件均非常适合于酿酒工艺中微生物的生长，得天独厚的自然条件和浓厚的酒文化氛围造就了川酒与众不同的酿造工艺，打造出五粮液、泸州老窖等知名品牌，推动了四川白酒产业的繁盛。白酒产业作为川黔地区的传统支柱产业和特色优势产业，对带动地区经济增长而言具有重要意义。

（一）两省白酒产业发展现状的比较

1. 四川白酒企业数量远超贵州，但贵州省企业数量增长较快

贵州与四川两省白酒企业数量如图5.24所示，从企业数量发展趋势看，2008—2015年四川和贵州两省白酒企业数量整体均呈上升趋势，从2013年开始，贵州省企业数量快速增加；总量上看，四川省白酒企业数量远多于贵州省，约为贵州省的4倍。截至2015年，四川省规模以上白酒企业有343家，而贵州省仅135家。但从企业数量增长率看，贵州白酒企业数量增长率2011年以后呈现上升趋势，四川白酒企业数量增长率呈现波动状态，且两地企业数量增长率在2010年均出现急剧下降，贵州增长率下降0.18，四川增长率下降0.16，2011年后均出现回升。

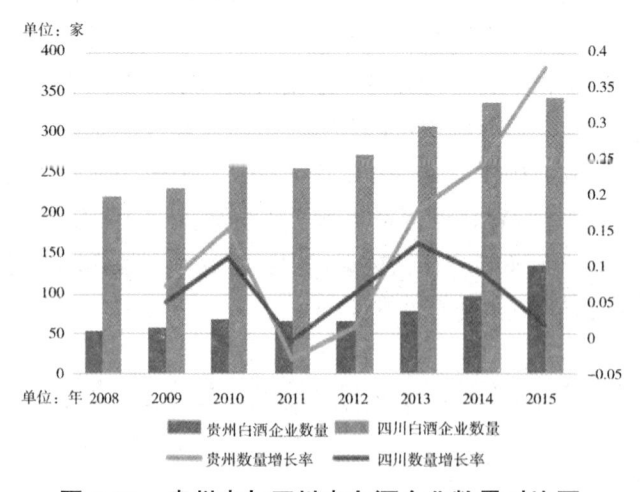

图5.24 贵州省与四川省白酒企业数量对比图

资料来源：2009—2016年中国统计年鉴、2009—2016年贵州统计年鉴、2009—2016年

四川统计年鉴、Wind 资讯。

2010—2012 年两省白酒企业数量增长率波动较大，主要是因为四川省和贵州省涌现出多家百亿规模的白酒企业，包括茅台、五粮液、泸州老窖等，这个阶段白酒产业双驱动发展，全国性品牌和地方优势酒企相结合，需要一定的调整时间。从 2013 年开始，贵州省白酒产业形成了以茅台为中心的带动品牌效应，同时政府鼓励中小酒企成立，形成了白酒产业集群式发展，使得酒企数量急剧上升。

2. 四川白酒产量远超贵州，产量增长率两省均呈波动状态

由图 5.25 所知，2006—2015 年两省白酒产量总体呈上升趋势，截至 2015 年，四川省、贵州省白酒产业产量分别达 370.9 万千升、42.79 万千升，约为 2006 年产量的 5.71 倍、3.01 倍，9 年间产量的平均增长率分别为 52.31%、22.35%。其中四川省白酒产量在 2006—2010 年基本保持增长状态，而在 2011—2015 年间除 2013 年较 2012 年有所增长外，增长速度大体呈下降态势；贵州省白酒产量一直远低于四川省，且增长率波动幅度大，白酒产量除 2009 年的大幅度下降外，2011—2015 年增长率均高于四川省。自 2011 年开始，两省白酒产量增长率趋势较为接近，均在 2012 年降，2013 年有所回升。

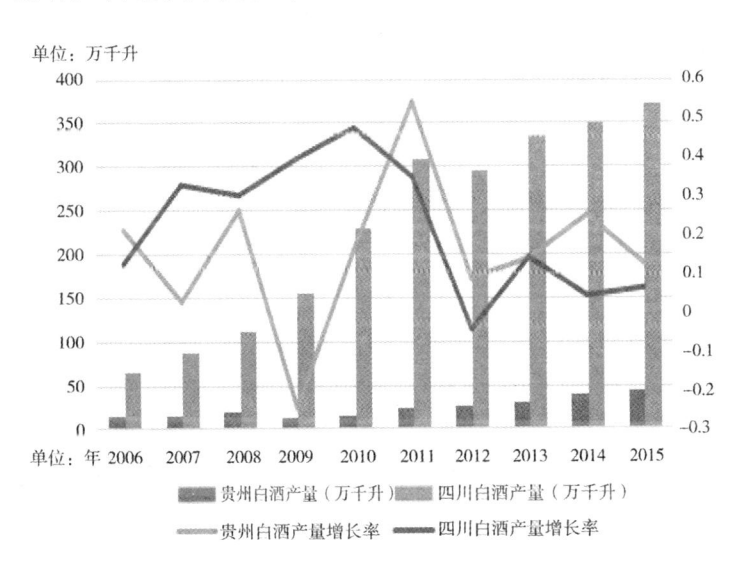

图 5.25　贵州省与四川省白酒产量对比图

资料来源：2007—2016 年中国统计年鉴、2007—2016 年贵州统计年鉴、2007—2016 年四川统计年鉴、Wind 资讯。

2003—2012 年是贵州省和四川省白酒产业快速发展的黄金时期，因此两省白酒产量逐年增长。但2008年以来，贵州茅台四次提价，市场需求量减少，销售量也随之减少，以贵州茅台为龙头的贵州省白酒企业因此受挫，导致整个贵州省白酒产量下降。2012年年底以来，贵州省和四川省白酒行业产销回归市场，步入调整期，建设白酒产业集中发展区，支撑着白酒产量和质量的稳步增长。由于四川省委、省政府在这一时期将积极打造"中国白酒金三角"作为战略目标，在川酒"六朵金花"中依托酒王五粮液的实力和知名度，广泛联手四川省内其他白酒厂商，共同逐步打造我国白酒黄金产业带，推动了四川白酒产业的发展；贵州省委、省政府2014年提出着力打造贵州"五大名片"，积极投入资金实施茅台酒新增产能扩建等项目，也促进了白酒产量的增加。

3. 贵州白酒产业营业收入远远落后于四川省

从图5.26看出，2007—2015年四川省、贵州省白酒营业收入整体均呈逐渐上升趋势，截至2015年，四川省、贵州省白酒行业营业收入分别为2167.48亿元、453.47亿元，年均增长率分别达35.76%、47.33%。贵州省白酒产业营业收入绝对数较小，约为四川省的四分之一，但增长率大于四川省。两省白酒产业营业收入增长率波动幅度较大，除2010—2012年外，其余年份中贵州省营业收入增长率均高于四川省，但2013—2015年，两省增长率均急剧下滑，跌至与2008年相近水平。由此可见，近年来贵州和四川两省的白酒产业营业收入都得了快速增长，但贵州白酒产业由于起点低，距四川的规模还有一段距离。

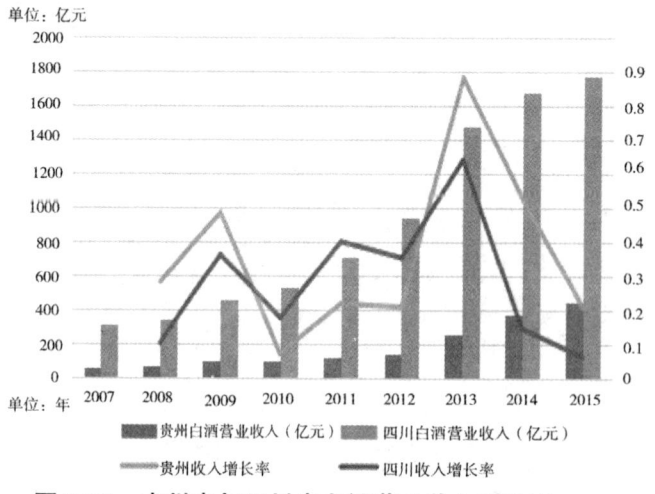

图5.26 贵州省与四川省白酒营业收入对比图

数据来源：2008—2016年中国统计年鉴、2008—2016年贵州统计年鉴、2008—2016年四川统计年鉴、wind资讯。

白酒行业自 2003 年以来都处于黄金阶段，有着良好的发展势头，其中 2013 年贵州省白酒产业营业收入的大幅增加，得益于 2012 年第二届中国（贵州）国际酒类博览会的举办，这次博览会极大地促进了贵州白酒的销售和对外宣传，取得了丰硕成果，推进了贵州白酒产业的发展。但自 2014 年以来，贵州和四川白酒行业步入了新一轮的调整期，价格趋于合理，消费趋于理性，逐步呈现出了白酒行业发展的新常态，产业增速放缓，同时需求下降导致行业产能过剩，高端白酒价格的严重缩水导致行业连锁反应，压缩了产品的价格空间，因此两省白酒产业营业收入增长率均大幅下降。

（二）川黔地区白酒产业发展的金融支持现状

1. 贵州省白酒产业发展的金融支持现状

近年来，为加快推进贵州省白酒产业又好又快发展，发挥白酒产业在贵州省社会经济发展中的带动作用，政府及金融机构做出了多方努力，旨在为白酒产业提供良好的发展环境。

截至 2012 年年底，中国工商银行仁怀支行已发放 1.62 亿元基酒抵押贷款给 17 户贵州白酒生产企业。[①] 2012 年的 3 月，贵州建设银行为茅台集团的"千亿茅台"战略提供了强大的资金支持，并在电子商务投资理财与并购等方面积极提供金融服务，同时，贵州省建行全面支持仁怀市的名酒工业园、酒都新城等重大工程项目建设，加大了对白酒产业链上、下游中小企业的扶持力度。[②]

贵州白酒产业发展也获得了重庆银行贵阳分行的积极助力，推出"基酒质押"业务，即以基酒作为质押物，通过第三方评估确认的基酒价值为基础，可为白酒企业提供一定比例的授信，大量盘活了贵州白酒生产企业的基酒，为贵州打造千亿级白酒产业提供了大量资金支持。截至 2012 年年底，重庆银行贵阳分行已经累计为贵州省多家白酒生产企业提供了超过 2 亿元的信贷资金。[③]

2012 年 5 月，中国农业银行贵州分行在遵义与遵义市政府签订战略合作备忘录，加大对贵州遵义白酒产业等一众产业的信贷支持。2012 年 6 月底，在习水、金沙、仁怀、平塘等县市党政部门的支持下，中国农业银行贵州分行积

[①] 库存白酒换来 1.62 亿元贷款 [EB/OL]. 金黔在线，2012-01-04.
[②] 李兵. 贵州建行助力"千亿茅台"壮大白酒产业 [EB/OL]. 中国经济新闻网，2012-03-07.
[③] 数据来源：中国中小企业信息网。

极实施"订单农业",协调扩大红粮种植面积,累计发放信贷资金11.54亿元,实现并支持收购了红粮1.74亿公斤,保证了茅台生产优质原料的供应。[①]

2012年11月,中国工商银行贵州分行召开了仁怀白酒产业金融服务推介会,以结算和现金服务、融资、投资理财等产品向白酒产业进行推介,贵州白酒交易所作为省政府特批的酒类创新型金融平台成立。成功构建了基酒投融资平台、成品酒投融资平台与电子商务平台,还具备投资、融资、评级和定价等功能,其首次发行5000万的成品酒投资产品已成功实现上市交易。[②]

2013年5月,建行贵州省分行针对白酒企业融资难的问题,在遵义仁怀地区推出了"银保酒通"这一新模式,使"基酒抵押问题"成为可能。建行为拓展其在白酒行业的客户群体,推出的"银保酒通"产品,快速通过遵义及仁怀地区,逐渐辐射向黔中、黔南,并惠及具有一定规模和质量的贵州省白酒产业集群带。

2016年6月,贵州省召开白酒产业专题会议,会议要求金融部门应加大对白酒产业的信贷支持力度,积极调整贷款和还款期限,加大金融产品创新力度,并做到不断贷、不抽贷,加快制定基酒的抵押认定与评估标准,尽快完善基酒抵押的监管措施。[③]

2. 金融支持四川白酒产业发展现状

从2010年试点推行"原酒质押贷款"以来,华夏银行成都分行截至2012年3月已与70多家四川中、小酒类企业建立良好的合作关系,以原酒质押贷款的方式累计向四川正兴酒业公司等的中、小白酒企业提供授信达11亿元,完成了贷款投放近6亿元,并帮助企业直接增效达2.5亿元。[④]

中国银行四川省分行在充分调研的基础上,总结多年其在白酒行业提供授信业务的经验,积极创新了业务模式,在2012年推出新的"白酒行业金融服务方案",为四川省白酒制造企业与其上游的供应商(包括粮食与包装材料等供应商)、下游的品牌代理(或经销)商分类别、分层次制定个性化的金融产品。积极推出了"窖池""成品酒(提货单)""基酒"抵质押担保的授信模式,有效地破解了在二、三线品牌的白酒生产企业与白酒品牌代理商(或经销商)

---

① 万正祥,顾新胜.农发行贵州省分行多渠道支持粮食收购促进全省粮食生产稳定和安全[EB/OL].金黔在线,2008-10-29.
② 车璐.贵州省召开白酒产业专题会议[EB/OL].贵阳网,2016-07-04.
③ 车璐.贵州省召开白酒产业专题会议 慕德贵出席会议并做讲话[EB/OL].多彩贵州网,2016-09-22.
④ 华夏银行助推川酒跻身千亿产业[EB/OL].酒水信息网,2012-05-02.

的融资难问题。2012年累计为四川白酒行业的相关企业共发放贷款约6亿多元，解决了白酒企业扩大生产与销售规模迫切的资金需求。[①]

中国银行四川省分行积极创新业务模式，在充分调研和总结授信经验的基础上，于2012年推出了新的"白酒行业金融服务方案"，为四川省的白酒制造企业及其上游的粮食和包装材料供应商、下游的品牌代理及经销商分层次、分类别地制定个性化的金融产品。积极推出了"成品酒（提货单）""窖池""基酒"等抵质押担保的授信模式，破解了二、三线品牌白酒生产企业和白酒品牌代理商存在的融资难问题。2012年已实现累计为四川白酒行业相关企业提供信贷资金约6亿多元，有效解决了白酒企业在扩大生产和销售规模方面迫切的资金需求。[②]

同时，各大银行积极参与到成都市五粮液专卖店协会的授信活动中，民生银行大力宣传商贷通信用授信产品，根据原酒生产企业、产品酒生产企业、酒类销售企业三类企业生产特点、经营模式、收益状况、现金流特点的差异性制定不同的授信政策；建设银行主要开展传统授信业务；南充商业银行主要开展提货权业务。

2013年12月，中国白酒文化节"宜宾名优白酒产业银企对接会"在宜宾举行，有来自平安信托、上海银行成都分行、大连银行成都分行、重庆银行成都分行等12家异地金融机构和宜宾11家金融机构参会，会上，宜宾市人民政府与平安信托有限责任公司、平安银行成都分行、浦发银行成都分行、上海银行成都分行签订战略合作协议，临港经济开发区与平安信托有限责任公司签订战略协议，宜宾白酒十朵金花企业分别与中国万联酒业集团公司签订合作意向书。[③]

（三）贵州省与四川省金融支持白酒产业发展的实证

1. 实证模型的选取

VAR模型也称向量自回归模型，与前文类似的将模型表述如下：

$$Y_t = a_1 y_{t-1} + a_2 y_{t-2} + \cdots + a_p y_{t-p} + b x_t + \varepsilon_t$$

[①] 周姝妤. 中国银行四川省分行创新白酒行业授信业务新模式[EB/OL]. 新华网四川频道，2013-02-26.

[②] 周姝妤. 中国银行四川省分行创新白酒行业授信业务新模式[EB/OL]. 新华网四川频道，2013-02-26.

[③] 王梦. 宜宾引入23家金融机构助力白酒企转型发展[EB/OL]. 四川新闻网，2013-12-19.

其中 y_t 为 k 维内生变量，x_t 为 D 维外生变量；A1，…，Ap 为 k×k 维待估计的系数矩阵，b 为 K×D 维待估计的系数矩阵；ε t 可以同期相关，是指既不与它自身的滞后值相关，同时也不与该等式右边的其他变量相关；p 是模型的滞后阶数。

2. 指标设计与数据选取

本研究在借鉴国内外研究成果的基础上，选取金融相关比率（FIR）、金融效率（SLR）和上市公司融资余额三个指标表示金融发展状况，即作为解释变量，选取白酒产量指标作为被解释变量。

①金融相关比率（FIR）：某一时点上现有金融资产总额与国民财富的比值，该指标是衡量金融深化程度的指标，可以从整体上反映某一地区或一国的金融发展状况，通常将其简化为金融资产总值与地区生产总值的比值，由于直接贷向白酒产业的贷款缺乏统计口径，所以用金融机构存贷款余额与地区生产总值的比值来表示金融相关比率。

②金融效率（SLR）：存贷比反映了存款总量转化为贷款投放的比例，也可以反映一个国家或地区存款的利用效率，存贷的增量比反映了存款的增量转化成贷款的增量比例，可以用来衡量一个地区存款增量的使用效率。因此，存贷比和存贷的增量比都可以衡量一个国家或地区的信贷资金拥有情况及其使用效率，可以说明金融市场的资源配置效率。

③上市公司融资余额：反映了企业上市融资的能力，代表企业能够筹集资金，使企业资产快速增值，提高企业的竞争力，加快企业的发展；企业上市融资还可以反映出企业的知名度和良好信誉。

实证部分采用的贵州省和四川省地区生产总值、白酒产量、金融相关比率、存贷比以及上市公司融资余额等数据来源于《四川统计年鉴》、《中国统计年鉴》、《贵州统计年鉴》、中国产业信息网、wind 数据、中国人民银行贵阳中心支行官网以及中国人民银行成都分行官网。

3. 实证过程

（1）数据特征描述。

为能直观判断贵州省、四川省白酒产业发展与金融支持之间是否存在相关性，对几个变量指标的变动趋势进行考察。如图5.27、5.28所示，贵州省和四川省四个指标存在相关性，都随时间的变化表现出一定的规律性，同时，贵州省白酒产量和茅台融资余额、四川省白酒产量均随时间的变化表现出不平稳性，由此可推断它们是不平稳的时间序列。

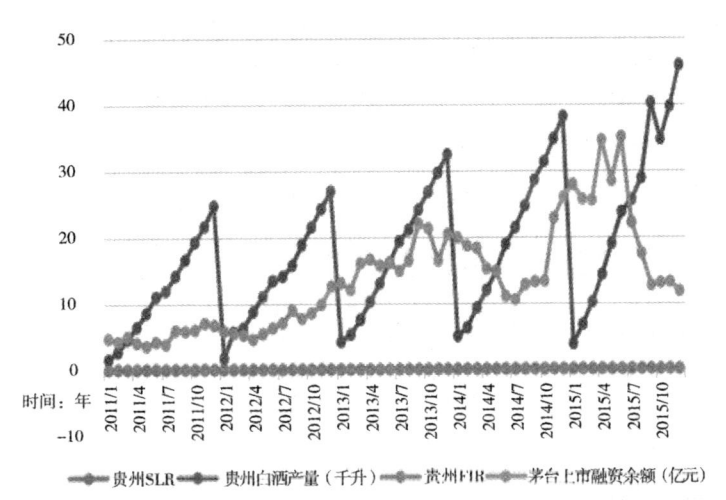

图 5.27 贵州 2011—2015 年白酒产业与金融支持指标变化趋势图

数据来源：2012—2016 中国统计年鉴，wind 资讯。

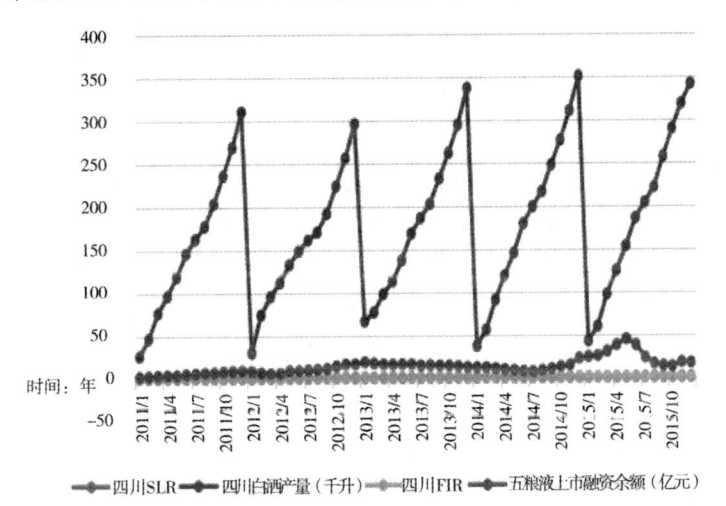

图 5.28 四川 2011—2015 年白酒产业与金融支持指标变化趋势图

数据来源：2012—2016 中国统计年鉴，wind 资讯。

（2）变量平稳性 ADF 检验。

通常认为变量时间序列平稳性即为时间序列的规律将不会随着时间的变化而发生变化，但非平稳时间序列的统计规律会随着时间的变化而变化。由于许多得到的时间序列都是由不平稳的过程产生的，因此要对时间序列数据进行平稳性检验。利用 Eviews5.0 计量软件，采用富勒和迪基提出的 ADF 检验方法对变量的平稳性进行检验，结果如表 5.34、表 5.35 所示：

表 5.34　贵州省变量平稳性检验结果

变量	ADF检验值	某显著性水平下 ADF 临界值 1%	5%	10%	检验结果
X	−2.557034	−3.546099	−2.911730	−2.593551	不平稳
D（X）	−37.96781	−3.574446	−2.923780	−2.599925	平稳
FIR	−3.430071	−3.552666	−2.914517	−2.595033	不平稳
D（FIR）	−5.798618	−3.574446	−2.923780	−2.599925	平稳
SLR	−4.791644	−3.546099	−2.911730	−2.593551	平稳
D（SLR）	−8.376975	−3.550396	−2.913549	−2.594521	平稳
MT	−1.814584	−3.546099	−2.911730	−2.593551	不平稳
D（MT）	−8.537091	−3.548208	−2.912631	−2.594027	平稳

从检验结果可知，在 5% 的显著性水平下，样本原序列的 X（贵州白酒产量）、金融相关率（FIR）的 ADF 值、贵州上市公司融资余额（MT）均大于临界值，3 个变量的检验结果均未拒绝单位根的假设，表明这些变量都是不平稳的，因此，要对这 3 个变量进行一阶差分。经过一阶差分后，3 个变量的检验结果都拒绝了单位根的假设，表明了 X（贵州白酒产量）、金融相关率（FIR）和贵州上市公司融资余额（MT）的一阶差分变量都是平稳的。

表 5.35　四川省变量平稳性检验结果

变量	ADF检验值	某显著性水平下 ADF 临界值 1%	5%	10%	检验结果
Y	−3.732039	−3.546099	−2.911730	−2.593551	不平稳
D（Y）	−35.81083	−3.574446	−2.923780	−2.599925	平稳
FIR	−1.787677	−3.571310	−2.922449	−2.599224	不平稳
D（FIR）	−5.762941	−3.574446	−2.923780	−2.599925	平稳
SLR	−4.397252	−3.546099	−2.911730	−2.593551	平稳
D（SLR）	−10.07803	−3.548208	−2.912631	−2.594027	平稳
WLY	−2.955229	−3.548208	−2.912631	−2.594027	不平稳

(续表)

变量	ADF 检验值	某显著性水平下 ADF 临界值			检验结果
		1%	5%	10%	
D（WLY）	−5.142854	−3.550396	−2.913549	−2.594521	平稳

同样，样本原序列的 Y（四川白酒产量）、金融相关率（FIR）和四川上市公司融资余额（WLY）的 ADF 值均大于临界值，3 个变量的检验结果均未拒绝单位根的假设，所以可以认为时间序列不平稳。因而，需对这 3 个变量进行一阶差分，如表 5.35 所示，经过一阶差分后，3 个变量的检验结果都拒绝了单位根的假设，表明了 Y（四川白酒产量）、金融相关率（FIR）和四川上市公司融资余额（WLY）的一阶差分变量都是平稳的。

（3）VAR 模型的设定。

采用序列 CL、FIR、SLR 及上市公司融资额的数据构建 VAR 模型。并根据 AIC 与 SC 取值最小的准则，将变量的滞后期数确定为 2 阶，回归估计的结果如下：

贵州省 VAR 模型方程为：

X=0.7580360218×X（−1）+0.02118720185×X（−2）−3.336020124×SLR（−1）−1.530680029×SLR（−2）−0.4762674957×MT（−1）+0.378735259×MT（−2）+9.717629955×FIR（−1）+12.04399892×FIR（−2）−0.3628224485

四川省 VAR 模型方程为：

Y=0.6956082369×Y（−1）−0.2001491993×Y（−2）−82.89792411×FIR（−1）+62.68330797×FIR（−2）−5.292133505×SLR（−1）+1.94347222×SLR（−2）−2.555569201×WLY（−1）+2.64182537×WLY（−2）+104.1573508

上述回归模型的 t 统计值在 5% 的显著性水平下均是显著的，所以选取滞后期为 2 的模型。

（4）模型单位根检验。

运用单位根估计的方法，对 VAR 模型估计结果再进行平稳性检验。根据单位根估计的原理：如果 VAR 模型的所有根模均小于 1，即所有根均落在单位圆内，则该模型为平稳的；如果 VAR 模型所有根模均大于 1，即所有根都落在单位圆外，那么该模型是不平稳的。

从图 5.29、图 5.30 可以看出，贵州省与四川省在进行单位根估计时，所有的根均落在单位圆内，因而被估计的 VAR 模型为稳定的，其估计结果为有效。

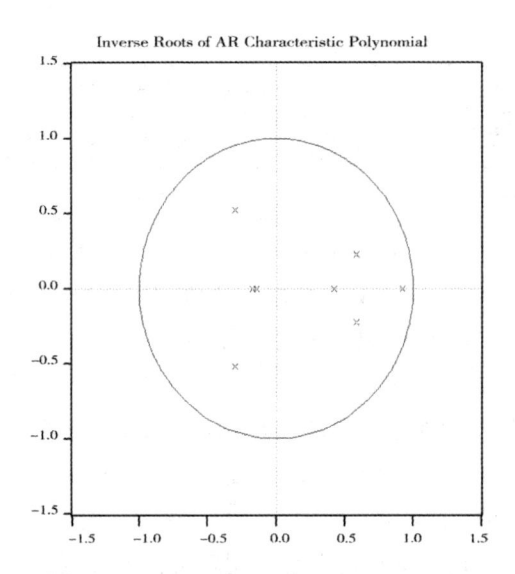

图5.29　贵州省各指标单位根检验图

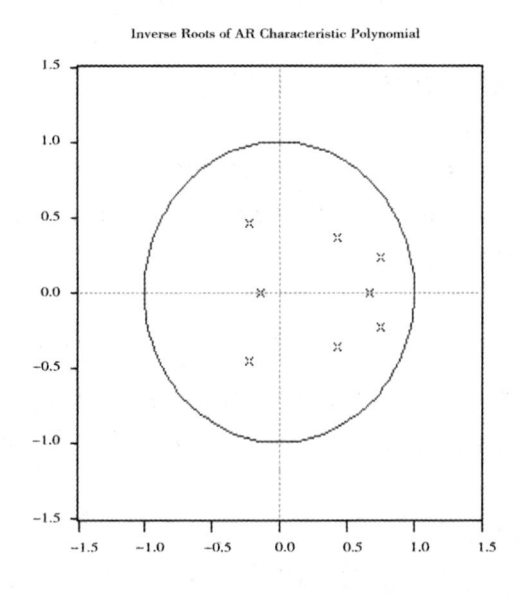

图5.30　四川省各指标单位根检验图

（5）脉冲响应分析。

通常脉冲响应函数（Impulse Response Function）可以描述一个内生变量对残差冲击产生的响应，即是在随机误差项上基础上施加一个标准差大小的冲击后，对于内生变量的当期值与未来值所产生的影响。使用Eviews软件得到金融支持对白酒产业发展不同指数冲击的响应轨迹，结果如下：

a. 贵州省脉冲响应模型分析。

由于得到的 VAR 模型是稳定有效的，所以可以在此基础上，使用 VAR 模型的脉冲响应和方差分解分析白酒产业与金融支持各指标相互间的关系，本部分选取的是滞后期数为 2 期的脉冲响应模型。

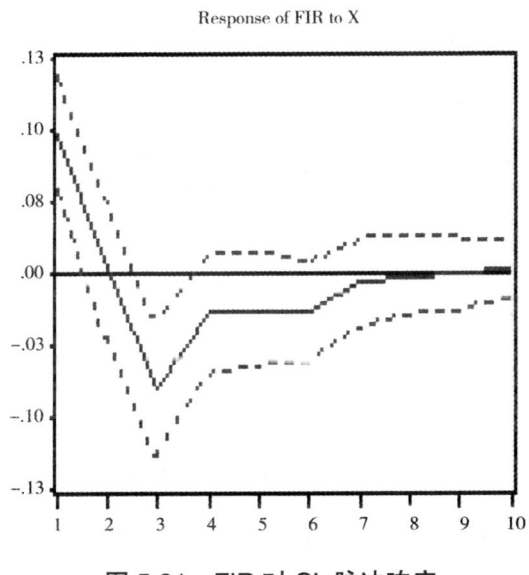

图 5.31　FIR 对 CL 脉冲响应

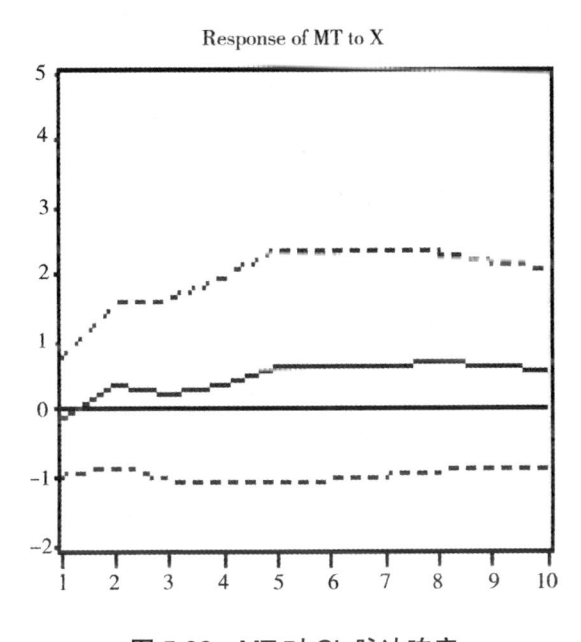

图 5.32　MT 对 CL 脉冲响应

图 5.33 SLR 对 CL 脉冲响应

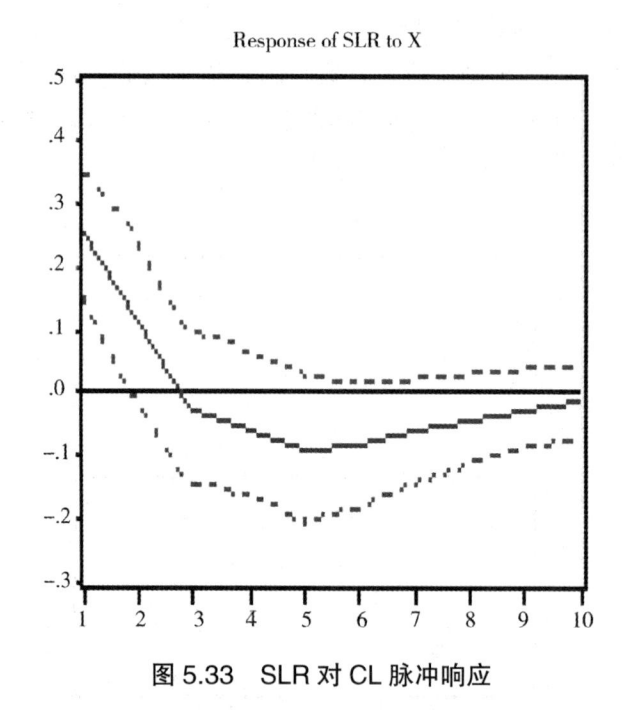

从图 5.31 可以看出，在给金融相关比率（FIR）一个冲击后，会引起贵州白酒产量下降，在短期内有较大波动趋势，但在第 3 期达到负向最大值后逐渐收敛，这是因为白酒产业的金融支持在短期内可能会存在一些贷款不足或滞后等问题。图 5.32 表明，当给贵州上市公司融资余额（MT）一个正向冲击后，贵州白酒产量（X）波动变化不大，一直处于稳定增长的状态，表明贵州上市公司融资余额（MT）的一个正冲击对白酒产业影响较大，具有正向带动作用。图 5.33 可看出，当给金融效率（SLR）一个正向冲击后，产量在短期内波动较大，在第 5 期达到最大负效应后逐渐收敛，但从长期来看，金融效率（SLR）的提升会带动贵州白酒产业的发展。

b. 四川省脉冲响应分析。

从图 5.34 可以看出，给金融相关比率（FIR）一个正向的冲击，四川白酒产量（Y）在短期内有一个大的波动，在第 3 期达到最大负效应，在第 5 期达到最大正效应后趋于平稳。这是由于融资方式的不同，在短期内会有一些滞后性的影响，但长期内金融相关比率（FIR）对四川白酒产业发展具有正效应。图 5.35 反映出，给金融效率（SLR）一个正向的冲击后，四川白酒产量（Y）在长期内波动不大，在第 5 期出现最大正效应并逐渐收敛，这体现出金融效率（SLR）对四川白酒产量（Y）具有正向带动作用，可以加快白酒产业的发展。图 5.36

表明，给四川上市公司融资余额（WLY）一个正向冲击后，四川白酒产量（Y）在第4期达到最大正效应，持续并慢慢趋于平缓，这也反映出四川上市公司融资余额（WLY）在很大程度上会拉动产量的增加，带动四川白酒产业的发展。

图 5.34　FIR 对 CL 脉冲响应

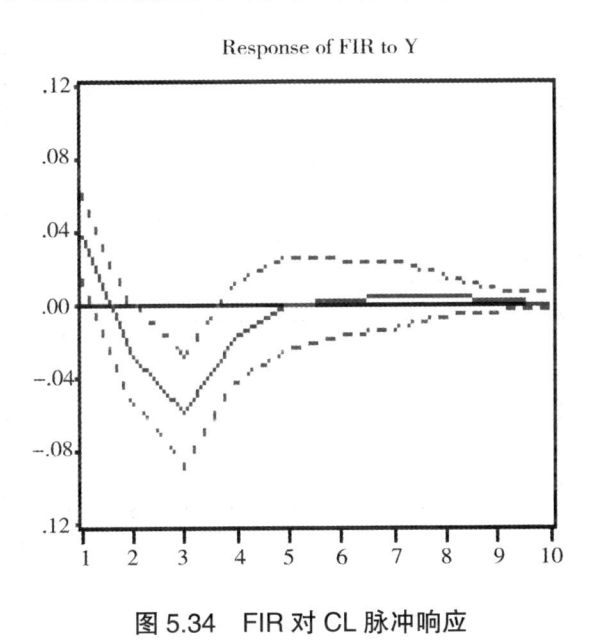

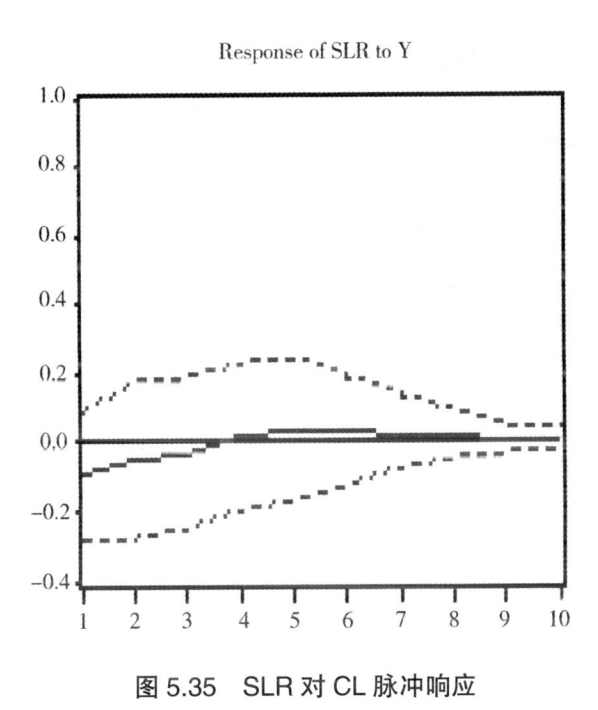

图 5.35　SLR 对 CL 脉冲响应

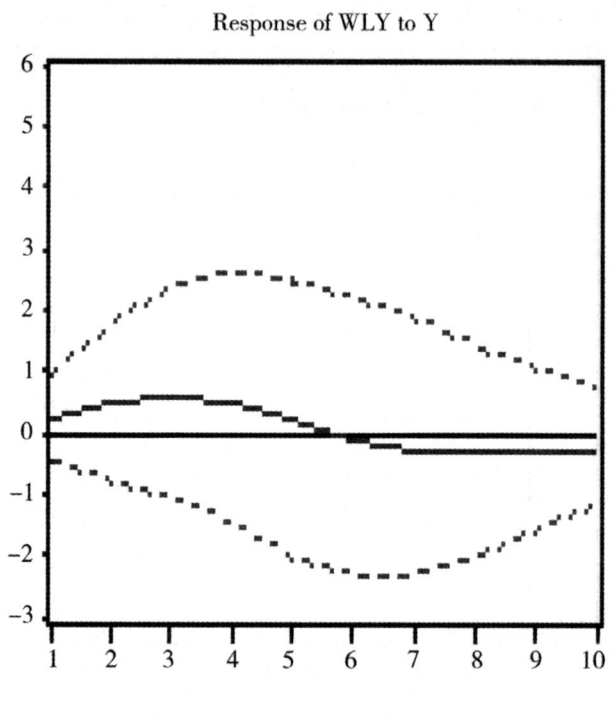

图 5.36 WLY 对 CL 脉冲响应

（6）方差分解。

脉冲响应函数可以描述 VAR 模型中一个内生变量的冲击会给其他内生变量带来的影响，但要分析每一个结构冲击将对内生变量变化产生的贡献度，和评价不同的结构冲击的重要性，就需要建立预测方差分解模型。而方差分解实质为一个信息计算过程，其将系统的预测均方差具体分解成系统中各变量冲击所做的贡献，可以描述冲击在 FIR、SLR 与上市公司融资余额动态变化中体现出的相对重要性。基于贵州与云南省 VAR 模型进行方差分解，具体结果见表 5.36、表 5.37。

表 5.36 贵州省白酒产业产量的方差分解表

Variance Period	Decomposition of S. E.	X：X	SLR	MT	FIR
1	7.616480	100.0000	0.000000	0.000000	0.000000
2	9.811698	96.61304	0.111742	2.243398	1.031823
3	11.10855	94.61260	0.115581	2.373594	2.898223

（续表）

Variance Period	Decomposition of S. E.	X: X	SLR	MT	FIR
4	11.53970	94.40770	0.118650	2.391171	3.082477
5	11.61878	94.33220	0.126337	2.419113	3.122352
6	11.66201	93.94623	0.129534	2.762667	3.161573
7	11.69122	93.52653	0.129078	3.195833	3.148555
8	11.72201	93.03708	0.132138	3.698742	3.132039
9	11.75042	92.59094	0.138916	4.152611	3.117535
10	11.77311	92.24266	0.149512	4.502169	3.105660

从表5.36、表5.37可以看出，3个经济指标的贡献率整体呈增长态势，上市公司融资额的贡献值最大，金融相关比率的贡献率次之，金融效率的贡献率最低。这说明目前对两省白酒产业发展起主要作用的是白酒上市企业，因此政府要鼓励白酒企业上市融资，同时，金融机构要加大对白酒产业企业的贷款扶持力度，以促进白酒产业发展。

表5.37 四川省白酒产业产量的方差分解表

Variance Period	Decomposition of S. E.	Y: Y	FIR	SLR	WLY
1	73.97144	100.0000	0.000000	0.000000	0.000000
2	89.07909	98.47764	0.726148	0.219742	0.576472
3	92.39434	97.71278	0.728832	0.383328	1.175057
4	93.12080	97.17269	0.737902	0.687192	1.402212
5	93.14621	97.12173	0.744687	0.721688	1.411899
6	93.20411	97.06787	0.744384	0.723778	1.463973
7	93.29266	96.89435	0.744494	0.726711	1.634449
8	93.39419	96.68390	0.746244	0.726418	1.843442
9	93.47789	96.51151	0.745767	0.725435	2.017291
10	93.53245	96.39959	0.745008	0.724650	2.130748

（四）实证分析结果

运用VAR模型对川黔地区金融支持和白酒产业发展的关系进行实证分析，并在此基础上使用广义脉冲响应函数和方差分解对两省白酒产量和金融支持指标的动态关系进行实证研究，得出以下结论。

第一，金融效率、金融相关率和上市公司融资余额的提升对白酒产量的增加均具有促进作用，虽然短期内金融效率、金融相关比率和上市公司融资余额对白酒产量具有滞后效应，但长期内还是保持正增长状态，说明金融支持对白酒产业发展具有促进作用。

第二，从VAR模型的方程式可以看出，四川省各指标系数的绝对值均大于贵州省，说明相较于贵州省，四川省金融发展各项指标的变动对白酒产量的影响更大，即四川省金融效率（SLR）、金融相关率（FIR）和上市公司融资余额的增加对白酒产量的带动作用更为明显。贵州省相关部门应努力为白酒产业发展提供金融支持，改善和优化金融结构，提高金融效率。

第三，从两省白酒产量的方差分解表可知，上市公司融资额、金融相关比率、金融效率对白酒产业产量的贡献度依次降低，因此两省除应积极发展上市企业，拓宽企业直接融资渠道的基础上，还应注重金融相关比率与金融效率的提升，努力改善金融支持环境，为两省白酒产业的快速、稳健发展构建一个广度与深度、多样性与高效性并存的金融支持体系。

五、金融支持贵州与云南茶产业发展的比较

云贵高原一带是茶树的原产地，因而这一区域向来成为我国的产茶重地。云南省和贵州省也一直将茶产业作为经济的重要支撑，两省均为我国历史最为悠久的茶区。两省存在着相似性。一是地理位置的相似性。云南与贵州在纬度、海拔、地形上均相近，两省紧邻，都同属于西南腹地，具备了相似的地理优势和产区优势。二是气候条件的相似性。云贵两省均属亚热带季风性气候，有着丰富的水热资源，都适宜茶树种植。而且经过长期发展，茶产业在两省都具备了一定规模，有着省份特有的代表性茶叶品种。基于自然地理位置和资源环境优势的相似，且两省均高度重视茶产业的发展，茶产业已成为贵州和云南两省的经济支柱产业。随着两省茶产业规模逐渐扩大，代表性茶叶品种亦不断增多，且随着经济金融发展的推动，茶产业也以此为依托发展速度加快。2016年全国18个产茶省（区）茶园面积比上年增加近100万亩，

中西部各省茶叶继续增产增收，贵州增产 4.9 万吨，云南增产 1.5 万吨，贵州干毛茶产值增加 45 亿元，但名优茶增幅减缓。[①]因此，研究比较贵州及云南两省茶产业的发展情况，及其与经济金融发展的关系，对促进我国茶产业发展、结构优化具有重要现实意义。

（一）贵州与云南省茶产业发展现状比较

1. 云南与贵州茶叶种植面积：平稳增长 VS 快速增长

比较贵州及云南茶园面积发展情况（见图 5.37），总的看来，两省均呈逐渐扩张态势，且云南省茶园面积一直多于贵州省，直至 2015 年，贵州省茶叶种植面积才超越云南省。从云南省实有茶园面积增长状况看，考察期内年均增长率为 6%，呈现缓慢增长—快速增长—逐渐放缓趋势，2015 年，其增长速度回升。贵州省茶叶种植面积增长率在 2008 年之前呈现波动性上升状态，之后 3 年为急剧增长状态，与云南省的差距逐渐缩小，其中，2011 年同比增长 12.77%，增速最快。2008 年后贵州省茶园面积急剧增长主要是得益于 2007 年贵州省出台《关于茶产业发展的意见》，累计投入中央财政现代农业生产发展资金 6.95 亿元、茶产业发展专项资金 1.7 亿元。此外，2014 年贵州省出台《贵州省茶产业提升三年行动计划（2014—2016 年）》，加大了对茶产业的资金支持力度，使得 2015 年贵州省茶园面积超过云南省成为全国茶叶种植的最大省份。

2. 云南省茶叶采摘面积远高于贵州省

从茶叶采摘面积绝对数看，云南远超贵州为其 4 倍左右。2000—2007 年，贵州省茶园采摘面积缓慢增长，后增长速度逐渐加快；云南省整体呈波动性上涨趋势。从采摘面积增长率看，2007 年前，两省大体持平，差异不大。2007 年后，云南省与贵州省茶叶采摘面积增长率均呈下降—回升—下降状态，2009 年约 400 万亩茶园受干旱天气影响，云南省茶叶采摘面积甚至出现负增长，因此，云南省于 2010 年出台《进一步加快茶产业发展的意见》，强调云南省农业经济中茶产业的重要地位，使得 2010 年及 2011 年茶园采摘面积连续增长（见图 5.38）。

---

① 梅宇.2016 年中国茶业经济形势简报[J].茶世界，2017（2）.

单位：千公顷

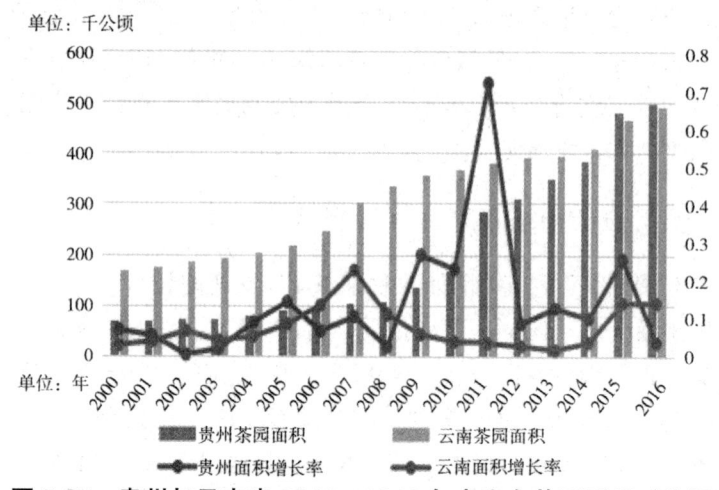

图 5.37　贵州与云南省 2000—2016 年末实有茶园面积对比图

数据来源：2001—2017 年《中国统计年鉴》《贵州统计年鉴》《云南统计年鉴》。

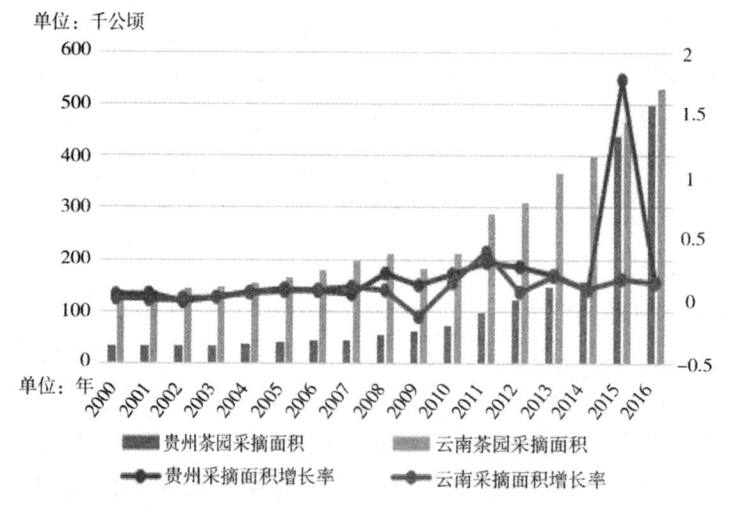

图 5.38　贵州与云南省 2000—2016 年茶叶采摘面积对比图

数据来源：2001—2017 年《中国统计年鉴》《贵州统计年鉴》《云南统计年鉴》。

3. 云南茶叶产量远远超过贵州，但贵州产量增长率却高于云南

从图 5.39 可以看出，贵州省与云南省茶叶产量均呈稳定增长态势，但贵州茶产总量远低于云南，同年云南省茶产量为贵州省的 3—4 倍。从产量增长率看，17 年间云南省变动趋势较为平稳，而贵州省茶叶产量整体呈增长状态。2008 年，得益于贵州省委省政府 2007 年出台《关于加快贵州茶叶产业实施的意见》的推动，贵州省茶叶产量增长率首次超过云南；2013 年贵州省产量增长率达到峰值，

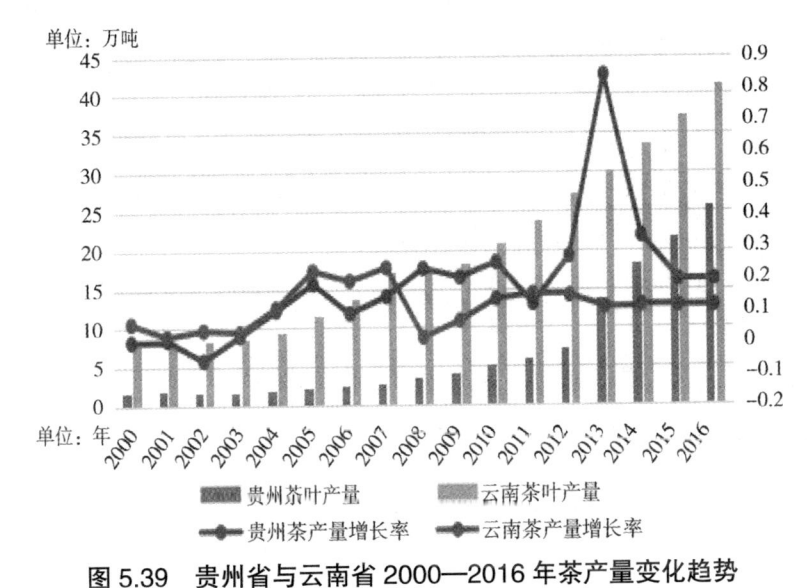

究其原因，主要是因为"十二五"期间贵州省加大了对茶产业的投入。

图 5.39 贵州省与云南省 2000—2016 年茶产量变化趋势

数据来源：2001—2017 年《中国统计年鉴》《贵州统计年鉴》《云南统计年鉴》

（二）金融支持茶产业发展的实证

拟采用银行存贷款余额、全社会固定资产投资以及财政支出作为衡量商业性金融与政策性金融对茶产业的支持力度，作为解释变量。选取茶叶产量作为被解释变量。选取贵州省和云南省两省 1980—2016 年的相关变量数据，进行实证分析。

在商业性金融支持方面，两省的茶产业资金支持主要是来源于银行的直接贷款，银行的信贷资金对于农户而言，主要用于肥料购买、茶苗采购、病虫害防治等方面，对于制茶企业主要用于新茶采购、技术研发、固定资产投资和改造等方面。金融支持可以实现茶种植、加工、生产在质和量上的提高，对茶产业发展具重要的支持作用。由于没有针对茶产业的专门统计口径，有关茶企的贷款、政策性银行对茶企的贴息贷款等只能以银行存贷款余额来代替。

在政策性金融支持方面，由于云南及贵州的茶产业发展过程中政府引导性较强，直接的政府财政拨款、专项资金，以及政府为大力支持茶产业发展投入的资金对农户种茶积极性的提高、茶园面积扩大、茶企加工原材料增加、茶企入住园区成本减少与生产规模化都提供了有力支持，促进了茶产业发展。由于缺乏专门针对茶产业政策性金融支持力度的统计口径，实证分析中政府投资建设茶园、修建工业园区以吸引茶企入驻等政府扶持性的投入用全社会固定资产投资代替；政府部门为促进茶产业发展而提供的财政补贴、专项补贴等资金支持用财政支出代替。

1.变量的相关性检验

采用皮尔逊相关系数法对金融支持与茶产业的相关关系进行检验。

皮尔逊相关系数是一个介于1和–1之间的值，1表示变量之间完全正相关，0表示无关，–1表示完全负相关。用公式表示为：

$$\rho_{XY} = \frac{COV(X,Y)}{\sigma_X \sigma_Y} = \frac{E((X-\mu_X)(Y-\mu_Y))}{\sigma_X \sigma_Y} = \frac{E(XY) - E(X)E(Y)}{\sqrt{E(X^2) - E^2(X)}\sqrt{E(Y^2) - E^2(Y)}}$$

（ρ 为相关系数、E 为数学期望、COV 为协方差）

SPSS相关性分析结果如表5.38所示。

表5.38 云南省茶产业与金融支持的相关性检验结果

	银行存款	银行贷款	固定资产投资	财政支出
茶叶产量	.919**	.905**	.882**	.866**
	.000	.000	.000	.000
年末实有茶园面积	.900**	.905**	.872**	.882**
	.000	.000	.000	.000
采摘面积	.833**	.811**	.788**	.779**
	.000	.000	.000	.000
单产	.739**	.726**	.680**	.662**
	.000	.000	.000	.000

注：** 表示在1%的水平侧上显著相关。

从表5.38检验结果看出，反映茶产业发展的各变量指标与反映金融支持的变量指标均为显著的高度正相关。财政支出与茶叶产量、采摘面积、年末实有茶园面积及单位产量的显著性高度正相关（sig即p=0.000<0.01），同样，银行的存贷款及固定资产投资与茶产业发展的4个指标都呈现显著性的高度正相关。

2.回归模型的基本原理

多元回归分析作为一种数理统计方法，用来处理变量统计的相关关系，一般可以用来分析一个因变量和若干个自变量之间相互的相关关系，其基本思想是：即使自变量和因变量之间并不存在严格的或者确定的函数关系，也可以设法去找到最能够反映出它们之间相互关系的数学表达式。一般将回归模型划分为线性回归与非线性回归。

建立多元回归模型考察云南省金融支持对茶产业发展的影响。模型设立如下：$Y = a + b_1X_1 + b_2X_2 + b_3X_3 + b_4X_4 + \mu$

（a 为常数项，Y 为茶叶产量，X_1、X_2、X_3、X_4 分别表示银行存款余额、银行贷款余额、固定资产投资额、财政支出，μ 为残差项）

3. 金融支持贵州省茶产业发展的实证

将茶叶产量视为被解释变量，以最小二乘法进行多元回归模型的参数估计，得到输出结果如表5.39所示。

表5.39 贵州省金融支持茶产业回归分析输出结果表

	模型估计结果
C	1.179083***
X_1	0.001211**
X_2	−0.000785
X_3	0.003530***
X_4	−0.007047***
R-squared	0.991555

注：***、**、* 分别表示在1%、5%、10%的显著性水平显著。

从上表可看出，R^2=0.991555，拟合优度较高。X_1、X_3、X_4 与茶叶产量均显著相关，但是 X_2 并不显著，认为贵州省银行贷款与茶叶产量无显著相关关系，因此建立修正模型时，X_2 不作为解释变量。

将 X_2 剔除，修正后的模型结果如下：

表5.40 贵州省金融支持茶产业回归分析修正结果

	模型估计结果
C	1.101926***
X_1	0.000525***
X_3	0.003447***

(续表)

	模型估计结果
X_4	−0.006541***
R-squared	0.991073

注：***、**、* 分别表示在1%、5%、10%的显著性水平显著。

修正后的模型结果中，R^2为0.991073，拟合优度高，且各解释变量与被解释变量间都存在显著的相关关系。

从回归结果看，影响贵州省茶产业发展的最大因素为固定资产投资额，第二是银行存款，表明贵州省主要依托政府的资金及政策支持发展茶产业。

4. 云南省金融支持茶产业的实证

将云南省茶叶产量视为被解释变量，以最小二乘法进行多元回归模型的参数估计，得到的输出结果如表5.41所示。

表5.41　云南省金融支持茶产业发展的回归分析结果

	模型估计结果
C	3.873385***
X_1	0.001649***
X_2	0.000310
X_3	−8.82E−05
X_4	−0.002602
R-squared	0.981499

注：***、**、* 分别表示在1%、5%、10%的显著性水平显著。

$R^2 = 0.981499$，样本回归方程较好的拟合样本观测值。仅X_1与茶叶产量在1%的水平下显著正相关，因此修正模型，剔除X_2、X_3、X_4。

修正模型回归结果如下：

表5.42　云南省金融支持茶产业发展的修正回归分析结果

	模型估计结果
C	4.017482***
X_1	0.001340***
R-squared	0.979524

注：***、**、* 分别表示在1%、5%、10%的显著性水平显著。

修正后的模型拟合优度较高为 0.979524，结果表明在云南省茶产业发展过程中，银行信贷资金支持力度较大。

（三）实证结果

第一，实证结果表明，对贵州省茶产业发展影响最大的因素是固定资产投资，其次为银行存款，表明政府扶持为促进贵州省茶产业发展的主要因素；财政支出的系数显著为负，试图探寻其原因，主要是因为实证分析中将全省的财政支出看作是对茶产业发展的财政支出，但事实上全省财政支出专门针对支持茶产业发展的数额较少，统计范围的扩大使得财政支出与茶产业发展显著负相关，也可能是财政专项资金未能较好落到实处的反映。

第二，云南省金融支持茶产业发展的回归模型在经过逐步回归后，最后仅留下了银行贷款一项指标，说明云南省茶产业发展主要是得益于银行信贷资金的有力支持。

第三，两省的金融支持和茶产业发展均呈现出高度正相关。但贵州省茶产业发展受政策性固定资产投资的影响最大，财政支出与银行存款次之，说明了贵州省茶产业快速发展过程中政府的扶持政策起到了较大的推动作用，因云南省茶产业发展条件相对成熟，金融支持中的商业性金融起到了更大的作用。

第四节　金融支持贵州特色产业发展的专题调查

一、金融支持贵州民族药业发展的实地调查

（一）调查背景

得天独厚的地理位置与良好的生态环境，为贵州大力发展民族业提供了极为有利地条件，因而享有"黔地无闲草，夜郎多灵药"的美誉。近10年来，贵州中药民族药业以年均20%的速度快速发展[①]，为将贵州建设成为中药材大省，实现以中药民族药强省的目标，省委、省政府确定将中药民族药业重点打造为"烟、酒、药、茶、特色食品""五张名片"之一。围绕这一目标要求，将中药民族药业发展和农业增效、农民增收及农业产业结构调整相结合，并与生态治理、生态重建及农村扶贫开发相结合，不断加大对中药民族药业的

---

① 李广平.打造中药材大省和中药民族药强省 [EB/OL].多彩贵州网—贵州日报，2014-06-25.

投入力度，努力创新发展模式，经过努力，中药民族药业为贵州贫困地区的经济发展、解决贫困农民脱贫致富发挥积极作用，不仅扶贫效益显著，也带来了经济效益与生态效益。中药民族药业成为贵州山区农民增收的富民产业及生物医药产业的重要组成部分。

2012年1月国务院《关于进一步促进贵州经济社会又好又快发展的若干意见》（国发〔2012〕2号文件）中明确就指出了贵州省要积极地推进中药现代化，应该加大中成药与民族药的发展力度。按照文件精神，贵州省委、省政府批复并积极组织实施《贵州省中药材产业发展扶贫规划（2012—2015年）》，并同时出台了《关于加快民族药业和特色食品产业发展的意见》。成为贵州省"十大扶贫产业"中的第一个"以省级政府的名义批复"的产业发展规划和政策性文件。2014年习近平总书记就对贵州省做出要"坚守发展和生态两条底线，切实做到经济效益、社会效益、生态效益同步提升"的重要指示[①]，根据总书记的要求，贵州部署要求对医药产业重点培育打造，为贵州中药民族药业发展提供了制度保障。

任何一个行业的发展离不开资金的支持，民族药业的发展也不例外。民族药产品从科技含量、制药技术到质量控制，都需要金融支持作为坚强后盾。但贵州欠发达经济的现实严重制约着民族药业的融资渠道与方式，政府的扶持与银行信贷支持是其主要的资金来源，达到上市融资条件的企业并不多。因此，对贵州省民族药业发展状况进行调研，了解当前民族药业发展的资金投入状况及融资渠道，有利于了解民族药业发展面临的资金问题，探寻保障其稳健发展的有益途径有着重要的意义。

（二）调查简介

1. 调查目的

目前，贵州省民族药业发展已从单纯地扩大药材种植面积，进入到扩大种植面积与工业化水平提高并重的新阶段。充分利用现有优势条件，抓住发展机遇，促进贵州民族药业健康、快速、持续发展，让更多的农民以栽培中草药脱贫致富，促进产业结构调整，推动经济快速发展是贵州省现阶段的主要任务。近年来，贵州省不断加大中药民族药业发展的资金投入，通过财政扶持、国开行、农发行政策性资金引导，农信社信贷支持等方式，分层次对民族药业龙头企业、药材种植农民专业合作组织及贫困农户给予金融支持，

---

① 贵州新闻联播.坚守发展和生态两条底线 切实做到经济效益社会效益生态效益同步提升——习近平总书记参加贵州代表团审议侧记[EB/OL].央视网，2014-03-09.

并积极探索银行等金融机构放大民族药业贷款比例、互助资金存入金融机构、药材种植户联户连保承贷承还及扶贫资金贷款贴息等融资机制，尝试为民族药业的发展集聚更多资金，进一步加快民族药业发展步伐。本次调研对涉及民族药业的药材种植基地、民族制药企业、民族药销售企业，从供、产、销各环节进行实地调查，以期通过实地走访与问卷调研的方式了解目前金融支持民族药业的具体情况，通过调研结果分析找出金融支持民族药业发展中存在的不足，提出促进贵州民族药业快速发展的金融支持对策。

2. 调查地点

贵州省是我国民族药的主产区之一，不仅有着浓厚、久远的民间医药文化基础，而且具有独特丰富的民族药资源。目前贵州省中药种植方面主要是以中药种植基地为主、药农自主种植为辅，在一定程度上既有利于中药种植的管理规划，又能最大限度上利用资源，提高农户的生活质量。而在制药企业方面，主要是国有企业依靠政府扶持、银行融资等进行研究开发。

受调研人员数量、时间和调研经费的限制，本次调研走访及调研问卷发放主要选择的药材种植基地包括：贵阳市乌当区药材种植基地、都匀中药材种植示范基地、罗甸县艾纳香药材种植基地、大方羊场中药材种植基地、施秉太子参种植基地；贵阳、安顺、铜仁、都匀、凯里、毕节等地的民族药生产企业及成品药批发零售药店；同时对省内部分种植基地及制药企业以电话访谈等方式完成此次调研。

3. 调查时间

2014年7月5日—8月20日，历时一个半月的时间。

4. 调查对象

调查对象主要是中药种植基地负责人、制药企业、民族药销售的批发及零售企业等。

5. 调查方法

一是文献法。在调研过程中，调研小组充分利用图书馆以及互联网上的资源搜集和分析研究各种现存的有关文献及数据资料，从中筛选与本次调研有关的信息作为调研的理论基础及参考资料。

二是问卷法。通过设计调查问卷，调研小组对中药种植基地、制药企业、民族药销售的批发及零售企业进行问卷调查。调查主要为随机抽样调查，以减小样本误差，保证样本质量。

三是访谈法与实地观察法。通过走访中药种植农户与种植基地负责人，与组织管理者和当地政府领导交流座谈，到种植园区参观访谈，获取相关资料。

6. 问卷设计与回收

问卷依据调查对象不同而分为3类，包括中药种植基地问卷、民族制药企业问卷及批发及零售药业企业问卷。

中药种植基地问卷收回有效问卷3份。问卷包含两部分信息主要：一是个人及基地基本信息；二是基地经营及融资情况。

民族制药企业问卷收回有效问卷26份，问卷包含三部分：一是个人及企业基本信息；二是企业经营状况；三是企业融资情况。

批发及零售药业企业问卷收回有效问卷63份，问卷包含三部分：一是个人及企业基本信息；二是企业经营状况；三是企业融资情况；四是企业融资环境。

（三）实地调研结果与分析

1. 制药企业问卷分析

通过对贵州省26家制药企业走访调查发现，贵州省民族制药企业较多为小规模生产，国家及其地方政府以政策性金融资金对民族制药企业的金融支持力度不大。

（1）制药企业规模不一，私营小企业居多。

在走访调研的26家制药企业中，15个企业资产规模在500万以下，4家是1000万—5000万的企业，1亿以上的仅有2家，小型制药企业（300人以下）有20家。可见在调研样本中，小型企业居多，大规模企业占少数。这与贵州省为少数民族地区聚集地方，经济发展较发达省份相比较为落后存在一定关系。调研发现多数企业成立时间短，不到5年的企业较多，说明近年来在政府重视与规划发展中，民族药业获得了较快发展。但民族制药企业一半以上是私营企业，规模较小，也成为影响民族药业壮大的重要因素。

表5.43 调研制药企业规模情况表

企业资产规模（元）	问卷所含企业数（个）	企业人数规模（人）	问卷所含企业数（个）
<500万	15（57.69%）	小型制药企业（300人以下）	20
500万—1000万	0	中型制药企业（300—2000人）	6
1000万—5000万	4	大型制药企业（2000人以上）	0
5000万—1亿	5		
1亿—5亿	1		
5亿—10亿	1		

（2）制药企业工业板块销售收入可观，存在获利空间，经营势头良好。

根据图 5.40 可知，2013 年 38% 企业制药工业板块的销售收入总额 500 万以下，31% 的制药企业工业板块的销售收入总额在 500 万—1000 万，16% 的制药企业工业板块的销售收入总额在 1000 万—1 亿，15% 的制药企业工业板块的销售收入总额在 1 亿—10 亿。所调查企业的资产规模多为小规模企业，但制药企业年销售额在 500 万以上的企业占到 72%，大部分企业收入超过企业本身的资产规模，呈现较好的发展态势。

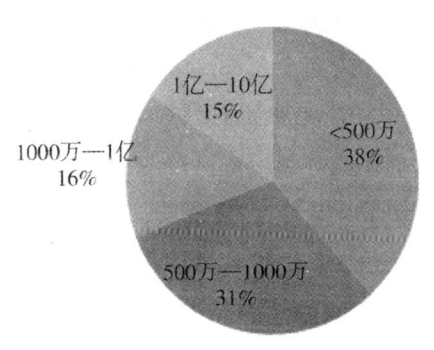

图 5.40 调研企业 2013 年制药工业板块的销售收入总额所占比例 %

此外，从利润增长角度看，15% 的企业 2012 年税前利润比 2011 年有所增加，增长率在 0%—15% 之间，39% 的企业利润增长率在 15% 以上，23% 的企业持平，23% 的企业利润减少，下降幅度在 0%—15% 之间。调查结果还显示，一半以上的企业在 2013 年上半年经营势头平稳，小部分企业经营势头良好，2014 年上半年并无亏损和下滑情况出现。随着中药民族药技术与产品的推广，人们对各种中药民族药业药效认识的加深，中药民族药的需求量稳步增长，加上农村医疗保险覆盖范围的逐步扩大和医疗制度的逐步完善，农民生病就医的意识也不断提高，促进贵州省大部分制药企业利润稳定增长。

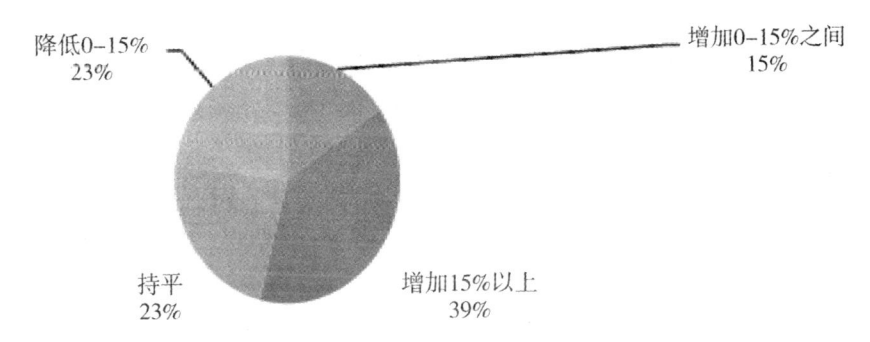

图 5.41 制药企业 2013 年税前利润相对 2012 年变化情况

（3）制药企业资金短缺，融资方式传统，信用等级良好但贷款困难。

据调查，54%以上的企业现阶段存在资金短缺问题，而企业所需资金主要用于企业产品研发、市场开拓和资金周转这三大用途。调查显示，80%以上的企业在过去经营过程中偏向选择较为传统的融资方式，被调查企业均优先选择银行或信用社贷款，其次会考虑民间借贷和向其他企业借款，个别企业会选择发行股票融资。而企业目前所使用的融资方式也较为传统，70%的企业会选择向金融机构贷款，其次会选择外商投资和企业并购。企业选择融资渠道考虑的因素主要有四个：70%的企业首先考虑资金成本，15%的企业会考虑获取贷款的熟悉程度，15%的企业考虑资金使用期限和获得资金难易程度。目前，企业在金融机构（联系最为紧密的信用社或银行）获得的信用评级都较好，77%的企业信用评级为A级，以上调查企业中仅有一家企业的信用评级为B级。为了满足未来2—3年的经营活动的需要，企业需要融资的规模见图5.42。

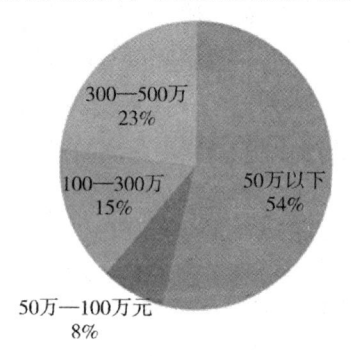

图 5.42 企业为满足未来经营活动需要融资的规模

由图5.42可知，为了满足未来2—3年的经营活动的需要，54%的企业需要贷款在50万元以下，需要贷款50万—100万元的企业占8%，15%的企业需要100万—300万元，23%的企业需要300万—500万元，没有企业需要贷款超过500万元。

此外，调查发现85%企业对现行贷款利率勉强可以承担，个别企业认为现有利率刚好合适，没有企业认为利率很高不能接受。调查显示，54%的企业认为从银行融资比较困难，31%的企业认为从银行融资容易，个别企业觉得从银行融资特别困难。在企业需要的融资规模不大，对利率能勉强接受且自身信用较好的情况下，大部分企业仍然觉得难以获取贷款，根据调研结果发现主要的原因有以下几个：38%的企业觉得没有熟人而难以贷款，31%的企业认为贷款手续太烦琐而不愿去贷款，15%的企业觉得贷款利率和其他成本太高、难以获得第三方担保。

调查结果显示，77%的企业获得过金融机构贷款，23%的企业未获得过金融机构贷款。在得过金融机构贷款的企业中，贷款获得渠道如图5.43所示。

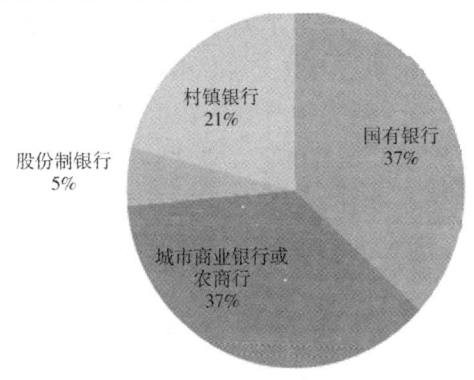

图 5.43　企业选择的融资途径

由图5.43可知，37%的企业是从国有银行获取贷款，37%的企业是从城市商业银行或农商行，5%的企业选择股份制银行获取贷款，21%的企业则选择村镇银行。可见，贵州省民族制药企业在融资途径选择较为传统，国有银行和城市商业银行或农商行是大部分企业获取贷款的途径，而国有银行和城市商业银行或农商行贷款手续一般比较烦琐，因而企业觉得贷款困难的原因之一是贷款手续太烦琐。此外，调查结果也显示70%以上的企业在获取贷款后能按期偿还贷款，这也说明调查对象的信用度较好。

（4）企业对现有融资环境基本满意，但仍希望获得更多有效的政策扶持。

调查结果显示，70%的企业对现有融资环境基本满意，23%的企业对现有融资环境比较满意，控制了融资成本，个别企业对现有融资环境不满意且未达到融资目的。政府对企业的经营提供补贴的情况如图5.44所示。

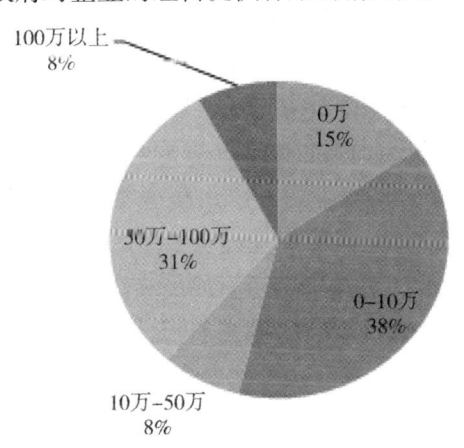

图 5.44　政府对制药企业的补贴情况

由图 5.44 所示，15% 的企业没有获得政府补贴，38% 的企业获得政府补贴 0 万—10 万元，8% 的企业获得政府补贴 10 万—50 万元，31% 的企业获得政府补贴 50 万—100 万，8% 的企业获得政府补贴 100 万元以上。由此可见，贵州省政府对民族制药企业的财政支持基本都到位，大部分企业都有财政补贴的优惠待遇，并且优惠条件多为所得税减免和低利率贷款优惠。

虽然企业获得了财政补贴的优惠，但是调查结果显示企业仍希望政府和金融部门为企业提供更多更有效的政策帮助其发展。企业希望政府和金融部门提供的主要政策有：增大产业政策支持力度、降低贷款利率、营造公平竞争的商业环境、减低税费、增加财政补贴、开辟绿色通道，降低行业进入门槛、提供良好的融资环境，提供优惠创业信贷、建立有效的产权保护制度、加强公共技术及信息平台建设等，其中一半以上的企业都希望政府和金融部门增加财政补贴、开辟绿色通道，降低行业进入门槛、提供良好的融资环境，提供优惠创业信贷。并且，企业认为可以通过：①设立民间资本服务中心，引导民间金融机构聚集；②积极推动企业间互保基金的成立；③尝试企业捆绑发行短期融资券；④组织企业财务人员培训；⑤建立企业信用档案，积极向金融机构传递企业信息；⑥与金融机构共同探讨，推出适合企业的金融产品等方式来实现提供良好的融资环境，提供优惠创业信贷这一政策。70% 以上的企业趋向选择：①设立民间资本服务中心，引导民间金融机构聚集；②组织企业财务人员培训；③建立企业信用档案，积极向金融机构传递企业信息；④与金融机构共同探讨，推出适合企业的金融产品。

因此，贵州省制药企业若需要进一步发展壮大，政府和金融部门的帮助不能缺少。

2. 中药、中成药批发、零售问卷分析

（1）中药、中成药批发、零售企业以私有小规模企业居多，资产规模不大。

通过对贵阳市太升中草药批发市场、贵阳市花溪区中草药零售店等 63 家批发零售企业调查发现，贵州省中药、中成药批发、零售企业的规模不一。其中资产规模小于 10 万的企业占 60%，小型零售企业占 87%。资产规模在 10 万—50 万的企业有 14 个，资产规模在 50 万—100 万的有 9 个，这些企业当中，88% 以上的企业都有销售中药材或民族药，这些企业销售的中药材或民族药中销量最好的三种药材为天麻，当归，杜仲。贵州省有较多少数民族聚居区，经济发展较为落后，调查中多数企业成立不到 10 年，中药、中成药批发、零售企业发展起步晚，且 87% 的企业是私营企业，这些都是导致制药企业规模不一，小企业居多的影响因素。

(2)中药、中成药批发、零售企业零售额不高,税前利润增长不快。

2013年63家调查企业中,有45家中药、中成药批发、零售企业的销售收入总额50万以下,12家中药、中成药批发、零售企业销售收入总额在50万—100万,3家中药、中成药批发、零售企业销售收入总额在100万—500万,3家企业未获得相关信息。所调查企业的资产规模多数为小规模企业,中药、中成药批发、零售企业年销售额在50万以下的企业占到65%,中药、中成药批发、零售企业的销售额并不高。

另外,根据调查发现62%的企业2013年税前利润比2012年增加0%—15%之间,15%的企业利润增加15%以上,19%的企业持平,4%的企业利润降低0%—15%之间。同时,调查结果显示,经营势头良好的企业占26%,经营基本正常平稳的占48%,有22%的企业出现了不同程度的亏损,且4%的企业处于停产、半停产状态。

(3)中药、中成药批发、零售企业融资方式传统,融资数额要求不大。

根据调查结果,有69%的企业认为当前并不存在严重的资金短缺,而31%的企业认为存在着资金短缺,它们所需的资金主要用于药材或药品采购、市场开拓、药学技术人员培训、营业场所改、扩建这四大用途。调查显示,近3年74%的企业没有向金融机构申请过贷款,仅有26%的企业近3年申请过贷款,而申请过贷款的企业都选择国有银行和城市商业银行或农商行,申请金额大多数在50万以下,其次是50万—100万,个别企业申请100万—200万。申请贷款的企业70%都能按期偿还,30%的企业可以部分偿还。没有向金融机构申请过贷款的企业中70%的企业暂不需要,26%的企业认为没有熟人而不想去借款,4%的企业认为手续太麻烦而不愿去申请贷款。

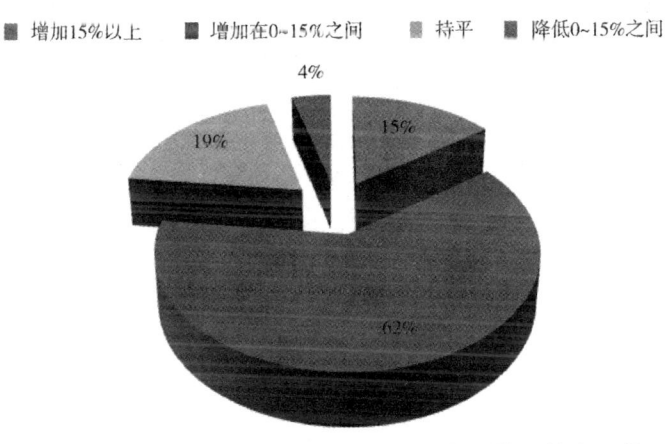

图5.45 2013年税前利润比上一年变化情况的企业数

然而，80%以上的企业在过去经营过程中偏向选择较为传统的融资方式，被调查企业都优先选择银行或信用社贷款，其次考虑民间借贷和向其他企业借款，个别企业会选择发行股票融资。除选择向金融机构贷款外，部分企业会选择外商投资和企业并购。企业选择融资渠道考虑的因素主要有四个：65%的企业首先考虑资金成本，20%的企业会考虑获取贷款的熟悉程度，15%的企业考虑资金使用期限和获得资金难易程度。

目前，企业在金融机构（联系最为紧密的信用社或银行）获得的信用评级不清晰，80%以上的企业不清楚自身在金融机构中的信用等级。

为了满足未来2—3年的经营活动的需要，87%的企业需要的贷款在50万元以下，需要贷款50万—100万元的企业占13%，没有企业需要贷款超过100万，中药、中成药批发、零售企业的融资额度趋向保守。

此外，调查发现78%企业对现行贷款利率勉强可以承担，个别企业认为现有利率刚好合适，17%企业认为很高而不能接受。调查显示，83%的企业认为从银行融资比较困难；8%的企业认为从银行融资容易；个别企业觉得从银行融资特别困难，原因有信用审查过严、没有熟人、贷款手续太烦琐、贷款利率和其他成本太高。此外有58%的企业认为贷款手续太烦琐，52%的企业因为没有熟人，22%的企业认为贷款利率和其他成本太高，17%企业认为信用审查过严。

（4）企业希望政府和金融部门提供更多有效的政策支持。

调查结果显示，65%的企业对现有融资环境基本满意，13%的企业对现有融资环境比较满意，控制了融资成本，22%企业对现有融资环境不满意且未达到融资目的。

63个调查对象中，没有一个企业获得政府补贴。因此企业希望政府和金融部门为企业提供更多更有效的政策帮助其发展。企业希望政府和金融部门提供的主要政策有：增大产业政策支持力度（43%的企业认为，下同）、降低贷款利率（39%）、营造公平竞争的商业环境（22%）、减低税费（52%）、增加财政补贴（35%）、开辟绿色通道，降低行业进入门槛（22%）、提供良好的融资环境，提供优惠创业信贷（52%）、加强公共技术及信息平台建设（4%）等，其中一半以上的企业都希望政府和金融部门增加财政补贴、开辟绿色通道，降低行业进入门槛、提供良好的融资环境，提供优惠创业信贷。65%的企业希望设立民间资本服务中心，引导民间金融机构聚集；22%的企业希望组织企业财务人员培训；17%的企业建立企业信用档案，积极向金融机构传递企业信息；9%的企业希望与金融机构共同探讨，推出适合企业的金融产品、组织企业捆绑发行短期融资券。

3. 中药种植基地问卷与访谈分析

此次调查走访了贵阳市乌当区新场乡新场村以丹参为主的GAP种植基地、新场乡达古村药材种植基地与施秉县牛大场镇中药材现代高效农业扶贫示范园。

新场乡达古村药材种植基地是贵阳金实农业科技开发有限公司于2003年投资兴建，现已形成一定规模。公司2009年计划在十年间种植知母、白术、芍药、丹参2000亩，截至2014年，已栽植1200亩，可望完成种植计划。新场乡新场村以丹参为主的GAP种植基地是2009年德昌祥药业采取土地流转方式投资兴建。规划种植面积500亩（其中辐射带动农户300亩），现已栽植200亩。访谈所知，这两个基地都不同程度地获得财政拨款或政策性贷款，获得政府扶持资金和财政贴息、税收优惠。目前，两个基地对现有的融资状况都基本满意，融资额度能够满足融资需求。基地负责人仍希望政府与金融部门加大产业政策支持力度、减低税费、增加财政补贴等，有利于基地更好更快发展。

位于施秉县牛大场镇和城关镇的"中药材现代高效农业扶贫示范园"，是贵州省的"五个一百工程"项目，也是贵州省30个重点打造的现代高效农业示范园区之一。2013年3月该园区被列入贵州省的十大重点现代农业示范园区，到2015年3月又被国家科技部列入第六批国家级的农业科技园区。该基地分为一园四区，具体包括了中药材优质种子和种苗繁殖区、GAP种植示范区、中药材百草园、中药材加工区与中药材交易以及综合服务区。基地以"企业+科技机构+基地+农户"为主要运作模式，以土地入股、产业带动、项目拉动、就地务工等方式，由园区的公司统一提供种苗、统一技术管理、统一保底回收，带动贫困户与农户种植中药材。积极坚持"以市场为导向、科技为支撑、企业为主体、协会为纽带、农户为基础"的运作原则，在产学研合作中与贵州中药材研究所、贵州大学等科研院校机构建立着长期的科研与合作关系，已有大福祥药业、三泓药业、徽贵药业等5家医药企业入住。截至2016年，园区已建成中药材百草园50亩，种子种苗繁育区350亩、育苗大棚14500平方米、标准化种植示范区18000亩，覆盖农户629户2520人，其中精准扶贫户245户802人。作为牛大场镇主打药材品种的太子参，在全镇的种植面积已达5万亩，亩产收入达1万元以上。在牛大场镇的药材交易市场，就有100多家药材收购站。现已初步发展形成集研发、加工与商贸为一体的一个综合性、现代高效农业扶贫产业示范园区。实地调查中，基地负责人认为目前基地资金缺口约百万元以上，主要是用于中药材的扩大种植与制药技术改造，受融资渠道狭窄影响，融资缺口难以补平。

二、金融支持贵州省特色生态农业的实地调查

（一）调查背景

作为典型山区省份的贵州省，山地、丘陵面积比重达92.5%，生物多样性与非耕地、草山草坡等丰富的资源，具发展绿色生态特色农业的明显优势。发展绿色生态农业是贵州特色山地农业可持续发展的重要组成部分，绿色生态农业的产业化是实现山区生态环境保护与农业、农村经济发展的主要途径，也是实现贵州农业现代化发展的前提。绿色生态农业应利用先进科学技术因地制宜地发挥区域特色资源优势，结合传统农业的精华，按照"整体—协调循环—再生"的原则，采用系统工程方法，合理规划，有效组织农业生产。由于资源整合力度不足，农业基础设施相对落后，调整结构路径较窄，广大的山区农村特色农业产业布局分散、规模小，特色农产品的市场竞争力弱，制约了特色农业产业化进程。金融是经济发展的命脉，贵州绿色生态农业由于自身的脆弱性，更是离不开金融的支持。由于经济基础薄弱，投资不足已成为制约贵州绿色生态农业发展的重要因素。因而，依据贵州经济、金融发展的实际，构建合理、有效的绿色生态农业金融支持体系，对贵州省发展山地特色高效农业的可持续发展具有重要意义。

（二）调查简介

1. 调查目的

发展既实现农业发展，又实现生态环境保护的生态农业，贵州省有着得天独厚的条件。在强调保护生态资源的前提下，贵州省立足山地资源优势形成了特色生态农产品区域带、示范园，实现农产品种植与加工结合、与物流产业结合、与乡村特色旅游结合，以特色生态旅游及乡村旅游，推进农民增收和农村经济发展。本研究在对目前贵州特色生态农业发展状况进行实地调查的基础上，了解贵州建设绿色生态农业及其发展模式的具体措施，分析当前金融对特色生态农业发展的支持力度与支持的方式以及存在的问题，结合贵州省省情实际，为贵州省特色生态农业产业化发展、可持续发展构建有力的金融支持，探寻贵州特色生态农业发展的有效途径。

2. 调查时间、地点与方式

本项目研究组2012年8月至2013年2月,分别在贵州省毕节市、赤水市、荔波县、遵义市、凯里市、铜仁市辖区的部分县市,对农户、龙头企业、农业示范园区进行随机走访及问卷调研。其中,农户问卷涉及农户个人基本信息、对特色生态农业的认知、生态农业开展情况、生态农业资金来源及获政策支持情况等;并深入田间,考察生态园区建设,参观大型农业龙头企业,了解企业盈利状况、资金需求与供给情况;与部分乡镇政府领导座谈,了解当地发展生态农业的政策扶持、资金来源与存在的困难。

3. 问卷发放与收回

问卷依据调查对象不同而分为3大类:农户、政府、园区(企业)。农户问卷共发放787份,收回有效问卷773份,问卷有效率98.22%;园区(企业)问卷收回有效问卷31份;政府访谈问卷6份。

(三)金融支持贵州省特色生态农业的调查结果分析

1. 农户问卷分析

在调研的农户样本中,男女占比分别为57.6%和42.4%,性别分布基本均匀,年龄主要分布在18—45周岁间,占比达到62.2%,由于该年龄段是农村家庭的主要劳动力与经济支柱,以其为调研主体,获取的信息相对更具可靠性与全面性。

(1)农民文化程度低,种植业为其主要收入来源。

所调查的农户中,仅有初中与小学文凭的有557人,占比达72.1%,高中仅119人,占15.4%,农民文化程度总体偏低。有43.2%的农户以种植业为年主要收入来源,以外出务工为主要来源的达到21.2%,以种植经济作物为主要来源的占14.7%,养殖业占10.6%,本地企业务工收入占3.3%,其他收入占7%。其中,外出务工人数占劳动力人数39.6%,占总人口数21%。60.3%的家庭年收入不到3万元,50.9%的农户是5口或5口人以上的家庭,存在较大的家庭经济压力。因而被调查农户的主要收入仍主要依靠农业,无论是基于传统农业还是现代化的生态农业均是农民家庭收入的主要来源。

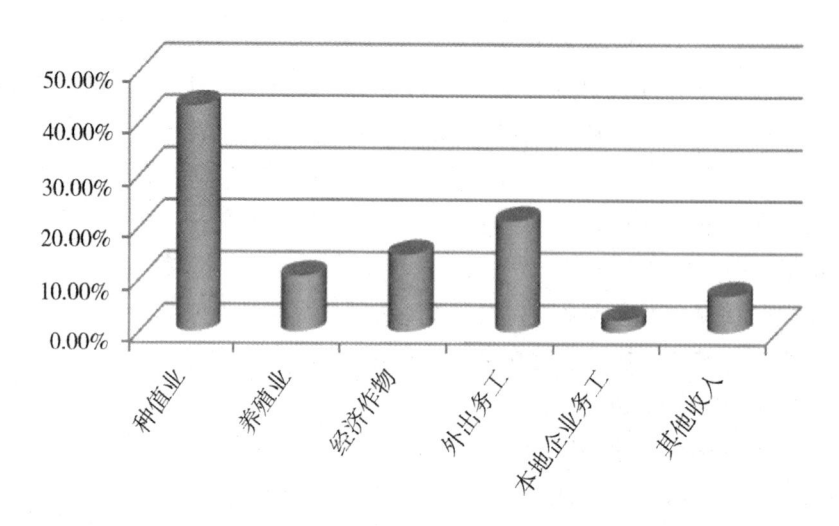

图 5.46　农户家庭年收入来源分布占比

（2）政府宣传力度不足致生态农业的认知度低，农户资金需求小。

调查中发现，生态农业认知度与被调查者的文化程度和政府宣传力度相关。75.6% 的农户认为目前政府对生态农业产业化的宣传力度不足，其中有 57.6% 的农户表示很想了解生态农业，仅有 10.1% 的人认为政府的宣传已到位。有 61% 的人表示不太了解生态农业，17% 表示了解，22% 的人表示从未听过生态农业。在访谈中得知，由于"生态农业"这一名词较为专业，绝大多数人均不理解，但通过交流解释，许多农户才知道自己目前所从事的农业属于生态农业领域。农民文化程度不高，再加上政府信息宣传的不到位，将会影响政策的执行力度。信息滞后也会影响农户不能及时享有政策扶持。

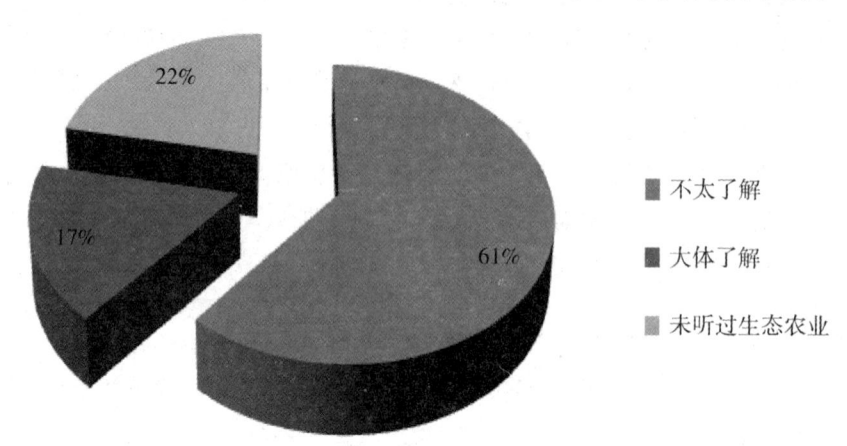

图 5.47　农户对发展生态农业的了解程度

在发展生态农业的资金需求方面，12.9%的农户表示对发展生态农业方面没有资金需求，33.7%的农户表示有需求但需求不大，有32.6%的农户有很大需求，20.8%的农户表示不清楚是否需要资金。访谈了解农户开展的生态农业，多数在传统农业的基础上，以个体形式，规模小，故资金的需求少。被调查的农户均了解，政府在发展生态农业方面有相关扶持政策与资金支持，但27.3%的人从未得到过相关扶持；近2/3的农户获得过政府的支持，包括粮食补贴、农机补贴、种子补贴等；有少数农户享受过退耕还林与牧草补贴等生态补贴政策。可以看出，政府政策的执行力度仍有待加强。

（3）沼气利用为纽带的种植养殖结合型发展方式为主要模式。

从图5.48看到，在生态农业发展模式的调查中，32.8%的农户发展沼气利用型生态农业，17.1%选择环境治理型，而23%的人认为当地生态农业发展模式是资源开发利用型，12.9%的人选择观光农园型，还有14.2%的农户选取其他类型的发展模式。因而被调查地区生态农业发展模式以沼气利用型为主，大多为种植养殖结合型、生态庭院型，其次是对农业资源的开发利用，少有将几种生态农业发展模式的有机结合，不利于生态农业发展效率的提高。

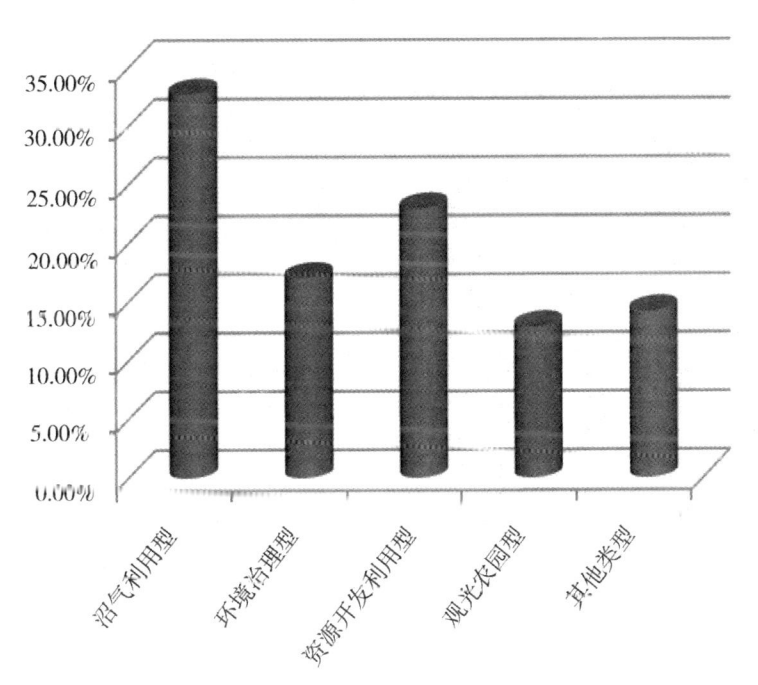

图 5.48　生态农业发展主要模式

(4）山地农业基础设施建设滞后，资金匮乏是发展生态农业的障碍。

发展绿色生态农业，42.1%的农户认为当地农村基础设施尚待完善，完善的农业基础设施有利于生态农业更好地发展；12%的人认为需要扩大生态农业规模，没有形成规模，很难提高生产效率和经济效益；36.1%认为交通道路设施仍有待加强，虽然近年来贵州依托大数据优势大力发展农村电商，但农村电商服务网点不足，电商涉及的特色农产品销售仍依赖于交通道路的保障。需要完善的方面包括农业基础设施、交通道路设施、农产品加工设施、旅游观光设施、适当的娱乐设施及生态农业规模等。

在认为当地发展生态农业存在的障碍方面，31.8%的农户认为自身文化程度低，对生态农业缺乏了解；28.6%的人认为是未经过培训，技术的缺乏；18.6%的人认为政府的支持力度不足；15.2%的人认为投入成本高，无力承担；还有5.8%的人认为由于农村老龄化严重，多数青壮年已外出打工，靠留守的空巢老人和儿童难以开展生态农业。而对发展生态农业需要解决关键问题的看法上，53.3%的人认为需要政府加大扶持力度，29.5%的人认为需解决资金问题，因此，贵州生态农业发展的最大障碍仍然是资金的缺乏。

（5）政府扶持资金难以满足农户资金需求，金融机构贷款是农户主要融资方式。

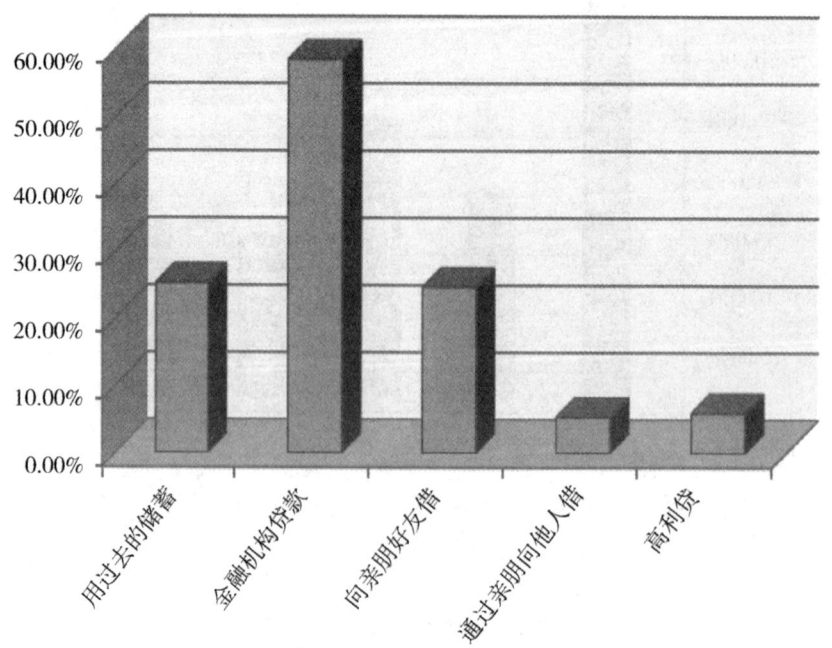

图5.49 农户资金不足时融资方式的选择

贵州省为加快生态农业发展，支农资金与政策补贴对农户都有一定倾斜。在获得支持的农户中，仅有7.1%的人表示完全满足，14.2%的人表示基本满足，78.7%的人认为不能满足。访谈中发现，对于生态农业规模小的部分农户，暂无扩大生产需要，国家政策补贴基本能满足其资金需求，但对通过集体承包或者"基地＋农户"等合作方式开展生态农业的，有规模扩大和技术改进的资金需求，政府的扶持资金难以满足其生产发展的需要。

若面临资金不足，有25.3%的人利用过去的储蓄，58.5%的人选择金融机构贷款，24.7%的人选择向亲朋好友借款，5.4%的人通过亲朋从他人处间接地借入资金，还有6%的农户选择高利贷。选择借款的农户中，最近一次借款额从500元—10万元不等，而借款方便程度和利率是影响农户借款的主要因素。由于农信社在贵州农村金融体系中仍发挥着重要作用，成为为农户提供信贷资金的主要金融机构，51.9%的农户经常在农信社办理相关业务。

2.企业问卷分析

农业龙头企业的带动对生态农业发展具有重要意义。近年来，贵州积极建设高效农业示范园区，着力打造山地特色农业，引导农业产业化发展。呈现出地区特色产业渐成规模、龙头企业快速发展的态势，有力地推动了当地农业增效与农民增收。本项目研究组对贵州省内31家从事生态农业农产品开发与销售的企业进行走访及问卷调研，了解其发展与融资渠道及困难，包含国有企业1家，民营企业19家，集体企业6家，股份制企业5家；企业员工规模小于100人的占15.3%，在100-200人之间的有32.7%，在200-300人之间的占33.5%，超过300人的占18.5%。

（1）龙头企业带动作用开始显现，但整体产业化程度不高。

调查中发现，部分龙头企业以"公司＋基地＋农户"的方式，带动农户参与着农业产业化经营。龙头企业带动农户数在一千户以上占被调查企业的42.57%，说明被调查企业为农业产业化发展发挥了带动作用，且大部分企业与农户有着长期的购销关系。占比27.1%的企业为农户进行技术指导；占比15.2%的企业给农户提供过农业生产相关信息及资讯；为农户提供过农资支持与生产过程示范的企业分别占9.17%和8.53%。但被调查企业中规模大、质量高的全产业链龙头企业很少，缺乏整体效益与市场竞争力。大部分企业从事的仍是农产品初加工，很少涉及深加工，品牌意识不强，对绿色生态产品缺乏生产档案记录、流程管理、质量检测、质量责任追踪等全程的质量监管信息平台，产业组织程度低。

（2）资金需求为满足农产品收购与生产规模扩大为主。

被调查的 31 家企业中，占比 83.42% 的企业存在资金需求，其中 60.13% 的企业主要用于农产品收购；有 34.9% 的企业用于生产规模扩大；占 28.81% 的企业需要资金进行技术引进；相对而言用于农资采购、农产品销售与组织企业标准化生产方面的资金需求较少。因而企业普遍存在融资需求，尤其是规模小的企业，资金周转不灵是当前企业发展面临的最大困难，所需资金主要是用于农产品收购的流动资金及生产规模扩大所需的固定资产投资。

（3）政府扶持政策受益面窄，企业融资较困难。

有 29.3% 的企业表示不了解政府相关扶持政策，有 50.4% 的企业表示未享受过政策优惠，其中规模大的企业政策满意度高于规模 50 万元以下的企业。也说明政府扶持中小企业与小微企业发展的政策难以落实。政府的优惠政策受益较集中于大型龙头企业与地方优势产业项目，而中小企业与新兴的农业产业项目很少惠及。

被调查企业有 41.8% 未参与银行信用评级，参评企业中达到 AAA 级的仅占 15.7%，达到 BBB 级以上的仅占 20.57%，影响企业从银行信贷融资。认为从银行获得贷款较为容易的企业仅占 14.33%，有一定困难的占 78.14%，认为很难的占 7.53%。

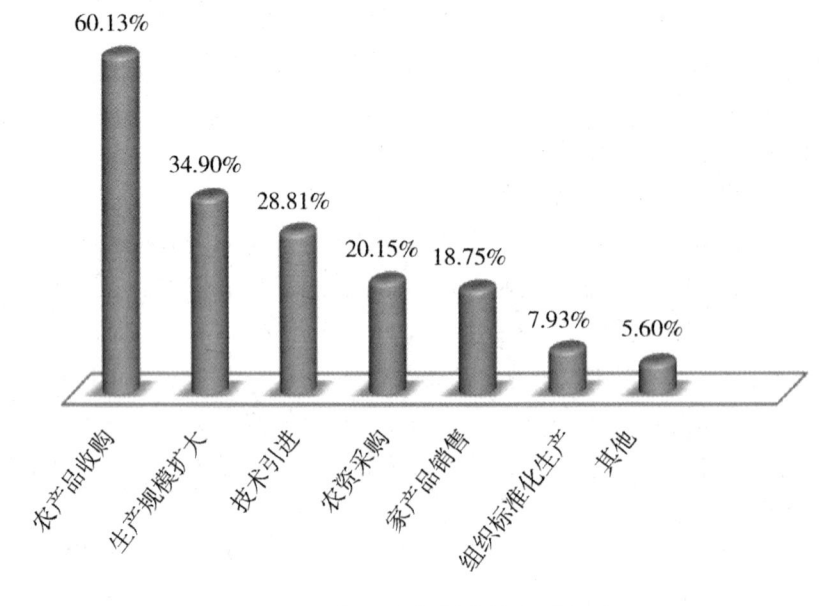

图 5.50　企业资金需求的主要用途

3. 政府访谈问卷分析

（1）地方财政能力弱，积极招商引资。

地方发展生态农业资金主要来源于上级部门划拨的财政支农资金。基于贵州欠发达的经济现实，受访的乡、镇财政直接用于生态农业发展的资金少，在建的项目散，缺乏专门的生态农业建设经费。上级划拨的支农资金绝大部分用于农村道路修建、农田水利等农村基础设施建设与完善，而用于农技推广项目资金少。政府注重积极招商引资，部分特色生态农业项目资金来源于省内外的公司与企业投资。

（2）政府鼓励农户自发合作，积极引导生态农业技术培训。

政府积极鼓励农户自发地组成合作生产方式，政府会主动帮助农户协调土地、工商注册及协调农信社贷款，并主动提供补贴和技术指导。由于农户文化水平低，缺乏专业的技术，大部分农户受限于发展传统农业，导致农户对生态农业的参与意识薄弱，政府以后会加入生态农业技术培训，引导农户积极参与生态农业与产业化生产。

（3）特色生态农业项目资金依赖财政拨款，存在较大资金缺口。

调研的乡镇在发展生态农业过程中，特色生态农业项目资金来源的共同特征是主要依赖财政拨款。例如，黔西县锦星镇在发展特色蔬菜，核桃及中草药种植方面的资金，主要来源于林业局、农业局、扶贫办及群众自发的资金，而其中财政拨款占比达到90%以上。接受访谈的乡镇在特色生态农业项目的规划上均存在资金缺口，为项目后期发展的融资需求成为项目发展的障碍。

三、金融支持贵州省茶产业发展的实地调查

（一）调查背景

"天无三日晴，地无三分平"的条件使得贵州山区立体气候十分突出，海拔落差大，昼夜温差十分明显，为茶叶的生长提供了得天独厚的优越条件。平均海拔1000米左右的贵州省，属亚热带湿润季风性气候，年平均气温约14℃左右，茶区森林覆盖率达到50%以上，部分茶区森林覆盖率高达80%。贵州是国内唯一低纬度、高海拔、少日照兼具的原生态茶区，也是全国最适宜种茶的区域之一。在贵州88个县市区中，有80余个县均能出产茶叶，几乎县县产茶成为贵州的一大特点。发育于富含着煤层的砂页岩、砂质壤土的贵州茶园，因土层深厚，又富含着硒、锗、锌、锶、钾等的微量元素，在茶树生长中通过根系吸收，使茶叶中富含了大量有益的微量元素，形成富含微

量元素不同的特种茶。贵州省茶叶产区富含锌硒是较为普遍的，除凤冈县有名的富锌硒茶外，还有道真的"硒锶茶"、开阳的"富硒茶"等。随着黔茶知名度与影响力的提升，茶产品的性价比也不断提高。无论是从宜茶面积、生态环境、地理位置、茶叶品质、茶文化等方面来看，贵州都有茶叶强省的充分理由和不可复制的优势。茶产业已成为贵州省保护自然生态环境、守住生态与发展两条底线的特色绿色产业，成为贵州省农业产业结构调整、实现农民增收的富民产业，也是农产品加工的基础产业。部分茶产业区域以主要风景名胜区的覆盖作为依托，逐步打造成为观光茶园，将茶产业组合为旅游的重要载体，旅游也成为贵州展示和推介茶产业的一个重要窗口，茶产业逐步成为贵州促进开放与开发的"名片"产业。

（二）调查简介

1. 调查目的

茶产业是贵州省在全国具有比较优势和竞争力的重要产业，从 2008 年贵州省茶产业发展大会召开、着手举办茶叶博览会以来，贵州省对茶产业实施了"走出去"和"引进来"的发展战略，并根据国发〔2012〕2 号文件要求，努力提高茶叶加工能力和水平，提升黔茶知名度和市场竞争力。茶产业发展为贵州农民脱贫致富、国家出口创汇以及为贵州省整体经济的发展做出了一定的贡献。贵州省茶产业现正处于成长期，需要政府和金融机构加大金融支持力度，促进其快速发展。但从机械设施建设以及茶叶的采购、加工、生产等环节，到茶叶成品的销售，每一个环节都需要金融资金的支持，才能更好地提高茶产业的生产效率和产品质量。此外，茶产业发展基础设施建设、关键技术研发、人才引进和培训、产品结构调整也需要投入大量的资金。因此，了解贵州茶产业在种植、生产与销售各环节资金的供给与需求状况，金融支持茶产业发展中存在的问题与不足，对于建立良好有效的金融支持体系，以推进茶产业发展更好更快有着重要意义。

2. 调查时间、地点与方式

本项目研究组 2013 年 7 月至 2014 年 8 月期间，分别在贵州省湄潭县、都匀市摆忙乡、安顺市平坝区、普定县、铜仁石迁县、贵阳久安乡、乌当区朱昌镇、贵阳市花果园（太升茶业市场）等地，对茶叶种植农户、茶园（种植基地）、龙头企业进行随机走访及问卷调研。问卷涉及茶农个人基本信息、茶叶种植情况、茶叶种植资金需求、资金来源及获政策支持情况、茶叶加工与销售企业经营状况、企业融资情况、融资环境等；深入茶叶种植农户家中，茶园（种植基地、示范园区）了解茶叶种植环节的资金需求与融资状况，参观大型龙头茶企，了解企业的盈利状况、资金需求与供给情况获取当地发展茶产业的政策扶持、资金来源与存在的困难。

3. 问卷发放与收回

问卷依据调查对象不同而分为两大类：茶叶种植户问卷（包含种植散户与茶园）与茶企业问卷。农户问卷共发放540份，收回有效问卷540份，问卷有效率100%；茶企业调查问卷共发放110份，收回有效问卷106份，问卷有效率96.36%。

（三）金融支持贵州省茶产业发展的调查结果与分析

1. 茶叶种植户问卷分析

（1）茶农加入农民合作组织程度低，茶叶种植产业化有待提高。

调查问卷显示，有24.4%的茶农参与了农民合作组织，没有加入农民合作组织的茶农占到了75.6%，说明贵州茶农集体化种植与生产的积极性差，茶叶种植的分散化程度高，茶田种植个体化占有绝大比例。而在24.4%的参与农民合作组织的农户中，生产合作社占到了70%，其余所参与的专业技术协会、供销合作社基层组织以及股份合作社分别占比极小且分布平均，说明茶农的合作形式相对单一，少数的合作化生产中劳动力合作和土地合作形式过于普遍，而技术和资本的合作形式在当地农户中比较罕见，体现了茶叶种植技术研究与推广的滞后性，这与当地农户资本存在形式的单一性密切相关。茶叶种植的出资形式中，个人出资占40%，贷款与集体投入分别占到了25%，政府财政投入只占到了10%，这也体现出茶叶种植的个体化程度及资本投入的个人化。

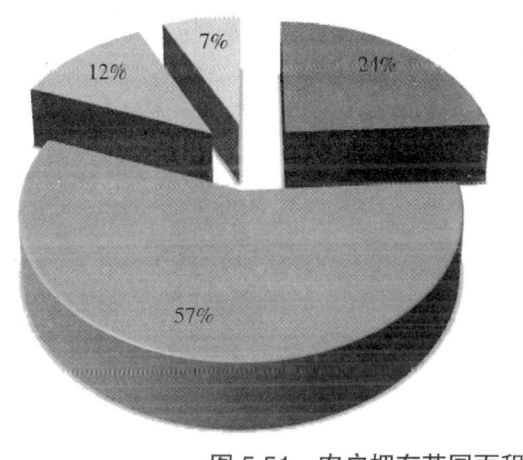

图 5.51　农户拥有茶园面积

(2)茶农经验丰富,种植面积小。

接受调查的茶农中种茶3—8年的有32.6%,9—15年的占22%,20年以上的占28.3%,三者合计达82.9%,说明贵州茶叶种植户中绝大多数有长期种茶的丰富经验,茶叶种植是当地农户农业生产的重要作物,多年的坚持种植,也可说明茶叶生产相对其他作物具有更多经济效益。从茶叶种植面积看,拥有5亩以下和5—10亩茶园的茶农占被调查农户的81%,小规模种植是茶叶种植农户的主要生产方式。茶叶种植收入在茶农家庭收入中所占比例达到80%以上的农户占27.3%,占60%—80%的农户占28.5%,说明种茶收入是茶农家庭收入的重要来源,因而有86.1%的农户认为个人种植、家庭联产承包或帮助承包是最适合农户茶叶种植的形式,而认可合作形式的不到10%,反映出贵州茶叶种植集合化、规模化发展有较大的提升空间。

(3)茶农融资需求弱,资金需求量少,季节性强。

在茶叶种植的融资需求方面,仅有45.3%的茶农表示有融资金需求,54.7%的农户表示并无融资需求。有融资需求的农户中,资金需求量2000元以下的占比22.4%,2000—5000元的占34.6%,10000—50000元的占19.7%,农户资金需求量少,绝大部分农户表示资金需求集中在农忙时节,资金需求具季节性。访谈发现,部分茶农的在资金需求方面更偏向建房需求,而非用于茶叶种植的技术提高与扩大再生产,说明小规模生产的茶农因认识与贫穷的物质条件,更注重当前基本生活水平的提高,忽略茶叶种植技术与生产方式的改变,因而融资需求较少,制约茶产业的进一步发展。

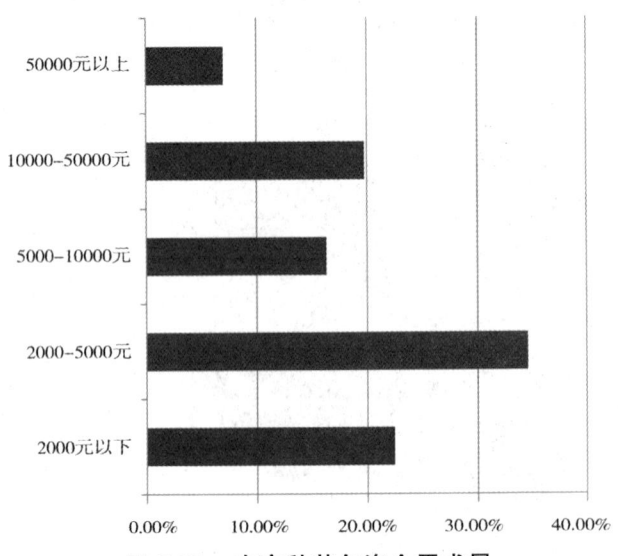

图 5.52 农户种茶年资金需求量

(4)政策性资金支持力度不足。

在政府财税政策支持方面,17.3%的农户表示未听说过政策支持;26.5%的农户表示知道,但从未得到过;52.5%的农户得到过支持,但不多;仅有3.7%的人经常得到。由于受访者中以承包土地与受雇种茶的农户占较大比重,而一般仅有当地户籍的农户才能得到政策性资金的支持。在获得过政府补贴的茶农中有48.3%的农户认为所得补贴不能满足其种茶的全部资金需求。在政策性补贴的对象与补贴方面,有92.5%的茶农希望补贴到户,70.8%的农户认为应按耕地方式补贴。

2. 茶叶加工企业问卷分析

(1)茶叶加工企业经营规模小,收入有限。

从接受调查的茶企规模看,有88%的企业资产规模在5000万元以下,其中34.6%的企业规模小于500万元,500万—1000万元与1000万—5000万元的企业分别占26.5%和24.3%,规模在5亿—10亿元的茶企仅占2.6%。茶企中以中小茶企为主,仅有几家大型茶企,这与茶产业规模化和集群化程度不高有一定关系。较小的企业规模,使得上下游产业链短、少,市场化交易成本高,一定程度上影响产品竞争力响。从2012年茶叶销售收入看到,有48.1%的企业销售收入在500万以下,销售收入在500万—1000万元和1000万—1亿元的企业分占25.7%与21.3%,较低的销售收入不利于产业化发展,而2013年上半年企业的经营情况呈现良好与正常,仅有3.2%的企业出现亏损。

(2)茶企融资渠道窄,品牌塑造的资金需求大。

从茶叶加工企业融资需求看,有38.2%的茶企资金较为紧张,资金非常紧张的占6.2%,表示资金较为充裕的占27.5%。资金较为紧张茶企的融资需求主要用于收茶季节大量资金的需求,在改进企业生产技术、产品市场创新开发等方面,被调查的大多数茶企中没有融资需求。而大型茶企在访谈中,提到在打造茶文化与茶品研究方面有大量资金投入,茶叶龙头企业在品牌塑造与提升方面有较多融资需求。融资来源渠道中,大多数来源于农信社、银行等金融机构,占比达到73.5%。在2013年占65.4%的企业均向金融机构进行过贷款申请。申请贷款在100万—200万元的占比例达33.3%,其中获得全额贷款企业占46.7%,未获得全额贷款的占37.3%,未获得贷款的仅有3.6%,获得的贷款资金中71%用作流动资金。从申请贷款的理由看,手续简单和无须抵押是企业融资考虑的主要因素。

(3)茶企融资满意度高,政策依赖性强。

在融资环境评价环节中,占85.5%的企业对当前融资环境较为满意,其中 62.1%的茶企获得过财政贴息支持，还有部分茶企享受过税收优惠、政府直接补贴，对于用地便利与优惠、担保机构担保却较少获得。64.7%的茶企希望政府加大支持力度；35.8%的茶企希望提供更为良好的融资环境；29.4%的企业期望金融机构为茶企融资开辟绿色通道，建立产权保护制度等。金融信用环境的改善与政府引入民间资本的机制也受到关注，因而能及时向金融机构传递茶企信息与民间资本服务中心的设立，将有利于引导金融机构资金向茶产业集聚与民间资本的适当引入。

3. 部分调研地访谈记录

因受调查对象在问卷调查中存在担心信息泄露、获取更多同情及自身虚荣心等因素，对问卷选项的选择可能存在一定的失真，本项目研究组在问卷调查过程中结合访谈，对部分地区情况进行了详细记录。

（1）遵义湄潭县核桃坝、凤冈田坝村调查。

核桃坝村是湄潭县湄江镇下辖的一个行政村，有 8 个村民组 868 户共 3447 人，现有茶园共 8000 余亩，人均茶园面积达 2.5 亩，户均茶园面积约 9.6 亩，被称为"中国西部生态茶叶专业村"。茶叶种植的主要形式为家庭联产承包制，有大部分茶农原籍为周边地区，如正安、沿河等地，以承包土地与受雇的形式种茶，"小分割，大连接"方式的散户种茶模式，是十余年前在政府引导下从稻谷种植转变而来。该村村委每年都定期组织茶苗种植知识培训，发放茶苗或有机肥等茶叶种植的生产物资，对低保户会在多发物资、适当增加补贴等方面给予照顾。贷款方面，很少有农户因种茶出现资金困难而贷款。主要是茶苗种下以后，仅前 3 年资金投入较大，3 年后除培育新茶苗外，基本投入主要是肥料的投入。而当地多以绿茶、翠芽为主，茶农几乎不会改变茶种。茶农出现暂时的资金缺口多为受自然灾害等因素影响。一般此类货款是当地农信社提供的手续简便、无须抵押的信用贷款（只要说明是购买有机肥，即可获得贷款），资金周转时间短，茶叶采卖结束即可还贷。政府补贴方面，茶农对政府的帮扶包括宣传、补贴等感触颇深。获得最多的是退耕还林补贴，只要家中种茶，从 2003 年起，前两年获补贴 260 元/亩，现已提高到 300 元/亩。

遵义凤冈田坝村多为自种自卖形式，种植茶叶的农户种茶时间不长，多为 5—8 年，贷款方面主要为农信社信用贷款，还款时间多为到期或延期还款。很少人听说过政府补贴或得到过政府补贴。

以湄潭县三家龙头企业为代表。贵州阳春白雪茶业公司于 2000 年创建，2004 年的登记注册资金为 520 万元，是一家将茶叶科研和茶叶生产、加工与营销为一体的茶业企业，公司 10 年间从资产不足 50 万发展到 5000 多万，成为产业化的省级龙头企业,集基地建设、清洁化、现代化生产车间、系统化营销,标准化专卖店为一体,已通过 QS 认证、ISO9001:2000 质量体系认证、HACCP 食品质量体系认证,调研中接受调查的公司负责人反映公司有较多的融资需求,也希望得到政府更多的政策支持。2001 年成立的贵州省湄潭县栗香茶业有限公司,是集茶园基地和茶叶生产、加工与销售和良种茶苗繁育等于一体的一家茶叶专营公司,目前公司已经通过 QS 质量安全体系和 ISO9001:2000 质量管理体系等系列认证,是贵州农业产业化经营的重要省级龙头企业之一,也是中国茶叶行业的百强企业,公司采取标准的军事化管理,公司财务负责人认为公司每年均有不同程度的融资需求。贵州湄潭兰馨茶业有限公司创建于 1996 年,有多家控股子公司,是国家级重点龙头企业,总资产达 1.8 亿元,以贵州省遵义 40 万亩优质富硒(锌)绿茶产业带的优势资源为依托,将绿色生态茶园建设、标准化的茶叶加工、品牌化的茶叶销售作为工作主线,并在技术方面与大学科研相结合,稳步创新发展,已通过国标(GB/T19001-2000)和 GJB 9001A-2001 质量管理体系认证,产品已通过 QS、ISO9001、HACCP、GAP、GMP 等认证和有机茶认证,其名优茶的产销能力与技术装备水平已连续多年一直位居贵州省前列。

茶企业融资渠道主要是银行和农信社贷款,有的企业表示考虑过发行债券和上市,但是认为操作较复杂未进行尝试。一般茶企业在 2、3 月春茶上市期间,由于收购茶青会出现资金短缺,很多企业都有过贷款的经历,也有小型茶企在 7、8 月茶叶销售淡季也会出现资金短缺。大部分茶企偏向于国有银行贷款,以抵押贷款为主,也有部分信用贷款,贷款金额与企业资信状况和银行信用额度有关。

(2)贵阳市久安乡久安村、小山村调查。

当地农户以粮食作物种植为主,茶叶种植为辅,因而真正种茶时间不久,小山村的农户种茶仅 2 年的时间,茶苗刚刚开始成长,每户仅 1—5 亩为基准。久安村由于历史原因,种茶时间长,种茶面积相对较大。近 5 年农户种茶均得到了资金支持。资金来源主要是政府以土地承包的方式将土地承包经营,承包人给农户提供茶苗、肥料,传授种植技术,并以政府名义发放 500 元补助。种茶农户种茶期间有购买肥料等短期资金需求,主要通过亲朋好友借款、打工收入等解决。农户反映不愿从金融机构贷款,因为种植的茶叶数量少,收入有限,有偿债压力,宁可换种其他作物。

小山村的茶树是政府强制农民种植的,茶苗由政府提供,农户用农家肥施种,但是种植以后,政府不管不问,部分农户事后自己悄悄换种其他作物。

除草、翻土等均以落后的人工，缺乏统一的规划和生产管理，没有对茶叶加工的生产企业和生产线，仅有1家小型收购公司。农户认为承包人真正目的不是种茶和加工，而是借租地种茶方式，以期在贵安新区发展中将土地低价从农户手中买入，高价卖出获利。

（3）贵阳朱昌高寨调查。

该地以种植白茶为主，建起来的种茶基地大约2000亩茶园，主要是当地的商人与浙江商人共同成立公司的形式组建，组织茶叶种植，白茶茶苗从浙江引进，肥料等都是针对白茶特性专门引进，由浙江的投资者负责，当地农户只以负责采摘茶叶和日常的茶地清理。政府为公司贷款提供支持及用地的便利。农户个人没有自己的茶园，所以很少从金融机构贷款，仅负责公司茶园日常管理。

（4）普定县调查。

普定县以朵贝茶著名，实地观察则是茶树生长不好，未看到成片的茶林，茶树稀疏矮小。每户人家种茶数量少，种茶收入在家庭总收入中所占比重小，大多数农户都是自采自用，少量拿到外地去卖。少数村民曾经尝试增加种茶数量，自己到遵义湄潭学习种茶经验，种茶收入在家庭收入中比例有所提高，但由于政府给予支持、补贴不到位，有些村民仅靠种茶不能满足家庭支出，只得外出打工，将茶园交给他人管理。村民主要以卖生茶为主，即从地里采摘后直接卖给邻村的一个茶厂，价格无保证，一年共采摘1—3个月。

农户在访谈中提到政府确实有拨款，但是政府拨款的资金从未落实到农户手中。农信社曾答应给每户提供无息贷款2000元，时间为3年，到期偿还。但是贷款半年后，村支书等人与信用社人员共同要求村民付息300元，后来村民不再信任信用社，不愿贷款。大多数农户不敢贷款，因为利息高，无法提供抵押物，加之茶树存活率较低，担心无法偿还。苦于茶苗和土地征用以及日常护理的费用开支较大，有的农家就任茶树自然生长，因而玉米地里总有几棵顽强活着的茶树成为地里的另一种风景。政府不让挖出，农民又不愿重新栽种。仅有一处私人出资购买土地与租用土地种植朵贝茶的茶园管理较好，固定雇用当地农民帮助翻土，采摘和护理。有的村民直接把地租给茶厂种植茶叶，每年从茶厂获得一定租金，在朵贝周围有这样两三个厂，规模很小，都是从村民处获得土地使用权，并每年付给村民租金。在朵贝村周围有几百亩地均是种茶，但茶园管理不善，杂草很多，有些地方茶苗死掉也未及时补上。政府对村民在种茶方面技术指导少，曾经承诺的补贴也没有实现，村民种茶的积极性不高。

（5）都匀市小围寨镇、摆忙乡调查。

这里是毛尖茶的原产地，以团山和云上两地产茶为主，家家户户均以种茶为生，种茶历史悠久。每户均有十几亩到上百亩茶园不等，每年采茶从正月十五左右持续到9—10月份。毛尖茶长势良好与这里的环境紧密相关，同时，与茶农的种植技术和经验密不可分。每年政府为农民提供几次免费的专业技术培训，以及介绍相关的种茶方面的最新资讯，有的茶农还自己花钱到外面去学技术，或者去外地考察，学习归来对自己的种茶方面的不足加以完善，提高自己的技术。种植的优质茶苗由政府和一些茶叶公司免费提供，种植前3年的肥料由政府无条件提供，政府鼓励农民种茶，积极支持农户以各种方式集资，主要融资方式是农村信用合作社贷款（借款额在1000—50000元之间，3000—5000元的占大多数，主要用于购买肥料、工具、学技术，等等），借贷利率比一般的利率低，有的拿到千分之五点几的利率，多数拿到的是千分之七点几的利率。借贷不需要提供抵押，手续较为简便，一般茶叶采摘后，就可以全款偿还。茶叶采摘期的收入从几万到几十万甚至几百万不等，每年需要大量的外来人员为他们采摘茶叶。此时的资金需求增大，农户可以向收购茶叶的商家借贷，无利息，但是商家收购茶叶时价格相对会低一些，或者给收购商提供一定数量的茶叶作为偿付；或者向身边有闲散资金的亲友邻居借款周转，三五个月就可偿还。金融机构贷款需要时间相对较长，这个阶段茶农一般不选择金融机构借款。

对于3年后已经完全成型的茶园，也会出现部分茶树枯萎或者死掉，农户需要补充新茶苗，有时候由政府提供，如政府不提供，农户根据自己的情况，会联合他人共同购买（比如平坝夏云，这个农场种植茶树，同时还孕育茶苗，需要茶苗的人则可以来此购买，或者送货上门）。购买茶苗是一笔相对较大的开支，农户如果选择银行贷款，经历的周期可能较长，农民需进城多次才能完成借款事项，有时甚至因无法提供相应的抵押物或担保人，而借不到款项。目前茶农资金主要用途是每年的年后施肥，还有小部分农户准备自己成立原茶收购点（这部分人自身的种植亩数已达几十到几百亩，请人照管，自己当小老板），但是收购需要的资金是面临的主要问题。也有的地方种植白茶，但白茶在都匀无市场，收购商不收白茶，茶农苦不堪言（政府强制必须种植），茶农无收入还得花时间精力和金钱照料。

（6）贵阳花果园（太升茶业市场）调查。

太升茶叶市场从2002年成立以来，入驻这里的经营户，不仅有全国各地知名的茶企还有自产自销的小农户，其中经营贵州茶的占到一半以上。商户资金来源或为企业总部提供；或者是个人积蓄；或者向亲友或通过中介借入；或者向金融机构借款，但从未获得低利息支持。资金需求主要是每年收购原茶的加工期，资金需求流动性大，周转期短，从金融机构贷款需要的时间较长，因而贷款的企业很少，企业宁愿意多付利息，选择利息较高的民间借贷。

4. 石迁县茶产业的个案调查

（1）石迁县与种茶条件、历史。

位于贵州铜仁市西南部的石迁县，所辖面积2173平方公里，下设7镇11乡，共302个行政村，全县人口45万，森林覆盖率达67.5%，有仡佬族、苗族、侗族、土家族等12个少数民族居住，少数民族人口占总人口的74%，是国家扶贫开发的重点县，也是贵州省的重点生态区与多民族聚居区。

石阡茶叶种植得益于当地优越的自然资源条件，不仅水、光、热等资源丰富，且雨热同季，冬不寒夏不炎，适应多种植物生长，也有利于茶树中氨基酸、咖啡因等多种有效成分的积聚与合成。全县境内未发展大型工业，土壤、空气、水环境保护良好，加之云雾多，昼夜温差明显，茶树鲜叶持嫩性好。全县拥有相对集中连片的宜茶土地共66万亩，土壤中富含硒、锌，茶多酚、氨基酸及水浸出物均在全国平均水平之上。

作为茶树品种与产品统称的石阡苔茶，因树叶粗厚，而茎苔嫩长，被称为"苔子茶"。富含"钾"元素，钾含量达28000mg/kg，有"富（钾）甲天下"的美誉，同时含锌（92.4mg/kg）、硒（0.46mg/kg）等元素。从唐朝开元年间的古夷州（即今石阡）就开始采用独特的工艺加工，时至今日仍保持着独有的自然芽装外形与"味醇、香高、耐冲泡"等内质特点，深受爱茶人士赞誉。苔子茶先后获得"贵州十大名茶""贵州三大名茶"称号，已获得国家地理标志产品保护。

（2）金融支持石迁县茶产业发展的调查。

石迁县政府于2003年就提出并建立了苔茶生态示范园区，于2008年把茶产业作为县重点产业积极发展，该县苔茶示范园主要以龙塘镇、龙井乡为代表。2014年6月本研究调研小组先后赴铜仁市茶叶办公室与石阡县茶叶管理局进行调研，并对龙塘镇、龙井乡的石阡苔茶示范园展开实地考察，以访谈方式了解当地茶企与茶农资金的需求与供给情况。

第一，国开行的扶贫开发资金支持。[①] 从石迁县茶叶管理局了解到，2012年4月贵州省扶贫办、国家开发银行贵州分行以对石阡县的调研为基础，促

---

① 数据来源：在石阡县茶叶管理局调研取得的《石阡县茶产业小额信贷工作汇报材料》。

进国开行和石阡县签署《农业产业化扶贫攻坚合作协议》，并明确了对茶产业首批融资 2.5 亿元。2013 年省国开行金融性支持石阡县农业产业化开发扶贫项目（茶产业）得以顺利实施，茶园管理得到加强，茶叶产业得到快速发展。2013 年石阡县已申报国开行贷款 9892.4 万元。经省国开行和省扶贫办联合行文批复贷款金额 4850 万元，截至 2014 年 6 月，石迁县已得到国开行批复贷款 1.6 亿元。

从 2012 年 4 月到 2014 年，国开行贵州省分行向石迁县提供贷款 25721.754 万元，其中涉及茶农贷款共 2765 户，资金数额为 19361.754 万元；涉及企业贷款共 9 户，资金数额为 3020 万元；涉及茶叶专业合作社共 11 户，资金数额为 3340 万元。经国开行贵州省分行与贵州省扶贫办联合行文的批复贷款金额共 15129.285 万元，其中涉及茶农贷款共 1933 户，资金数额为 12299.285 万元（包括政府统筹资金共 5411 万元和茶农管护资金共 6888.285 万元）；涉及企业 2 户，资金数额为 660 万元；涉及茶叶专业合作社共 10 户，资金数额为 2170 万元。2014 年 4 月国开行贵州分行向石阡县提供新增贷款 6919.35 万元，其中惠及农户 389 户，资金数额为 3949.35 万元，覆盖企业 16 户，资金数额为 2970 万元（其中 9 户为续贷，资金数额为 1370 万元）。

第二，积极招商引资。[①] 石迁县还积极招商引资，成功引进贵州省佛顶山农业发展有限公司投资 1000 万建设加工厂和基地；引进贵州省飞涵白茶有限公司投资 1000 万建设基地和加工厂；引进北京珍品坊茶业有限公司在石迁县注册贵州省石阡正岩苔生态茶业有限公司，投资 315 万元建加工厂、承包茶园；引进福建天湖集团，在石迁县定点生产和不限量生产收购白茶产品，及投资建设新厂和改造完善部分现有茶场及工艺设备。2013 年与四川特驱投资有限公司签订《石阡苔茶产业化及龙江希望城城市综合体开发项目》合同，总投资 12 亿元，其中苔茶产业化项目投资 2 亿元，城市综合体项目投资 8.5 亿元，西部茶都项目投资 1.5 亿元。

（3）示范园区企业的调查。

通过对龙塘凯华茶叶加工厂的走访，了解到龙塘共有大小加工企业 8 个，受访企业挂名于和鑫农业有限公司，公司拥有 6 台加工设备，因刚组建，人员仅 5 人，与另一茶叶加工厂共同参与龙塘镇白泥塘村的茶果产业专业合作社。受访人冯明强理事长年龄 30—45 岁，仅有高中学历，目前企业资产小于 500 万，但经营前景较好。企业 2013 年获得国开行贷款 10 万元，农信社

---

① 数据来源：石阡县 2013 年生态茶产业建设工作总结及 2014 年工作计划。

贷款 12 万元，政府贴息 5 年。政府对茶企有减免税优惠，但对茶叶企业不太了解缺乏信任。目前企业营运资金紧张，公司虽有注册资金 30 万，但银行融资所需的存款担保金约 10 万元，公司难以提供。受访者的企业负责人希望能获得更多的政策与资金支持，如政府积极为茶产业招商引资，聘请专家进行技术培训，为企业搭建销售平台等。受访者认可政府为农业产业税收减免的优惠措施，但希望在未来的企业融资行为中，政府能发挥"穿针引线"的作用。

第六章 西南民族地区特色产业发展的金融支持缺口与现实障碍

第一节 金融支持西南民族地区特色产业发展的缺口分析

一、金融支持特色产业发展的制度缺口

在我国经济的市场化进程中,区域市场化体制发育的差异性是西南民族地区金融发展落后的制度原因。受目前我国财政、金融制度供给一体化的影响,财税与金融政策在整体设计方面仍然以"效率优先"原则,一些重要金融制度与政策的形成依旧向经济发达的东部倾斜,重心仍然在经济发达地区,较少考虑西南民族地区的特殊性,强调金融运行的一体化与全国的统一性。西南民族地区无论是金融机构设置、业务范围、资金供给及金融制度改革等方面均存在滞后性,制约了对特色产业发展的金融支持力度。在财税政策方面西南民族地区的税收优惠并不比其他地区多,特色产品生产、销售企业缺乏税负优惠上的吸引力;西南民族地区有着众多少数民族聚居区和贫困的农民,农村金融体系在支持弱小的特色产业和县域特色产业中发挥着重要作用,但现行农村金融体系仍然是围绕城市工业化发展的制度安排,金融组织体系服务农村能力弱,农村金融资源供给难以满足特色产业发展的需求;作为金融供给主要来源的金融机构贷款因历史、经济基础原因,在改革开放初期信贷规模控制的金融制度安排,将大量资金投放到具备更大经济发展潜力的东部地区,当东部经济快速发展并达到一定水平后,国家通过西部大开发等战略调整实现对发展重心的转移,但在经济体制向市场经济转轨的过程中,信贷资金配置的市场化特征更倾向于经济实力强、发展条件更好的东部地区,西南民族地区落后的经济成为市场化融资的障碍;对企业上市实施统一的审核核准,虽然考虑了市场化原则,但忽略区域经济差异,导致东部地区进一步增

大资本市场的融资份额,西南民族地区特色产业企业在自有资金少、经营机制不灵活、经营效果相对差的情况下,难以达到上市条件。此外,信用担保体系不完善、农村农业保险制度不健全未能给特色产业发展的融资难、风险防范,提供制度性保障。部分县域虽然制定了金融支持特色产业发展的实施方案,但受政府财力弱,金融支持体系不完善影响,主导性较弱,效果并不理想,金融支持特色产业发展的制度仍存在较大缺口。

二、金融支持特色产业发展的结构缺口

由于西南民族地区金融业发展总体水平偏低,受金融主体结构失衡、金融市场结构不完善、金融分支机构设置欠合理的影响,金融支持特色产业发展存在支持主体不足、支持方式单一、支持供求错位等结构性缺口。

西南民族地区金融主体中银行业居主导地位,证券业、保险业发展缓慢,比重明显偏低。信托投资、融资租赁、消费金融公司、财务公司等新型金融机构的发展仍存在空白,地方性金融机构尚处于起步和发展的早期阶段,规模小、服务能力弱。为西南民族地区特色产业发展提供政策性的扶持资金主要来源于地方财政和政策性金融机构,特色产业形成一定规模化后的融资主要来源于国有商业金融和股份制金融。受民族地方政府财力限制,部分特色产业发展的初期,由于规模小、发展前景不确定性大,商业性金融的逐利性使其不愿介入,特色产业得不到所需的资金支持,出现发展受阻、弱化甚至消失;民族地区的特色产业大多从县域开始发展,受金融在区域间、城乡间发展不平衡的影响,金融分支机构向农村延伸不足,金融资源配置不均衡,在偏远的民族山区,农村信用社(农村商业银行)是提供金融服务的主要机构,对民族聚居区、县域、"三农"与中小企业的服务薄弱,对县域特色产业,尤其针对特色农业的融资服务更为薄弱。部分地区政府重视特色产业发展,加大对特色产业的扶持力度,但仅仅实现了产量上的规模,而种植、加工与销售都仍处于分散状态,未能形成生产经营模式的规模化,零星、分散的农户和中小企业缺乏稳定收入与信用担保,金融机构在边远的民族山区服务人员少,信贷管理能力有限,符合总行支持范围的特色产业企业数量较少,可供选择的业务品种较单一,出现金融需求与金融服务供给的结构缺口,信息的不对称性增强。

资本市场发展的滞后性,使得特色产业融资结构单一,特色产业形成的早期阶段对政策资金依赖较重,发展中和达到一定水平对银行间接融资依赖

严重，金融风险增大。银行业服务创新程度较低，金融产品单一，难以满足特色产业规模化发展的多样化服务需求；债券市场发展缓慢，发展潜力大的特色产业实际资本长期缺少向金融资本转化的条件和机会；保险市场发展的滞后，特色产业发展的风险防范与保障服务需求也得不到满足。产生金融支持特色产业长期有效发展的结构性缺口。

三、金融支持特色产业发展的资金缺口

西南五省（区、市）社会融资规模总量逐年增加，但大部分地区仍在全国平均水平以下，未能有效地转化为实体经济增长的动力源。特色产业作为西南民族地区产业结构调整与经济发展的方向，亟须大量的资金支持，在金融规模发展不足的情况下，获得的资金支持与特色产业融资需求间存在着资金缺口。西南民族地区金融发展现状体现为，大型国有金融机构仍然占据了大部分的信贷市场份额，中小金融机构与地方金融机构发展较为缓慢，市场比重小。国有商业银行由于信贷规模受上级行控制，总行从全行资金收益最大化角度，必然对其分支机构的资金进行统一调配。而同等风险的情况下，经济发达地区的贷款收益必然高于欠发达的民族地区，抑或在相同贷款收益率的条件下发达地区的金融风险要低于欠发达的西南民族地区，总行会更倾向于将西南民族地区不同形式贷款收益率低的资金集中起来，投向资本收益率相对高的经济发达地区，西南民族地区的金融资源向发达地区流动。在前文第五章的实证分析结果看到2009—2011年西南民族地区五省（区、市）金融支持特色产业发展均处于失调状态，2014年以前，金融支持水平均落后于特色产业发展的资金需求，2015年之后才有所改善，但金融支持特色产业的带动作用并未充分发挥出来。在专题研究中发现广西蔗糖业的金融支持效率贡献度弱；贵州中药民族药业发展对政策性金融依赖较大，信贷支持作用未能有效发挥；贵州旅游业发展超过云南，得益于比云南旅游业更多的金融支持；四川白酒产业发展远远超过贵州，金融支持发挥了明显的带动作用。对贵州省药企、中药种植基地的实地调查中发现，贵州民族药业发展存在不同程度的融资需求未能得到满足；在贵州特色生态农业、茶产业的调查中了解到，农户、龙头企业融资难，融资渠道狭窄，不同用途的资金需求得不到满足时，部分农户的资金需求借助于民间融资；地方政府在发展特色生态农业项目中也存在较大的资金缺口。

四、金融支持特色产业发展的机制缺口

目前西南民族地区特色产业的培育与发展大部分为政府主导型，较多地依靠政府政策推动和政府财政转移支付的资金支持，受地方政府财政实力的限制，对县域特色产业的支持能力有限，特色产业缺乏可持续发展的支持机制。而特色产业发展融资渠道的商业性金融支持主要来源于银行信贷资金，由于居主导地位的国有银行在一定程度上继续沿袭以往优先满足国有企业资金需求的模式，政策性贷款较多直接服从政府政策目标，在一定程度上为特色产业发展形成有益的倾斜。现阶段西南民族地区金融资源配置既不同于计划经济，也不同于市场经济的配置机制，政府在政策性金融资源配置方面主观性强，政策驱动容易受短期利益影响，忽略特色产业发展的长期性，部分特色产业在政府政策转向与变化中难以获得持续的资金支持，而商业性金融的市场配置机制尚未形成，出现金融支持特色产业的机制缺口。随着西南民族地区市场机制的建立、市场经济的不断完善，地方政府对金融资源配置的干预应逐步减少和弱化，当市场机制的基础性地位建立起来，信贷资金的配置更多受企业、产业利润的引导，资金流向有产业发展基础、发展前景好的特色产业。当前西南民族地区特色产业发展政策性金融缺乏可持续的支持机制，商业性金融由于市场的不完善，市场机制不能充分发挥，缺乏有效的利益引导机制与金融资源在特色产业配置上的合理分配机制，不利于特色产业的打造和培育。

五、金融支持特色产业发展的生态环境缺口

作为一个区域生态系统的金融生态，就西南民族地区而言，是指金融系统在西南的五省（区、市）中区域环境的生存及发展状态，它是金融市场、金融机构以及金融产品、要素间和区域外部的环境间存在的相互作用，通过分工、协作等的方式而形成的具备一定结构，且发挥一定功能的、复合性的一个空间地域系统。一个区域金融生态环境包含了经济、社会、文化、法律等众多相互作用、相互制约的因素。一个区域金融生态系统中，处于核心地位的是资金、金融机构等的金融资源要素，也是一个区域经济发展的重要血液与发动机。[①]在金融生态环境中，直接对区域金融机构提供信贷资产质量

---

① 卢颖，胡春涛，白钦先.中国金融资源地区分布差异性研究[M].北京：中国金融出版社，2014.

产生影响的有信用秩序和银企关系的优劣,而一个区域信贷资产的质量高低又会反向影响着区域金融资源的收益率;服务环境与司法环境的优劣会直接影响一个区域金融资源在运营中的成本,进一步对区域金融资源的价格水平(即实际利率)产生影响。金融生态环境质量好,区域金融资源的收益率较高,区域金融资源的价格水平(即实际利率)也较高,将会吸引区域外部的金融资源流入;若相反地金融生态环境质量差,就会出现金融资源流向区域外部。西南民族地区间接融资占比过高,信贷资金市场与资本市场发展的不均衡,区域经济发展的相对落后,金融生态环境不佳。居民、企业的金融意识不高、征信体系尚不健全、征信市场监管的缺位影响金融生态环境的发展水平。2016年末,除重庆市外,其余四省(区、市)商业银行不良贷款率均高于全国水平的1.74%,区域系统性金融风险偏大。[①]区域金融生态环境的欠佳,导致金融资源从西南民族地区流出,不利于金融资源向特色产业发展方向的配置。此外,西南民族地区国有银行间在金融服务方面未实现真正意义上的协调和合作,区域内各省域、县域金融机构间更多表现出的是竞争关系,一定程度的政策壁垒、行政壁垒与业务壁垒还存在,区域间的合作停留在单一项目上的较低层次,而区域间的协调性差,目前到达区域金融资源的合理流动,也在一定程度上制约特色产业规模化、集团化及跨区域的发展。

第二节 金融支持西南民族地区特色产业发展的现实障碍

一、特色产业规模小,吸引资金能力弱

目前西南民族地区特色产业总体规模偏小,许多特色优质资源开发程度偏低,尚未形成品牌化、规模化,特色产品生产企业无论数量和规模都处于较低的发展层次。比如截至2016年8月贵州省有注册茶叶企业及合作社3547家(加工企业2150家,合作社1397家),加工点2798个,其中国家级龙头企业仅9家、省级136家、市级316家。达到市级以上的龙头企业占注册茶叶企业及合作社的比重仅12.9%;作为全国马铃薯主要产地之一的贵州省,88个县市都有马铃薯种植,2015年马铃薯种植面积1063.8万亩,总产量1188.1

---

① 数据来源:wind资讯。

万吨,但全省现有规模以上马铃薯企业仅16家。[①] 大部分特色产品生产与加工企业的关联度弱,产业链短,因规模小、效益低等原因难以获得资本青睐。部分偏远地区少数民族特色文化产品如贵州苗绣的服装及饰品、贵州苗族的银饰、云南丽江东巴纸、云南傣族的织锦等,其生产只能以手工和半机械化操作为主,速度慢、产量小、利润低,加之许多少数民族地区交通不便、信息滞后,对市场需求不能做出快速反应,大多数民族特色产品生产仅能自给自足,对外销售少,自我生存能力差,难以达到向银行等金融机构融资的审核要求,贷款难成为民族生产与贸易企业长期存在的普遍现象。由于资金的匮乏与科技人才的缺乏,民族产品生产企业创新能力弱,抗风险能力差,吸引企业发展所需的资金更为困难,较多依赖区域优惠利率贷款贴息政策的落实。

二、对政策性金融依赖大,银行信贷支持作用有限

在前文第五章对金融支持西南民族地区特色产业发展的考察中证实,金融支持与特色产业发展存在一定程度的相关关系,不同类型的特色产业因金融支持的力度不同,发展程度也存在差异。特色产业发展初期政策性金融的作用显著,这在对贵州民族药业、旅游业及茶产业发展的实证研究中得到证实,也在金融支持茶产业及生态农业的实地调研中发现,农户、企业及地方政府迫切期待中央政府政策与政府资金的有效支持。政策性金融对特色产业发展的促进作用主要表现在前期,并且贡献度较大,主要原因是在特色产业,比如在中药、民族药业发展的早期,企业市场竞争能力弱,较其他竞争力强的区域传统资源型产业在银行、证券市场获得的资金量较少,因而政策性金融更能对早期产业发展起到良好的促进作用。到特色产业发展成熟后,政策性金融的作用逐渐弱化,甚至会产生负向影响。就原因而言,一方面是由于中药、民族药业发展至成熟期以后,只有创新才能实现产业的长远发展,民族药企必须加强在新药研发和创新等方面的投入,但创新研发的技术性投入具有的风险性,不可能也难以依靠政策性金融维持;另一方面是因为随着中药、民族药业发展到成长期时,市场竞争力得到很大程度的提升,随着银行与证券市场融资量的大幅提高,政策性金融资金额度占总金融支持规模的比重也逐渐减小,因而证实研究中贵州民族药业发展规模壮大后以商业性金融

---

① 贵州省现代山地特色高效农业发展情况[EB/OL].黔东南苗族侗族自治州人民政府网,2016-10-31.

支持为主，银行信贷对中药民族药业发展起到较好的促进作用。但银行贷款受地域和银行网点限制，资金有很大的局限性，较高的贷款利率水平使得企业信贷资金成本高，同时银行贷款限制条件较多，目前的金融支持作用有限。比如 2008—2010 年，贵州省金融机构累计向省内 10 家制药企业，发放专利权质押贷款 8.6 亿元，年均增长高达 23.2%。2011 年 1 月，发放专利权质押贷款 0.6 亿元，继续保持增长态势。[1]2011 年在贵州省药学会促银企合作会后，招商银行贵阳分行与 8 家制药企业现场签订合作协议，对贵州药业资金支持力度达 10 亿元。[2]但从银行获得较多信贷支持的仅是贵州省民族药企中小企业中的少数企业。相比金融机构向其他传统产业的贷款额度，贵州民族药业所获得的信贷支持较少，未能满足产业发展的融资需求。

政策性金融支持是贵州旅游业快速发展超过云南旅游学生的重要原因，云南旅游业主要依赖信贷融资，而信贷资金支持的不足也是其发展放缓的原因之一。而在广西蔗糖业的实证研究中银行信贷资金的金融结构与金融效率有待提升；茶产业、特色生态农业的实地调查中发现农户、企业政策依赖性强，政府扶持资金受益面窄，金融机构贷款是农户主要融资方式，但缺乏担保和抵押，融资能力弱，部分企业因而未参加信用评级，银行信贷融资存在困难。

三、金融生态环境欠佳，缺乏与特色产业协调发展的有效机制

金融生态系统可分为金融主体和金融客体两个组成部分，金融主体由包括金融产品与服务的供给者、消费者和市场监管者构成；金融客体是指金融市场结构、区域发展结构及社会经济结构。[3]金融生态系统体现着金融主体与金融客体各因素间相互依存、相互制约存在的有机总和。在我国，受不同区域金融客体结构差异的影响，不同区域的金融生态环境也存在着巨大的差异。中央财经大学金融学院研究组（2017）通过对我国 31 个省市调查数据的分析，认为八大经济区中西南地区农村家庭的金融排斥程度、证券类金融机构金融排斥程度最强；西南地区的保险排斥程度与互联网金融排斥程度相对较强。[4]

---

[1] 贵州 10 家药企用专利权质押获贷款 8.6 亿元 [EB/OL]. 今日传播网，2011-03-10.
[2] 肖连宇. 招行与贵州 8 家制药企业签订合作协议支持资金达 10 亿 [EB/OL]. 新华网贵州频道，2011-04-12.
[3] 廖林. 区域金融生态系统基本性状模型研究 [D]. 成都：西南交通大学，2009.
[4] 中央财经大学金融学院研究组. 金融排斥与普惠金融：中国城乡家庭调查分析 [J]. 公司金融研究，2017（15）.

张国俊等（2014）研究指出金融服务使用度的空间格局大体上低值集聚于湖南、河南、江西等中部农业大省和贵州、云南、广西等西部地区。[①] 西南民族地区金融排斥的存在和程度深，说明目前西南五省（区、市）社会中仍有某些群体被排除在金融体系之外，未能获得必要的金融服务。在某些边远民族地区的特色产业发展中由于金融机构的延伸不足，金融服务的缺乏，资金匮乏问题难以解决，导致特色产业难以持续。金融生态环境恶劣是产生金融排斥的重要原因，改善金融生态环境，是缓解金融排斥，践行普惠金融的前提。

金融支持特色产业发展的有效性，取决于金融支持特色产业发展的协调机制是否完善，机制的不协调会产生政策执行中的矛盾与冲突，增大金融风险与效果的不确定性。虽然当前西南民族地区金融支持特色产业发展的水平得到提高，二者的协调程度也逐渐改善，受金融生态环境不佳的影响，缺乏稳定的协调机制，影响金融对特色产业支持的可持续性，亟须建立起包括金融支持政策、机制与市场机制相协调、区域金融支持政策与区域财政政策相协调、区域金融支持政策与区域产业政策相协调，以区域产业结构调整和优化为目标，影响区域特色产业组织结构、特色产业布局，将特色产业打造培育成为支柱产业，最终形成特色经济的长效协调机制。

四、金融规模粗放扩张，难以适应多层次融资需求

结合西南民族地区金融支持综合指数的构成分析，发现各省（区、市）均存在的共同现象是，金融支持综合指数中影响最大的是代表金融规模的金融机构本外币贷款余额和非金融部门融资量；代表金融结构与金融深化的指标对金融支持综合指数贡献作用较弱。说明目前西南民族地区对特色产业发展支持作用最大的依旧是银行信贷，不断扩大金融规模，以金融规模带动特色产业发展的粗放式增长方式，仍然是这一区域的主要模式。在金融发展过程中金融结构的优化与金融深化作用被忽略，使得虽实现金融规模的不断扩张，但受金融结构单一与金融深化不足的影响，对特色产业的带动作用不明显或不稳定，特色产业发展所需的金融支持不具有可持续性，因而协调状况不佳，容易产生波动。

西南民族地区特色产业中小企业数量众多，"银行主导型"的金融结构服务中小企业作用有限，难以满足中小企业筹措资金的需求；在特色产业发展过

[①] 张国俊，周春山，许学强.中国金融排斥的省际差异及影响因素[J].地理研究，2014（12）.

程中，产业转型升级是发展的重要内容，特色工业园区、特色生产技术创新等领域的金融需求对金融服务及产品提出了更高的要求。仅以金融规模的扩大远远不能适应特色产业发展的需求，必须注重金融结构的优化与加强金融深化，为特色产业发展提供多渠道、多元化的资金，才能更好地促进区域特色产业与特色经济的快速发展。

五、资本市场发展缓慢，阻碍产业结构特色化、高层次发展

西南民族地区资本市场受区域经济差异性影响，发展相对缓慢，目前具备雄厚实力的证券公司和基金管理公司大多集中于我国东部地区，截至2015年，西南民族地区五省（区、市）共有上市公司232家，占全国上市公司数的8.2%，约为上海上市公司数的一半，与广东省一个省的上市公司数大体相当；五省（区、市）共有期货公司9家，占全国期货公司数的6%，基金公司2家，仅占全国基金公司数的2%。西南民族地区上市公司主要集中在制造业、能源等行业，区域产业转型升级中的特色产业上市公司相对偏少。

资本市场的建设与完善有利于促进区域产业结构向高层次发展。作为完全以市场机制为导向、竞争性的资本市场，筹资主体间存在着直接或者间接的竞争关系，通过市场的竞争与淘汰机制，最终只有具有发展前途而且经营状况良好的公司，才能立足于资本市场。通过资本市场运作机制能筛选出经营效率高的特色产业企业，也能激励上市的特色产业企业更加高效地生产经营与管理，促使金融资源的合理、有效配置与有效利用，推动西南民族地区产业结构实现优化。目前西南民族地区上市公司中所涉及的高科技、环保与生态农业产业的企业数呈逐步增加的趋势，资本市场支持西南民族地区特色产业发展与产业结构优化的作用正逐渐显现。

六、金融支持水平低，特色产业集群困难

从西南民族地区金融支持与特色产业发展的定量考察中看到，在2010年之后各省（区、市）金融支持水平均获得较快地发展，带动特色产业进入了较快的发展阶段，二者的协调状态也由非协调向高度协调转变。但金融支持发展指数却整体低于特色产业发展指数，金融发展水平滞后于特色产业的发展水平。西南民族地区金融发展水平低下，成为制约特色产业发展与特色产业体系完善的障碍。金融供给与金融需求矛盾的长期存在，需要依靠金融发展水平的提高，市场的不断完善来解决这一矛盾。近年来，虽然西南民族地

区银行业、证券业、保险业均获得较快发展，金融机构存贷款余额、上市公司数、保费收入、金融业产值等逐年提升，但与全国平均发展水平相比仍显滞后。

从制度经济学角度看，产业集群是一种能够降低交易费用的中间性经济组织。在产业集群内部，企业间相互交易，进行分工创新，从而提高经济效率、节约交易费用。随着西南民族地区特色产业的发展，产业集群是其继续壮大的必然趋势，企业扩大生产经营规模及相互之间的并购重组等方面都将产生大量的资金需求，而金融规模增长和特色产业发展过程中的金融需求尚未形成有效的联动机制。尤其是直接融资市场的供给还处于初级阶段，投融资渠道与方式有限，导致配置资金效率低下，金融支持特色产业发展的作用没有充分发挥，严重制约特色产业中小企业规模的扩大，产业集群效应难以形成。就西部整体而言，当前西部民族地区在特色优势产业的集群发展方面并不理想，存在着企业与企业之间缺乏必要的分工协作，产业服务体系尚不健全、龙头企业带动性作用弱、集群网络不活跃、知识的溢出和创新少等突出问题。[1] 因而，同属西部的西南民族地区其特色优势产业的集群也还处在产业集群发展的早期阶段，部分地区仅是出现了产业集群的雏形，并未形成真正意义上的产业集群。

七、金融创新能力弱，特色产业抗风险能力有限

西南民族地区金融支持综合指数中代表金融深化的金融相关率与保险深度、保险密度水平较低，各省（区、市）金融相关率指数在 0.002—0.004 之间，保险深度与保险密度指数在 0.09—0.13 之间，对金融支持综合指数的影响微弱，结合第六章金融发展水平指标分析中，各省（区、市）保险深度与保险密度低于全国平均水平，充分说明区域金融深化程度低。金融深化不足，主要原因是金融资源的浪费与区域产业结构的趋同，尚未实现产业高、精、尖发展及特色产业体系的形成。从第一产业看，西南民族地区在特色农产品的有效开发、农业的机械化种植等方面水平较低，未能完全推进农业现代化建设；在第二产业方面，虽然工业类企业数量占比较大，发展速度较快，但以初级产品为主，难以形成新型特色工业化体系；从第三产业看，特色信息化服务业还仅限于特色旅游业及特色物流产业，发展阶段较低。随着信息化时代的

---

[1] 唐昭霞．西部民族地区培育特色优势产业集群研究 [J]．绿色科技，2017（22）．

到来，产业结构的转型升级对信息化的要求也越来越高，但是当前西南民族地区的信息化程度还较低，企业信息化对经济发展的促进作用十分有限。低水平的特色产业体系下，产业结构调整和变化的预期增加，特色产业企业规模小、生产和经营缺乏稳定性，缺乏可持续的现金流，发展前景难预测，企业抗风险能力弱。

金融支持的规模化作用受限、金融支持结构的非合理化、较低的金融支持效率以及金融抑制现象的存在，造成了西南地区的金融支持无法充分发挥其对特色产业发展的促进作用；而特色产业的粗放式经营方式、尚未形成的特色产业集群效应、产业结构趋同性现象的存在以及农业、工业、服务业三大产业自身发展的不协调，导致特色产业对经济发展的促进作用十分有限。上述金融支持及特色产业的发展现实，致使金融支持发展无法充分满足特色产业发展过程中的金融需求，造成西南地区金融支持体系与特色产业体系均存在较高的不稳定性。

八、金融支持效率低下，影响特色产业融合发展

在西南民族地区金融支持综合指数的构成中，五省（区、市）代表金融效率的银行业营运效率与投资产出率多为负数，说明已投入的金融资源由于利用与产出效率低下，不能形成对特色产业的引导与带动作用，成为西南民族地区特色产业发展的一大阻碍。

目前西南民族地区各省（区、市）金融资源在大城市与中小城镇分布不均、在城镇地区和边远的农村分布不均、在国有企业和中小企业分配不均，导致金融资源分布较少的区域企业发展落后，进而限制金融效率的提高，形成恶性的循环系统；西南民族地区银行业组织机构在金融体系中数量占比较多，其他金融机构发展较为缓慢，金融机构分布不均衡，银行业信贷管理机制不健全，储蓄与投资之间缺乏有效的转换机制。较高的金融市场准入门槛及较为严格的退市制度致使金融市场上缺乏完善的竞争机制，导致居民将储蓄转化为投资的途径偏少，储蓄转化为支持特色产业发展的资金占比过低，特色产业建设资本匮乏，发展进程受阻。

尤其是民族地区的特色农业产业，倘若将产业链、价值链等现代产业组织方式引入到特色农业产业，形成农产品种植、加工、销售的特色产业链，实现农业现代化与一、二、三产业的融合发展，将是一项需要大量资金进行长期投入的系统工程。目前西南民族地区从相关金融产品、服务与政策看，

对特色产业的支持和一、二、三产业的融合发展，尚处于一种不自觉地分散地探索阶段，缺乏有针对性的政策和产品，远远不能满足其区域发展特色产业的金融需求。而区域内信贷供给总量的不足，长期大额贷款偏少，金融产品的创新力度不足，直接融资数量偏少，农产品期货与农业保险市场的作用未能充分发挥。

第七章 金融支持西南民族地区特色产业发展的总体框架

西南民族地区发展特色产业，实现区域产业比较优势转化为竞争优势，促进特色产业集约集聚发展，逐步发展成为区域优势产业、主导产业，推动区域产业结构优化升级，形成新的经济增长方式，是一个长期的过程。必须有一个与这一特色产业培育和产业结构调整过程相适应的资金支持体系。西南民族地区传统特色资源型产业粗放式发展、特色产业以中小企业居多、集群效益尚未形成等特征，决定了西南民族地区亟须建立和完善与特色产业发展相适应的金融支持体系，以金融的驱动促进特色产业的良好培育与产业化、集聚化发展。

第一节 金融支持体系适应特色产业发展战略的调整与突破

一、以发展观认识金融支持的内涵，实现金融支持思路的转变

对金融支持概念的认识，长期以来从我国公有制经济出发，将其狭义地、带有行政特色地理解为国家对经济的干预，是国家运用货币政策或信贷政策以金融推动产业发展的政策导向，非市场导向，即为政策性金融。在计划经济与向市场经济转轨的过程中，由于市场的不完善性，政策性金融是主导，与产业政策相配合，促进产业成长和发展，政策性金融与开发性金融为我国社会主义现代化建设发挥了重要作用。但政策性金融因其相对区域而言的外生性与政策性资金的有限性，不可能长期地满足某一区域或某些产业的全部

资金需求，即使能够满足，过多的干预势必影响金融市场自身所具有的资源配置能力与创新能力，重走计划经济的老路。随着我国经济的快速发展，利率市场化与市场运行机制的不断完善，商业性金融应该成为金融支持内涵的重要组成部分。有人认为商业性金融的逐利特征不能称为金融支持，因而支持仅是政府主导行为。本项目研究组认为从发展的观点来看，在不同的经济发展阶段，随着国家宏观调控手段与方式的变化，金融支持的内涵应该有其具体的内容和差异。在市场落后，市场机制完全不能发挥作用的时期，金融支持可以仅包括政策性金融；随着市场资源配置能力的不断增强，金融支持可以是政策性金融、开发性金融与商业性金融的合理配合，政策性金融、开发性金融通过适当的引导或者与商业性金融不同程度的合作，推动产业发展与结构的优化；当市场运行机制得到完善后，政策性金融应该逐步弱化，以商业性金融为主导，实现产业发展在金融资源优化配置基础上的合理、有效发展。

因而要从科学发展观的角度重新认识金融支持，商业性金融机构虽然是以盈利为主要目的，注重短期经济效益，但可以在政策性金融介入某些区域、某些特色产业或产品的培育之后，当经济效益开始显现引入商业性金融；或者以政策性金融、开发性金融资金建立起特色产业投资基金，或者一定的担保或风险补偿机制，引导商业性金融支持特色产业发展等，都是对特色产业发展有益的支持。金融支持的内涵应该是不断丰富的，不仅指包括政策性金融和商业性金融本身，还应该包含它们相互之间配合的程度与方式。从金融支持与特色产业发展的关系看，金融支持以扶持、保障、监督与激励的方式促进特色产业发展，而特色产业发展也推动了金融结构优化、金融服务创新及金融与经济的协调发展。因此，金融支持因其与产业和经济的互动作用，也是一个不断发展完善的过程，必须将金融支持看成一个适应产业发展和经济发展动态调整的系统，才能使其作用充分发挥。

二、以供给侧结构性改革为出发点，实现金融支持方向的转变

西南民族地区落后的经济基础，资本形成不足与流失并存的金融现象，资本积累能力弱与配置效率低下的金融特征，使得特色产业发展离不开政府的主动培育与参与。西部大开发战略实施后，国家政策的倾斜、政策性金融解决了部分资本不足的问题，西南民族地区经济也得到了快速发展，但与东、中部的差距却在不断拉大。差距不断增大的主要原因与西南民族地区资源型

经济和东部发达地区加工型经济长期发展的差异密切相关。西南民族地区长期以资源为导向、以资源开发为主、粗放式的经济增长方式对环境破坏严重，产品初级、产业链短，高污染、高耗能的资源型产业投资大，经济效益偏低，但常常被当作支柱产业加以扶持和发展。如钢铁、煤炭、有色金属等传统资源产业一直是西南民族地区工业化发展的主要方面，长期以资源型产业为主导的经济面临着经济与环境的矛盾日益突出，加快转变资源型经济增长方式对西南民族地区具紧迫性与重要性。

2015年11月中共中央总书记、国家主席习近平在中央财经领导小组第十一次会议上强调推进经济结构性改革，在适度扩大总需求的同时，着力加强供给侧结构性改革。在2016年1月中央财经领导小组第十二次会议上研究供给侧结构性改革方案。供给侧结构改革的实质是按市场导向的要求规范政府公共政策的供给方式，在经济结构调整与产业结构调整方面，政府应该顺应市场，按照市场导向的要求逐步规范政府的权力，降低对经济的供给约束。西南民族地区从供给侧结构性改革出发，以产业结构调整，促进经济增长方式的转变，必须对传统资源型产业以技术创新实现升级改造，淘汰落后和过剩产能，抑制重复建设，大力发展循环经济和与市场需求相符的战略新兴产业与服务业，提升产业的绿色化水平。因而金融支持产业发展的方向也需结合供给侧结构改革思路与产业调整方向发生转变。以往西南民族地区资源型产业发展有较多地方政府政策的驱动，供给侧结构改革就应该在产业结构调整中以市场化手段实现金融资源从夕阳产业退出，以政策性金融引导金融资源向新兴产业和高技术产业转移。地方政府应将政策性金融和各种保护措施从落后与产能过剩的产业退出，将其交给市场，商业性金融的逐利性必然会逐步弱化对这些产业的支持，最终落后产能与过剩产能被市场自然淘汰；而西南民族地区具有发展潜力的特色生态农业、中药（民族药）业等特色产业受资金不足、企业规模小、抗风险能力弱等因素影响，发展缓慢，政策性金融、开发性金融应较多介入，并引导商业性金融逐步进入这些特色产业，在产业培育、发展及扩张的各个阶段，适时提供差异化、全周期的金融支持。

三、以可持续发展为目标，实现金融支持体系结构的转变

西南民族地区发展特色产业，走特色经济道路的最终目标是实现区域经济的可持续发展，然而区域经济可持续发展的前提是投入要素的可持续，不能是短期的。鉴于金融与经济的相互关系及特色产业与金融支持的互动作用，

要实现对特色产业的培育、发展与特色经济的不断壮大,必须形成不断完善的金融支持体系,以可持续的金融支持体系系统地推动特色产业体系的持续发展。金融支持是一个涉及各级政府和市场行为边界及职能定位、区域金融发展水平的庞大工程,以形成金融与经济的良好互动、促进经济跨越式发展为目的不断发展、持续作用的动态系统。

目前西南民族地区金融支持体系对特色产业发展和促进经济转型起到了重要的支撑作用,但以传统银行信贷为主的金融支持结构仍有诸多不足,对产业结构调整的支持作用未能充分体现。特色资源型产业转型升级的治污、研发投入,特色中小企业的产业化发展投入,战略新兴产业的高科技投入等资金需求缺口难以补足。要实现特色产业体系的可持续发展,形成特色经济优势,必须实现金融支持体系结构的转变。在金融资源配置过程中实现以间接融资为主向直接融资为主的转变,实施金融开放,积极金融创新,大力发展市场化融资主体,引导社会资本进入传统特色优势产业、战略新兴产业,推动特色产业体系高端化发展。

第二节 金融支持特色产业发展的目标模式

一、"四维一体"金融支持体系

西南民族地区应以产业结构调整和区域特色产业体系发展为依据,注重金融自身水平发展,结合环境保护、可持续发展目标构建特色产业发展"四维一体"的金融支持体系。这种金融支持体系通过金融自身发展、创新及与外界环境的良性互动,形成金融支持体系结构的转变,最终形成"四维一体"的综合型、复合型支持体系。

(一)促进特色产业体系不断完善——区域金融协调体系

区域金融协调发展是指金融资源在一定区域内或区域间的有效配置与配置效率的提高,可以构建金融指标体系通过综合评价来反映区域内金融子系统之间的协调水平。从金融地理学角度看,由于各地区自身金融资源的差异,区域金融协调发展是金融资源空间上在金融地域的自然流动过程,是通过金融地域运动实现协调的一种区域金融空间上的运动格局。金融作为产业发展和经济发展的动力,是以金融体系自身的协调发展为前提的。在西南民族地区各省级区域内构建完善有效的区域金融协调机制，促进省域内金融各子系统协调运行，实现区域金融发展与特色产业体系、特色经济发展相匹配。因特色产业体系的形成、发展与产业选择、产业生命周期、产业的兴衰有直接联系，本身就是一个动态调整和完善的过程。因而区域金融系统与特色产业体系的协调将是一个长期、动态、持久的工程，需要区域地方政府与相关职能部门、各省金融监管局与金融机构和企业的密切配合。在省域内部金融协调的基础上，西南民族地区五省（区、市）可以尝试搭建跨省金融合作平台，各省（区、市）政府、金融监管部门和金融机构在不同层次构建金融合作协调机制，在西南民族地区核心城市实现金融资源的快速集聚，形成区域金融中心，促进金融集约化、规模化。突破省域行政区划限制，统筹西南民族地区特色产业布局和金融发展规划，在西南范围内还可划定对落后民族自治地方的金融服务专区，给予政策倾斜和优惠，逐步构建西南统一的区域金融共同市场。形成金融要素在西南民族地区跨省有序流动、收益合理分配状态，以达到缩小西南范围内省域金融发展差距和区域金融发展结构优化的双重目标，以金融的发展带动经济发展，促进西南民族地区特色产业发展、产业结构调整，最终实现经济增长与跨越式发展的总体目标。

（二）促特色产业体系绿色化发展——绿色金融支持体系

资源型经济是西南民族地区经济发展的主要支柱，各省（区、市）资源型产业均不同程度地存在着严重的生态负外部性，主要表现为高耗能、高排放、高污染等特征。伴随工业化的进程加快，工业生产中排放的危险废与废物日益增多。2015年，地区生产总值仅占全国12.58%的西南民族地区五省（区、市），废弃物中二氧化硫排放量占全国总排放量的16.52%，是西南民族地区生产总值占全国比重的1.31倍；废水排放总量占全国总排放量的13.57%。[①]改善西南民族地区生态脆弱、污染严重的现实不仅要加强综合治理，还要利用财税、金融等手段以激励机制改变资源配置，促进各省能源结构、产业结构向清洁和绿色转变。在西南民族地区各省金融资源配置中，利用激励机制引导资金从传统高耗能、高污染的产业中逐步退出，更多地投向环保产业，实现区域特色产业体系的低碳化、绿色化发展，是推动产业结构调整和优化的有益方式。这就要求西南民族地区建立起一个与国家构建绿色金融体系目标相一致的区域绿色金融支持体系，强化引导区域金融资源投向绿色

---

① 数据来源：根据国家统计局网站——分省年度数据计算。

产业、绿色项目的激励机制。

2016年8月中国人民银行、财政部、发展改革委、环境保护部、银监会、证监会、保监会等七部委联合发布《关于构建绿色金融体系的指导意见》，从9个方面、35个条目全面阐述了构建中国绿色金融体系的背景、目标、内涵、方法和路径。首次在部委文件中将绿色金融定义为"为支持环境改善、应对气候变化和资源节约高效利用的经济活动，即对环保、节能、清洁能源、绿色交通、绿色建筑等领域的项目投融资、项目运营、风险管理等所提供的金融服务"[1]。西南民族地区各省应在中央政府政策的指导下积极建立绿色评级体系，推进绿色银行体系建设，政府以银行贷款贴息、建立绿色项目担保机构为绿色项目征信，或引导社会资本参与绿色产业基金等方式，并推动绿色信贷、绿色债券、绿色保险等绿色金融产品的创新，激励和吸引更多社会资本投入绿色产业，探索建立支持传统特色产业转型升级、新型生态农业产业化发展、生物制药等战略新兴产业高端化、绿色化发展的金融支持体系。

（三）促特色产业"互联网+"转型——新型金融生态体系

生态多样化理论认为，在一个生态系统中组成成分越多，能量与物质流动的途径会更复杂，食物链的组成更错综复杂，生态系统的自动调节和恢复稳定的功能越强；系统组成成分越少、结构越简单，则应对外界环境变化的调节能力越低。金融系统也如此，金融结构并无绝对优劣之分，却存在市场化程度高低的差异。一个运行良好的金融生态体系可以提高金融运行效率、有效控制金融风险、提升资源优化配置，更好地支持特色产业和特色经济发展。由于西南民族地区整体经济发展水平与东、中部差距大，信用体系不健全，中小企业信用程度低融资难，政府部门干预多，金融机构竞争力弱等问题，金融生态亟须完善和优化。随着互联网经济的发展，互联网金融的出现加速了传统金融生态体系的演变和重构，作为一种金融新业态，传统金融生态主体、金融生态环境和调节机制都发生了较大的改变，一个包含新金融供给主体、新金融服务模式、新运作方式的新型金融生态体系在逐步形成和发展。

新型金融生态体系中出现了突破传统金融生态中市场准入限制——新的金融供给主体，如电子商务等，不断丰富的参与主体加入到新的金融生态体系中，不同主体之间、主体与市场间、政府与市场间的关系也需在新的生态

---

[1] 七部委发布《关于构建绿色金融体系的指导意见》[EB/OL]. 中华人民共和国中央人民政府门户网站，2016-09-01.

环境中重新协调，最终形成规范的、创新能力强、完善的新型金融生态体系，这将是一个长期的过程。这个过程中新的金融供给主体为特色产业发展注入了活力，"互联网+"成为特色产业发展的新常态。如结合农村电商的发展，西南民族地区各省都尝试将"互联网+"贯穿当地特色农产品的生产、加工和运输等环节，使特色产业发展在质量和效益上都得到提高。众筹还能解决特色农业发展生产贷款难、融资难的问题，实现特色农业的创新发展。完善的新型金融生态体系将是一个直接融资比率高、多层次资本市场体系，它将更稳定、更具活力，实现与外界环境繁荣共生。

（四）促特色产业体系可持续——多元化金融支持体系

西南民族地区特色产业体系中各产业发展有不同的阶段性特征，有已经发展成熟成为支柱产业的云南烟草业、广西蔗糖业，也有尚处于培育期的生物制药、新材料、新能源产业，庞大的特色产业体系中有众多的中小企业。大部分企业融资手段仍然较为单一，银行贷款是主要来源，部分中小企业甚至依靠民间借贷，融资难问题依旧突出。必须建立起与之相适应的包含互联网金融在内的多层次、多元化的金融机构及产品体系，增加金融的有效供给，使不同类型的金融组织机构从不同市场定位出发，以差异化的竞争满足不同特色产业的市场需求。

在特色产业发展的金融支持体系构建中，不仅要完善当前以银行为主体，保险、证券、融资性担保机构、小额贷款公司及社会融资服务平台并存的金融服务体系，还要通过政府金融服务平台作用的发挥，统筹推进区域金融支持体系建设，加强政银企的合作、建设政府引导基金、推动"新三板"服务，积极发展民营银行、消费金融公司等中小金融机构，探索建立多层次资本市场，发展服务特色产业中小企业的区域性股权市场，在区域内建立起多业态中小微金融组织和推动普惠金融发展。在多元化金融支持体系的构建中应逐步以市场化竞争为主导，在市场选择中形成金融供给主体多元化、金融供给渠道多样化、金融市场层次化的金融支持体系，为特色产业规模化、产业化、高端化发展提供持续发展的资金支持，实现特色产业体系的金融资源总量提高、结构优化、配置高效。

二、金融支持体系的运作模式

特色产业金融支持最终目标模式的建立和完善需要一个长久的实现过程，

在这个不断发展完善的过程中金融支持体系始终发挥作用，促进特色产业体系的调整与发展。根据前述特色产业发展的金融需求与金融支持作用机理可知，因西南民族地区特色产业分布在不同的产业发展阶段，不同阶段金融支持的主体、方式、渠道都存在差异，金融支持体系运作的具体方式具多样性、复杂性。

因此，立足西南民族地区特色产业中小企业多，尚未形成规模化、产业化现状，区域金融支持总量不足、支持结构的非均衡性、金融支持与特色产业发展协调状况长期不佳，逐渐趋于改善的现实，地方政府应合理选择特色产业，明确区域特色产业体系与发展目标，制定区域金融协调发展目标的基础上，从产业培育到成长、成熟的过程而言，设计金融支持特色产业的运作模式。我们认为金融支持西南民族地区特色产业发展，应该有一个变化调整的阶段：从政府金融政策倾斜、政策性金融为引导阶段；到以市场为导向，商业性金融为主导，政策性金融弱化阶段；最后完全市场化，商业性金融运行模式阶段。

（一）初创期特色产业的金融支持：政策性金融为主导

西南民族地区有大量的特色中小企业，而经济落后、金融供给总体不足的现实，对处于初创期的中小企业培育过程就是对特色产业选择，形成区域特色产业体系的过程。而产业选择具有明显的政策导向性，是政府直接或间接干预与市场选择机制共同作用的结果。无论何种机制，都是以金融的资金形成机制和导向机制，实现资金向重点扶持和培育的产业集中的过程，同时促进产业结构调整和特色产业体系的合理化。金融支持主要以国家产业政策导向为原则的政策性政策，具体包括金融政策支持、信贷倾斜、利率优惠及资本市场准入等。

处于初创期的特色产业数量多，盈利能力弱，商业性金融资金不愿介入进行支持，政策性金融可以从国家产业政策出发，结合区域特色产业选择依据、标准与发展战略，选择具竞争优势、发展潜力的产业形成特色产业体系，对需培育的特色产业给予税收优惠，规划专项贷款进行长期、低利资金扶持，并引导民间资本支持该产业的发展；对区域特色产业大型项目贷款给予优惠利率，为保障政策的实施，央行降低西南民族地区商业银行的再贷款率、再贴现率；在此阶段政府也可通过对商业性金融信贷方向的干预来实现发展特色产业的意图，要求商业性金融采取鼓励性信贷措施对符合区域产业发展战略的特色产业或项目给予支持；或由政策性金融机构为特色产业的商业性融资提供担保，增强借款企业的资信度，帮助其获得商业银行的信贷支持；政府还通过资本市场准入政策支持特色产业的发展，规定证券发行的上市标准、配股政策支持符合国家产业政策发展的企业上市融资。如创业板、新三板的出现和发展，为暂时无法在主板上市的创业型企业、中小企业和高科技成长型企业提供融资和股份流动的机会。

（二）成长期特色产业的金融支持：市场化导向为主，政策性金融弱化

政策性金融对特色产业的培育不是固定不变的，当随着产业的成长经营风险逐渐降低、盈利能力逐步增强，商业性金融会不断介入，政策性金融应该逐步弱化。政府通过金融支持方式干预特色产业选择和特色产业体系的形成，是因为在经济落后的西南民族地区金融资源不足，单纯依靠市场机制实现金融资源配置，处于培育期的中小企业难以获得发展资金，尚未成长就面临市场机制的淘汰。政策性金融承担了商业性金融不愿承担的功能，对欠发达地区金融资源配置形成一定补充，通过金融资源总量上的补充，选择特色产业、支持特色产业发展也实现了对区域金融的引导作用，商业性金融会逐步进入政策性金融培育的产业。但补充不等于替代，政策性资金的有限性也不可能成为特色产业发展的永久性支持，特色产业体系的发展与合理化必须通过市场机制和商业性金融的运作来实现。

特色产业体系不是一个稳定不变的系统，它总是在新兴培育、成长的特色产业加入和夕阳、衰退的特色产业退出的动态调整中，这一调整过程是促进区域产业结构均衡和合理化的必然，最终促进经济发展。这一过程的调整是通过特色产业体系与金融支持体系的协调来实现的，协调不是二者的绝对均衡，是动态的和谐和相互促进关系。调整必须符合市场导向，市场机制引导资本从效率低的产业向效率高的产业流动，从而实现金融资源的合理高效配置，以优胜劣汰的机制淘汰落后产业，促进特色产业体系调整、完善。

由于西南民族地区资本原始积累的基础较差，银行依然是特色产业融通社会资金的主渠道，这一时期商业性金融以银行信贷结构促进特色产业体系的调整，在以市场机制进行金融资源配置的方式下，西南民族地区原有高投入低产出的粗放式经济发展方式不可能长久持续，为实现经济增长的可持续，必须提高资源利用效率，调整并优化产业结构。另外，在直接融资方面，可尝试金融机构以适当方式依法持有特色产业企业的股权，金融体系也可以从股票、债券、基金等方面对特色产业提供支持。

(三) 成熟期特色产业的金融支持：商业性金融运行模式

特色产业进入成熟期，此时经过优胜劣汰生存下来的企业数量较少，产业发展相对稳定，产业集中度高，出现一定程度的垄断，产业增长速度、盈利能力逐渐下降，这一阶段的特色产业只有通过创新改善产业技术构成，实现生产要素生产率的提高、产品知识和技术含量的提高，才能可持续生存，否则将逐渐衰退，被市场淘汰。高效的技术创新依赖于金融支持，金融将储蓄转化为科技成果产业化的资金来源，将特色产业创新项目风险分散和转移，以创新企业与项目风险收益特征信息生产方式引导创新投资，以风险投资机制推动特色高新技术产业成长。

以商业性金融运行模式的金融支持是特色产业技术创新的保障。金融支持体系一方面通过金融中介机构和证券市场以存单、股票、债券、保单等金融工具将居民手中的储蓄动员起来，投向大型特色产业的投资项目，促进技术创新；另一方面，金融支持体系通过对特色产业企业和创新性项目的低利融资，或者为特色产业技术成果转让提供资金支持，鼓励技术创新活动的进行，带动社会资本的投入。

第三节 特色产业金融支持体系运行的几个关键环节

一、金融支持中的政府作用

政府不作为市场主体，而是公共决策人，在区域发展与产业结构调整中承担着设计、组织和推进创新体制的重要作用。在欠发达的西南民族地区，没有政府的体制创新和推动作用，单纯依靠市场作用自然地形成特色产业，将会是漫长的过程。政府应根据特色产业企业的成长阶段决定支持的侧重点，对处于不同成长阶段的特色产业企业，政府支持应该有不同的侧重点。对于初创期特色产业企业，政府应主要从政府增信、财政投入、完善市场体系等方面进行干预，以政策性金融来弥补市场机制的不足；对成长期、成熟期特色产业企业，商业性金融机构能依据商业法则自行决定市场取舍，并已形成自身规范的业务流程与产品体系，因而可更多依靠市场机制作用，政府不需以资金投入过多干预市场，主要作用是构建良好的市场体系、形成市场良性竞争,如果过度干预,将导致激励机制失效,出现行政效率低和挤出效应等现象。为更好地发挥区域金融支持体系中地方政府的作用,需要实现从政府主导区域金融发展转向政府引导区域金融发展,地方政府将职能从直接从事经济活动转向提供公共服务,逐步实现"管制型"政府向"服务型"政府的转变。

(一)政府直接性的金融政策倾斜

政府的金融政策倾斜是国家鼓励落后地区经济快速发展人为地干预区域金融资源配置,包括直接的政府转移支付、政策性银行资金投入及区域金融创新试点、地区投融资中心建设、区域金融机构准入政策等。在西南民族地区,政府在金融支持特色产业发展的金融政策倾斜上,可以从以下方面发挥作用:一是央行在宏观上实行区域差别存款准备金制度与再贴现政策,以增加西南民族地区货币供给;二是政府在推动特色产业发展过程中,采取税收减免的方式对培育的特色产业企业给予激励;三是以资金的行政配置方式,可以通过建立特色产业发展专项资金计划支持有潜力但具弱质性、创新性特色产业的发展。

(二)政府间接的金融干预措施

政府可以通过间接金融配置实现金融支持特色产业发展的目的,一是以财政资金通过拨改投、拨改贷,实现财政资金与社会资本的联合,将财政资金与市场的基础性作用相结合共同促进特色产业发展,如各级政府设立以引导产业发展的产业投资基金、创投引导基金等;二是政府以信用保证、政策性担保的方式,为不满足银行信贷条件的特色产业企业增信,实现政府信用和商业信用的结合,建立特色产业风险分担与补偿机制;三是建立特色产业信贷的财政贴息机制,帮助初创期特色中小企业的商业性信贷融资;或者以发展消费信贷,以消费带动特色产业发展升级。

(三)政府完善金融基础设施和金融生态建设

金融基础设施属于公共产品性质,包括金融相关法律法规、信用信息共享平台、公司治理基础设施、流动性基础设施等,它是金融支持体系有效运作的条件和前提,为金融机构提供金融服务提供了基础与支持。金融基础设施的完善与安全是政府的主要职责,对特色产业发展的金融支持,政府应加快区域性产权、股权、与资源要素市场发展,积极探索金融市场准入门槛等;建立特色产业企业信用信息征集系统、企业信用档案数据库系统及企业信用等级评价系统,形成良好信用体系,有利于金融制度持续有序地运转;对区域金融生态环境展开持续动态监测，对其中的薄弱环节与突出问题及时改进，提高金融生态环境的运行效率。

二、商业性金融通过市场导向发挥作用

商业性金融是市场导向性、竞争性、盈利性的金融，它以经济有效性为资源配置目标。商业性金融机构根据市场法则与比较收益原则，在业务经营中追求利润最大化，呈现明显的逐利性特征。商业性金融以市场为导向，在融资活动中较多考虑风险因素，实现安全性、流动性及盈利性"三性"的权衡统一。

（一）银行信用引导资金从低效率产业流向高效率产业

利率市场化后，资本从传统高投入、高耗能、低产出行业流向低耗能、高产出产业，促进特色产业体系结构转变与效益提高，银行可以通过资金价格——利率与市场化的资金配置机制来实现，达到金融资源的高效配置。市场化后的利率使企业根据逐利性与利润最大化目标，按照资金运动的风险和收益均衡的原则决定融资的规模与使用方向，引导资金从低效率产业、企业流向高效率产业、企业，以优胜劣汰的机制促进特色产业体系的调整。在西南民族地区特色产业以特色农业和传统特色资源产业为主，以银行占主要地位的金融结构对西南民族地区特色产业体系结构调整与产业发展具重要作用。在特色产业体系较低端时，特色产业企业规模小难以达到资本市场准入条件，而通过银行的间接融资将储蓄转化为特色产业所需资本，有利于特色产业资本形成与产业早期发展。

（二）资本市场的资金流动促进特色产业体系结构调整

金融资源在资本市场上的有效配置是建立在投资主体的投资决策基础上的，而投资决策以大量的信息为支撑。在有效的资本市场上，基于严格的信息披露制度与监管体系下，企业经营状况、行业发展趋势及宏观经济情况等相关信息都是准确、及时、有效的，这将使交易成本降低、交易效率提高。当特色产业企业发展达到资本市场准入条件，或监管当局降低市场准入限制，特色产业企业进入交易透明和竞争的资本市场，市场的信息披露功能以价格信号，引导社会资金向高技术、高收益的产业和企业流动，从而促进特色产业发展与体系的优化。

（三）资本市场风险分担机制促特色产业高端化

资本市场的风险分担机制可以使特色产业风险较大的项目实现风险的分散化，让风险由参与该项目的众多投资者分担。传统资源型特色产业的升级转型、战略新兴产业的发展都需要技术创新，技术创新可以增加特色产品的技术含量，提高产品附加值，是一项风险大，不确定性高的活动，创新的前景难以预测，企业如果缺乏担保资产难以获得银行信贷支持，而借助资本市场集中资金与风险分担机制，特色产业发展中面临银行不愿承担的投资风险问题得以解决。资本市场能促进特色产业中战略新兴产业的发展和推动以技术创新改造传统资源型特色产业，带动特色产业体系的战略调整。

三、金融支持的重点领域

因政策性金融资金支持的范围与能力有限，商业性金融资金具追利性特征，金融对区域特色产业的支持不可能面面俱到，也不可能长久不变，在某一阶段总存在支持的重点，以符合国家产业政策的需要，一旦经济环境发生变化、国家产业政策调整，金融支持的重点领域也将发生改变。现阶段，结合西南民族地区特色产业发展特征与金融支持状况，认为金融支持应该以下列领域为支持重点，发挥主要作用。

（一）支持特色农业产业生态化、产业化

西南民族地区自然条件的特殊性，形成了特色农产品生产与加工的优势，但农业生产的低水平循环制约着现代生产要素的投入，影响农业产业效益的提高。西南民族地区发展特色农业面临对传统农业改造，加快农业向规模化、效益化、品牌化、科技化与高附加值化发展，必须通过特色农业生态化、产业化来实现。在农村人口比重大的西南民族地区，农业产业化发展是提升农业竞争力的必经之路，特色农业产业化应成为金融支持的重点领域。

农业产业化发展需要大量的资金支持。政策性金融除加大财政农业综合开发资金投入外，可建立地方财政支农风险基金，对金融机构低收益高风险涉农信贷提供贴息与补偿；建立土地使用权、林权等抵押登记制度，完善特色农业风险分担机制。商业性金融机构应针对特色农业细分领域实行信贷政策差异化，鼓励各分行、支行围绕国家对农业与农村经济战略布局，以差异化的政策支持特色农业重点产区、重点加工商贸区的信贷需求。推进商业性金

融机构机制与产品创新,建立特色农业信贷风险分担与补偿机制,支持主要特色农产品进行规模化生产、支持特色农业产业化的龙头企业、支持特色农业科技水平的提高。

（二）支持特色产业中小微企业,推动特色产业集群化、品牌化

西南民族地区在对特色产业中小微企业金融支持方面,从政策扶持角度,金融监管部门可以对从银行业信贷支持小微企业贷款总量、信贷结构、市场份额及资产质量等指标进行考核,引导银行信贷资金流向中小微企业;对尚未达到银行信贷标准的特色中小微企业加开绿色通道;对专营特色产业中小微企业的银行业务给予税收优惠;商业性金融机构应深入研究特色产业小微企业客户的金融需求,根据区域特点与行业特色灵活设计金融产品,将特色产业中小微企业纳入重点服务;设立小企业的信贷专营机构,不断提升为特色产业小微企业提供的金融服务;积极创新更为灵活的抵押担保方式,推动金融产品创新,推广应收账款质押贷款和专利权、商标权等质押贷款品种;加大对商业承兑票据的推广和使用;加强客户细分,针对不同地区、不同类型、不同行业与不同规模的特色产业小微企业实施差别对待政策,开展分层分类支持,逐渐构建多层级的特色产业融资服务体系,推动普惠金融工作,进一步完善特色产业小微企业服务。大力发展科技金融,并以金融支持特色中小企业集群化、品牌化发展的重点,主要是区域内特色农业园区、特色加工制造业园区,科技创新园区的建设,引导产业集聚化发展。

（三）支持特色产业科技创新,促特色产业高端化

西南民族地区长期以特色能源、资源开发、加工为主的传统资源型产业,在推动当地经济增长的同时,带来了西南民族地区水土流失、环境污染严重,损害经济社会的可持续等问题,传统特色资源型产业的升级、转型,实现高端化发展,对西南民族地区的社会经济的可持续发展尤为重要。而对传统特色资源型产业的升级、转型必须以技术创新为前提,以特色产品创新、特色工艺创新,或自主创新,使特色产品技术与知识含量增加,生产要素的生产率不断提高,从而改善特色产业技术结构,发展特色能源循环产业、高科技产业,实现特色产业体系高端化发展。

在金融支持西南民族地区特色产业科技创新中,应结合产业政策围绕特色产业链条以资金链支持创新链,将金融资源的配置方式逐渐由政府主导的配置方式向重视市场机制作用转变,以加大财政科技投入引导金融资源向特

色产业的科技领域配置；加强金融、科技、财政、税收、经信、环保等部门的协作，各省科技部门应加强与政策性金融、开发性金融的合作，使其长期服务特色产业企业，并对特色产业的创新链、资金链统筹规划，构建金融科技创新的支持体系；在资本市场上探索适合特色产业企业科技创新需求之间的交易品种和融资模式，支持区域股权交易市场和"新三板"的转板机制，鼓励竞争优势明显的大型骨干企业进行行业收购，鼓励保险公司以投资企业股权、债券、基金，为特色产业小微企业、战略新兴产业提供支持；以孵化园、孵化基金等模式为处于初创期及培育期的特色产业提供短期贷款、周转贷款，通过设立创业引导基金、风险准备金，促进银行、担保机构对特色产业科技创新的融资服务；探索发展科技银行，提供特色产业科技创新；发展金融创新业态的互联网金融，满足特色产业创业创新活动在不同阶段的资金需求；积极探索建立政、银、企科技信息交流与共享平台，及时发布相关科技创新政策及银行信贷政策；创新完善中小微企业信用档案，多元化、多渠道解决特色中小企业科技创新融资难问题。

第八章 金融支持促进西南民族地区特色产业发展的路径选择与政策建议

通过前文对金融支持西南民族地区特色产业发展现状的梳理及二者协调状况的评价分析，分析金融支持存在的缺口与现实障碍，结合实证分析结果与存在的问题，以金融支持西南民族地区特色产业发展的总体框架为依据，提出优化西南民族地区特色产业金融支持体系的路径与对策建议。

第一节 金融支持促进西南民族地区特色产业发展的路径选择

一、特色产业金融支持体系的构建与完善

一个功能完善、高效运作的金融支持体系对于特色产业的发展具有重要意义，而金融主体和金融市场分别作为金融交易活动的重要参与者和主要场所，其功能的有效发挥对金融支持特色产业的发展有着关键性作用。

（一）适度发挥政府对金融市场的干预作用

在特色产业发展的金融支持体系中，政府作为金融活动的引导者，应充分发挥其职能，为特色产业的发展创造良好环境。具体而言，可以通过以下方面助力特色产业的发展：

1. 充分发挥政策引导功能，加大政策扶持力度

首先，由于西南民族地区金融发展水平相对于东、中部地区整体较低，中央政府应针对西南民族地区金融支持不足的问题加大政策扶持力度，并通过制定相关联合政策，实现东、中部地区对西南民族地区的发展带动。其次，各省（区、市）政策部门应充分发挥市场性金融的主导地位，并注重金融政

策与财政政策、产业政策的有机结合，在贯彻落实中央政策的前提下，根据地区实际情况制定相应的金融、财政和产业政策，通过三者的协调配合，最大限度地发挥政策导向作用。最后，区域政府应针对各省（区、市）的重点发展产业创新扶持方式，发展"直接扶持＋间接扶持"的金融支持模式，通过多样化的扶持方式，引导资金有序、高效地运用到特色产业发展中，并发挥产融结合的高效性和互补性，为特色产业的发展创建更具广度、深度的支持体系。

2. 建立健全相关金融体制、制度

体制的建设和制度的有效实施是特色产业发展的基本保障，也是金融支持体系功能得以发挥的前提条件。在特色产业发展的金融支持体系建设中，政府应重视相关体制、制度的建设和管理，主要包括：一方面，中央政府作为宏观调控部门，应健全一系列相关法律法规，包括法制和信用建设、金融监管、金融市场发展等，同时，西南民族地区各级地方政府应在中央政策、制度基础上，结合地区产业发展的实际，建立地方性制度作为补充，并加强同其他各部门的联系，实现信息共享，为特色产业发展的金融支持创建良好的金融生态环境。另一方面，中央政府应构建整个西南民族地区的金融支持互联互动机制，实现区域内和区域外的互联互通，同时，地方政府应注重各地区金融支持的侧重点，促进薄弱领域的快速发展，如西南五省（区、市）中，四川和重庆地区的金融发展水平靠前，金融供给能力相对较强，政府应注重金融支持体系的稳健运行，而贵州省金融发展水平居末，金融市场发展相对滞后，政府则应侧重于发挥政策性金融（含开发性金融）的扶持作用。

3. 加快产业发展公共服务平台建设

西南民族地区区域政府应充分利用公共服务平台资源共享性、开放性的特点，实现金融资源在区域内的协调配置，促进同区域外、区域内各省（区、市）企业和其他金融机构的互联互通，为企业提供综合性公共服务。具体而言，政府应建立包括投融资服务、技术创新支持、创业政策等信息的产业发展公共服务总平台与子平台，总平台可由区域共建的专门负责协调发展的机构统一领导，子平台由五省（区、市）政府领导，通过实现区域内资源共享、信息共享，满足特色产业发展的全方位服务需求。

（二）大力发展金融机构，不断完善金融市场

1. 构建全方位、多层次金融市场体系

在西南民族地区的特色产业中，大部分企业属于中小企业，融资难成为

限制其发展的重要因素。在金融市场体系中，银行业结构高度集中、效率低下，资本市场发展滞后、布局不合理，保险市场体系不健全、覆盖范围小。种种现象表明西南民族地区亟须为特色产业的发展构建一个全方位、多层次的支持体系，主要应包括以下几个方面：第一，在充分发挥市场性金融的前提下，加大政策性金融（含开发性金融）的扶持力度，即利用市场性金融的"逐利"，配合政策性金融的引导，促进资源流向西南民族地区重点扶持的特色产业；第二，发展多层次的银行市场、资本市场体系，加快发展保险市场，规范发展民间金融，为西南民族地区特色产业发展提供全方位服务；第三，注重金融支持体系结构的合理性，力争为西南民族地区构建一个竞争与合作并存的支持体系，以发挥其整体效益。

2. 充分发挥金融中介机构的作用

金融中介机构作为投资者和筹资者的联系纽带，其良好运转对于特色产业的发展乃至金融的发展与稳健运行都有着重要意义。但在西南民族地区，由于金融发展水平不高、市场机制不健全、政府对金融部门的过度控制等因素，金融中介机构始终处于被动的地位，难以发挥其应有的功能，且与产业发展的金融需求相比，金融机构供给存在相对不足的问题。所以西南民族地区应充分发挥金融中介机构的辅助作用，为特色产业的发展提供多方位、高效率的服务，主要从以下几个方面加以实施。首先，银行机构、证券机构、保险机构及其他中介机构应在政府的适当引导下，遵循市场化运作的原则，积极开展活动，为特色产业的发展提供多方位金融服务。其次，金融中介机构应提高运作效率，增强筹资能力，优化资源配置，促使西南民族地区金融发展由规模型向效率型转变。再次，金融中介机构应变被动为主动，通过自身发展与服务创新促进特色产业发展，即实现金融中介机构发展与特色产业发展关系由需求追随型向供给引导型转变。最后，金融中介机构体系应形成合作与竞争并存的格局，发挥其应有的整体效应。

二、金融支持与特色产业协调、同步发展

金融作为现代经济的核心，其发展与经济增长呈良性互动关系，而特色产业作为实体经济的重要组成部分，其发展与金融发展二者之间必然有着密切联系。在金融支持特色产业发展的过程中，还要注重金融与特色产业的协调、同步发展，避免出现金融发展后劲不足或者金融不能满足产业发展需求的现象。从西南民族地区金融发展水平评价，以及金融支持西南民族地区特

色产业发展的协调状况分析中，我们发现，各省（区、市）金融发展水平虽然有所提高，但与发达地区相比还存在较大差距，同时，金融发展与特色产业发展二者大致呈现出从不协调到逐渐协调的趋势，但还存在提升空间。因此，西南民族地区应通过运用理论分析与实证研究相结合的方法，为西南民族地区区域整体以及各省（区、市）构建金融与特色产业的协调发展机制，以更好、更全面地考核金融支持特色产业发展的效果，促进金融与特色产业协调、同步发展。

三、不同类型特色产业融资路径的差异化

不同类型的特色产业在融资规模、融资成本等方面要求有所不同，从而对融资路径的选择上也应有所差异。西南民族地区由于受地理、历史、科技等因素的影响，区域经济发展较为落后，但也通过利用其独特的资源优势，培育和发展了多种特色产业。因此，结合前述西南民族地区特色产业体系的选择，以具代表性的四类产业为例，说明其融资路径的差异。

（一）特色农业的融资路径

特色农业是充分利用区域独特的农业资源，以市场需求为导向，开发出具有显著地域特征、独特品质的特色商品为依托，而形成的现代化农业产业。在西南民族地区，适宜的气候、丰富的资源决定了特色农业的基础地位。但由于大部分企业还处于中小规模，且特色农业容易受自然灾害影响，稳定性差，投入的资金风险较高、收益率较低，所以融资途径较为单一，目前主要包括政策性融资、金融机构信贷融资、合作性金融机构融资、民间融资等。

由于特色农业的基础较弱，所以政府应加大对其扶持力度，主要包括：通过增加财政补贴、税收优惠等加大资金支持力度；增强政策性金融机构（主要是农业发展银行、农村信用社）的扶持力度；健全农业保险体系，配合保险机构强化农业保险服务；规范民间金融，发挥其在农村金融领域的重要作用。同时，在政府的大力扶持基础上，特色农业在发展过程中除保持和提升现有融资渠道的融资能力外，还应注重发展下列融资渠道：第一，提升信用等级，适当发展债券融资，获得低成本资金；第二，通过农业现代化、规模化生产，提升综合实力，尝试通过创业板上市获得长期大量资金；第三，适当发展融资租赁筹资，在一定程度上减缓大型农机设备的购买压力；第四，发展商业信用筹资，通过企业间的互帮互助，满足短期限的快速融资要求；第五，发展互联网

融资，利用互联网的飞速发展，将互联网与特色农业融合应用，发展众筹等模式筹资。

（二）特色旅游业的融资路径

西南民族地区的特色旅游业是依托地区独特的地貌、自然景观及丰富的民族文化而形成的特色产业，该产业具有开发周期长、涉及面广的特点，基于西南民族地区金融体系的客观实际，该产业目前的融资渠道主要有政策性融资、银行信贷（主要为项目信贷、抵押或质押收费权等）、旅游国债融资、信托融资等，直接融资渠道不足，间接融资渠道较窄。

为提高融资成功率，在特色旅游业发展过程中，不同性质产业的融资路径应有所差异化，如乡村旅游业应在政府扶持的基础上，通过激励机制吸引当地居民投资；纯公共性质的旅游产业应采取政府财政投入为主，社会融资为辅的融资模式，而盈利性质的旅游产业则应采用社会融资为主，政府引导投资为辅的融资模式。此外，特色旅游业还应注重发展下列融资渠道：第一，盈利性质的旅游产业可以利用市场化性质，吸引社会资本共同组建PPP项目，提高融资成功率；第二，旅游开发企业可以将整个建设项目按食、住、行、娱的分类原则分为若干个资产包，交由金融机构负责融资；第三，大型旅游企业应推动主板市场上市融资，以获取大规模资金；第四，四川、重庆两个相对发达地区中实力较强的大型企业应打造特色投资项目，利用旅游产业开放度高的特点，尝试发展区域外融资或境外融资。

（三）战略性新兴产业的融资路径

以重大技术突破与重大发展需求为基础的战略性新兴产业，对区域经济社会全局及长远发展均具重大的引领和带动作用，一般是知识技术密集、成长潜力大、物质资源消耗少、综合效益好的产业，具体包括新一代的信息技术、高端装备制造、生物、新材料、新能源、节能环保、新能源汽车等七大产业。一般而言，该产业具有战略性、新兴性、成长性、高风险性、高收益性五大特征，以及资金需求量大、融资风险高的融资特点。但由于该产业的独有特点，目前其融资现状呈现信贷支持不足、直接融资能力有限、民间资本利用不充分的局面，所以除实施普通的财税优惠政策外，各省（区、市）政府还应从以下几个方面着手推动产业发展：第一，在结合地方特色优势产业发展的基础上，筛选出各地区战略性新兴产业的具体行业，并制定出相应的发展规划；第二，建立产业发展专项基金和投资引导资金，鼓励风险投资介入；第三，以政府信誉做担保吸收社会资金，设立贷款风险补偿基金，鼓励金融机构支持产业发展；第四，牵头组织构建战略性新兴企业信用评级体系，在传统企业信用评级标准的基础上，充分考虑企业的成长性和创新性，更加准确地评价企业的信用等级。

此外，由于西南民族地区多数战略性新兴企业处于初创期和成长期，实力较弱，所以企业应在政府的大力扶持基础上，积极拓展自身融资渠道，主要措施有：第一，以大型企业为主导，联合多家小企业联合发行债券，提高融资成功率；第二，鉴于风险投资对这类产业初创期和成长期融资的重要性，企业应提高创新能力，突出战略地位，提高未来收益率，吸引风险投资介入；第三，设立战略性新兴产业发展示范区，通过优质产业的进入带动金融资源的集聚，以满足产业发展的融资需求，同时通过金融机构的扩散服务支持邻近地区产业的发展，最终带动全省战略型新兴产业的发展。

（四）传统优势加工制造业的融资路径

传统优势加工制造业是传统产业中从事采掘业产品或农产品等原材料加工或初级产品再加工，并且具有明显优势的产业，如食品加工业、金属加工业、烟草制造业等。在西南民族地区，由于该类产业一直具有比较优势，并且经过长期的培育，发展已经走向成熟，政策性金融介入较少，所以同特色农业、特色旅游业和战略性新兴产业相比，其融资方向主要为市场性融资而非政策性融资。在后续的发展中，该产业应侧重发展的融资渠道有：第一，提高技术创新能力，生产或加工出具有高附加值和高科技含量的产品，提升企业综合实力，以获得更大额度的银行贷款；第二，合理利用企业兼并活动发展杠杆融资，实现企业规模扩大和融资的双赢；第三，未上市企业应尽快形成核心技术，提高企业知名度，吸引个人或机构投资者加入，积极发展私募股权融资；第四，促进产业集聚和产业升级，推动符合条件的企业进入境外证券市场发行股票或债券融资。

第二节 金融支持促进西南民族地区特色产业发展的政策建议

一、调整产业结构，提高特色产业的资金吸引力

产业结构的合理化和高级化是产业持续、健康发展的必要条件，而西南

民族地区产业结构呈现出第一产业基础薄弱,劳动生产率偏低、第二产业整体发展滞后,内部发展不平衡,资源型工业和制造型工业结构比例不协调、第三产业层次偏低的特征,而且由于受技术能力和创新能力等的限制,目前资源型特色产业占比较大,因此促进产业结构调整是实现西南民族地区特色产业健康发展以及经济增长方式快速转变的重要举措。针对西南民族地区产业结构存在的问题,各省(区、市)政府应在各自特色产业的基础上,共同编制产业结构调整规划,主要从以下几个方面着手实施:首先,在第一产业方面,政府应依托地区独特的林业和牧业资源优势发展特色农业,并完善相关金融支持配套体系,在一定程度上减缓基础薄弱的问题,同时引导产业由资源、劳动依赖型向技术依赖型转变,实现产品的高加工和精加工;其次,在第二产业方面,政府应着重培育和发展战略型新兴产业,精心打造重化工业、烟草制造业、医药制造业和酒类制造业四大特色产业集群,同时要坚持走新型工业化道路,通过信息化与工业化的互促走低资源消耗、高科技含量、少环境污染的绿色发展道路;最后,在第三产业方面,政府应积极扶持特色旅游业发展,发挥其主力军的关联带动作用。各省(区、市)政府要在优化产业空间布局的基础上,拟定梯次化的协同发展计划,合理规划产业发展空间,分步骤按梯次分类发展,打造特色产业集聚区或示范园区,形成集聚区或园区发展规划,推动特色产业进一步发展壮大。

总体而言,政府通过产业结构调整,并配合各项产业政策、完善相关市场机制,扶持并实现特色产业的规模化发展、传统产业的转型升级发展以及新兴产业的高端化发展,进而带动特色产业向更高层次的发展,可以提高产业的资金吸引力,促进企业直接融资渠道的拓宽。

二、实行差异化的财政金融调控政策,加大对特色产业的扶持

2000年以来,西南民族地区得益于西部大开发的实施,在金融发展水平上有了一定提升,但同发达的东部地区相比,金融机构设立较少,金融体系不完善,资本市场发展较为滞后,企业内源融资和外源融资能力较弱。同时,西南民族各地区金融发展水平也存在不均衡问题,重庆和四川地区相对较高,广西和云南地区居中,贵州地区相对较低,因此"一刀切"的财政金融政策并不符合西南地区金融发展状况,不能有效促进西南民族地区特色产业的发展。

这就要求中央政府和地方政府应在充分考虑地区差异的基础上,实行差异化的财政金融政策:首先,中央政府应对西南民族地区实行差异性政策,包

括倾斜性的货币政策、差异性的金融市场政策和差异性的财政政策,其中,倾斜性的货币政策包括对西南民族地区特色产业贷款实行优惠利率;降低西南民族地区的存款准备金率,扩大再贴现额度,引导性扩大商业银行对特色产业贷款规模等;差异性的金融政策包括帮助西南民族地区建立区域性同业拆借市场,满足产业发展的短期资金需求;适当降低西南民族地区企业上市标准,拓宽企业直接融资渠道;积极发展中小银行体系,并制定相应措施吸引外资银行在西南民族地区设立分支机构,通过外资银行和中小银行的加入提高金融市场的竞争性,为特色产业的发展提供更优质的服务等;差异化的财政政策包括增加金融发展水平较低的贵州地区的转移支付力度、税收优惠等。其次,西南民族地区区域政府应在中央政策的指导下实行差异化政策,如加大政策性银行对贵州特色产业的信贷支持力度;适当放宽西南民族地区中较发达地区(如四川、重庆)金融机构对落后地区跨区域贷款条件;建立西南民族地区区域内财政转移支付制度等。最后,各省(区、市)政府应针对地区特色产业发展现状实施差异化政策,如针对不同类型特色产业的发展需要发放专项贷款,根据特色产业发展不同阶段的支持弱点确定财政金融政策支持的重点等。此外,在实行差异化的财政金融调控政策时,政府应注重财政政策与金融政策的协调配合,以有效发挥二者的合力效益。

三、优化金融生态环境,构建金融与特色产业协调发展的有效机制

区域间良好的金融生态环境是资金流向的重要决定因素,也是金融稳健运行的基础条件。针对西南民族地区金融生态环境落后的现状,从宏观的角度看,政府除综合利用各项政策工具加大扶持力度外,还应找准自身定位,遵循市场运行的规律,为市场机制功能的有效发挥创造良好条件,为特色产业发展构建一个良性循环的金融生态环境,主要包括以下几个方面。第一,完善信用体系建设,其重点是加快中小企业信用体系建设和加强信用担保体系建设。首先要加快制定和完善与特色产业发展金融活动相关的法律法规,以保障各方的法律地位;其次要尝试构建从省到市、县的多层次互联互动担保平台体系和信用信息共享平台,通过各平台的分工合作与功能互补,实现风险共担和信用信息共享;再次要通过多种激励方式吸引商业担保机构加入,形成以政策性担保为主、商业担保为辅的担保体系;最后要加快企业征信制度建设。第二,优化金融服务环境,主要是完善相关金融制度安排以及降低农村

地区金融机构的准入门槛，加快扶持发展中小银行，完善地区金融机构组织体系。第三，加强金融监管。如成立西南民族地区区域金融委员会，以监督和管理各项系统性风险，维护区域内金融稳定，以及建立健全相关金融风险预警、处理和反馈机制，以降低金融风险的影响范围和程度。

金融与特色产业的协调、同步发展对于金融支持有效促进特色产业发展有着重要意义，但目前西南民族地区金融发展与产业发展仅处于趋于协调、协调状况欠稳定的状态，一定程度上阻碍了特色产业的稳健发展。为解决这一问题，西南民族地区各省（区、市）政府应在综合考虑金融规模适度增长、金融结构的改善与金融效率的提高来促进金融与产业、经济的和谐发展。应该在优化区域金融生态环境的基础上，推动金融产业的发展，转变金融支持特色产业发展以银行信贷支持为主的方式，实现金融支持的全面、金融支持政策组合的完善、金融支持政策内部的功能协调；区域金融产业布局与区域金融产业结构的协调；区域金融产业政策与货币政策功能的协调；政策性金融与商业性金融支持特色产业的协调。

具体操作而言，政府可设立相关部门，运用定性分析与定量分相结合的方法，对金融支持特色产业发展与协调机制运作效果进行跟踪评估。首先，各省（区、市）应建立一套完善的金融发展水平评价机制与体系，具体可包括金融发展规模、金融发展结构、金融发展效率等多个方面，以全面综合评价地区金融发展水平；其次，各省（区、市）应根据区域实际情况，产业结构调整与优化的方向，筛选出具有区域代表性的特色产业和重点培育产业，并构建之相应的特色产业发展评价体系，全面、综合地评价特色产业的发展状况；再次，可以构建涉及财政政策、货币政策、经济、文化发展等相关金融产业外部环境的指标体系，评价金融产业外部环境的优劣；最后，各省（区、市）政府应设立相关机构负责追踪、观察特色产业的发展水平及状况，并实时关注金融体系内部的协调状况、金融体系与外在环境的协调状况、金融支持与特色产业的协调发展情况等，便于定期与不定期地考察金融支持特色产业发展的动态和效果。

四、加大信贷资金支持，拓展多元化融资渠道

银行信贷资金支持是目前西南民族地区特色产业发展的主要和重要资金来源。银行作为金融机构的主体，在向特色产业提供各种产业发展资金与金融服务的同时，应细化企业授信标准，制定合理的贷款利率、期限及方式，实行对特色产业差异化的贷款审批管理办法，减轻特色产业企业的还款负担，

还可以专门针对信用记录良好、有市场发展潜力，但陷入临时资金周转困难的企业提供相应的信贷支持。在国家货币政策和区域产业政策的指引下，改革并完善现行的贷款审查制度，信贷政策实施差异化，增加对特色农业、旅游产业、中药民族药业等特色产业的信贷力度，适当放宽对特色产业企业信贷审查要求，提高资金的供应量，降低贷款利率，并为特色产业提供绿色通道，适当缩减信贷审查的时间等。各银行类金融机构还应加大对经营旅游创意产业、文化旅游业等特色产业企业的信贷支持，例如，对政府重点扶持的旅游业项目，银行可以准许该类企业以目前的开发项目作为抵押，根据其投资总额拟定贷款额度，并根据项目阶段性进度分期提供贷款。对于经营国家不支持的旅游项目及利用旅游项目开发名义从事房地产开发的企业，应严格限制对其发放贷款，甚至禁止发放贷款，提高资金的利用率，保证旅游业的健康发展。

在增大对特色产业企业信贷投放力度的同时，银行需要注意合理控制信贷风险，在加大贷前、贷中主要的贷款尽职调查、持续管理及贷后后续跟踪等工作的同时，应加强贷款真实性审查，重点防止企业与客户套取银行的信贷资金。银行应及时掌握特色产业企业的运行态势，督促企业严格按照贷款的合同规定使用信贷资金，防控企业挪用信贷资金。此外，银行还要提高对风险的识别、监测、评估及控制能力，强化对特色产业项目在投资预算上的审慎与把握，严格防范特色产业项目的投资缺口风险，并适时组织银团贷款及联合贷款，将贷款集中度适当分散，以降低信贷风险。此外，还可以定期组织召开银企见面会，提高资金供求双方相互了解的程度，避免由信息不对称带来的道德风险，实现银企共赢，促使特色产业发展与金融支持的良性互动。

此外，通过制定和落实特色产业发展规划和金融扶持政策，向金融机构和有关方面推荐特色产业发展项目，吸引民营资本进入特色产业，逐步形成多样化投资、市场化经营的发展格局。同时建立多元化投资体系，形成以政府或政策性金融为投资的引导，企业投入为主、民间投资参与、吸收外商投资的多元化投资格局。设立特色产业发展专项资金；鼓励特色产业企业通过技术改造和创新为自身争取国家扶持资金；建成以政府为主导，企业为主体，联合商业银行、政策银行、投资机构和担保公司参与的特色产业投融资平台；鼓励建立特色产业发展风险投资基金，充分利用创业投资机制等市场化手段，拓宽市场的融资渠道，以吸引社会资金为主，企业自有资金为辅，采用股份制的灵活方式；充分利用证券市场，积极推动企业上市融资，多渠道、多形式解决特色产业发展的融资问题。

五、发展资本市场,推进特色产业规模化发展

西南民族地区由于受经济发展落后、经济体制不健全、产业结构不合理、对外开放程度低等因素的影响,金融发展水平滞后,资本市场体系不健全,加之政府干预过多,企业往往无法依靠市场机制运行,因此发展资本市场,完善中小板、创业板,发展企业债券市场,加快"新三板"市场、产权交易市场建设,构建多层次的资本市场体系,推进特色产业企业市场化运行机制的相关措施亟待实施。

加强特色产业主管部门与证券监管部门之间的协作,降低在特色产业企业入市条件方面给予放宽,降低企业入市门槛,积极培育运作良好、信誉状况良好、盈利能力良好的企业,鼓励其通过上市发行股票筹集资金;在交易费用上给予一定优惠,吸引更多投资者参与,服务于地方特色产业发展;支持特色产业中具有潜力的中小企业通过"新三板"上市筹集资金;支持有条件的企业重组兼并,增加企业的整体盈利能力,提高企业的竞争能力,逐步实现特色产业多层次的资本市场融资结构,通过发行股票来筹集大量长期资本,拓宽特色产业的融资的总体规模;同时完善退市制度的稳定与实施,对于盈利能力差、信用等级低的企业实行退市处理;对于还未达到上市要求但经营状况良好的企业,考虑以"买壳"或"借壳"的方式上市。对于已经上市的特色产业企业可以通过增发、配股进行再融资。此外,企业债券的资金使用较为灵活,收益率要比银行存款、国债要高,而风险又比股票,与特色产业企业的长期资金需求相吻合,政府部门应专门针对中小旅游企业,制定相应政策,降低债券市场融资标准,支持特色产业企业发行债券,丰富债券品种,扩大债券范围,以满足不同企业的筹资需求。此外,可以通过发展各种形式的投资基金,培育西南民族地区的"专属"投资者,推动西南民族地区资本市场的发展。特色产业企业达到资本市场融资的条件,从资本市场筹集更多发展资金,也更好推动了特色产业向规模化、集团化发展。

六、提高金融支持水平,促进特色产业集群化发展

特色产业集群可以通过生产成本的降低、生产效率的提高、规模经济效应,实现发展壮大,成为优势产业、支柱产业,有利于区域特色产业链的延长,提升特色品牌竞争力与创新力。形成金融持续支持特色产业的经济能力,为区域经济的更好发展提供支撑,提高金融支持水平是有效前提。而金融支持

水平的提高，不仅体现为为特色产业提供更多的资金和服务，它是支持资金总量增加、支持结构的优化、支持能力的提高、支持效率的提升等多维度的综合评价。

提升金融支持特色产业发展的水平，必须围绕区域特色产业发展的客观需求，努力疏通金融进入特色产业的通道，实现金融资金顺畅进入特色产业、金融服务与区域产业发展规划的特色产业相对接、金融服务与区域特色产业金融需求相切合，有效提升金融持续服务特色产业的效能。西南民族地区必须在合理布局特色产业体系的基础上，实现金融业快速发展的同时，通过政策引导或政府的帮扶，通过银企对接，引导更多金融资金进入特色产业体系，帮助特色中小企业脱困发展，解决民营与中小企业融资难，助推区域特色产业企业集群新格局；以创新驱动战略为指导，调整金融支持产业发展方向，优先支持生态文化、旅游、生物医药、生态农业等区域特色产业，培育西南民族地区特色产业品牌；发展绿色金融，构建与形成区域绿色特色产业体系，形成经济发展的新动力。支持能力的提高与支持效率的提升与金融业的业务范围、运作机制、人员素质、服务方式等都存在紧密联系，也与特色产业企业生产能力、经营管理水平、营销方式、盈利状况等密切相关。

七、加快金融创新，提高特色产业抗风险能力

由于西南民族地区特色产业大多处于初创期和成长期，企业融资呈现出间接融资渠道有限、直接融资渠道不足的局面，融资途径较为单一，特色产业企业规模小，抗风险能力弱。壮大特色产业，提高特色产业抗风险能力，亟须金融为特色产业提供多样化的融资支持。

第一，银行方面，应针对不同类型特色产业的特点创新开发信贷产品，如针对战略型新兴产业的发展特点，银行应开发知识产权、股权、收益权等无形资产质押贷款；针对中小企业，银行可以提供供应链贷款、银担银信组合贷款、小额保险保证贷款等，解决企业贷款难问题；针对特色农业的基础薄弱问题，银行可以实施农业专项贷款政策。第二，证券方面，应积极拓宽企业的直接融资渠道，如允许小规模企业采用联合发行债券的方式融资；稳步推进证券化品种创新，探索适合各种类型特色产业发展需要的证券化项目；建立区域内企业间借贷市场，满足企业短期的资金需求。第三，保险方面，首先要扩大较为落后的贵州地区保险覆盖范围；其次要创新保险新品种，有针对性地开发适合不同地区特色产业需要的产品；最后要强化农业保险服务，减少由于自然灾害或价格波动带来的经济损失；第四，基金方面，应由各省（区、市）

政府牵头、各投资机构参与的方式创立投资引导基金，如产业投资基金、风险投资基金、股权投资基金等，实现资金来源的多元化，并通过适当的条款限制，引导基金投入处于初创期或成长期的特色产业。第五，政府方面，尝试推广政府与社会资本合作的投融资模式，如PPP模式。

风险投资作为私人股权投资的形式之一，对处于初创期或具有高风险、高收益、高成长潜力的特色产业融资而言具有重要作用。针对西南民族地区低水平特色产业体系，在不确定性较高条件下的成长，决定了对于风险投资的有效需求。引导风险投资支持特色产业早期的培育发展，应从以下方面入手：首先，政府要把握好"度"，防止过度干预，通过与市场的有效结合，实现各个环节的互通，同时对于符合产业政策但风险投资"过冷"的特色产业，政府应创造激励机制，营造良好的投资环境，吸引风险投资加入；对于投资"过热"的特色产业，政府应加强引导，防止由于投资过热而带来的负面影响。其次，各省（区、市）应尝试建立自己的风险投资基金，在筹资方面，由政府出资建立引导基金，并通过适当的激励机制和优惠措施吸引银行资金、保险资金、证券资金加入，发挥财政资金的杠杆作用，以及充分利用各省（区、市）政府投融资平台的融资功能，实现融资渠道的多元化。最后，各地区政府应成立专门的工作小组负责监督区域内风险资本与被投资项目的联动，监控项目的进度，并合理引导资金流向，防止资金的滥用，确保资金有效促进特色产业的发展。

八、提高金融支持效率，实现特色产业的融合发展

产业融合成为产业发展的现实选择与趋势，也是特色产业创新发展的必然。不同的特色产业或同一特色产业的不同行业，以技术和制度创新为基础，实现相互渗透、相互融合、相互交叉，是特色产业体系向高级化发展的方向。西南民族地区特色产业未来的发展，将以产业的渗透、产业的交叉及产业的重组方式来实现。在产业技术与互联网技术的带动下，产业融合将带动西南民族地区经济的融合，经济的一体化发展。目前在国家引导金融机构创新促进农村一、二、三产业融合发展的相关政策推动下，特色产业体系中发展特色生态农业，推动现代农业产业体系的构建、创新生产体系与经营体系，实现产业链延伸、价值链提升、供应链的重组，成为西南民族地区推动产业融合的重要工作。

在特色产业融合过程中，西南地方政府应当构建全方位的金融支持体系，重点提高金融支持效率，积极支持农业产业融合项目，提升特色产业项目投

融资管理水平，确保金融切实、有效地促进特色产业发展。具体涉及几个方面的工作。

第一，创建和谐的金融支持环境。创建和谐的金融支持环境，本质上要形成银政企以及其他各方的和谐发展与互帮互助。首先要建立健全地方性法规与引导机制，为各项资金进入特色产业融合领域投资提供制度保障，为金融支持促进特色产业发展奠定坚实的制度基础；其次要积极发展地方性金融机构，规范发展民间金融，完善西南民族地区金融机构组织体系，加快西南民族地区金融市场发展步伐；再次要建立一套激励与约束并存的信用体系，为金融机构营造可靠的经营环境；最后要围绕西南民族地区特色产业的发展需要，培养和引进研发人才，激发人才创新。

第二，搭建金融支持的有效机制。西南民族地区各省（区、市）可以设立特色产业融合项目开发与推介部门，根据项目风险高低、收益高低、所需投资量等指标对项目进行分类管理，筛选出优先发展项目，以政府推介，银企合作的方式，通过金融机构对项目前期规划及立项等工作的介入，充分了解项目运作的可行性，为项目融资提供个性化的具体融资方案，促进政府财政补贴与银行信贷资金的有效结合，以多元化的信贷产品或贷款利率优惠政策优先给予支持；依照风控原则，为特色农业产业融合项目开辟绿色通道；确保项目顺利进行。鼓励金融机构向特色产业融合项目提供上市顾问、债券承销及资产证券化等金融服务；政府制定适当的激励机制，积极引导民间资本进入特色产业融资领域，发挥民间资本的积极作用。

第三，提高项目资金的使用效率。一方面，各省（区、市）要严格根据区域特色产业的发展规划，确定政策性资金的重点支持领域和项目，并根据项目的特点、资金需求状况等编制相应的预算，以此加强政策性资金的预算管理；另一方面要通过采用合理选择投资项目、加强资金的日常管理以及开展项目、资金的绩效评估等多种手段提高资金的运用效率。

第四，健全风险管理和投资管理机制。各省（区、市）应在统一的风险管理实施办法的基础上，针对不同类型特色产业融合项目的特点建立一套完整的风险防范、处理与反馈机制，以降低风险的影响范围和程度；相关特色产业融合项目开发与推介部门，在对项目风险高低、收益高低、所需投资量等指标进行分类管理的基础上，定期与不定期召开项目推介会，公开项目相关资料，供具有不同实力的个人投资者和机构投资者选择，通过促成投资者与特色产业融合项目的合作，助力特色产业的发展。

参考文献

一、书籍文献

[1] 安树伟，等.西部优势产业和特色经济发展[M].北京：科学出版社，2014.

[2] 白钦先，等.金融可持续发展理论研究导论[M].北京：中国金融出版社，2001.

[3] 白永秀，任保平.西部特色经济问题研究[M].北京：中国经济出版社、科学出版社，2005.

[4] 彼罗·斯拉法.大卫·李嘉图全集：第1卷 政治经济学及赋税原理[M].郭大力，王亚南，译.北京：商务印书馆，2013.

[5] 布和朝鲁.西部民族地区自然资源禀赋与经济可持续发展[M].北京：民族出版社，2011.

[6] 陈爱东.构建西藏特色优势产业体系的财政支持研究[M].北京：光明日报出版社，2012.

[7] 陈国林.西部民族地区特色产业发展研究[M].昆明：云南科技出版社，2009.

[8] 程怀月，王昌栋.西南民族区域特色经济问题研究[M].北京：科学出版社，1989.

[9] 杜莉.振兴东北老工业基地的金融支持[M].北京：经济科学出版社，2012.

[10] 俄林.区际贸易与国际贸易[M].逯宇铎，等译.北京：华夏出版社，2008.

[11] 费雪.利息理论[M].陈彪如,译.上海:上海人民出版社,1999.

[12] 弗里德里希·李斯特.政治经济学的国民体系[M].邱伟立,译.北京:华夏出版社,2013.

[13] 甘时勤.西部大开发中的金融支持[M].成都:四川人民出版社,2005.

[14] 巩云华.创新和完善农村金融服务支持体系研究[M].北京:中国金融出版社,2009.

[15] 郭京福.民族地区特色产业论[M].北京:民族出版社,2006.

[16] 何春林.湛江特色农业发展研究[M].北京:中国农业出版社,2006.

[17] 黄永明.金融支持中小企业发展[M].武汉:华中科技大学出版社,2006.

[18] 贾银忠.西南民族地区旅游经济发展研究[M].北京:民族出版社,2007.

[19] 雷蒙德·W.戈德史密斯.金融结构与金融发展[M].周朔,等译.上海:上海三联书店,1994.

[20] 李金叶.新疆农业优势特色产业带培育研究[M].北京:中国农业出版社,2006.

[21] 李敬.基于劳动分工的中国农村金融发展区域差异研究[M].北京:中国社会科学出版社,2014.

[22] 李敬.中国区域金融发展差异研究[M].北京:中国经济出版社,2008.

[23] 李丽.区域产业转移进程中的低碳物流与金融支持研究[M].北京:经济管理出版社,2012.

[24] 李明.特色产业西部富裕之路:来自湘鄂渝黔边区的报告[M].哈尔滨:黑龙江人民出版社,2007.

[25] 李万明,等 新疆生产建设兵团发展特色经济问题研究[M].北京:中国农业出版社,2004.

[26] 李文庆.宁夏优势特色产业发展研究[M].银川:宁夏人民出版社,2014.

[27] 李友元.产业结构调整中的财政金融支持体系建设[M].北京:知识产权出版社,2012.

[28] 李裕鸿.对外贸易与落后地区经济发展:西南民族地区的实证研究[M].合肥:中国科学技术大学出版社,2015.

[29] 梁茹,凌江怀.战略性新兴产业金融支持研究[M].北京:科学出版社,2013.

[30] 卢颖，胡春涛，白钦先.中国金融资源地区分布差异性研究[M].北京：中国金融出版社，2014.

[31] 罗斯托.经济成长的阶段：非共产党宣言[M].国际关系研究所编译室，译.北京：中国社会科学出版社，2001.

[32] 罗斯托.经济成长的阶段[M].国际关系研究所编辑室，译.北京：商务印书馆，1962.

[33] 牛晓帆.西部地区特色优势产业自主创新模式研究[M].昆明：云南大学出版社，2012.

[34] 上海市金融学会.金融发展与支持实体经济[M].上海：学林出版社，2013.

[35] 生蕾.都市型现代农业的金融支持问题研究[M].北京：中国金融出版社，2015.

[36] 宋艳涛.河北省县域特色产业发展研究[M].石家庄：河北科学技术出版社，2014.

[37] 苏东水.产业经济学[M].4版.北京：高等教育出版社，2015.

[38] 孙力军.金融发展与经济增长：基于中国转型期的实证研究[M].上海：立信会计出版社，2012.

[39] 谈儒勇.金融发展的微观动因及效应[M].北京：中国财政经济出版社，2004.

[40] 唐浩.西部大开发特色优势产业发展研究[M].成都：四川大学出版社，2008.

[41] 田宝.金融支持县域经济发展问题研究[M].兰州：兰州大学出版社，2011.

[42] 王栋.欠发达地区的经济发展与金融支持[M].北京：经济管理出版社，2010.

[43] 王广谦.经济发展中金融的贡献与效率[M].北京：中国人民大学出版社，1997.

[44] 王怀岳.中国县域经济发展实论[M].北京：人民出版社，2001.

[45] 威廉·配第.政治算术[M].马妍，译.北京：中国社会科学出版社，2010.

[46] 西蒙库·库兹涅茨.现代经济增长[M].戴睿，易诚，译.北京：北京经济学院出版社，1989.

[47] 许桂红.县域经济发展与金融支持问题研究[M].北京：中国农业出版

社，2008.

[48] 亚当·斯密. 国富论[M]. 谢宗林，李华夏，译. 北京：中央编译出版社，2011.

[49] 杨清震. 西部大开发与民族地区经济发展[M]. 北京：民族出版社，2004.

[50] 佚名. 中国新疆的特色产业选择与发展战略：与中亚五国的比较研究[M]. 上海：上海财经大学出版社，2010.

[51] 尹优平. 金融支持现代服务业发展研究[M]. 北京：中国金融出版社，2011.

[52] 余繁. 云南旅游产业投融资年度报告2010—2011[M]. 昆明：云南大学出版社，2011.

[53] 禹钟华. 金融功能的扩展与提升[M]. 北京：中国金融出版社，2005.

[54] 张家寿. 加快民族地区经济社会发展的金融支持体系研究[M]. 北京：人民出版社，2010.

[55] 张丽君，李澜. 西部开发与特色经济规划[M]. 大连：东北财经大学出版社，2002.

[56] 张璞. 论少数民族特色产业创新与发展[M]. 北京：经济管理出版社，2014.

[57] 张友，庄万禄. 西部民族地区经济发展研究[M]. 北京：民族出版社，2007.

[58] 张跃平. 金融支持与西部地区经济发展[M]. 北京：民族出版社，2007.

[59] 郑长德. 中国西部地区金融发展与经济增长[M]. 北京：民族出版社，2007.

[60] 钟大能. 西部少数民族地区生态环境建设进程与其财政补偿机制的形成[M]. 北京：经济科学出版社，2008.

[61] 周立. 中国各地区金融发展与经济增长[M]. 北京：清华大学出版社，2004.

[62] 邹平，武友德，周智生，等. 西南民族区域特色经济问题研究[M]. 北京：科学出版社，2010.

[63] 王广谦. 经济发展中金融的贡献与效率[M]. 北京：中国人民大学出版社，1997.

[64] 叶永刚，杨佳琪. 广西糖业发展战略及金融工程支持体系构建[C]// 2011年中国崇左蔗糖业发展大会论文集·中国糖业协会，2011.

二、期刊论文、硕博论文

[1] 白钦先.从货币分析到金融分析：金融可持续发展理论的方法变革[J].华南金融研究，2000（2）.

[2] 白钦先.论以金融资源学说为基础的金融可持续发展理论与战略——兼论传统金融观到现代金融观的变迁[J].广东商学院学报，2003（5）.

[3] 蔡红艳，阎庆民.产业结构调整与金融发展——来自中国的跨行业调查研究[J].管理世界，2004（10）.

[4] 陈长民.西部特色产业成长的金融支持对策[J].商业时代，2008（20）.

[5] 陈军，王亚杰.我国金融发展与经济增长互动关系分析[J].中国软科学，2002（8）.

[6] 陈明荣.金融支持欠发达地区旅游产业发展问题探析[J].甘肃金融，2010（12）.

[7] 陈柳钦.高新技术产业发展的金融支持研究[J].当代经济管理，2008，30（5）.

[8] 陈倩倩.我国画家村现象研究：关于创意产业的区位特征探索[D].北京：北京大学，2006.

[9] 陈松林.金融支持高新技术产业发展的难点与突破[J].新金融，1999（9）.

[10] 曹阳，吴燕，金石.从产业价值链分析特色经济发展的战略模式[J].西南民族大学学报（人文社科版），2008（7）.

[11] 陈忠祥.宁夏特色旅游发展研究[J].干旱区地理，2002，25（4）.

[12] 戴宾，杨建.特色产业的内涵及其特征[J].农村经济，2003（8）.

[13] 董桂芳.西部地区农业产业化金融支持缺失问题研究[D].北京：中央民族大学，2011.

[14] 董笑梅，徐静.西部地区特色旅游开发探析[J].内蒙古师范大学学报（哲学社会科学版），2003，32（3）.

[15] 杜家廷.中国区域金融发展差异分析——基于空间面板数据模型的研究[J].财经科学，2010（9）.

[16] 丁佳，赵曙东.我国近年货币与产出关系的实证分析：1994-2004[J].江苏社会科学，2005（3）.

[17] 杜文忠，唐贵伍.西部地区县域特色产业发展对策研究[J].重庆大学学报（社会科学版），2010，16（3）.

[18] 房红.金融可持续发展理论与传统金融发展理论的比较与创新[J].经济体制改革,2011(3).

[19] 范学俊.金融发展与经济增长——1978—2005中国的实证检验[D].上海:华东师范大学,2007.

[20] 樊福卓.区域分工:理论、度量与实证研究[D].上海:上海社会科学院,2009.

[21] 傅伟明.企业管理有效工具——生命周期理论[J].科技创新导报,2007(36).

[22] 甘晖容.特色产业——民族地区经济发展的新增长点[J].贵州民族研究,1997(4).

[23] 甘时勤.论西部大开发中的金融支持[D].成都:四川大学,2004.

[24] 郭国峰,田艳青.基于VAR模型的经济增长与收入分配关系的研究[J].安阳师范学院学报,2012(4).

[25] 郭鹏辉.甘肃省马铃薯特色优势产业竞争力分析[J].甘肃联合大学学报(社会科学版),2013,29(4).

[26] 郭俊华.特色经济的理论依据、内容与发展对策[J].经济纵横,2004(9).

[27] 郭京福,张楠.西部民族地区特色农业发展对策研究[J].农业经济,2004(12).

[28] 顾海峰.战略性新兴产业发展的金融支持体系及其政策设计[J].现代财经(天津财经大学学报),2011(9).

[29] 高全成,王恩胡.西部地区特色优势产业发展状况综述[J].西安财经学院学报,2008,21(3).

[30] 葛阳琴,潘锦云.农村金融发展困境、制约因素及其对策[J].安庆师范学院学报(社会科学版),2013,32(1).

[31] 广西财政厅本研究组.广西蔗糖储备财政政策研究[J].经济研究参考,2013(11).

[32] 龚学武,武戈.我国食糖进口量影响因素的实证分析[J].安徽农业科学,2009,37(6).

[33] 胡海峰,孙飞.我国战略性新兴产业培育中的金融支持体系研究[J].新视野,2010(6).

[34] 胡晶晶.安徽省文化产业发展的金融支持研究[D].合肥:安徽大学,2015.

[35] 胡吉亚. 基于产业生命周期理论的战略性新兴产业资金需求分析 [J]. 金融教育研究，2015（4）.

[36] 黄桂良. 区域金融发展收敛：理论分析与实证检验 [D]. 广州：暨南大学，2011.

[37] 侯素. 金融生态理论及其现实意义初探 [D]. 北京：中国政法大学，2008.

[38] 贾宁. 宁夏回族自治区特色产业发展研究 [D]. 兰州：西北民族大学，2009.

[39] 江春，许立成. 金融发展中的制度因素：理论框架与国际经验 [J]. 财经科学，2007（4）.

[40] 江凤琼，梁名志，王立波. 云南茶叶产业发展现状与对策研究 [J]. 安徽农业科学，2013（16）.

[41] 蒋燕，司伟. 中国食糖供求分析与预测 [J]. 中国糖料，2009（1）.

[42] 金力伟，梁春娟. 云南省旅游产业金融支持现状及对策分析 [J]. 吉林工程技术师范学院学报，2015（1）.

[43] 四川省经济发展研究院课题组. 四川省区域特色产业发展研究 [J]. 软科学，2002，16（4）.

[44] 孔垂柱. 发展高原特色农业建设绿色经济强省——云南发展农业特色产业的实践与思考 [J]. 云南社会科学，2013（1）.

[45] 孔玉屏. 我国茶产业增长特点的实证研究 [D]. 杭州：浙江大学，2006.

[46] 李苍舒. 中国现代金融体系的结构、影响及前景 [J]. 数量经济技术经济研究，2015（2）.

[47] 李超，李伟，张力千. 国外新兴产业生命周期理论研究述评与展望 [J]. 科技进步与对策，2015（2）.

[48] 令狐昌仁. 特色经济辨析 [J]. 贵州财经学院学报，2001（6）.

[49] 李红艳，黄彩梅，刘海燕，等. 贵州发展优质茶叶产业的前景分析 [J]. 贵州农业科学，2011，39（6）.

[50] 李建波. 昭通市特色产业发展研究 [D]. 昆明：云南财经大学，2010.

[51] 李敬. 中国区域金融发展差异研究——基于劳动分工理论的视角 [D]. 重庆：重庆大学，2007.

[52] 李景勃，云朵. 企业集群：贵州药业发展的战略选择 [J]. 重庆大学学报，2005，11（1）.

[53] 李莉. 我国中药产业发展问题研究 [D]. 长春：吉林大学，2006.

[54] 李金叶. 新疆农业特色产业选择研究 [J]. 新疆大学学报, 2005, 33 (5).

[55] 廖从莲, 杨永彦. 贵州遵义白酒行业的发展之路 [J]. 中国国情国力, 2015 (10).

[56] 龙怒. 云南省文化产业发展的金融支持研究 [J]. 云南社会科学, 2012 (2).

[57] 罗富民. 简析旅游产业可持续发展的金融支持 [J]. 内江师范学院学报, 2006, 21 (6).

[58] 路富裕. 把特色产业做大做强 [J]. 探索与求是, 2001 (11).

[59] 林发勤, 崔凡. 克鲁格曼新贸易理论及其发展评析 [J]. 经济学动态, 2008 (12).

[60] 吕娟. 安徽省战略性新兴产业发展的金融支持研究 [D]. 合肥: 安徽大学, 2013.

[61] 吕倩. 文化产业金融支持模式创新研究 [D]. 天津: 天津财经大学, 2011.

[62] 李群. 新贸易理论文献回顾和述评 [J]. 产业经济研究, 2002 (1).

[63] 刘斌. 促进区域经济协调发展的现代金融服务机制研究——基于连云港的数据 [D]. 南京: 东南大学, 2009.

[64] 刘平. 新形势下金融支持扶贫开发模式研究——昭平茶产业案例 [J]. 区域金融研究, 2013 (12).

[65] 刘清. 安徽省金融支持旅游产业发展研究 [D]. 合肥: 安徽大学, 2014.

[66] 刘天平, 郭健斌, 曾维莲. 论特色产业的内涵与特征 [J]. 全国商情 (经济理论研究), 2009 (20).

[67] 刘志阳. 国外行为金融理论述评 [J]. 经济学动态, 2002 (3).

[68] 刘永新. 金融中介理论的演化及其对我国金融业发展的启示 [J]. 经济视角, 2012 (3).

[69] 骆海燕. 西部地区特色产业发展问题探析 [J]. 商场现代化, 2016 (12).

[70] 陆岷峰, 张惠. 文化产业大发展的金融支持系统研究 [J]. 江西财经大学学报, 2012 (2).

[71] 李苗苗, 肖洪钧, 赵爽. 金融发展、技术创新与经济增长的关系研究——基于中国的省市面板数据 [J]. 中国管理科学, 2015, 23 (2).

[72] 罗荣华, 门明, 何珺子. 金融发展在促进我国产业结构调整中的效果研究——基于我国 30 个省级面板数据 [J]. 经济问题探索, 2014 (8).

[73] 李艳. 欠发达地区经济发展的金融支持系统构建 [J]. 经济问题探索,

2010（11）.

[74] 罗跃华.广西糖业发展及其金融支持研究[J].广西金融研究,2006(6).

[75] 李汝顶.我国西部地区民间金融发展监管研究[J].改革与战略,2016（1）.

[76] 陆文喜,李国平.中国区域金融发展的收敛性分析[J].数量经济技术经济研究,2004,21（2）.

[77] 李孝辉.张家界旅游产业发展的金融支持研究[D].长沙:中南大学,2009.

[78] 李心丹.行为金融理论:研究体系及展望[J].金融研究,2005（1）.

[79] 李钊,王舒健.金融聚集理论与中国区域金融发展差异的聚类分析[J].金融理论与实践,2009（2）.

[80] 李正辉,胡碧峰.我国省域金融发展的差异及其实证研究[J].统计与决策,2014（12）.

[81] 刘忠发,龚益鸣.论特色经济[J].江汉论坛,1999（1）.

[82] 罗智.比较优势理论下我国各等级项目群体的区域分工研究[D].北京:北京体育大学,2004.

[83] 梅宇.2016年中国茶业经济形势简报[J].茶世界,2017（2）.

[84] 孟庆红.区域特色产业的选择与培育——基于区域优势的理论分析与政策路径[J].经济问题探索,2003（9）.

[85] 孟科学.金融结构理论对我国金融结构调整优化的启示[J].商业研究,2006（7）.

[86] 茂盛,张宗益,冯军.中国金融发展与经济增长的因果关系检验[J].重庆大学学报（自然科学版）,2002,25（3）.

[87] 马晓霞.高新技术产业金融支持体系研究[J].科技进步与对策,2006,23（9）.

[88] 马轶群,史安娜.金融发展对中国经济增长质量的影响研究——基于VAR模型的实证分析[J].国际金融研究,2012（11）.

[89] 农行贵州分行本研究组.农业银行支持农村经济发展的实践与启示——农行贵州分行支持中药业发展为例[J].贵州农村金融,2009（11）.

[90] 潘志行.江西省金融结构对金融效率影响的实证研究[D].南昌:江西财经大学,2009.

[91] 彭建文,王忠诚.特色产业选择初探[J].经济体制改革,2001（3）.

[92] 彭其.对传统区域分工理论的再思考[J].新东方,2010（1）.

[93] 彭亮. 论适应西部特色经济发展的人才供给[J]. 经济纵横, 2009 (10).

[94] 邱冬阳, 汤华然. 金融发展与产业结构调整关系的实证研究——基于重庆的协整分析[J]. 重庆理工大学学报（社会科学版）, 2010, 24 (10).

[95] 覃家法, 黄宝中. 金融危机下的广西蔗糖业发展状况及对策探讨[J]. 广西蔗糖, 2010 (58).

[96] 冉光和, 李敬, 熊德平, 等. 中国金融发展与经济增长关系的区域差异——基于东部和西部面板数据的检验和分析[J]. 中国软科学, 2006 (2).

[97] 孙斌. 金融支持文化产业发展中面临问题及建议[J]. 金融经济, 2008 (6).

[98] 孙杨, 柏晓蕾. 金融中介理论的最新进展及对我国金融业发展的启示[J]. 财经科学, 2006 (8).

[99] 孙长青. 基于VAR模型的城镇化、工业化与金融发展关系分析——以中原经济区为例[J]. 经济经纬, 2012 (6).

[100] 苏潮. 邛崃白酒产业竞争力分析[D]. 成都：电子科技大学, 2010.

[101] 苏建军, 徐璋勇. 金融发展、产业结构升级与经济增长——理论与经验研究[J]. 工业技术经济, 2014 (2).

[102] 苏迎平. 生态文明视角下县域经济产业结构演变内在机理分析[D]. 福州：福建农林大学, 2012.

[103] 苏醒. 广西制糖企业融资模式分析[J]. 现代商贸工业, 2014 (18).

[104] 苏振锋. 特色经济：西部地区实现保增长、保民生、保稳定的契入点[J]. 生产力研究, 2010 (6).

[105] 沈道权. 论少数民族经济的地域特色[J]. 贵州民族研究, 1998 (4).

[106] 史诺平, 廖进中, 杨炜娜. 中国金融发展与产业结构调整关系的实证研究[J]. 统计与决策, 2010 (3).

[107] 史龙祥, 马宇. 经济全球化视角的金融结构变迁研究[J]. 世界经济研究, 2007 (6).

[108] 孙林, 杨俊. 我国区域金融发展与经济发展关系再研究——基于我国三大区域面板数据的检验和分析[J]. 经济经纬, 2012 (2).

[109] 宋侃. 云南旅游业融资模式研究[D]. 昆明：云南财经大学, 2010.

[110] 宋旭. 四川省五大经济区农民收入与城镇化水平关系的实证研究[D]. 成都：西南交通大学, 2013.

[111] 宋效中, 王利宾, 靳兰. 河北省欠发达县域经济特色产业发展研究[J]. 燕山大学学报（哲学社会科学版）, 2012 (7).

[112] 师学萍, 龚红梅, 姚新华. 西藏林芝地区特色产业选择分析 [J]. 安徽农业科学, 2010, 38（22）.

[113] 宋万杰, 安林丽. 河北省县域特色产业集群内小微企业经营状况及发展策略研究 [J]. 科技风, 2016（8）.

[114] 司伟, 王秀清. 中国糖料生产成本差异及其原因分析 [J]. 农业技术经济, 2004（2）.

[115] 史永东, 武志, 甄红线. 我国金融发展与经济增长关系的实证分析 [J]. 预测, 2003, 22（4）.

[116] 孙晓羽, 支大林. 中国区域金融发展差异的度量及收敛趋势分析 [J]. 东北师大学报（哲学社会科学版）, 2013（3）.

[117] 谭波, 邓远建, 黄鹏. 中国主体功能区规划下的区域发展金融支持 [J]. 中南财经大学学报, 2012（3）.

[118] 托玛斯·赫尔曼, 凯文·穆尔多克, 约瑟夫·斯蒂格利茨. 金融约束：一个新的分析框架 [J]. 经济导刊, 1997（5）.

[119] 唐志强, 王丁宏. 县域特色产业选择的指标体系构建 [J]. 统计与决策, 2010（6）.

[120] 唐峰, 刘铭飞. 沈阳蒲河新城水资源状况分析 [J]. 北京农业, 2012（9）.

[121] 唐雪明. 西部民族医药资源开发与产业化研究 [D]. 北京：中央民族大学, 2003.

[122] 谈儒勇. 中国金融发展和经济增长关系的实证研究 [J]. 经济研究, 1999（10）.

[123] 田淑珍. 金融支持定西市特色农业发展研究 [D]. 兰州：兰州财经大学, 2015.

[124] 田莹, 段豫川. 贵州茶叶产业发展的态势分析 [J]. 贵州农业科学, 2009, 37（6）.

[125] 王彬. 贵州中药的特色优势及产业发展现状 [J]. 中国兽医医药杂志, 2010（2）.

[126] 王春丽, 宋连方. 金融发展影响产业结构优化的实证研究 [J]. 财经问题研究, 2011（6）.

[127] 王岱, 蔺雪芹, 司月芳, 等. 县域特色产业形成和演化机理研究进展 [J]. 地理科学进展, 2013, 32（7）.

[128] 伍海华, 张旭. 经济增长·产业结构·金融发展 [J]. 经济理论与经济管理, 2001（5）.

[129] 邬盈军. 湖南农业产业化金融支持体系研究 [D]. 长沙：中南林业科技大学，2013.

[130] 王建军，石增谊，岳嵩，等. 金融支持地方特色产业问题研究 [J]. 金融发展研究，2005（11）.

[131] 汪庆. 我国西南欠发达地区特色产业发展研究 [D]. 重庆：重庆师范大学，2011.

[132] 王国华. 北京郊区乡村旅游产业转型升级的路径与方法 [J]. 北京联合大学学报（人文社会科学版），2013，11（4）.

[133] 王明梅. 对金融生态理论内涵的再认识及改善金融生态的建议 [J]. 特区经济，2006（12）.

[134] 王茂泽. 湖南省新能源产业发展的金融支持研究 [D]. 长沙：中南林业科技大学，2014.

[135] 王生林，王文略，马丁丑. 甘肃省农业特色优势产业区发展 SWOT 分析 [J]. 湖南农业科学，2009（4）.

[136] 王伟，郑月明. 中国区域金融发展与经济增长关系的实证研究——基于动态面板数据模型的分析 [J]. 现代经济信息，2011（21）.

[137] 王相敏，张慧一. 民间金融、非正规金融、地下金融：概念比较与分析 [J]. 东北师大学报（哲学社会科学版），2009（6）.

[138] 王修华. 我国区域金融发展差异的比较 [J]. 经济地理，2007，27（2）.

[139] 汪楹. 金融服务滇西边境山区高原特色农业产业发展问题研究——以云南省保山市为例 [J]. 西南金融，2013（9）.

[140] 王亚林，李富喜，王应权. 县域特色产业升级与金融支持对策 [J]. 西部金融，2011（8）.

[141] 吴敏. 风险企业融资工具选择研究 [D]. 西安：西安理工大学，2010.

[142] 吴桐，徐荣贞. 金融系统脆弱性的生成机制研究 [J]. 价值工程，2011（10）.

[143] 吴桢. 金融生态环境影响金融主体发展的区域差异研究 [D]. 兰州：兰州大学，2015.

[144] 吴子稳，张媛媛，潘生. SWOT 模型在县域特色产业战略规划中的应用 [J]. 合肥工业大学学报（自然科学版），2006，29（8）.

[145] 徐爱仙. 湘西自治州发展特色产业研究 [D]. 长沙：中南大学，2004.

[146] 徐枫，陈昭豪. 金融支持新能源产业发展的实证研究 [J]. 宏观经济研究，2013（8）.

[147] 谢朝华，李忠，蒋礼圣．中国货币政策效果的实证检验：1995—2008年[J]．长沙理工大学学报（社会科学版），2009，24（4）．

[148] 谢沛善．中日高新技术产业发展的金融支持研究[D]．沈阳：东北财经大学，2010．

[149] 谢源，陈如凯．我国甘蔗产业的超效率DEA模型分析[J]．四川农业大学学报，2014，32（1）．

[150] 胥留德．论特色产业[J]．昆明理工大学学报（社会科学版），2002，2（3）．

[151] 胥留德．论特色产业的选择[J]．经济问题探索，2002（11）．

[152] 宣飞．中国金融结构和金融效率的关联性研究[D]．合肥：安徽大学，2013．

[153] 徐仕政．基于比较优势的区域优势产业内涵探究[J]．工业技术经济，2007（2）．

[154] 杨钢，蓝定香．发展西部特色优势产业加快西部开发进程[J]．经济问题，2001（7）．

[155] 杨荣海，王淼．云南旅游产业发展的金融支持分析[J]．时代金融，2014（14）．

[156] 杨磊．山东半岛蓝色经济区发展的金融支持研究[D]．济南：山东财经大学，2012．

[157] 杨丽．培育西部民族药业产业集群的思考[J]．经济问题探索，2006（12）．

[158] 杨觐菲．恩施土家族苗族自治州茶产业发展研究[D]．北京：中央民族大学，2012．

[159] 于俊秋．论少数民族特色产业创新发展的宏观环境营造[J]．商业时代，2009（27）．

[160] 于海茹，王鑫，周丽洁，等．对延边州特色产业黑木耳产业发展的思考[J]．现代农业科技，2016（2）．

[161] 杨锦敏．金融发展与产业结构调整研究[D]．厦门：厦门大学，2008．

[162] 姚建华，陈莉銮．产业生命周期理论的发展评述[J]．广东农工商职业技术学院学报，2009（2）．

[163] 殷克东，孙文娟．区域金融发展水平动态综合评价研究[J]．商业研究，2010（12）．

[164] 杨少芬，梁晖晴．福建省特色产业发展与金融支持研究[J]．福建金融，2009（3）．

[165] 杨尚勤,谢正骞,薛峰.陕西省文化产业发展的金融支持研究[J].未来与发展,2011(1).

[166] 尹希果,曾冬梅.金融生态理论研究综述及展望[J].安徽农业科学,2009(17).

[167] 袁瑛.论西部民族地区特色经济发展[J].特区经济,2007(5).

[168] 姚耀军.中国农村金融发展与经济增长关系的实证分析[J].经济科学,2004(5).

[169] 杨迎潮.欠发达地区特色产业的创新与发展探析[J].经济问题探索,2003(4).

[170] 杨西平.西藏农牧特色产业的发展历程与基本经验——新中国成立以来西藏农牧特色产业演进的历史考察[J].西藏民族学院学报(哲学社会科学版),2009,30(3).

[171] 杨小凯,张永生.新贸易理论、比较利益理论及其经验研究的新成果:文献综述[J].经济学(季刊),2001(1).

[172] 燕欣春.我国金融发展对经济增长影响的理论分析与实证研究[D].青岛:中国海洋大学,2006.

[173] 曾淑文,庞宇舟.广西、贵州、云南民族药发展比较研究[J].学术探讨,2008(5).

[174] 张东旭.发展县域特色产业的要素分析[J].理论前沿,2002(8).

[175] 郑声安.基于产业生命周期的企业战略研究[D].南京:河海大学,2006.

[176] 张殿宫.吉林省乡村特色产业发展研究[D].长春:吉林大学,2010.

[177] 张辉.贵州省金融支持与产业发展关系的实证研究[J].贵州财经学院学报,2007(4).

[178] 张娟.中国金融深化与金融体系运行效率研究[D].上海:复旦大学,2003.

[179] 中国人民银行白银市中心支行研究组,陈明荣.金融支持欠发达地区旅游产业发展问题探析[J].甘肃金融,2010(12).

[180] 张海燕.西部特色产业发展与产业集群[J].吉林省经济管理干部学院学报,2004,18(5).

[181] 张旭,伍海华.论产业结构调整中的金融因素——机制、模式与政策选择[J].当代财经,2002(1).

[182] 战明华.金融深化的指标体系及其关系[J].浙江大学学报(人文社会

科学版），2002（5）.

[183] 褚海燕.云南省普洱茶产区品牌竞争力分析[D].昆明：云南财经大学，2008.

[184] 朱建芳.区域金融发展差距：理论与实证分析[D].杭州：浙江大学，2006.

[185] 周炯，韩占兵.金融生态理论的演进与展望：国内外研究综述[J].宁夏大学学报（人文社会科学版），2010（3）.

[186] 郑坤月.国内高档白酒企业发展中存在问题及对策——以茅台酒业财务分析为切入点[D].保定：河北大学，2014.

[187] 郑婧渊.我国高科技产业发展的金融支持研究[J].科学管理研究，2009，27（5）.

[188] 周立.中国金融发展的地区差距状况分析（1978—1999）[J].金融经济学研究，2002，17（1）.

[189] 周立，王子明.中国各地区金融发展与经济增长实证分析：1978—2000[J].金融研究，2002（10）.

[190] 周丽永.地区特色产业及其评价指标体系的构建[J].统计与决策，2007（9）.

[191] 张剑昆.金融支持临沧市茶叶产业发展的调查[J].时代金融（中旬），2012（1）.

[192] 张璞，赵周华.少数民族特色产业的内涵和特征分析[J].前沿，2011（17）.

[193] 张前进，刘小鹏.中国西部地区特色优势产业发展与优化研究——以宁夏为例[J].宁夏大学学报（自然科学版），2006，27（1）.

[194] 张斯琴，张璞，杨丽梅.少数民族特色产业发展与创新的SWOT分析[J].前沿，2011（13）.

[195] 张松涛.A银行广西分行制糖行业金融服务问题研究[D].南宁：广西大学，2013.

[196] 赵伟，马瑞永.中国区域金融发展的收敛性、成因及政策建议[J].中国软科学，2006（2）.

[197] 朱衍生.2015年广西保险业回顾及2016年展望[J].区域金融研究，2016（1）.

[198] 张玉喜.我国产业政策的金融支持体系研究[D].哈尔滨：哈尔滨工程大学，2006.

[199] 张旭, 伍海华. 论产业结构调整中的金融因素——机制、模式与政策选择[J]. 当代财经, 2002（1）.

[200] 张睿. 我国区域品牌传播模式现状研究[D]. 兰州: 兰州大学, 2012.

[201] 赵志刚, 罗瑞萍, 郝吉兵, 等. 宁夏南部旱作区发展黑豆特色产业浅析[J]. 中国种业, 2016（4）.

[202] 赵振全, 薛丰慧. 金融发展对经济增长影响的实证分析[J]. 金融研究, 2004（8）.

三、外文文献

[1] JALIL A, FERIDUN M. Impact of financial development on economic growth: empirical evidence from Pakistan[J]. Journal of the Asia Pacific Economy, 2011, 16（1）: 71-80.

[2] BECK T, LEVINE R. Industry growth and capital allocation: does having a market-or bank-based system matter?[J]. Journal of Financial Economics, 2002, 64（2）: 147-180.

[3] CALDERÓN C, LIU L. The direction of causality between financial development and economic growth[J]. Journal of Development Economics, 2003, 72（1）: 321-334.

[4] DEMETRIADES P O, HUSSEIN K A. Does financial development cause economic growth? Time-series evidence from 16 countries[J]. Journal of Development Economics, 1996, 51（2）: 387-411.

[5] GOLDSMITH R. Financial Structure and Economic Developmen[M]. New Haven: Yale university Press, 1969: 36.

[6] KING R G, LEVINE R. Finance, Enterpreneurship, and Growth[J]. Journal of Monetary Economics, 1993, 32（3）: 513-542.

[7] PRADHAN R P, MUKHOPADHYAY B, GUNASHEKAR A, et al. Financial development, social development, and economic growth: the causal nexus in Asia[J]. Decision, 2013, 40（1/2）: 66-83.

[8] RAJAN R G, ZINGALES L. Financial dependence and growth[J]. American Economic Review, 1998, 88（3）: 559-586.

[9] KING R G, LEVINE R. Finance and Growth: Schumpeter Might be Right[J]. The Quarterly Jounal of Economics, 1993, 108（3）: 717-737.

[10]ROUSSEAU P L, WACHTEL P. Financial Intermediation and Economic Performance: Historical Evidence from Five Industrialized Countries[J]. Journal of Money Credit and Banking, 1998, 30 (4): 657-678.

[11]ROUSSEAU P L, SYLLA R. Financial Systems, Economic Growth, and Globalization[M]//BORDO M D, TAYLOR A M. Globalization in Historical Perspective. Chicago: University of Chicago Press, 2001: 373-416.

[12]MURINDE V, ENG F S H. Financial Development and Economic Growth in Singapore: Demand-Following or Supply-Leading?[J]. Applied Financial Economics, 1994, 4 (6): 391-404.

附录：五省（区、市）特色产业选择相关指标及过程

附表 1 四川省各产业相关指标

四川省行业分类	比较劳动生产率（y1）	相对投资效果系数（y2）	增加值占有率（y3）	增加值贡献率（y4）	利税占有率（y5）	区位商（y6）	市场竞争优势指数（y7）	产业集中系数（y8）
煤炭开采和洗选业	2.01629	−0.71429	0.01156	−0.04913	0.02396	0.61576	1.39941	58.41625
石油和天然气开采业	1.93775	−873.13352	0.00143	−0.04120	0.01396	0.20309	6.66532	477.59383
黑色金属矿采选业	8.98226	8.80541	0.00667	0.00464	0.02142	1.14016	1.39529	65.14683
有色金属矿采选业	5.69219	−0.24993	0.00418	−0.00020	0.01385	1.36165	1.12830	81.47078
非金属矿采选业	4.62733	−6.43209	0.00434	−0.00515	0.01208	1.92032	1.14427	94.70440
农副产品加工业	6.72829	26.98403	0.03127	0.02549	0.06834	1.07571	1.19682	17.51179
食品制造业	4.81125	26.48793	0.00973	0.01242	0.02867	1.18002	1.10171	38.43385
酒、饮料和精制茶制造业	5.62085	27.60374	0.03064	0.05123	0.13940	4.71686	1.04590	7.50301
烟草制品业	28.99712	−28.50915	0.00321	0.00193	0.00806	0.91490	1.03472	128.35762
纺织业	3.84153	−140.64809	0.01036	0.00589	0.02278	0.57861	1.21293	53.23519

317

(续表)

四川省行业分类	比较劳动生产率（y1）	相对投资效果系数（y2）	增加值占有率（y3）	增加值贡献率（y4）	利税占有率（y5）	区位商（y6）	市场竞争优势指数（y7）	产业集中系数（y8）
纺织服装、服饰业	3.58787	18.77709	0.00234	0.00232	0.00663	0.30390	0.95377	143.76985
皮革、毛皮、羽毛及其制品和制鞋业	2.52177	38.41432	0.00347	−0.00536	0.00850	0.70763	0.93660	110.15131
木材加工和木、竹、藤、棕、草制品业	4.43445	2.18589	0.00363	−0.00091	0.00940	0.63983	1.15675	123.11816
家具制造业	2.75126	2.08058	0.00491	0.00373	0.01222	1.54498	1.17213	95.90352
造纸和纸制品业	4.72445	1.64081	0.00582	0.00309	0.01252	0.84286	1.23337	98.47947
印刷和记录媒介复制业	4.08845	−57.56497	0.00316	0.00463	0.01152	1.50593	0.96327	83.61686
文教、工美、体育和娱乐用品制造业	4.89153	−136.68051	0.00115	0.00434	0.00188	0.68009	0.33216	176.41500
石油加工、炼焦和核燃料加工业	16.67646	571.92883	0.00689	0.00474	0.01252	0.30325	1.39727	111.56597
化学原料和化学制品制造业	6.05381	2.42101	0.02872	0.00829	0.01152	0.78907	1.14773	99.62903
医药制造业	4.77379	14.80259	0.01248	0.01185	0.00188	1.43675	1.00451	533.51792
化学纤维制造业	5.56031	−27.58798	0.00206	0.00141	0.00400	0.55729	1.38135	345.50483
橡胶和塑料制品业	4.89971	4.29686	0.00948	0.00851	0.02297	0.71944	1.19178	51.88351

(续表)

四川省行业分类	比较劳动生产率（y1）	相对投资效果系数（y2）	增加值占有率（y3）	增加值贡献率（y4）	利税占有率（y5）	区位商（y6）	市场竞争优势指数（y7）	产业集中系数（y8）
非金属矿物制品业	4.47034	10.30495	0.02873	0.02454	0.06905	1.20377	1.12858	16.34543
黑色金属冶炼和压延加工业	6.66963	0.04705	0.03043	0.03231	-0.00777	0.76648	1.39729	-179.7621
有色金属冶炼和压延加工业	9.60889	-1.38429	0.00944	0.00102	0.01180	0.40582	1.24147	105.21877
金属制品业	5.41395	6.22669	0.01128	0.01005	0.02688	0.83161	1.01291	37.68901
通用设备制造业	5.73082	6.57213	0.02062	0.00897	0.04952	0.81659	1.45691	29.41778
专用设备制造业	4.89434	112.02053	0.01407	0.01088	0.03338	0.89432	1.24979	37.43692
交通运输设备制造业	8.05399	105.64032	0.02703	0.07882	0.09938	0.77953	1.24140	12.49203
电气机械和器材制造业	5.23601	-1.97900	0.01274	0.00347	0.02441	0.40912	1.23804	50.72514
计算机、通信和其他电子设备制造业	6.97881	21.79739	0.04505	0.11812	0.11205	1.18149	1.25956	11.24081
仪器仪表制造业	4.23909	0.08940	0.00078	-0.00030	0.00225	0.17507	1.40467	625.56812
其他制造业	5.14099	14.59372	0.00132	0.00760	0.00260	0.29758	4.33163	1666.8186
废弃资源综合利用业	6.67804	1757.64114	0.00141	0.00835	0.00311	0.49467	1.99602	642.74341
电力、热力生产和供应业	5.73433	7.20854	0.02463	0.02058	0.08335	0.86982	1.27989	15.35642

(续表)

四川省行业分类	比较劳动生产率（y1）	相对投资效果系数（y2）	增加值占有率（y3）	增加值贡献率（y4）	利税占有率（y5）	区位商（y6）	市场竞争优势指数（y7）	产业集中系数（y8）
燃气生产和供应业	5.98089	2.60137	0.00279	0.00021	0.01355	1.30643	1.31023	96.68463
水的生产和供应业	2.77748	47.69920	0.00114	0.00118	0.00837	1.90851	1.03044	123.07140

注：相关指标根据文中特色产业评价指标体系相关计算公式计算。

附表 2 四川省各特色产业综合得分排名

产业	F1	排名	F2	排名	F3	排名	F4	排名	F	排名
计算机、通信和其他电子设备制造业	3.31926	1	0.08454	19	0.19639	7	0.5713	6	1.65507	1
废弃资源综合利用业	-0.24588	16	2.4411	3	4.92063	1	0.03307	13	1.11584	2
交通运输设备制造业	2.09983	3	0.87577	10	0.17881	8	0.75108	5	1.11298	3
酒、饮料和精制茶制造业	2.7121	2	-10.5275	36	0.29685	6	-2.1974	36	0.63853	4
农副产品加工业	1.2183	4	-0.17419	24	-0.3103	29	0.24135	10	0.50007	5
石油和天然气开采业	-0.48715	23	7.14923	1	-1.85541	36	-0.56521	29	0.47314	6
电力、热力生产和供应业	1.09142	6	0.47182	15	-0.36198	30	0.0863	12	0.43684	7

(续表)

产业	F1	排名	F2	排名	F3	排名	F4	排名	F	排名
石油加工、炼焦和核燃料加工业	-0.27039	18	1.6944	4	0.89806	4	2.29669	2	0.4156	8
非金属矿物制品业	1.11197	5	-0.61814	26	-0.30533	27	-0.2646	23	0.34874	9
烟草制品业	-0.41492	20	-0.24904	25	-0.25595	22	3.97714	1	0.3228	10
通用设备制造业	0.47206	7	0.57373	13	-0.42768	32	0.13434	11	0.16308	11
仪器仪表制造业	-0.82279	34	3.35133	2	1.21884	2	-0.31125	26	0.11466	12
医药制造业	-0.22917	14	-0.58425	28	1.17185	3	-0.81168	32	0.10116	13
化学原料和化学制品制造业	0.25028	9	0.50547	14	-0.29106	25	0.30498	8	0.09305	14
黑色金属冶炼和压延加工业	0.40994	8	0.07922	20	-1.00353	35	0.84547	4	0.00198	15
专用设备制造业	0.09789	10	0.03777	22	-0.11303	13	-0.07552	17	-0.04169	16
有色金属冶炼和压延加工业	-0.42689	21	1.46094	7	-0.28391	24	0.97972	3	-0.08813	17
化学纤维制造业	-0.71903	31	1.59278	5	0.40563	5	-0.06723	16	-0.13146	18
电气机械和器材制造业	-0.20821	13	1.43083	8	-0.4103	31	0.26154	9	-0.1424	19
黑色金属矿采选业	-0.25757	17	-0.63278	27	-0.26536	23	0.41021	7	-0.14994	20
金属制品业	-0.12837	12	0.00606	23	-0.30833	28	0.03124	14	-0.20051	21
橡胶和塑料制品业	-0.23501	15	0.46182	16	-0.30434	26	-0.00116	15	-0.21308	22
食品制造业	-0.07429	11	-0.94627	29	-0.20854	20	-0.29995	25	-0.22401	23
纺织业	-0.28973	19	0.93785	9	-0.63516	33	-0.10486	19	-0.29251	24

（续表）

产业	F1	排名	F2	排名	F3	排名	F4	排名	F	排名
造纸和纸制品业	-0.50797	24	0.14657	18	-0.18911	19	-0.17062	22	-0.33246	25
燃气生产和供应业	-0.54508	26	-1.18496	30	-0.15699	17	-0.27909	24	-0.38943	26
木材加工和木、竹、藤、棕、草制品业	-0.6981	30	0.68999	12	-0.1439	16	-0.1424	20	-0.3948	27
纺织服装、服饰业	-0.80602	32	1.53681	6	-0.03361	10	-0.09502	18	-0.41549	28
有色金属矿采选业	-0.53293	25	-1.50147	31	-0.18832	18	-0.35114	27	-0.44071	29
家具制造业	-0.47986	22	-1.95123	32	-0.09408	12	-0.96641	34	-0.49505	30
皮革、毛皮、羽毛及其制品和制鞋业	-0.81402	33	0.27558	17	-0.09061	11	-0.5336	28	-0.54999	31
印刷和记录媒介复制业	-0.5656	28	-2.03358	33	-0.22447	21	-0.71871	31	-0.55677	32
非金属矿采选业	-0.55189	27	-3.09203	34	-0.13329	14	-0.91563	33	-0.56289	33
文教、工美、体育和娱乐用品制造业	-0.93512	36	0.05808	21	-0.14268	15	-0.15972	21	-0.61416	34
水的生产和供应业	-0.64157	29	-3.12914	35	0.13621	9	-1.25181	35	-0.61787	35
煤炭开采和洗选业	-0.89547	35	0.86287	11	-0.68597	34	-0.64142	30	-0.64021	36

注：相关指标根据文中特色产业评价指标体系相关计算公式计算。

附录：五省（区、市）特色产业选择相关指标及过程

附表3　重庆市各产业相关指标

重庆市行业分类	比较劳动生产率（y1）	相对投资效果系数（y2）	增加值占有率（y3）	增加值贡献率（y4）	利税占有率（y5）	区位商（y6）	市场竞争优势指数（y7）	产业集中系数（y8）
煤炭开采和洗选业	1.05857	−3.16053	0.00976	−0.00936	0.03707	0.48889	1.43272	0.00797
石油和天然气开采业	3.24620	−5.48566	0.00025	−0.00116	0.00088	0.03354	1.56682	0.00055
黑色金属矿采选业	1.13343	0.73983	0.00036	0.00032	0.00110	0.05734	1.49526	0.00093
有色金属矿采选业	2.14542	−2.46774	0.00013	0.00017	0.00070	0.03903	1.25531	0.00064
非金属矿采选业	3.66538	3.60284	0.00250	0.00279	0.00750	1.04070	1.10896	0.01696
农副产品加工业	4.57375	29.99533	0.01744	0.00879	0.03784	0.56410	1.18752	0.00919
食品制造业	3.16933	5.55928	0.00442	0.00572	0.01351	0.50468	1.16537	0.00822
酒、饮料和精制茶制造业	3.38493	29.46535	0.00436	0.00318	0.01739	0.63163	1.02399	0.01029
烟草制品业	16.37763	25.56462	0.00409	−0.00208	0.05956	1.09628	0.98243	0.01786
纺织业	3.16275	−1.01567	0.00483	−0.00280	0.01433	0.25349	1.25256	0.00413
纺织服装、服饰业	1.81615	4.76209	0.00268	0.00116	0.00750	0.32735	0.92481	0.00533
皮革、毛皮、羽毛及其制品和制鞋业	2.30167	5.42081	0.00380	0.00275	0.01018	0.72943	0.96374	0.01189

323

（续表）

重庆市行业分类	比较劳动生产率（y1）	相对投资效果系数（y2）	增加值占有率（y3）	增加值贡献率（y4）	利税占有率（y5）	区位商（y6）	市场竞争优势指数（y7）	产业集中系数（y8）
木材加工和木、竹、藤、棕、草制品业	2.24105	-28.78435	0.00095	0.00139	0.00219	0.15679	1.12414	0.00256
家具制造业	3.09575	-0.36135	0.00224	0.00328	0.00683	0.66409	1.33283	0.01082
造纸和纸制品业	4.72763	38.30279	0.00559	0.00245	0.01549	0.76160	1.21553	0.01241
印刷和记录媒介复制业	3.35680	24.46346	0.00277	0.00596	0.00744	1.24020	0.51954	0.02021
文教、工美、体育和娱乐用品制造业	2.83818	-47.10829	0.00147	0.00670	0.00768	0.81335	0.32158	0.01325
石油加工、炼焦和核燃料加工业	4.37931	-1.29699	0.00130	-0.00362	0.00259	0.05384	2.81838	0.00088
化学原料和化学制品制造业	4.06212	3.39527	0.01998	-0.01492	0.02884	0.51612	1.13538	0.00841
医药制造业	3.23982	4.62656	0.00849	0.00772	0.03057	0.91876	0.99965	0.01497
化学纤维制造业	2.29041	-2.04439	0.00012	0.00050	0.00035	0.03107	1.28918	0.00051
橡胶和塑料制品业	3.90020	6.39987	0.01054	0.01200	0.02791	0.75252	1.15341	0.01226
非金属矿物制品业	3.26665	8.54161	0.02195	0.01436	0.06000	0.86448	1.12828	0.01409
黑色金属冶炼和压延加工业	6.85371	0.00637	0.01942	-0.00294	0.02951	0.45991	1.27025	0.00749
有色金属冶炼和压延加工业	8.48845	0.72940	0.01457	0.00146	0.01938	0.58891	1.19985	0.00960

（续表）

重庆市行业分类	比较劳动生产率（y1）	相对投资效果系数（y2）	增加值占有率（y3）	增加值贡献率（y4）	利税占有率（y5）	区位商（y6）	市场竞争优势指数（y7）	产业集中系数（y8）
金属制品业	3.21057	2.79275	0.00995	0.00529	0.03125	0.68983	1.01758	0.01124
通用设备制造业	3.33833	-50.62816	0.01303	0.00729	0.03649	0.48503	1.40242	0.00790
专用设备制造业	3.73554	10.46260	0.00730	0.01632	0.02468	0.43629	1.20730	0.00711
交通设备制造业	4.49608	25.06838	0.11423	0.05490	0.32239	2.78014	0.87096	0.04530
电气机械和器材制造业	5.93724	-8.33154	0.02268	-0.01184	0.05158	0.68490	1.18845	0.01116
计算机、通信和其他电子设备制造业	6.47062	76.43815	0.05592	0.11391	0.02681	1.37916	1.23873	0.02247
仪器仪表制造业	2.46220	-4.27943	0.00367	-0.00353	0.00971	0.77649	1.37622	0.01265
废弃资源综合利用业	7.33954	5.99571	0.00109	0.00084	0.00093	0.36028	2.16556	0.00587
电力、热力生产和供应业	6.17982	-0.01018	0.01780	0.00349	0.03687	0.59113	1.27793	0.00963
燃气生产和供应业	4.96294	-1.48255	0.00289	-0.00051	0.03829	1.26974	1.41478	0.02069
水的生产和供应业	1.59784	3.90706	0.00063	0.00008	0.00334	0.98978	0.97640	0.01613

注：相关指标根据文中特色产业评价指标体系相关计算公式计算。

附表 4　重庆市各特色产业综合得分排名

行业	F1	排名	F2	排名	F3	排名	F4	排名	F	排名
交通设备制造业	5.45902	1	0.25726	7	-0.16694	24	-0.33484	23	2.15978	1
计算机、通信和其他电子设备制造业	0.31323	5	4.83838	1	0.29521	8	-0.19577	16	1.39987	2
石油加工、炼焦和核燃料加工业	-0.12641	18	-0.21388	23	3.82368	1	0.09359	11	0.58091	3
烟草制品业	-0.12481	17	-0.17249	22	-0.84056	33	4.65143	1	0.52679	4
废弃资源综合利用业	-0.34757	25	-0.00983	17	2.15289	2	1.18135	3	0.43211	5
农副产品加工业	-0.14352	19	0.77536	3	0.02748	16	0.21001	9	0.18321	6
非金属矿物制品业	0.53749	4	0.18099	9	-0.12783	22	-0.37775	25	0.17647	7
电力、热力生产和供应业	0.22289	6	-0.32554	27	0.23153	10	0.68707	6	0.15889	8
有色金属冶炼和压延加工业	-0.07374	15	-0.34743	28	-0.03062	19	1.53521	2	0.12912	9
黑色金属冶炼和压延加工业	0.1154	8	-0.47237	30	0.25527	9	0.96238	4	0.12762	10
电气机械和器材制造业	0.57768	3	-1.04442	34	0.02015	17	0.74474	5	0.08626	11
造纸和纸制品业	-0.58994	32	0.98019	2	-0.18607	25	0.47873	8	0.0648	12
燃气生产和供应业	0.04049	10	-0.28283	24	0.01061	18	0.51119	7	0.02877	13

（续表）

行业	F1	排名	F2	排名	F3	排名	F4	排名	F	排名
橡胶和塑料制品业	-0.0227	13	0.20463	8	-0.19447	26	-0.11375	15	-0.00892	14
专用设备制造业	-0.29045	22	0.4698	6	0.06002	15	-0.25366	17	-0.02525	15
化学原料和化学制品制造业	0.10174	9	-0.58036	32	-0.10856	21	0.15415	10	-0.10369	16
煤炭开采和洗选业	0.17571	7	-0.5604	31	0.5547	6	-0.94924	35	-0.13499	17
通用设备制造业	0.73452	2	-1.6714	36	0.59652	5	-0.61259	28	-0.13623	18
医药制造业	0.01668	11	0.04068	13	-0.65202	31	-0.25559	18	-0.13967	19
酒、饮料和精制茶制造业	-0.60047	34	0.7566	4	-0.55614	28	-0.06615	14	-0.15228	20
家具制造业	-0.27975	21	-0.07472	18	0.12769	14	-0.30831	20	-0.15963	21
金属制品业	-0.0236	14	-0.07538	19	-0.48796	27	-0.30163	19	-0.16453	22
仪器仪表制造业	-0.10257	16	-0.36046	29	0.17807	12	-0.45109	26	-0.17795	23
石油和天然气开采业	-0.52747	29	-0.29657	26	0.9415	3	-0.35269	24	-0.18013	24
非金属矿采选业	-0.22373	20	-0.00649	16	-0.57942	29	-0.00384	13	-0.19361	25
食品制造业	-0.37044	28	0.12454	10	-0.14501	23	-0.32383	22	-0.19437	26
纺织业	-0.36148	26	-0.28829	25	0.16856	13	-0.31154	21	-0.2408	27
黑色金属矿采选业	-0.58112	31	-0.00032	15	0.77109	4	-1.07524	36	-0.27422	28
皮革、毛皮、羽毛及其制品和制鞋业	-0.36569	27	0.07857	11	-0.74092	32	-0.5435	27	-0.3456	29
化学纤维制造业	-0.65642	36	-0.12754	20	0.3031	7	-0.69009	30	-0.35561	30

（续表）

行业	F1	排名	F2	排名	F3	排名	F4	排名	F	排名
有色金属矿采选业	-0.65381	35	-0.14738	21	0.22167	11	-0.73738	32	-0.38184	31
水的生产和供应业	-0.34433	24	0.02155	14	-0.88767	34	-0.69709	31	-0.40328	32
印刷和记录媒介复制业	-0.56109	30	0.69056	5	-2.04813	35	-0.00217	12	-0.40526	33
纺织服装、服饰业	-0.59564	33	0.05336	12	-0.65011	30	-0.77753	33	-0.46646	34
木材加工和木、竹、藤、棕、草制品业	-0.31225	23	-0.94321	33	-0.10194	20	-0.83227	34	-0.52417	35
文教、工美、体育和娱乐用品制造业	-0.01587	12	-1.47164	35	-2.23538	36	-0.64231	29	-0.88608	36

附表 5　广西各产业相关指标

广西各个产业	比较劳动生产率（y1）	相对投资效果系数（y2）	增加值占有率（y3）	增加值贡献率（y4）	利税占有率（y5）	区位商（y6）	市场竞争优势指数（y7）	产业集中系数（y8）
煤炭开采和洗选业	1.29933	-6.70374	0.00079	0.00108	0.00122	0.04954	1.06928	878.9894
黑色金属矿采选业	8.93350	-12.71017	0.00388	0.00607	0.01045	0.77759	1.34492	128.7083
有色金属矿采选业	6.18690	-9.39895	0.00658	0.00609	0.02997	2.51086	1.19718	39.95251
非金属矿采选业	5.32372	51.29743	0.00367	0.00637	0.01590	1.90178	1.08029	67.95340

（续表）

广西各个产业	比较劳动生产率（y1）	相对投资效果系数（y2）	增加值占有率（y3）	增加值贡献率（y4）	利税占有率（y5）	区位商（y6）	市场竞争优势指数（y7）	产业集中系数（y8）
农副产品加工业	8.34624	1921.84120	0.04217	0.03596	0.08735	1.69889	1.11217	12.73185
食品制造业	4.35145	-53.35711	0.00580	0.00944	0.01728	0.82438	1.06589	61.68221
酒、饮料和精制茶制造业	5.66412	-145.71604	0.00871	0.01400	0.03307	1.57097	0.85836	25.95273
烟草制品业	33.38944	16.71147	0.00396	0.00414	0.07473	1.32337	1.02893	13.76848
纺织业	2.63777	-21.05444	0.00451	0.00530	0.00852	0.29508	1.11529	130.9732
纺织服装、服饰业	2.23854	10.33593	0.00212	-0.00392	0.00621	0.32368	0.95626	154.0565
皮革、毛皮、羽毛及其制品和制鞋业	-.84352	-5.94461	0.00253	0.00126	0.00597	0.60498	0.92063	154.1250
木材加工和木、竹、藤、棕、草制品业	3.42243	18.56716	0.01380	0.01929	0.03361	2.85153	1.08364	32.24216
家具制造业	5.41894	-0.35473	0.00238	0.00368	0.00699	0.87602	1.10640	158.3510
造纸和纸制品业	4.95579	-69.69480	0.00798	0.01258	0.01088	1.35443	1.12932	103.8393
印刷和记录媒介复制业	4.71391	299.42740	0.00213	0.00235	0.00713	1.18970	0.95083	133.4056
文教、工美、体育和娱乐用品制造业	1.31576	35.20621	0.00175	0.00434	0.00402	1.20846	0.33517	83.29850
石油加工、炼焦和核燃料加工业	97.92328	-96.55489	0.01795	-0.03230	0.08274	0.92533	1.37897	16.66588

329

（续表）

广西各个产业	比较劳动生产率（y1）	相对投资效果系数（y2）	增加值占有率（y3）	增加值贡献率（y4）	利税占有率（y5）	区位商（y6）	市场竞争优势指数（y7）	产业集中系数（y8）
化学原料和化学制品制造业	5.61758	-67.93180	0.01932	0.02579	0.04649	0.62168	1.10007	23.66438
医药制造业	4.83652	-161.32255	0.00695	0.01311	0.03174	0.93750	0.96086	30.27502
橡胶和塑料制品业	4.72447	101.42995	0.00525	0.00785	0.01009	0.46652	1.13755	112.7919
非金属矿物制品业	4.11656	-44.02830	0.02622	0.04218	0.09458	1.28624	1.05700	11.17580
黑色金属冶炼和压延加工业	14.73747	-0.57404	0.04597	0.07454	0.07086	1.35615	1.22913	17.34641
有色金属冶炼和压延加工业	9.38622	844.72433	0.02091	0.01676	0.02271	1.05278	1.06105	46.71576
金属制品业	5.95231	-298.90510	0.00584	0.01290	0.01144	0.50408	0.97544	85.24901
通用设备制造业	5.21027	220.59447	0.00642	0.00711	0.01556	0.29783	1.43014	91.91363
专用设备制造业	5.79715	9.77418	0.00946	0.00135	0.01719	0.70410	1.14435	66.56315
交通运输设备制造业	7.17613	-2977.3496	0.04201	0.05813	0.08785	1.27359	1.16341	13.24358
电气机械和器材制造业	9.24493	-20.21916	0.01329	0.01799	0.03533	0.49995	1.17675	33.30731
计算机、通信和其他电子设备制造业	5.57948	5524.04318	0.01510	0.04014	0.04367	0.46380	1.16318	26.63639
仪器仪表制造业	4.59723	5.48202	0.00073	0.00076	0.00160	0.19152	1.21926	763.9536

附录：五省（区、市）特色产业选择相关指标及过程

（续表）

广西各个产业	比较劳动生产率（y1）	相对投资效果系数（y2）	增加值占有率（y3）	增加值贡献率（y4）	利税占有率（y5）	区位商（y6）	市场竞争优势指数（y7）	产业集中系数（y8）
废弃资源综合利用业	18.48247	-13569.483	0.00252	0.01165	0.00485	1.03922	2.03793	420.1616
电力、热力生产和供应业	5.97427	-23.23700	0.02519	0.01158	0.06134	1.04157	1.26036	20.54560
燃气生产和供应业	6.51550	25.24163	0.00047	0.00096	0.00065	0.25637	1.44088	2217.304

注：相关指标根据文中特色产业评价指标体系相关计算公式计算。

附表6 广西各特色产业综合得分排名

广西	F1	排名	F2	排名	F3	排名	F4	排名	F	排名
交通运输设备制造业	2.47614	2	0.77277	3	0.34357	11	-0.4052	31	1.03402	1
黑色金属冶炼和压延加工业	2.90416	1	0.31355	7	0.00576	19	-0.3892	28	1.00639	2
废弃资源综合利用业	-0.6186	27	4.9959	1	0.3297	12	-0.2023	17	0.97521	3
石油加工、炼焦和核燃料加工业	-0.3187	16	0.01984	13	0.05518	17	5.25902	1	0.97024	4

331

（续表）

广西	F1	排名	F2	排名	F3	排名	F4	排名	F	排名
农副产品加工业	2.06854	3	-0.4519	30	0.47999	9	0.21145	4	0.76215	5
非金属矿物制品业	1.73091	4	-0.1834	18	0.35774	10	-0.1135	11	0.61467	6
电力、热力生产和供应业	0.82109	6	0.09803	9	0.06942	16	0.32118	3	0.38858	7
木材加工和木、竹、藤、棕、草制品业	-0.1081	10	0.33772	5	2.12498	1	-0.5828	33	0.3842	8
烟草制品业	-0.1548	12	-0.3499	24	0.71172	6	1.55241	2	0.33367	9
有色金属矿采选业	-0.5635	24	0.43299	4	1.78009	2	-0.1829	13	0.2538	10
化学原料和化学制品制造业	0.77896	7	-0.2154	20	-0.2639	25	-0.1245	12	0.13862	11
有色金属冶炼和压延加工业	0.3121	9	-0.3687	25	0.13059	14	-0.0672	9	0.03777	12
电气机械和器材制造业	0.34364	8	-0.1131	15	-0.3926	27	0.09568	5	0.02746	13
酒、饮料和精制茶制造业	-0.2829	15	-0.41356	29	1.04157	5	-0.31047	25	-0.03119	14

（续表）

广西	F1	排名	F2	排名	F3	排名	F4	排名	F	排名
非金属矿采选业	-0.73556	29	0.37575	11	1.21337	3	-0.32616	26	-0.04104	15
造纸和纸制品业	-0.37493	18	0.09298	10	0.51342	7	-0.40298	30	-0.07902	16
黑色金属矿采选业	-0.44473	22	0.31912	6	-0.23698	24	0.04209	7	-0.12367	17
医药制造业	-0.20085	13	-0.37964	27	0.31414	13	-0.2112	18	-0.13261	18
通用设备制造业	-0.13707	11	0.28574	8	-0.79766	30	0.0478	6	-0.14493	19
计算机、通信和其他电子设备制造业	1.20084	5	-1.38996	33	-1.01428	31	-0.10763	10	-0.14662	20
专用设备制造业	-0.37995	19	-0.13675	16	-0.09986	22	0.02322	8	-0.18106	21
食品制造业	-0.38647	20	-0.20671	19	0.09001	15	-0.24984	21	-0.21358	22
家具制造业	-0.70751	28	-0.10503	14	0.03306	18	-0.21265	19	-0.30656	23
橡胶和塑料制品业	-0.3963	21	-0.17997	17	-0.40692	28	-0.19417	16	-0.30742	24
金属制品业	-0.36382	17	-0.37656	26	-0.19829	23	-0.30716	23	-0.3193	25
印刷和记录媒介复制业	-0.87239	32	-0.39964	28	0.49265	8	-0.30755	24	-0.35196	26
纺织业	-0.46763	23	-0.2394	22	-0.56374	29	-0.24343	20	-0.39009	27

333

（续表）

广西	F1	排名	F2	排名	F3	排名	F4	排名	F	排名
水的生产和供应业	-0.90402	33	-0.22245	21	-0.02346	20	-0.45278	32	-0.46312	28
皮革、毛皮、羽毛及其制品和制鞋业	-0.79953	30	-0.53592	31	-0.08987	21	-0.359	27	-0.49498	29
纺织服装、服饰业	-0.85332	31	-0.56679	32	-0.38759	26	-0.18675	14	-0.55067	30
仪器仪表制造业	-0.57414	25	0.05239	12	-1.51557	32	-0.19032	15	-0.55531	31
文教、工美、体育和娱乐用品制造业	-1.19882	34	-1.50213	34	1.0695	4	-0.77104	34	-0.68995	32
燃气生产和供应业	-0.20577	14	0.78189	2	-3.47174	34	-0.25822	22	-0.69609	33
煤炭开采和洗选业	-0.58625	26	-0.24147	23	-1.69388	33	-0.39356	29	-0.70761	34

附录：五省（区、市）特色产业选择相关指标及过程

附表7 贵州省各产业相关指标

贵州省行业分类	比较劳动生产率（y1）	相对投资效果系数（y2）	增加值占有率（y3）	增加值贡献率（y4）	利税占有率（y5）	区位商（y6）	市场竞争优势指数（y7）	产业集中系数（y8）
煤炭开采和洗选业	3.62265	-0.77836	0.06973	0.07461	0.16953	3.69977	1.00164	0.03100
黑色金属矿采选业	7.78205	-5.40760	0.00203	0.00581	0.00731	0.22194	1.28144	0.00186
有色金属矿采选业	4.83478	2.45080	0.00095	0.00342	0.00534	0.25840	0.98234	0.00217
非金属矿采选业	20.11456	10.94080	0.00737	0.01841	0.02118	1.99413	0.83122	0.01671
农副产品加工业	4.23165	9.01522	0.00379	0.00846	0.01142	0.36458	1.01384	0.00306
食品制造业	6.00177	47.34022	0.00330	0.00439	0.01468	0.55671	0.92408	0.00467
酒、饮料和精制茶制造业	22.17658	44.19741	0.06190	0.10116	0.28439	4.41979	0.96398	0.03704
烟草制品业	43.46552	-56.97674	0.03431	0.02412	0.20313	4.77906	1.02689	0.04005
纺织业	2.04832	1.93495	0.00036	0.00183	0.00051	0.02986	0.96049	0.00025
纺织服装、服饰业	2.56927	2.08519	0.00040	0.00119	0.00059	0.07621	0.80932	0.00064
皮革、毛皮、羽毛及其制品和制鞋业	2.30248	2.04220	0.00052	0.00201	0.00177	0.24780	1.43164	0.00208
木材加工和木、竹、藤、棕、草制品业	4.01579	16.34734	0.00311	0.00818	0.00903	0.95461	1.04876	0.00800
家具制造业	22.63042	-0.43085	0.00080	0.00184	0.00120	0.23353	1.00415	0.00196

（续表）

贵州省行业分类	比较劳动生产率（y1）	相对投资效果系数（y2）	增值值占有率（y3）	增加值贡献率（y4）	利税占有率（y5）	区位商（y6）	市场竞争优势指数（y7）	产业集中系数（y8）
造纸和纸制品业	5.49291	8.76992	0.00163	0.00269	0.00231	0.29699	1.07970	0.00249
印刷和记录媒介复制业	5.23978	-15.19053	0.00078	0.00139	0.00283	0.43029	0.60536	0.00361
文教、工美、体育和娱乐用品制造业	1.96879	0.56238	0.00012	0.00031	0.00045	0.20911	0.23324	0.00175
石油加工、炼焦和核燃料加工业	2.63475	0.28241	0.00256	-0.00014	0.00404	0.22776	1.01209	0.00191
化学原料和化学制品制造业	4.12696	3.80765	0.01559	0.01335	0.04126	0.85226	1.24161	0.00714
医药制造业	4.35440	5.95192	0.00855	0.01364	0.03538	1.66203	0.76046	0.01393
橡胶和塑料制品制造业	8.91175	-39.49927	0.01334	0.07791	0.00901	2.86366	0.19317	0.02400
非金属矿物制品业	2.34997	-0.57016	0.00802	-0.00186	0.06185	1.25609	0.88307	0.01053
黑色金属冶炼和压延加工业	3.06403	-0.03291	0.01175	0.03044	0.01271	0.51292	1.72864	0.00430
有色金属冶炼和压延加工业	1.17804	95.21537	0.00319	-0.04302	0.00751	0.21897	4.12929	0.00183
金属制品业	2.68697	6.86127	0.00265	0.00340	0.00491	0.23635	1.25980	0.00198
通用设备制造业	2.66198	-0.32174	0.00161	0.00039	0.00556	0.13521	1.15669	0.00113
专用设备制造业	7.64170	38.56588	0.00339	0.01524	0.00203	0.44513	0.37615	0.00373
交通运输设备制造业	1.95158	-9.37766	0.00688	-0.00938	0.00774	0.32015	1.18033	0.00268
电气机械和器材制造业	3.06037	1.08435	0.00175	0.00281	0.00419	0.20139	0.95430	0.00169

附录：五省（区、市）特色产业选择相关指标及过程

（续表）

贵州省行业分类	比较劳动生产率（y1）	相对投资效果系数（y2）	增加值占有率（y3）	增加值贡献率（y4）	利税占有率（y5）	区位商（y6）	市场竞争优势指数（y7）	产业集中系数（y8）
计算机、通信和其他电子设备制造业	3.19707	-8.61993	0.00261	0.00555	0.00343	0.07703	1.57673	0.00065
仪器仪表制造业	3.18943	0.55126	0.00045	-0.00013	0.00120	0.11175	1.29276	0.00094
废弃资源综合利用业	1.81361	170.84539	0.00018	0.00079	3.00086	0.13056	2.00316	0.00109
电力、热力生产和供应业	6.02984	25.34057	0.03972	0.01961	0.05923	2.14396	1.17494	0.01797
燃气生产和供应业	1.21190	5.65977	0.00025	0.00040	0.00002	0.71165	1.27522	0.00596
水的生产和供应业	1.64663	57.42634	0.00073	0.00122	0.00110	1.07215	0.70319	0.00898

注：相关指标根据文中特色产业评价指标体系相关计算公式计算。

附表 8　贵州省各特色产业综合得分排名

贵州省产业	F1	排名	F2	排名	F3	排名	F	排名
酒、饮料和精制茶制造业	3.66043	1	0.60789	3	0.1517	6	2.31024	1
煤炭开采和洗选业	3.05959	2	-0.05386	14	-1.1649	33	1.55882	2
烟草制品业	1.13291	4	-0.25666	23	4.63383	1	1.4893	3

337

（续表）

贵州省产业	F1	排名	F2	排名	F3	排名	F	排名
电力、热力生产和供应业	1.14339	3	0.41332	4	-0.3469	24	0.69606	4
有色金属冶炼和压延加工业	-0.75984	33	4.164	1	0.87534	4	0.65096	5
废弃资源综合利用业	0.21428	7	2.76886	2	-1.4362	34	0.47097	6
非金属矿采选业	0.06613	10	-0.26143	24	1.27427	3	0.22336	7
橡胶和塑料制品业	1.12808	5	-1.95136	34	-0.4842	29	0.13344	8
化学原料和化学制品制造业	0.143	8	0.03412	10	-0.1896	18	0.05513	9
医药制造业	0.27016	6	-0.41918	29	-0.1833	17	0.02993	10
黑色金属冶炼和压延加工业	0.06771	9	0.23399	5	-0.3712	27	0.02101	11
非金属矿物制品业	0.03468	11	-0.24988	22	-0.03718	11	-0.04258	12
食品制造业	-0.145	15	0.23121	6	-0.37462	28	-0.10448	13
水的生产和供应业	0.02445	12	0.12387	7	-0.82408	32	-0.11461	14
木材加工和木、竹、藤、棕、草制品业	-0.13506	14	-0.08081	15	-0.20799	19	-0.13672	15
燃气生产和供应业	-0.3936	17	-0.00268	11	-0.17377	16	-0.2644	16
家具制造业	-0.92687	34	-0.24185	21	1.6725	2	-0.27862	17
农副产品加工业	-0.31408	16	-0.21825	20	-0.25783	23	-0.28193	18
专用设备制造业	-0.11317	13	-0.49644	30	-0.6058	30	-0.29227	19
皮革、毛皮、羽毛及其制品和制鞋业	-0.53374	24	0.11013	8	-0.09913	14	-0.3072	20
金属制品业	-0.45203	18	-0.00794	12	-0.21239	20	-0.30724	21

（续表）

贵州省产业	F1	排名	F2	排名	F3	排名	F	排名
黑色金属矿采选业	-0.5937	31	-0.13144	16	0.36432	5	-0.30802	22
计算机、通信和其他电子设备制造业	-0.58721	30	0.07597	9	0.05832	7	-0.3163	23
造纸和纸制品业	-0.50192	21	-0.14328	17	-0.01605	10	-0.32923	24
交通运输设备制造业	-0.56301	26	-0.17345	18	0.00771	9	-0.36751	25
仪器仪表制造业	-0.62516	32	-0.05213	13	-0.03858	12	-0.3855	26
有色金属矿采选业	-0.51785	23	-0.32328	26	-0.07033	13	-0.38911	27
通用设备制造业	-0.56168	25	-0.18338	19	-0.15328	15	-0.39944	28
石油加工、炼焦和核燃料加工业	-0.51531	22	-0.30464	25	-0.21513	21	-0.41111	29
电气机械和器材制造业	-0.50016	20	-0.37251	27	-0.2512	22	-0.42422	30
纺织业	-0.57239	28	-0.37451	28	-0.35922	25	-0.48758	31
纺织服装、服饰业	-0.56427	27	-0.50703	31	-0.36174	26	-0.51286	32
印刷和记录媒介复制业	-0.57358	29	-0.88931	32	0.02284	8	-0.53044	33
文教、工美、体育和娱乐用品制造业	-0.49517	19	-1.06808	33	-0.6259	31	-0.64787	34

附表9 云南省各产业相关评价指标值

云南省	比较劳动生产率（y1）	相对投资效果系数（y2）	增加值占有率（y3）	增加值贡献率（y4）	利税占有率（y5）	区位商（y6）	市场竞争优势指数（y7）	产业集中系数（y8）
煤炭开采和洗选业	4.19766	-0.27125	0.02153	0.02124	0.05556	1.03201	1.37015	0.75321
黑色金属矿采选业	7.88861	2.91904	0.00599	0.00618	0.01351	1.19069	1.28889	0.92381
有色金属矿采选业	6.42353	16.00737	0.00951	0.00833	0.01791	2.52343	0.95057	2.65466
非金属矿采选业	8.99947	6.29768	0.00417	0.00469	0.01342	1.67650	0.93653	1.79012
农副产品加工业	4.96791	2.83240	0.01059	0.00847	0.02018	0.58711	1.07270	0.54732
食品制造业	3.68008	6.87622	0.00364	0.00591	0.00867	0.68008	1.06815	0.63669
酒、饮料和精制茶制造业	4.46243	19.30167	0.00625	0.01334	0.01936	1.07448	0.85548	1.25601
烟草制品业	69.00339	31.63811	0.09098	0.06585	0.59465	14.16177	1.00785	14.05147
纺织业	1.56121	-0.36466	0.00038	-0.00018	0.00092	0.03693	1.30944	0.02820
纺织服装、服饰业	1.82430	-5.19170	0.00021	0.00070	0.00035	0.03262	0.86409	0.03775
皮革、毛皮、羽毛及其制品和制鞋业	1.14334	-23.66951	0.00012	-0.00026	0.00025	0.03849	0.83543	0.04607
木材加工和木、竹、藤、棕、草制品业	3.05701	14.12807	0.00157	0.00345	0.00402	0.37982	1.05350	0.36053

（续表）

云南省	比较劳动生产率（y1）	相对投资效果系数（y2）	增加值占有率（y3）	增加值贡献率（y4）	利税占有率（y5）	区位商（y6）	市场竞争优势指数（y7）	产业集中系数（y8）
家具制造业	1.10761	−0.00.89	0.00003	0.00001	0.00004	0.01680	0.76779	0.02188
造纸和纸制品业	3.82200	13.01500	0.00164	−0.00117	0.00333	0.31529	1.12394	0.28052
印刷和记录媒介复制业	5.98463	5.84283	0.00216	0.00089	0.00781	1.04176	0.91578	1.13756
文教、工美、体育和娱乐用品制造业	7.23640	−15.24918	0.00186	0.00342	0.00582	1.29399	0.30139	4.29343
石油加工、炼焦和核燃料加工业	6.55953	−1.55373	0.00360	−0.00274	0.01017	0.41753	1.33402	0.31298
化学原料和化学制品制造业	5.75554	−45.07184	0.01587	−0.00948	0.02078	0.76419	1.07844	0.70861
医药制造业	8.65627	16.09861	0.00758	0.01037	0.02988	1.00196	0.88459	1.13268
化学纤维制造业	32.98225	−18.28206	0.00045	0.00053	0.00255	0.13557	1.26297	0.10734
橡胶和塑料制品业	2.85294	−36.51291	0.00194	0.00647	0.00305	0.32593	1.12044	0.29090
非金属矿物制品业	4.73619	6.56254	0.01034	0.01547	0.02250	0.62861	1.00415	0.62601
黑色金属冶炼和压延加工业	5.46119	0.32482	0.01459	0.00915	0.00947	0.95164	1.29270	0.73617
有色金属冶炼和压延加工业	7.14912	−.90873	0.02867	0.00269	0.02078	2.12057	1.31910	1.60758

341

（续表）

云南省	比较劳动生产率（y1）	相对投资效果系数（y2）	增加值占有率（y3）	增加值贡献率（y4）	利税占有率（y5）	区位商（y6）	市场竞争优势指数（y7）	产业集中系数（y8）
金属制品业	3.37878	5.73863	0.00153	-0.00076	0.00284	0.18765	0.98827	0.18988
通用设备制造业	4.09303	18.17435	0.00212	0.00376	0.00177	0.10331	1.35559	0.07621
专用设备制造业	3.98412	20.60745	0.00205	0.00406	0.00383	0.20495	1.15659	0.17720
交通设备制造业	3.55725	-49.06933	0.00348	0.00563	0.01050	0.18090	1.09440	0.16529
电气机械和器材制造业	3.18097	0.94262	0.00157	0.00213	0.00380	0.11297	1.20707	0.09359
计算机、通信和其他电子设备制造业	8.98156	-2.54609	0.00068	0.00093	0.00190	0.02120	1.59584	0.01328
仪器仪表制造业	7.07642	0.51542	0.00042	-0.00022	0.00050	0.11541	1.44390	0.07993
废弃资源综合利用业	7.50715	0.47845	0.00008	0.00004	0.00021	0.06912	1.71106	0.04040
电力、热力生产和供应业	0.02711	-336.47612	0.03595	0.06096	0.08632	1.56739	1.18669	1.32082
燃气生产和供应业	360.98847	12.71645	0.00065	0.00152	0.00097	0.56948	1.28030	0.44480
水的生产和供应业	4.23901	-550.00767	0.00084	0.00068	0.00177	1.09726	0.91055	1.20505

注：相关指标根据文中特色产业评价指标体系相关计算公式计算。

附表10 云南省各特色产业综合得分排名

云南省产业	F1	排名	F2	排名	F3	排名	F综	排名
烟草制品业	5.43846	1	1.07559	2	−0.09359	16	3.82799	1
其他制造业	−0.175	15	0.01296	26	4.84754	1	0.63244	2
电力、热力生产和供应业	1.45314	2	−3.04268	35	0.45456	6	0.51918	3
燃气生产和供应业	−0.33472	21	3.39107	1	−0.09426	17	0.34719	4
煤炭开采和洗选业	0.42763	3	−0.20229	32	0.57203	4	0.34032	5
有色金属冶炼和压延加工业	0.35452	4	0.11569	13	0.32221	8	0.30791	6
有色金属矿采选业	0.24349	5	0.26433	3	−0.53388	27	0.12725	7
黑色金属冶炼和压延加工业	0.04515	6	−0.01721	28	0.28836	9	0.07169	8
黑色金属矿采选业	−0.06833	14	0.10519	17	0.21199	12	0.00506	9
非金属矿物制品业	0.03304	7	−0.06496	30	−0.26526	24	−0.03016	10
医药制造业	0.00052	10	0.15766	10	−0.57718	29	−0.06142	11
农副产品加工业	−0.06779	13	0.00615	27	−0.16448	21	−0.07	12
酒、饮料和精制茶制造业	0.01292	8	0.10293	18	−0.63254	31	−0.07112	13
非金属矿采选业	−0.03636	11	0.22555	5	−0.56704	28	−0.07268	14
废弃资源综合利用业	−0.39361	28	0.09782	19	1.0507	2	−0.08551	15
计算机、通信和其他电子设备制造业	−0.38687	27	0.07783	21	0.82552	3	−0.1192	16
通用设备制造业	−0.34888	25	0.13871	13	0.36277	7	−0.15455	17
食品制造业	−0.20986	17	0.07845	20	−0.23063	22	−0.16303	18
石油加工、炼焦和核燃料加工业	−0.34693	24	0.14652	11	0.27285	10	−0.16564	19
化学原料和化学制品制造业	−0.19562	16	−0.04591	29	−0.25086	23	−0.1781	20

343

云南省产业	F1	排名	F2	排名	F3	排名	F综	排名
仪器仪表制造业	−0.41265	31	0.1081	16	0.50545	5	−0.18063	21
专用设备制造业	−0.34539	23	0.16435	9	−0.04483	15	−0.21063	22
化学纤维制造业	−0.40488	29	0.2135	6	0.12049	13	−0.21658	23
印刷和记录媒介复制业	−0.24455	18	0.23284	4	−0.60583	30	−0.21736	24
电气机械和器材制造业	−0.38116	26	0.04748	24	0.04704	14	−0.24071	25
木材加工和木、竹、藤、棕、草制品业	−0.33722	22	0.1394	12	−0.27044	25	−0.24421	26
橡胶和塑料制品业	−0.27614	20	−0.25309	33	−0.1166	18	−0.24742	27
纺织业	−0.43696	33	0.05139	23	0.23919	11	−0.24787	28
造纸和纸制品业	−0.40677	30	0.19854	7	−0.15139	19	−0.26231	29
交通设备制造业	−0.27176	19	−0.32715	34	−0.15878	20	−0.26383	30
文教、工美、体育和娱乐用品制造业	0.01286	9	0.18731	8	−1.99405	36	−0.26644	31
金属制品业	−0.43423	32	0.13585	14	−0.42083	26	−0.33321	32
纺织服装、服饰业	−0.47296	34	0.02185	25	−0.66368	32	−0.41646	33
皮革、毛皮、羽毛及其制品和制鞋业	−0.48235	35	−0.09206	31	−0.73024	34	−0.45275	34
家具制造业	−0.50064	36	0.06209	22	−0.86276	35	−0.4588	35
水的生产和供应业	−0.05008	12	−3.51379	36	−0.69154	33	−0.74842	36

后　记

本书是在我作为项目负责人承担的国家社会科学基金项目"西南民族地区特色产业发展的金融支持研究"（12BMZ077）最终研究成果的基础上修改完善而成，也是我生长于贵州心系西南发展，长期关注区域金融发展的学术积累与总结。

2012年6月课题立项后，项目组从收集文献、数据开始，多次对实施方案进行论证，力求在研究思路、方法与内容等方面有所突破。由于西南地区特色产业涉及面广，企业层面的调研因融资问题的敏感性等原因，在研究中给项目组带来了现实的困难。项目组克服困难，针对贵州特色产业中的茶产业、民族药业及生态农业进行了大量实地调研，其余省市以专题研究方式选取西南特色的旅游业、白酒产业、民族药业、蔗糖业进行研究与比较，与前期理论与实证研究形成印证，使课题最终得到较好的执行与完成。

该成果是项目组全体参与人员共同努力的智慧结晶，贵州大学经济学院硕士研究生周迎丰、黄万连、王露、代芳芳、余红参与了项目研究并参与部分章节撰写。项目的顺利完成，我特别感谢每一位研究团队成员的认真努力：梳理文献、整理数据、模型分析、实地调研、总结反思，每一步的辛苦执着，才形成了现在的研究成果。在成果撰写过程中，得到了贵州大学哲学社会科学研究院常务副院长洪名勇教授、贵州大学公共管理学院汪磊教授、贵州大学经济学院熊德斌教授等的指导、帮助与鼓励，在此表示衷心的感谢。

感谢贵州大学经济学院的各位领导、同仁，为我们提供了良好的科研条件与科研氛围，让我在研究过程中的每一个寒暑假都以学院为家充实地度过。

我要特别感谢我的丈夫丛航先生，在我没日没夜坐在计算机前的日子，是他担负了对女儿的照料责任，让我抛开家庭琐碎的事务，给了我难以细数的支持和温暖。是他的陪伴、鼓励、体谅与包容，让我能全身心投入项目的研究。感恩我的父母，感谢我的女儿翾翾，潜心做项目期间我忽略了对他们的陪伴和关注，心中倍感愧疚。

由于资料与数据有限及实地调研的产业有限，加之水平有限，本书难免存在不少问题与不足，恳请各位专家、学者与同行批评指正。

熊晓炼

2019年1月于贵阳花溪